孔子家语新译

KONGZI JIAYU XINYI

伊咏 赵斌 译注

中国海洋大学出版社

·青岛·

本书系教育部人文社会科学研究规划基金项目"跨文化传播视域下的《孔子家语》英译研究"（项目编号：16YJA740043）阶段性研究成果。

图书在版编目（CIP）数据

孔子家语新译 / 伊咏，赵斌译注 . —青岛：中国海洋大学出版社，2019.12

ISBN 978-7-5670-1972-0

Ⅰ.①孔… Ⅱ.①伊… ②赵… Ⅲ.①孔丘（前 551-前 479）—生平事迹 ②《孔子家语》—译文 ③《孔子家语》—注释 Ⅳ.① B222.2

中国版本图书馆 CIP 数据核字（2019）第 299570 号

出版发行	中国海洋大学出版社
社　　址	青岛市香港东路 23 号　邮政编码　266071
出 版 人	杨立敏
网　　址	http://pub.ouc.edu.cn
电子信箱	flyleap@126.com
订购电话	0532-82032573（传真）
责任编辑	张跃飞　　　　　电　　话　0532-85901984
印　　制	日照日报印务中心
版　　次	2019 年 12 月第 1 版
印　　次	2019 年 12 月第 1 次印刷
成品尺寸	185 mm × 260 mm
印　　张	28.75
字　　数	463 千
印　　数	1~1 000
定　　价	58.00 元

发现印装质量问题，请致电 18663037500，由印刷厂负责调换。

前　言

　　中华民族从几千年绵延不断的悠久历史中走来，创造了博大精深、璀璨多姿的中华文化，孕育出世界上唯一没有断流的中华文明。时空更迭，风云变幻，伟大的中华民族虽然历经磨难，但依然屹立于世界民族之林。这一切，均源于中华民族生生不息的文化传承。中华优秀传统思想文化是中华民族的根和魂，是中华民族历经磨难而生生不息的历史积淀与思想升华，是中华文明延续传承的"基因密码"，更是中华民族在世界文化激荡中卓然屹立的精神命脉。习近平总书记指出："文明特别是思想文化是一个国家、一个民族的灵魂。"在当代中国，文化自信是具有科学性的时代命题，是中华民族生生不息、走向复兴的精神源泉，是中国特色社会主义破浪前行、繁荣发展的精神武器，是中华民族屹立世界、面向未来的精神脊梁。

　　伟大的文化体系能够孕育出伟大的经典著作，而经典著作则可以塑造并代表一个伟大的文化体系。中国的传统经典著作是中国传统文化的集中代表，以儒学为主体的传统文化在两千多年的历史长河中创造过无数次辉煌，留下了可歌可泣的华美篇章。《论语》《道德经》《诗经》《周易》《礼记》《春秋》《孟子》等经典著作当是中国传统文化代表著述。《论语》由孔子弟子及再传弟子编写而成，主要记录孔子及其弟子的言行。它以语录体为主，叙事体为辅，集中体现了孔子的政治主张、伦理思想、道德观念及教育原则等，是儒家学派的经典著作之一。

《孔子家语》以叙事的形式详细记录了孔子与其弟子的事迹、言谈与思想，生动塑造了孔子的人格形象。《孔子家语》究竟出自何人之手，成于何时，千百年来，聚讼纷纭，莫衷一是。但是随着大批文献的出土，尤其是河北定州八角廊汉墓竹简、安徽阜阳双古堆汉墓木牍和上海博物馆藏战国楚竹书的发现，王肃伪造此书一说不攻自破，对《孔子家语》的研究从此柳暗花明。《孔子家语》被越来越多的人所重视。其对研究真实的孔子以及儒学的哲学思想、政治思想、伦理思想和教育思想，有着巨大的理论价值、文献价值和文学价值。《孔子家语》中的内容大都具有较强的叙事情节，增加了阅读的趣味性，人物有血有肉，形象生动。书中的许多故事和孔子的许多充满哲理的语言对今天的我们仍然具有深刻的借鉴意义。

　　鉴于《孔子家语》这部儒学经典对文化传承的重要作用，笔者在参考杨朝明等儒学学者对其进行的译注和著作的基础上，重新进行注解和翻译，以《孔子家语新译》一书奉献给读者。在呈现形式上，《孔子家语新译》从原文、注释再到译文，清晰有序，一目了然。注释注重古汉语和现代汉语的关联，尽量使用通俗易懂的语言，避免引用古人的注释来加以注解。翻译则在保证"信、达、雅"的基础上，对每一篇对话或每一个故事进行逻辑分析和中心思想梳理，将古人的语言世界转换到当代的语言世界。在译文中更加注重原文的逻辑和思想的呈现。在语言使用方面，则使用简洁、通俗易懂的现代语言，有更强的可读性。希冀《孔子家语新译》的出版，给传统文化的爱好者和传承者提供一本有输入价值的文献。

　　由于作者水平有限，书中难免有对原文理解和翻译的不妥当之处，敬请读者斧正。

伊咏　赵斌

2018 年 9 月 30 日

目 录

卷第一

孔子家语新译

KONGZI JIAYU
XINYI

相鲁第一

★原文

孔子初仕，为中都宰①。制为养生送死之节，长幼异食，强弱异任，男女别涂，路无拾遗，器不雕伪。为四寸之棺，五寸之椁②，因丘陵为坟，不封不树。行之一年，而西方之诸侯则焉。

定公③谓孔子曰："学子此法以治鲁国，何如？"

孔子对曰："虽天下可乎，何但鲁国而已哉！"

于是二年，定公以为司空④，乃别五土之性⑤，而物各得其所生之宜，咸得厥所⑥。

先时，季氏葬昭公于墓道之南⑦，孔子沟而合诸墓⑧焉。谓季桓子⑨曰："贬君以彰己罪，非礼也。今合之，所以掩夫子之不臣。"

由司空为鲁大司寇⑩，设法而不用，无奸民。

★注释

① 中都宰：中都城的地方长官。孔子在鲁定公时代历任中都宰、司空、司寇等职，后因不满季桓子所为而弃官。中都，古时鲁国的一个城镇，在今山东省汶上县。宰，地方长官。

② 椁：棺材外面的套棺。

③ 定公：鲁国第二十五任君主，姬姓，名宋。鲁昭公的弟弟。承袭鲁昭公担任鲁国君主，在位十五年。

④ 司空：主管工程建设的官员，六卿之一。

⑤ 别五土之性：本句指区别五种不同的地理状况种植不同的植物。五土，

"一曰山林，二曰川泽，三曰丘陵，四曰坟衍，五曰原隰（xí）"。坟衍，肥沃平旷的土地。原隰，广平低湿之地。

⑥咸得厥所：全部得到充分利用。咸，普遍，都，全部。厥，代词，其、他的、他们的。

⑦季氏葬昭公于墓道之南：因季平子与鲁昭公生前有怨，在鲁昭公去世后季平子把他安葬在鲁国先王陵寝的墓道南面，故意将昭公墓不能和先君墓葬相连，以泄私愤。

⑧沟而合诸墓：通过通道将多个墓连接合成同一墓域。沟，挖沟。

⑨季桓子：季孙斯，谥桓，季平子之子。鲁国自定公到哀公初年的执政上卿。

⑩大司寇：主管刑狱的官员，为六卿之一。

★译文

孔子刚做官时，担任的是中都邑的行政长官。在任期间，他制定了一系列规章制度，使老百姓生有所养、老有所依、死有所葬。他提倡按照年纪的长幼吃不同的食物，根据能力的大小承担不同的工作，男女走路各走一边（不同行），对他人遗失的东西不据为己有，所用器物不求浮华雕饰。人去世后从简入殓，棺木厚不超过四寸，椁木厚不超过五寸，墓穴建在丘陵地带，不建奢侈的陵墓，既没有封土堆坟，也不种植树木作为标志。这样的制度施行一年之后取得了很好的效果，鲁国以西的各诸侯国都纷纷效法。

鲁定公对孔子说："如果用您的施政方法来治理鲁国，您看怎么样？"

孔子回答说："就是整个天下也足以治理好，更不用说治理好鲁国这样一个诸侯国了！"

于是，就在第二年，鲁定公任命孔子做了鲁国的司空。孔子根据地质情况，把山林、湖泊、丘陵、平原、沼泽等区分开来，各种农作物和植物都种植在适宜的环境里，取得了物阜民丰的成效。

在此之前，季平子在鲁昭公去世后把他安葬在鲁国先王陵寝的墓道南面（因季平子与鲁昭公生前有怨，他故意使昭公不能和先君葬在一起，以泄私愤），孔子做司空后，派人挖出一条通道把鲁昭公的陵墓与先王的陵墓圈连到一起。孔子对季平子的儿子季桓子说："令尊本想以此羞辱鲁昭公，但这种行为是大逆不道的，是破坏礼制的行为。现在我用通道把陵墓连到一起，这样就可以掩盖令尊不守君臣之道的罪名了。"

后来，孔子又由司空升职为鲁国的大司寇，他在这一职位上制定了一系列法律条文，国民安居乐业，几乎没有作奸犯科之人。

★ 原文

定公与齐侯①会于夹谷②，孔子摄相事，曰："臣闻有文事者必有武备，有武事者必有文备。古者诸侯并出疆，必具官以从，请具左右司马③。"定公从之。

至会所，为坛位，土阶三等，以遇礼相见，揖让而登。献酢④既毕，齐使莱人以兵鼓噪，劫定公。孔子历阶⑤而进，以公退，曰："士，以兵之。吾两君为好，裔夷⑥之俘敢以兵乱之，非齐君所以命诸侯也！裔不谋夏，夷不乱华，俘不干盟，兵不偪⑦好，于神为不祥，于德为愆义，于人为失礼，君必不然。"齐侯心怍，麾而避之。

有顷，齐奏宫中之乐，俳优侏儒戏于前。孔子趋进，历阶而上，不尽一等，曰："匹夫荧侮⑧诸侯者，罪应诛。请右司马速刑焉！"于是斩侏儒，手足异处。齐侯惧，有惭色。

将盟，齐人加载书曰："齐师出境，而不以兵车三百乘从我者，有如此盟。"

孔子使兹无还⑨对曰："而不返我汶阳之田，吾以供命者，亦如之。"

齐侯将设享礼⑩，孔子谓梁丘据⑪曰："齐鲁之故，吾子何不闻焉？事既成矣，而又享之，是勤执事。且牺象不出门⑫，嘉乐不野合。享而既具，是弃礼；若其不具，是用秕稗也。用秕稗，君辱；弃礼，名恶。子盍图之？夫享，所以昭德也。不昭，不如其已。"乃不果享。

齐侯归，责其群臣曰："鲁以君子道辅其君，而子独以夷狄道教寡人，使得罪。"于是乃归所侵鲁之四邑及汶阳之田。

① 齐侯：齐国国君。这里指齐景公。

② 夹谷：今山东省济南市莱芜区境内的夹谷峪。

③ 左右司马：掌管军事的正副官员。

④ 献酢：主客互相揖让敬酒。

⑤ 历阶：一步一级地快步登阶。

⑥ 裔夷：边远地区的民族。这里指前边提到的莱人（莱国在公元前567年被齐国所灭）。

⑦ 偪：通"逼"，威胁、强迫。

⑧ 荧侮：迷惑侮狎。荧，迷惑。侮，轻慢。

⑨ 兹无还：人名，鲁国大夫。

⑩ 享礼：指宴会礼仪。

⑪ 梁丘据：人名，齐国大夫。

⑫ 牺象不出门：宫廷专用的酒器是不能拿到宫廷外来使用的。牺象，指牛形和象形的酒器，宫廷专用。门，这里指宫门。

★ 译文

鲁定公要去参加在齐国的夹谷举行的盟会，孔子临时担任筹备官。孔子对鲁定公说："一般来说，参加和平盟会一定要有强大的武力作为后盾；同样，进行军事活动也一定要做好和平外交的准备。古代的诸侯国君离开自己的疆域出访他国，必须配备应有的文武官员随从，请您一定要带上左右司马去参加这次盟会。"鲁定公听从了孔子的建议。

举行盟会的地方在夹谷城外，盟会仪式将在用土筑起的高台上进行，高台有三级台阶。两国国君以简单的会晤之礼见面后，相互谦让着登上高台。盟会中，双方互赠礼品、互相敬酒。然后，齐国一方派出一队莱人俘兵擂鼓呐喊，对着鲁定公做出要劫持他的样子。孔子快步跃过台阶登上高台，保护鲁定公退避到一旁，大声说："鲁国的将士们，请你们把这些人赶走！我们两国国君在这里举行友好会盟，这些莱人俘兵竟敢出来捣乱，这绝不是齐国国君的友好邦交之道吧！任何一个国家不得对我国图谋不轨，更不能骚扰我国，俘虏不应跑来扰乱我们的会盟，动用武力不能逼迫两国友好。否则，这就是对神明的不敬，从道德上讲是不义，从为人上讲是失礼。想必齐国国君也不会这么想这么做吧？"齐国国君听了孔子的话，内心感到愧疚，挥手让莱人军队撤了下去。

过了一会儿，齐国开始表演宫廷乐舞，一队歌舞艺人和侏儒小丑表演歌舞杂技，继而在鲁国国君面前出言调嬉。孔子又一次跳过台阶，站在高台上说："这些卑贱的人竟敢戏弄诸侯国君，罪当斩。请右司马迅速对他们用刑。"于是右司马手起刀落，斩杀了侏儒小丑。齐国国君心中恐慌，脸上露出惭愧的神色。

正当齐、鲁两国就要签立盟约时，齐国使者让在盟书上加一段话说："将来齐国发兵远征时，鲁国必须派三百辆兵车从征，请加到盟约条文之中。"

孔子让鲁大夫兹无还针锋相对地回应道："你们齐国也应把汶河以北的属地归还鲁国，否则鲁国不会派兵协助齐国出兵，也请加到盟约条文中。"

盟约签订后，齐国国君准备设宴款待鲁定公。孔子对齐大夫梁丘据说："齐、鲁两国的传统接待礼节，阁下不会不知道吧？现在盟约既然已经签订，贵国国君却要在这里设宴款待我国国君，这岂不是徒然烦扰贵国群臣来陪宴吗？何况用于国宴级别的许多酒器大多都在宫中，按规矩是不能拿出宫门的。再说，宫廷雅乐也不应在荒郊野外演奏。在这里设置国宴、配备了这些宫廷礼器，就是背弃了国家礼仪；假如宴席一切都很简陋，就如同舍弃五谷而用秕稗。用劣质品或次品替代宫廷酒器，有伤贵国国君的脸面；在官外不按国王的接待礼仪设宴，也会让贵国招来耻辱。希望您慎重考虑。本来宴请宾客是为了彰显君主的德威，假如宴会不能做到这样，倒不如干脆作罢更好。"于是齐国就取消了这次临时起意的宴会。

齐国国君回到都城，责备群臣说："鲁国的臣子用君子之道辅佐他们的国君，而你们却偏偏用野蛮无礼的行为方式来误导我，以致招来这些羞辱。"于是，齐国归还了以前侵占鲁国的四座城邑和汶河以北的土地。

★原文

孔子言于定公曰："家不藏甲^①，邑无百雉之城^②，古之制也。今三家^③过制，请皆损之。"乃使季氏宰仲由隳三都^④。

叔孙辄^⑤不得意于季氏^⑥，因费宰^⑦公山弗扰^⑧率费人以袭鲁。孔

子以公与季孙、叔孙、孟孙人于费氏之宫⑨，登武子之台⑩。费人攻之，及台侧，孔子命申句须、乐颀⑪勒士众下伐之，费人北。

遂堕三都之城。强公室，弱私家，尊君卑臣，政化大行。

★ 注释

① 家不藏甲：卿大夫不能拥有自己的武装。家，指卿大夫。甲，铠甲，即武装。

② 邑无百雉之城：卿大夫的城邑大小不超过百余雉。邑，指卿大夫所居都城。雉，古代计算城墙面积的单位，长三丈高一丈的面积为一雉。百雉，指城墙的长度达三百丈。

③ 三家：指当时鲁国势力很大的权臣季孙、叔孙、孟孙三家。

④ 季氏宰仲由堕（huī）三都：季氏宰，卿大夫季氏家臣。仲由，字子路，孔子弟子，鲁国人，"孔门十哲"之一，"孔门七十二贤"之一。堕，毁坏。三都，指季孙、叔孙、孟孙的都城，即费邑、郈邑、成邑三城。

⑤ 叔孙辄：叔孙氏庶子。

⑥ 不得意于季氏："季氏"当作"叔孙氏"，即得不到叔孙氏重用。

⑦ 费宰：费城长官。

⑧ 公山弗扰：人名，担任费城长官。

⑨ 费氏之宫：费氏住宅。

⑩ 武子之台：旧说台在季氏宅内。

⑪ 申句须、乐颀：二人均为鲁国大夫。

★ 译文

孔子对鲁定公说："卿大夫不能拥有自己的武装，封地内也不能建筑规模宏大的都城，这是自古以来的制度。当前的季孙氏、叔孙氏、孟孙氏三家卿大夫的城邑都逾越了礼制规定，请您注意削减他们的势力。"于是鲁定公派季氏的家臣仲由去监督执行拆除三家大夫违规修建的城池之任务。

叔孙氏的一个庶子名叫叔孙辄，因为得不到叔孙氏的器重，就联合费城的长官公山弗扰率领费城守兵偷袭鲁国国君。孔子保护着鲁定公，和季孙氏、叔孙氏、孟孙氏三位大夫一起来到季氏的官邸，登上武子台。费人进攻武子台，一直攻到台的一侧，孔子命令申句须、乐颀两位大夫统领士卒前去迎战，最后把费城守兵击败。

这样，鲁定公终于削减了三座超规格建制的都邑城池。这一行动使鲁国国君的权力得到加强，高官的个人势力被削减，国君地位得到巩固，大臣对国君更加臣服，政治教化也得到更好的执行。

★原文

初，鲁之贩羊有沈犹氏者，常朝饮其羊以诈市人。有公慎氏者，妻淫不制。有慎溃氏者，奢侈逾法。鲁之鬻①六畜②者，饰之以储价③。及孔子之为政也，则沈犹氏不敢朝饮其羊，公慎氏出其妻，慎溃氏越境而徙。三月，则鬻牛马者不储价，卖羔豚者不加饰。男女行者别其涂，道不拾遗，男尚忠信，女尚贞顺。四方客至于邑者，不求有司，皆如归焉。

★注释

① 鬻（yù）：卖。

② 六畜：指马、牛、羊、鸡、犬、猪。

③ 饰之以储价：在其身上做手脚以抬高价格。饰，装饰。储价，抬高价格。

★译文

以前，鲁国有个名叫沈犹氏的羊贩子，常常在清晨上市前给羊灌水，用欺骗手段赚取更多金钱。有一个叫公慎氏的人，其妻子有外遇淫乱的行为且不听从丈夫的规劝。还有个叫慎溃氏的人，生活奢侈超出了规定。鲁国卖六畜（马、牛、羊、鸡、犬、猪）的人，常有欺瞒顾客和哄抬物价的行为。孔子为政之初，就实施举措，羊贩子沈犹氏不敢再给羊灌水，公慎氏休了其妻，慎溃氏迁离了鲁国。孔子当政三个月后，卖牛马的不再哄抬物价，卖猪、羊的也不再在猪、羊身上做手脚了。男女各行其道，路不拾遗，男子崇尚忠信，女子崇尚贞洁温顺。很多外地客人来到鲁国，也无须向当地官员申报，就像是回家一样进出自由。

始诛第二

★ 原文

孔子为鲁司寇，摄行相事，有喜色。仲由问曰："由闻君子祸至不惧，福至不喜，今夫子得位而喜，何也？"

孔子曰："然，有是言也。不曰'乐以贵下人①'乎？"

于是朝政，七日而诛乱政大夫少正卯②，戮之于两观之下，尸于朝三日③。

子贡④进曰："夫少正卯，鲁之闻人也。今夫子为政而始诛之，或者为失乎？"

孔子曰："居⑤，吾语汝以其故。天下有大恶者五，而窃盗不与焉。一曰心逆而险，二曰行僻而坚⑥，三曰言伪而辩，四曰记丑而博⑦，五曰顺非而泽。此五者，有一于人，则不免君子之诛，而少正卯皆兼有之。其居处足以撮徒成党，其谈说足以饰褒⑧莹⑨众，其强御足以反是独立⑩，此乃人之奸雄者也，不可以不除。夫殷汤诛尹谐，文王⑪诛潘正，周公诛管、蔡，太公⑫诛华士，管仲⑬诛付乙，子产⑭诛史何，是此七子皆异世而同诛者，以七子异世而同恶，故不可赦也。《诗》⑮云：'忧心悄悄，愠于群小⑯。'小人成群，斯足忧矣。"

★ 注释

① 乐以贵下人：身居要职却礼贤下士而自得其乐。乐，以……为乐。贵，以……为贵。下人，手下人，泛指他人。

② 少正卯：鲁大夫，和孔子同时期收学生讲学。

③ 尸于朝三日：指暴尸三天。

④ 子贡：即端木赐，复姓端木，名赐，字子贡，卫国人，孔子的得意门生，"孔门十哲"之一，"孔门七十二贤"之一。孔子曾称其为"瑚琏之器"。子贡善于雄辩，办事通达，曾任鲁国、卫国之相。他还善于经商，曾经商于曹国、鲁国两国之间，富致千金，为孔子弟子中首富。"端木遗风"指子贡遗留下诚信经商的风气，成为中国民间信奉的财神。子贡的"君子爱财，取之有道"之风，为后世商界所推崇。

⑤ 居：坐下。

⑥ 行僻而坚：行为邪恶而固执。

⑦ 记丑而博：广泛收录不义之事，并且过分宣扬。

⑧ 衺（xié）：通"邪"。

⑨ 莹：通"荧"，迷惑。

⑩ 强御足以反是独立：他桀骜不驯、势力强大，常叛逆扰乱朝廷。强御，有权势的人。独立，比喻突出、超群。

⑪ 文王：即周文王姬昌，周武王父。

⑫ 太公：即姜太公，姜姓，吕氏，名尚，帮助武王灭商，后封于齐。

⑬ 管仲：管仲，姬姓，管氏，名夷吾，字仲，春秋时法家代表人物，周穆王的后代，是中国古代著名的哲学家、政治家、军事家。

⑭ 子产：姬姓，公孙氏，名侨，字子产，春秋时郑国著名政治家。郑穆公之孙，郑公子发（字子国）之子。曾担任郑国的大夫，是第一个将刑法公布于众的人；曾铸刑书于鼎，史称"铸刑书"，是法家的先驱者。

⑮《诗》：指《诗经》，是中国古代最早的一部诗歌总集，描写劳动与爱情、战争与徭役、压迫与反抗、风俗与婚姻、祭祖与宴会，甚至天象、地貌、动物、植物等方方面面，是周代社会生活的一面镜子，被誉为古代社会的百科全书。

⑯ 忧心悄悄，愠于群小：出自《诗经·邶风·柏舟》。意思为忧愁心情难消除，又惹一群小人恨。悄悄，忧愁的样子。愠，怒。群小，指心术不正、行为不端的人。

孔子做鲁国的大司寇期间，被任命代理行使宰相的职权，脸上表现出高兴的神色。弟子仲由见了就问他："我听说君子应该是祸患来临不恐惧，幸运降临也不喜形于色。现在您得到重用，可以说是位高权重，看得出你很高兴。而以老师您的德行来说是不该流露出欢喜的神色的。这是为什么呢？"

孔子回答说："你说得对，确实有这样的说法。但是你有没有听说过'身居要职却礼贤下士而自得其乐'这句话呢？"

从那时起孔子开始执掌朝政，在第七天就以扰乱朝政的罪名把大夫少正卯拘捕，并在宫殿门外两边的望楼下杀了他，还在朝堂之上暴尸三日。

孔子学生子贡向孔子进言道："这个少正卯，是鲁国的知名人物。现在老师您执掌朝政首先诛杀的人是他，是不是有些失策呢？"

孔子回答说："坐下来，我告诉你杀他的缘由。天下称得上大恶的有五种，当然盗窃的行为不包括在内。一是思想观念反动而又心存险恶，二是行为邪恶而又固执，三是言论错误却又能言善辩，四是对不义之事知道得多且过分宣扬，五是教人不走正道而又资助邪恶之徒。这就是五种大恶，一个人只要有其中之一，就免不了受正人君子的惩罚，而少正卯对这五种恶行兼而有之：他身居一定的权位、聚集起自己的势力、结党营私；他花言巧语、迷惑众人、粉饰自己而得到高的声望；他桀骜不驯、势力强大，常叛逆扰乱朝廷。这个人就是人中的奸雄啊，不可不及早除掉。历史上，商汤杀掉的尹谐，周文王杀掉的潘正，周公杀掉的管叔、蔡叔，姜太公杀掉的华士，管仲杀掉的付乙，子产杀掉的史何，这七人虽生于不同朝代但都犯了杀头之罪，究其缘由都是因为其言行与少正卯如出一辙，罪不可恕。《诗经》中曾经讲道：'忧愁心情难消除，又惹一群小人恨。'如果朝廷里小人当道，那就足以令人担忧了！"

孔子为鲁大司寇，有父子讼者，夫子同狴①执之，三月不别。其父请止，夫子赦之焉。

季孙②闻之不悦，曰："司寇欺余，曩告余曰：'国家必先以孝'，余今戮一不孝以教民孝，不亦可乎？而又赦，何哉？"

冉有^③以告孔子，子喟然叹曰："呜呼！上失其道而杀其下，非理也。不教以孝而听其狱，是杀不辜。三军大败，不可斩也；狱犴^④不治，不可刑也。何者？上教之不行，罪不在民故也。夫慢令谨诛，贼也；征敛无时，暴也；不试责成，虐也。政无此三者，然后刑可即也。《书》^⑤云：'义刑义杀，勿庸以即汝心，惟曰未有慎事。'言必教而后刑也，既陈道德以先服之；而犹不可，尚贤以劝之；又不可，即废之；又不可，而后以威惮之。若是三年，而百姓正矣。其有邪民不从化者，然后待之以刑，则民咸知罪矣。《诗》云：'天子是毗，俾民不迷^⑥。'是以威厉而不试，刑错^⑦而不用。今世则不然，乱其教，繁其刑，使民迷惑而陷焉，又从而制之，故刑弥繁而盗不胜也。夫三尺之限^⑧，空车不能登者，何哉？峻故也。百仞之山，重载陟焉，何哉？陵迟^⑨故也。今世俗之陵迟久矣，虽有刑法，民能勿逾乎？"

★ 注释

① 同狴（bì）：同囚于一狱。

② 季孙：鲁桓公子季友后裔，又称季孙氏，三卿之一，司徒兼冢宰。

③ 冉有：即冉求，字子有，孔子弟子，季氏家臣。

④ 狱犴：这里指刑狱。

⑤《书》：《尚书》，这里具体为《尚书·康诰》。引用的文字可能有出入。

⑥ 天子是毗，俾民不迷：出自《诗经·小雅·节南山》。意思是辅佐天子，使百姓不迷惑。毗，辅佐。俾，使。迷，迷失。

⑦ 错：放置。

⑧ 限：这里指高度。

⑨ 陵迟：指斜坡状上升。

★ 译文

孔子做鲁国的大司寇时，有一父告子不孝的官司，孔子把他们父子羁押在同一间牢房里三个月，既不审也不判。最后父亲申请撤回诉讼，孔子批准，然后把父子二人都放了。

季孙氏听到这件事，很不高兴，说："孔先生言行不一，他欺骗了我。从前他曾对我说过：'治理国家一定要首先提倡孝道。'现在这种情况下，为什么不严惩一个不孝之人来教化百姓严守孝道呢？孔先生不仅没有惩罚却赦免了他们，这是为什么呢？这不是言行不一是什么呢？"

冉有把季孙氏的话告诉了孔子，孔子感叹地说："唉！身居国家要职的人要思考的是治国大道，如果仅仅是杀掉犯下过失之罪的百姓，这不是治国之道。不先用孝道来教化民众而严厉判罚违反孝道的百姓，这是滥杀无辜。军队打了败仗，是不能用杀掉败退下来的士卒来解决问题的；刑事案件不断发生，也是不能仅靠严酷的刑罚来制止的。为什么呢？因为统治者的制度和教化没有起到作用，罪责不完全在百姓一方啊！政令与政教不畅达而惩戒措施严酷，对百姓来讲就是残忍；征收税赋不讲时节甚至横征暴敛，对百姓来讲就是残酷；规则制度不完备而苛求百姓循规蹈矩，这对百姓来说就是虐待。在施政过程中要避免这三种情况发生，然后实施的刑罚才可以起到实效。《尚书》中说：'实施刑罚要符合道义和法律，执法者不能随心所欲，这不仅仅是谨慎的问题。'说的是先施教化而后用刑罚辅助的道理。首先要向百姓陈说道理，教化百姓使其明白、让其敬服；如果效果欠佳，就再以贤良的人为表率引导鼓励他们；如果还不行，就罢免教化无能之辈；如果还达不到效果，最后用刑罚威慑那些作奸犯科之人。这样施政三年，而后百姓就自然会走上正道并养成习惯。即便是有不从教化的顽劣之徒，对他们就可以使用刑罚，这样一来百姓都知道犯罪的后果了。《诗经》上曾说：'辅佐天子，使百姓不迷惑。'若能做到这样，威严的制度、严格的刑法也就无人触犯了。当今之世却不是这样，教化体系紊乱，刑法繁多，从而导致民众迷惑而随时会落入触犯刑法的陷阱。仅用刑律来控制犯罪而不是提前教化避免犯罪，所以刑罚越繁盗贼越多。三尺高的门槛不算高吧，但即使空车也不能越过。为什么呢？是因为门槛与地面垂直没有过渡的缘故。一座百仞高的山岭够高的吧，但满载极重的车子也能登上去。为什么呢？是因为山是由低到高缓缓升上去的，车就会沿路慢慢登上去。当前的社会风气败坏是经过很长时间逐渐形成的，即使有严格的刑法存在，百姓又怎能不违反呢？"

王言解第三

★原文

孔子闲居，曾参①侍。

孔子曰："参乎，今之君子，唯士与大夫之言可闻也。至于君子之言者，希也。於乎！吾以王言之，其不出户牖②而化天下。"

曾子起，下席而对曰："敢问何谓王之言？"

孔子不应。曾子曰："侍夫子之闲也难，是以敢问。"

孔子又不应。曾子肃然而惧，抠③衣而退，负席而立。

有顷，孔子叹息，顾谓曾子曰："参，汝可语明王之道与？"

曾子曰："非敢以为足也，请因所闻而学焉。"

子曰："居，吾语汝！夫道者，所以明德也；德者，所以尊道也。是以非德道不尊，非道德不明。虽有国之良马，不以其道服乘④之，不可以道里。虽有博地众民，不以其道治之，不可以致霸王。是故，昔者明王内修七教⑤，外行三至。七教修，然后可以守；三至行，然后可以征。明王之道，其守也，则必折冲⑥千里之外；其征也，则必还师衽席之上。故曰内修七教而上不劳，外行三至而财不费。此之谓明王之道也。"

曾子曰："不劳不费之谓明王，可得闻乎？"

孔子曰："昔者帝舜左禹而右皋陶⑦，不下席而天下治。夫如此，何上之劳乎？政之不平，君之患也；令之不行，臣之罪也。若乃十一而税，用民之力，岁不过三日。入山泽以其时而无征，关讥⑧市鄽皆不收赋，此则生财之路，而明王节之，何财之费乎？"

曾子曰："敢问何谓七教？"

孔子曰："上敬老则下益孝，上尊齿则下益悌，上乐施则下益宽，上亲贤则下择友，上好德则下不隐，上恶贪则下耻争，上廉让则下耻节，此之谓七教。七教者，治民之本也。政教定，则本正也。凡上者，民之表⑨也，表正则何物不正？是故，人君先立仁于己，然后大夫忠而士信，民敦俗璞，男悫⑩而女贞。六者，教之致也，布诸天下四方而不怨，纳诸寻常之室而不塞。等之以礼，立之以义，行之以顺，则民之弃恶如汤之灌雪焉。"

曾子曰："道则至矣，弟子不足以明之。"

孔子曰："参以为姑止乎？又有焉。昔者明王之治民也，法必裂地以封之，分属以理之，然后贤民无所隐，暴民无所伏。使有司日省而时考之，进用贤良，退贬不肖，则贤者悦而不肖者惧。哀鳏寡，养孤独，恤贫穷，诱孝悌，选才能。此七者修，则四海之内无刑民矣。上之亲下也，如手足之于腹心；下之亲上也，如幼子之于慈母矣。上下相亲如此，故令则从，施则行，民怀其德，近者悦服，远者来附，政之致也。夫布指知寸，布手知尺，舒肘知寻⑪，斯不远之则也。周制，三百步为里，千步为井，三井而埒，埒三而矩，五十里而都，封百里而有国，乃为福积资求⑫焉，恤行者有亡。是以蛮夷⑬诸夏⑭，虽衣冠不同，言语不合，莫不来宾。故曰无市而民不乏，无刑而民不乱。田猎罩⑮弋⑯，非以盈宫室也；征敛百姓，非以盈府库也。惨怛以补不足，礼节⑰以损有余。多信而寡貌，其礼可守，其言可覆，其迹可履。如饥而食，如渴而饮。民之信之，如寒暑之必验。故视远若迩，非道迩也，见明德也。是故兵革不动而威，用利不施而亲，万民怀其惠。此之谓明王之守，折冲千里之外者也。"

曾子曰："敢问何谓三至？"

孔子曰："至礼不让，而天下治；至赏不费，而天下士悦；至乐无声，而天下民和。明王笃行三至，故天下之君可得而知，天下之士可得而臣，天下之民可得而用。"

曾子曰:"敢问此义何谓?"

孔子曰:"古者明王必尽知天下良士之名,既知其名,又知其实,又知其数及其所在焉,然后因天下之爵以尊之,此之谓至礼不让而天下治。因天下之禄以富天下之士,此之谓至赏不费而天下之士悦。如此,则天下之民名誉兴焉,此之谓至乐无声而天下之民和。故曰:'所谓天下之至仁者,能合天下之至亲也。所谓天下之至知者,能用天下之至和者也。所谓天下之至明者,能举天下之至贤者也。'此三者咸通,然后可以征。是故仁者莫大乎爱人,智者莫大乎知贤,贤政者莫大乎官能。有土之君修此三者,则四海之内供命而已矣。夫明王之所征,必道之所废者也。是故诛其君而改其政,吊其民而不夺其财。故明王之政,犹时雨之降,降至则民悦矣。是故行施弥博,得亲弥众,此之谓还师衽席⑱之上。"

★ 注释

① 曾参:即曾子,春秋鲁人,名参,字子舆,孔子弟子,鲁国南武城(今山东嘉祥)人。父亲曾点(字皙),是孔子早期弟子。曾子十六岁拜孔子为师,勤奋好学,颇得孔子真传。他一生积极实践和推行以仁孝为核心的儒家主张,传播儒家思想。他的"修、齐、治、平"的政治观,省身、慎独的修养观,以孝为本的孝道观影响中国两千多年。相传他著述有《大学》《孝经》等儒家经典,后世儒家尊他为"宗圣"。

② 户牖:门窗。

③ 抠:用手挖。此处是"提"的意思。

④ 服乘:使用,指驾车或骑乘。

⑤ 七教:指后文所说的敬老、尊齿、乐施、亲贤、好德、恶贪、廉让七种教化。

⑥ 折冲:使敌人的战车后撤,即击退敌人。

⑦ 皋陶(gāo yáo):也称咎繇,传说为舜的大臣,掌刑狱之事。

⑧ 关讥:在关口设立界卡检查行旅。

⑨ 表：表率。

⑩ 悫（què）：诚实，谨慎。

⑪ 寻：度量单位，两臂伸开为一寻。

⑫ 福积资求：积累生活资料。

⑬ 蛮夷：代指四方少数民族。蛮，古代对南方少数民族的贬称。夷，古代对东方少数民族的贬称。

⑭ 诸夏：周王室分封的诸国，指中原民族。

⑮ 罩：捕鱼或鸟的竹器。

⑯ 弋：以绳系箭而射。

⑰ 礼节：以礼来节制。

⑱ 衽席：座席。

★译文

孔子在家闲居，学生曾参在身边服侍。

孔子说："曾参啊，当今的国君只能听到身边的谋士和大臣的言论和见解，就很少有机会听到贤能的君子论述治国之道。唉，真是遗憾啊！我有一套治国方略，只要国君依言而行，即使足不出户都可以治理好天下。"

曾参谦恭地站起来，走到孔子跟前问道："请问先生，您的治国方略是什么呢？"

孔子不回答。曾参又说："现在正赶上先生您有空闲，所以冒昧向您请教。"

孔子还是不回答。曾参担心是不是问错话了，赶快提起衣襟向后退去，回到自己的座位旁边。

过了一会儿，孔子长叹了一声，回头对曾参说："曾参啊，你能谈谈圣明的国君的治国之道吗？"

曾参回答说："我的认识还非常肤浅，还是您讲我听，让我好好聆听学习吧。"

孔子说："请坐，我就讲给你听听。所谓道义，是用来指引德行的；德行，是要尊崇道义的。所以德行缺失是不尊崇道义的结果，而不坚守道义这一准则，德行也就无法发扬光大。假设你有一匹全国最好的马，但如果你的驾乘技术不行，就难以在正确的道路上一日千里。一个国家即使有广阔的土地和众多的百姓，如果国君不用正确的统治方法来治理，同样也不可能成为他人不敢觊觎的强大的国家。因此，古代圣明的国君修'七教'于内，推行'三至'于外。'七教'达成，就足以强国固本；'三至'落到实处，就具备征伐外敌的实力。这是圣明国君的治国之道。用于守卫国家，一定能拒敌于千里之外；用于对外征伐，那也一定能得胜还朝。因此可以说，内修'七教'，国君就不会因政事繁杂而劳顿；外推'三至'，国家就不至于劳民伤财。这就是所说的古代明君的治国之道。"

曾参问道："不为政事烦劳、不劳民伤财叫作明君的治国之道，其中的道理是什么？可以讲给我听听吗？"

孔子说："古代的舜帝身边有两位极为得力的大臣禹和皋陶。有了这两位大臣的鼎力辅佐，舜帝不用事事亲为，天下却治理得很好。像这样，国君还有什么烦劳呢？国家政局不安是国君最大的忧患；政令不能贯彻推行是臣子的罪责。如果实行十分之一的税率，民众服劳役一年不超过三天，同时按季节开放进入山林湖泊，让百姓伐木渔猎而不滥征税，关卡、交易场所也不滥收赋税，贤明的君王有节制地使用所有这些生财之路，怎么还会劳民伤财呢？"

曾参问："请问什么是'七教'呢？"

孔子回答说："教化身居上位者尊敬老人，那么下层百姓会更加遵行孝道；教化身居上位者尊敬比自己年长的人，下层百姓会更加敬爱兄长；教化身居上位者乐善好施，下层百姓待人会更加宽厚；教化身居上位者亲近贤人，百姓就会择良友而交；教化身居上位者注重道德修养，百姓就不会隐瞒、欺诈；教化身居上位者憎恶贪婪的行为，百姓就会以争利为耻；教化身居上位者讲廉洁谦让，百姓就会以不讲礼节、不讲德操为耻。这就是所说的七种教化。这'七教'是治理民众的根本。政治教化稳定有效，百姓尊崇教化，这是治理国家的根本原则。因为身居上位者都是百姓的表率，只要表率的引领作用是正确的，百姓的效仿还会出问题吗？因此，国君首先要有仁德之心并身体力行、施行仁政，然后臣子们也就会做到对国家的忠诚，有志之士人也就能做到讲信义，最后是普通百姓民心敦厚、民风淳朴，男人诚实厚道，女子忠贞孝顺。从国君到普通男女，若这六个层面都能实现，可以说是达到了教化的最高境界啦。这样的教化即使推广到其他国家也不会带来怨恨情绪，这样的教化进入每个普通家庭也不会遭到拒绝。用礼制来区分人的等级尊卑，以道义作为立身处世之本，顺其自然作为行事之道，那么百姓弃恶从善的热情就如同用热水融化积雪一样容易了。"

曾参又说："这样的治国方法确实是最好的，只是我还需要进一步深入理解。"

孔子说："曾参，你以为这些就够了吗？还有更多呢！古代圣明的君主治理百姓，按照法规，一定以分封土地的方式分而治之，每块封地都由地方官吏来治理。这样，贤良的人不会被埋没，顽劣的暴民也无处隐藏。经常视察、考核地方官吏，提拔重用贤良的人，罢免无德无才的官员。这样一来，贤良的官员就会愉快工作，而才能品德差的官员就会害怕。同时，怜悯无妻或丧妻的老年男子和无夫或丧夫的老年妇女，抚养幼年无父无母的孤儿和老年无子的人，同情穷苦贫困的人，教导百姓孝敬父母尊重兄长，选拔有才能的人进入管理层。一个国家做到这七个方面，那么全国之内就没有犯罪的土壤了。身居官职的人爱护百姓，如同手足爱护腹心；同样百姓爱戴官员，也如同幼儿对待慈母一般。如此官民相亲，政令就会很容易贯彻到民众，治国方略也得以顺利推行。民众会感怀官员的德政，其身边的人会心悦诚服，远方的人也会慕名来归附，这真是政治所达到的最高境界。伸开手指可以知道寸的长短，伸开手掌可以知道尺的长短，展开双臂可以知道寻有多长，这是以身作则，从影响身边的人开始。周代的制度以三百步为一里，一千步为一井，三井合为一埒，三埒成为一矩，方圆五十里的疆域可以建一个小城，方圆百里的土地可以建一个大都市，这样做是为了积蓄粮草与财物，让安居的人帮助居无定所的人。因此，本国的人和偏远地方的少数民族，虽然服装不同，言语不通，但却纷纷前来归附。所以说，没有市场交易百姓也不缺乏生活用品，没有严刑峻法社会秩序也不会混乱。打猎捕鱼不是为了充盈官室的后厨，征敛赋税也不是为了充实国库。对身处困境的人给予物质帮助，用制度来防官员的淫逸奢靡。对民众多一些诚信，少做一些表面文章。如此一来，国家的政令就会得到百姓的遵守，国君的号召百姓就会响应，国君的行为就会成为百姓的表率。国君和百姓的关系就像饿了要吃饭、渴了要喝水一样自然。百姓信任国君就像相信寒来暑往的规律一样得到应验。因此，国君离百姓虽远，可百姓能感觉到君主的存在，这不是空间距离上的亲近，而是百姓从心中领略到了国君的教化，感受到了国君的圣明与德政。所以，圣明的君主不动用武力就有威慑之力，不必赏赐财物臣民自然亲附，天下百姓都感念国君的仁德与恩惠。这就是所说的圣明国君以德治国的方法，也是能拒敌于千里之外的原因。"

曾参又问："请问什么是'三至（治理国家的三种最高境界）'呢？"

孔子回答说："有最完善的举贤任能的机制，让贤者发挥聪明才智全心全意去治理国家；有最完美的奖赏机制，即使不用额外的物质奖励也会让天下的有志之士都为之欢欣鼓舞；有最高明的教化手段，如同美妙的音乐一样深入人心从而达到百姓和睦、社会和谐。圣明的国君奔着这三种治国境界而努力笃行，就可以获得所有的德高贤能之君子的拥戴，并协助其治理好天下，让天下所有的有志之士甘愿做他的臣子，让天下的百姓都心悦诚服甘愿做他的臣民。"

曾参问："您能更详细地说明一下吗？"

孔子回答说："古代圣明的国君必定会去探寻天下所有贤良士人的姓名；然后去了解他们的实际德行与才能，以及他们所住的地方；最后给他们封官晋爵，让他们得到重用。这就是最高的举贤任能措施，让贤能之人参与到治理国家中来。用充足的俸禄使天下的有志之士得到富贵，这就是最高的奖赏。这样即使没有额外的物质奖励也会让他们心情愉悦。如此一来，天下的人就会重视名誉，这就是最高明的教化手段，如同美妙的音乐一样润物无声而让百姓和睦相处，达到社会和谐。古人曾经说过：'天下最仁慈的明君，能善待天下百姓如同亲人；天下最明智的明君，能使用天下有德才之士来实现社会和谐；天下最英明的明君，能任用天下最贤良的人来治理国家。'这三方面都做到了，君主就具备了向外征伐的条件。因此，对于君主来说仁慈莫过于爱惜关怀百姓，明智莫过于知道和重用贤人，政治贤明莫过于任用贤能的官吏。一国之君能做到这三点，那么天下的人都可以与他同呼吸共命运，愿意听其调遣。圣明君主想要征伐的国家，必定是礼法废弛的国家，征伐的目的是要除掉他们昏庸的国君来改变这个国家混乱的政治，抚慰这个国家的百姓而不是掠夺他们的财物。因此，圣明君主的政治就像及时雨，会沐浴到这个国家的百姓身上。所以，他的德政教化施行的范围越广博，得到亲附的民众就越多，这就是军队出征定能得胜还朝的原因。"

大婚解第四

★原文

孔子侍坐于哀公^①，公曰：“敢问人道孰为大？”

孔子愀然作色而对曰^②：“君之及此言也，百姓之惠也。固臣敢无辞而对：人道政为大。夫政者，正也。君为正，则百姓从而正矣。君之所为，百姓之所从。君不为正，百姓何所从乎！”

公曰：“敢问为政如之何？”

孔子对曰：“夫妇别，男女亲，君臣信^③。三者正，则庶物从之。”

公曰：“寡人虽无能也，愿知所以行三者之道，可得闻乎？”

孔子对曰：“古之政，爱人为大；所以治爱人，礼为大；所以治礼，敬为大；敬之至矣，大婚为大；大婚至矣，冕而亲迎。亲迎者，敬之也。是故君子兴敬为亲，舍敬则是遗亲也。弗亲弗敬，弗尊也。爱与敬，其政之本与？”

公曰：“寡人愿有言也。然冕而亲迎，不已重乎？”

孔子愀然作色而对曰：“合二姓之好，以继先圣之后，以为天下宗庙社稷之主，君何谓已重焉？”

公曰：“寡人实固^④，不固安得闻此言乎？寡人欲问，不能为辞，请少进。”

孔子曰：“天地不合，万物不生。大婚，万世之嗣也，君何谓已重焉？”

孔子遂言曰：“内以治宗庙之礼，足以配天地之神^⑤；出以治直言之礼，足以立上下之敬。物耻则足以振之，国耻则足以兴之。故为政先乎礼，礼其政之本与！"

孔子遂言曰："昔三代明王，必敬妻子也，盖有道焉。妻也者，亲之主也。子也者，亲之后也。敢不敬与？是故，君子无不敬。敬也者，敬身为大。身也者，亲之支也，敢不敬与？不敬其身，是伤其亲；伤其亲，是伤其本也；伤其本，则支从之而亡。三者，百姓之象⑥也。身以及身，子以及子，妃以及妃，君以修此三者，则大化忾乎天下矣，昔太王之道也。如此，国家顺矣。"

公曰："敢问何谓敬身？"

孔子对曰："君子过言⑦则民作辞，过行则民作则。言不过辞，动不过则，百姓恭敬以从命。若是，则可谓能敬其身，敬其身则能成其亲矣。"

公曰："何谓成其亲？"

孔子对曰："君子者也，人之成名也。百姓与名，谓之君子，则是成其亲为君而为其子也。"

孔子遂言曰："爱政而不能爱人，则不能成其身；不能成其身，则不能安其土；不能安其土，则不能乐天；不能乐天，则不能成身。"

公曰："敢问何能成身？"

孔子对曰："夫其行己不过乎物，谓之成身。不过乎物，合天道也。"

公曰："君子何贵乎天道也？"

孔子曰："贵其不已也。如日月东西相从而不已也，是天道也；不闭而能久，是天道也；无为而物成，是天道也；已成而明之，是天道也。"

公曰："寡人且愚冥，幸烦子志之于心也。"

孔子蹴然避席而对曰："仁人不过乎物，孝子不过乎亲。是故，仁人之事亲也如事天，事天如事亲，此谓孝子成身。"

公曰："寡人既闻如此言也，无如后罪何⑧？"

孔子对曰："君之及此言，是臣之福也。"

① 哀公：即鲁哀公，鲁定公之子，姓姬名将。

② 愀然作色：突然脸色变得严肃。愀然，突然。作色，改变了脸色。

③ 君臣信：《礼记·哀公问》作"君臣严"。《大戴礼记·哀公问于孔子》作"君臣义"。

④ 固：愚钝。这是哀公自谦之词。

⑤ 足以配天地之神：此指宗庙中举行的祭祀大礼足以和天地之神相配。

⑥ 百姓之象：此指百姓会按照国君的做法去做。象，形貌，样子。

⑦ 过言：言辞错误。

⑧ 无如后罪何：将来就不会出过错了吧？

★ 译文

孔子陪鲁哀公坐着交谈，哀公问道："请问在治人之道中，什么最重要？"

孔子的神色变得严肃起来，回答道："陛下您能谈到这个问题，真是百姓的幸运了。所以为臣就要不加推辞地回答这个问题：国君对待治人之道，政治教化最重要。所谓政治教化，首要的就是要做到'正'。只要国君主政能做得'正'，那么百姓也就跟着国君做得'正'。国君的所作所为，是百姓学习效仿的榜样。国君若不能做到'正'，那么百姓从国君那里能学到什么呢？"

哀公问："请问如何才能做好政治教化呢？"

孔子回答说："男女分工要区别对待，百姓之间要讲亲情，君臣之间要讲诚信。这三个方面要做到'正'，那么以此类推，其他的事就可以做好了。"

哀公说："我虽然能力有限，但还是希望知道怎样才能做好这三个方面的事，请您详细谈谈吧？"

孔子回答说："古人实施政治教化，用爱心待人最为重要；要做到爱人，遵守礼仪和规矩最重要；要做到遵守礼仪和规矩，用恭敬的态度对待每一件事最为重要；需要用最恭敬的态度去做的事情中，以天子或诸侯的婚姻大事最为重要。天子或诸侯结婚的时候，天子或诸侯要穿上正式的礼服亲自去迎亲。之所以要亲自迎亲，就是为了对新娘表示爱慕和敬重。所以，君子要用礼仪的敬重表达和新娘相亲相爱，如果缺少了礼仪的敬重就缺乏了敬意，就是没有表达出与新娘相亲相爱的感情。如此一来，没有亲和爱的表达、没有敬意的体现，婚姻双方的家庭就不能互相尊重。因此可以说，爱与敬的表达，大概是政治礼教最基本的内容吧！"

哀公又问道："我很认同您的说法，但是天子或诸侯穿上礼服亲自去迎亲，是不是太隆重了呢？"

孔子更加严肃地回答说："婚姻是两个不同姓氏家族的美满结合，能为天子或诸侯生育后代，使之成为未来的天子或诸侯的接班人、宗庙祭祀的主人。您怎么能说亲自迎亲的礼节太隆重了呢？"

哀公说："我这个人真是目光很短浅。如果不是目光短浅，又怎能听到您的这番话呢？我还想进一步请教您，但又找不到合适的言辞提问，请您详细给我讲一讲吧。"

孔子说："天地阴阳不交合，万物就不会生长。天子、诸侯的婚姻，是诞生社稷传承人的大事，怎么能说礼节太隆重了呢？"

孔子接着又说："天子夫妇、诸侯夫妇在宗庙内主持的祭祀大礼，足以同天地之神相配；对外明确推行政治礼教，以便确立良好的君臣关系，做到上行下效秩序井然。处理好人际关系用礼制就足可以达到，国家兴亡更需要用礼制来振兴。所以，为政者首先要讲礼制。这样说来，推行礼制不就是执政的最基本的内容吗？"

孔子又继续说道："从前夏、商、周三代圣明的君主，都敬重他们的妻子，这里面是有道理的。妻子是照料家族亲人的主体，儿子是传宗接代的人，你能不敬重吗？所以君子对妻儿没有不敬重的。对于敬重这件事，敬重自身最为重要。你的身体与生命是父母给的，你将是你的家族的一个分支，你能够不敬重吗？不敬重自身，就是伤害了给你身体与生命的父辈亲人；伤害了父辈就等于损坏了你在家族中的地位，那么，如此一来，你在家族中就会失去地位，从你开始的旁支也没了希望。一国之君对待自身、妻子、儿女这三个方面的表现，百姓也会去效仿。由自身想到百姓之身，由自己的儿子想到百姓的儿子，由自己的妻子想到百姓的妻子。国君能做到这三方面的敬重，那么教化就通行天下了，古时的太王（古公亶父）就是实行这样的治国方法。如果能做到这样，整个国家就会团结和睦。"

哀公问："请问如何才能做到敬重自身？"

孔子回答说："君子以前的言论百姓会奉为信条；君子以前的行为会被百姓视为行动准则，跟着效法。君子要做到不说错话，不做错事，能获得百姓尊敬并成为他们的榜样。如果能做到这些，就可以说做到敬重自身了，这样也就成就了其父亲的名声了。"

哀公问："怎么说是成就了其父亲的名声了呢？"

孔子回答道："所谓君子，就是有名望的人。百姓送给他的尊称，称作君子，就是用'国君之子'来称呼，也就是把他的父亲看成是国君一般的人物，而他本人是国君之子，这不就是成就了父亲的名声了吗。"

孔子接着说："国君如果只注重政治而不能爱护民众，就不能成就自身；不能成就自身，就不能使自己的国家安定；不能使自己的国家安定，就是没有顺应天道；没有顺应天道，就不能成就自身。"

哀公问："请问怎么做才能成就自身？"

孔子回答说："自己做任何事都合乎事物固有的法则，不破坏规矩、越过界限，就可以说成就自身了。不逾越事物的固有法则就是合乎天道。"

哀公问："请问君子为何尊重天道呢？"

孔子回答说："尊重天道是因为它周而复始、运动不止，就像太阳和月亮每天东升西落一样，这就是天道；天体运行无阻而长久不衰，这是天道；世上万物不用人为干预就能自然成长，这也是天道；自己的成功体现在国家兴旺的过程之中，这也是天道。"

哀公说："我以前愚昧，您的这番教诲让我茅塞顿开啊！"

孔子恭敬地离开座席回答说："仁德的人做事不能逾越事物的自然法则，孝子行事要关心并理解父母。也就是说，仁德的人侍奉父母，就如同尊重天道一样；尊重天道，就如同侍奉父母一样诚心，这样就是孝子成就了自身。"

哀公说："我知道了您说的这些道理，以后就会少犯过错了吧？"

孔子说："您能说出这样的话，是臣民的福分啊！"

儒行解第五

★ 原文

孔子在卫，冉求言于季孙①曰："国有圣人而不能用，欲以求治，是犹却步而欲求及前人，不可得已。今孔子在卫，卫将用之。己有才而以资邻国，难以言智也，请以重币②迎之。"季孙以告哀公，公从之。

孔子既至，舍哀公馆焉。公自阼阶③，孔子宾阶，升堂立侍。

公曰："夫子之服，其儒服与？"

孔子对曰："丘少居鲁，衣逢掖之衣④。长居宋，冠章甫之冠。丘闻之，君子之学也博，其服以乡，丘未知其为儒服也。"

公曰："敢问儒行？"

孔子曰："略言之，则不能终其物；悉数之，则留更仆⑤未可以对。"

哀公命席，孔子侍坐，曰："儒有席上之珍以待聘，夙夜强学以待问，怀忠信以待举，力行以待取。其自立有如此者。

"儒有衣冠中，动作慎，其大让如慢，小让如伪。大则如威，小则如愧。难进而易退，粥粥若无能也。其容貌有如此者。

"儒有居处齐难⑥，其起坐恭敬，言必诚信，行必忠正。道涂不争险易之利，冬夏不争阴阳之和。爱其死以有待也，养其身以有为也。其备预有如此者。

"儒有不宝金玉而忠信以为宝，不祈土地而仁义以为土地，不求多积而多文以为富。难得而易禄也，易禄而难畜⑦也。非时不见，不亦难得乎？非义不合，不亦难畜乎？先劳而后禄，不亦易禄乎？其近人情有如此者。

"儒有委之以财货而不贪，淹之以乐好而不淫，劫之以众而不惧，阻之以兵而不慑。见利不亏其义，见死不更其守。鸷虫攫搏不程其勇[8]，引重鼎不程其力。往者不悔，来者不豫，过言不再，流言不极[9]，不断其威，不习其谋。其特立有如此者。

"儒有可亲而不可劫，可近而不可迫，可杀而不可辱。其居处不过，其饮食不溽，其过失可微辩而不可面数也。其刚毅有如此者。

"儒有忠信以为甲胄，礼义以为干橹[10]，戴仁而行，抱义而处，虽有暴政，不更其所。其自立有如此者。

"儒有一亩之宫，环堵之室[11]，荜门圭窬，蓬户瓮牖[12]。易衣而出，并日而食。上答之，不敢以疑；上不答之，不敢以谄。其为士有如此者。

"儒有今人以居，古人以稽[13]；今世行之，后世以为楷。若不逢世，上所不受，下所不推，诡谄之民有比党而危之者，身可危也，其志不可夺也。虽危起居，犹竟信其志，乃不忘百姓之病也。其忧思有如此者。

"儒有博学而不穷，笃行而不倦，幽居而不淫，上通而不困。礼必以和，优游[14]以法，慕贤而容众，毁方而瓦合。其宽裕有如此者。

"儒有内称不避亲，外举不避怨。程功积事[15]，不求厚禄。推贤达能，不望其报。君得其志，民赖其德。苟利国家，不求富贵。其举贤援能有如此者。

"儒有澡身浴德，陈言而伏。静言而正之，而上下不知也。默而翘之[16]，又不急为也。不临深而为高，不加少而为多。世治不轻，世乱不沮[17]。同己不与，异己不非。其特立独行有如此者。

"儒有上不臣天子，下不事诸侯，慎静尚宽，底厉廉隅。强毅[18]以与人，博学以知服。虽以分国，视之如锱铢[19]，弗肯臣仕。其规为有如此者。

"儒有合志同方，营道同术。并立则乐，相下不厌。久别则闻流言不信，义同而进，不同而退。其交有如此者。

"夫温良者仁之本也，慎敬者仁之地也，宽裕者仁之作也，逊接者仁之能也，礼节者仁之貌也，言谈者仁之文也，歌乐者仁之和也，分散者仁之施也。儒皆兼此而有之，犹且不敢言仁也。其尊让有如此者。

"儒有不陨获于贫贱，不充诎[20]于富贵，不溷君王，不累长上，不闵有司，故曰儒。今人之名儒也妄，常以儒相诟疾。"

哀公既得闻此言也，言加信，行加敬，曰："终殁吾世，弗敢复以儒为戏矣！"

★ 注释

① 季孙：指季孙肥，即季康子，鲁哀公的正卿。

② 重币：丰厚的礼物，指贵重的玉、帛、马匹等物品。

③ 阼阶：东阶。古代以阼为主人之位。

④ 逢掖之衣：宽袖之衣，为古代儒者所服。

⑤ 留更仆：待到仆人换班，指时间长。

⑥ 齐难：庄重，严肃。

⑦ 难畜：难以留住。畜，容留。

⑧ 鸷虫攫搏不程其勇：鸷虫，猛禽和猛兽。攫搏，指鸟兽之抓取、搏击。程，度量。

⑨ 流言不极：对流言不追根问底。极，深究。

⑩ 干橹：指盾牌。小盾为干，大盾为橹。

⑪ 环堵之室：指闭塞的小房间。

⑫ 蓬户瓮牖：用蓬草编门，以破瓮之口做窗户。

⑬ 稽：保留。

⑭ 优游：平和自在。

⑮ 程功积事：度量功绩，积累事实。

⑯ 默而翘之：默默地翘首等待。

⑰ 不沮：不沮丧。

⑱ 强毅：刚强坚毅。

⑲ 锱铢：古代重量单位，六铢为一锱，四锱为一两。比喻微小的东西。

⑳ 充诎：自满而失去节制。

★ 译文

孔子当时还在卫国，鲁国的冉求对季孙氏说："我们国家有贤能的圣人却得不到任用，如果这样下去，想治理好国家，就像倒着走而又想赶上前面的人一样，是不可能的。现在孔子在卫国，听说卫国将要任用他，如果放任自己国家的人才去邻国任职、施展才华，对我国来说，是没有做到任贤荐能，这是不明智的行为。我建议用丰厚的聘礼把他请回来任职。"季孙氏把冉求的建议禀告了鲁哀公，鲁哀公接受了这一建议。

孔子被请回鲁国后，住在鲁哀公专门招待重要客人的宾馆里。哀公亲自接见了孔子，二人分宾主之礼拾阶而上来到大堂，孔子站着陪哀公说话。

鲁哀公问孔子说："先生穿的衣服，是儒者特有的装扮吗？"

孔子回答说："我小时候住在鲁国，穿的是宽袖的衣服。长大后住在宋国，穿戴的是平民常穿的衣服和帽子。我只听说，君子做学问要广博，穿衣戴帽入乡随俗，我从没听说过儒者有什么特有的服装。"

鲁哀公问："请问儒者的行为准则是什么样的呢？"

孔子回答说："对于儒者的行为准则，如果简单粗略地讲讲，很难把意思说透；如果详细地讲，就需要很长时间，可能讲到侍卫换班都讲不完。"

鲁哀公命人安排了座席，孔子入座后接着说："儒者就如同宴席上的美味佳肴一样等待贵客享用，努力学习知识等待有心人来请教，心怀忠信等待有识之士的举荐，努力做事等待知人善任的人录用。这就是儒者修身立身的行为准则。

"儒者的穿戴适度，行为谨慎，在大型仪礼中缓慢从容，行小礼一丝不苟不懈怠。做大事有敬畏之心，做小事从不草率。从不避重就轻，并且时时知道谦让，看似极其普通之人。这就是儒者的外在形象。

"儒者的日常起居庄重严肃，坐立行走都能展示出对仪礼的恭敬之态，说话讲求诚信，做事讲究中规中矩。在路途不与人争平坦好走的路，冬夏之季不与人争冬暖夏凉的地方。爱惜自己的生命、保养自己的身体，修身养性，等待时机，以待将来有所作为。这就是儒者修身待取，为事业预先做好准备的样子。

"儒者看重的不是金玉而是把忠诚信誉当作财宝；他们不刻意谋求占有土地，而是把仁义当作财产；他们不谋求积蓄很多财富，而是把学问广博作为富有的标志。儒者是难以得到的人才，对俸禄却很容易满足，即便给予高官厚禄也不容易招聘到。他们觉得时机不成熟就不出现，这样的人不是很难得吗？他们认为不正义的事情就不合作，这样的人不是很难招募吗？他们奉行先劳后得，这样的人不是很容易供养吗？这就是儒者性情率真的一面。

"儒者对于所管理的财物不产生贪念，不会沉溺于吃喝玩乐之中；遭到当众威逼也不惧怕，受到武力威胁也不会恐惧。见利不会忘义，面对生命危险不改变自己的操守。遇到猛禽、猛兽的攻击，不度量自己的力量而与之搏斗；牵引重鼎，不度量自己的力量而尽力而为。他们对做过的事情不追悔，对未来的事情不疑虑。说错的话不会再说，对流言不去追究，时常保持威严，不学权谋。这就是儒者特立独行的一面。

"儒者待人亲善而不怕胁迫，容易接近而不可以威逼，保持尊严，宁可杀而不可辱。他们的居处不奢华，他们的饮食不丰厚，他们可以接受委婉的批评而不可以当面数落。这是儒者刚强坚毅的一面。

"儒者以忠信作为铠甲，以礼仪作为盾牌，信守仁义去行事，心怀美德与人相处。即使面对暴政的统治，也不改变自己的信念。这是儒者自立的一面。"

"儒者的宅院不大，住室也不宽敞，院门看上去很简陋，房间的门窗也很普通。出门才换上得体的衣服，两三天才能吃一顿饱饭。如果自己的建议被国君采纳并被提拔时，能做到忠心耿耿而无二心；如果建议得不到采纳时，也从不对上谄媚以求提拔。这是儒者做官有原则的一面。

"儒者虽与当今世人一起居住生活，却以古代圣贤的道德标准要求自己；儒者在当代的行为，可以作为后世的楷模。他们如果生不逢时，上面没人接受，下面没人推荐，进谗谄媚的人又合伙来陷害他们，即便伤害了他们的身体，却不能剥夺他们的志向。虽然他们的生活起居受到困扰，他们仍然信念坚定、志向不改，仍将百姓的苦难系在心中。这是儒者的忧思百姓的一面。

"儒者虽然知识广博仍坚持学习，坚守自己的德行而不倦怠，闲居独处时不放纵自己，仕途顺利时不为名利所困。遵循以和为贵的原则，悠然自得而有节制。仰慕学习圣贤而又能容纳普通百姓，有时可削减自己的棱角而依随众人。这就是儒者宽容大度的一面。

"儒者举荐人才，对内不避亲属，对外不避有仇怨的人。他们度量功德，积累政绩，不是为谋求更高的禄位。推荐贤能是为了发挥其聪明才智，不期望他们的报答。国君能够依靠儒者的政治抱负治理国家，百姓依仗他们的仁德生活得更好。儒者只求有利于国家，而不是贪图个人的荣华富贵。这是儒者举贤荐能的一面。

"儒者常用道德沐浴身心，直言陈述自己的建议而静静地等待君主采纳。委婉地指出国君的过失，而不让君主和臣子觉得是在批评。如果君主不理解就要进一步启发，而不操之过急。不在地位低下的人面前显示自己的高明，也不把自己的功劳夸大其词。身处太平盛世，不轻狂、不自轻；身处乱世，不气馁、不沮丧。不与志向相同的人结党营私，也不诋毁和自己政见不同的人。这是儒者有主见、不随波逐流的一面。

"有的儒者既不愿做天子的臣下，也不愿事奉诸侯；他们喜欢恬淡的生活，崇尚在不受束缚的环境中磨炼自己的行为修养。他们性格坚强有毅力并且与人相处随和，广博地学习知识并牢记在心。即使国家给他封官、封地，他也看作锱铢小事，不肯入仕为官。这是儒者享受清高的一面。

"儒者交朋友，看重的是志趣相合，观点一致，能在一起研究学问探讨问题。能为彼此取得的成就高兴，即便地位差异很大彼此也不厌弃。对久不相见的朋友保持信任，即便听到对方的流言蜚语也绝不相信。志向相同就深入交往，志向不合就各奔东西。这是儒者交朋友的态度。

"温和善良是仁的根本，恭敬谨慎是仁的基础，宽宏大量是仁的开始，谦逊待人是仁的功能，礼节是仁的外表，言谈是仁的文辞，歌舞、音乐是仁的和谐，乐善好施是仁的慈悲。儒者兼有这几种美德，尚且不敢说已经做到仁了。这是儒者恭敬谦让的一面。

"儒者不因贫贱而愁闷不安，也不因富贵而得意忘形。言语不玷辱君王，行为不拖累长辈，接受管理不给地方官吏带来困扰，因此叫作儒。现今人们对儒者这个名称有很多不实的曲解，经常把'儒者'的称谓当成讥讽他人词汇，真是可叹。"

鲁哀公听到孔子这番言论以后，讲话更加诚恳守信，行为更加恭敬有礼。他说："我这一生再也不敢拿儒者开玩笑了。"

问礼第六

★ 原文

哀公问于孔子曰："大礼^①何如？子之言礼，何其尊也？"

孔子对曰："丘也鄙人，不足以知大礼也。"

公曰："吾子言焉！"

孔子曰："丘闻之，民之所以生者，礼为大。非礼则无以节事天地之神焉，非礼则无以辨君臣、上下、长幼之位焉，非礼则无以别男女、父子、兄弟、婚姻、亲族、疏数之交焉。是故君子此之为尊敬，然后以其所能教顺百姓，不废其会节^②。既有成事，而后治其文章^③黼黻^④，以别尊卑、上下之等。其顺之也，而后言其丧祭^⑤之纪^⑥、宗庙之序。品其牺牲^⑦，设其豕腊^⑧，修其岁时，以敬其祭祀，别其亲疏，序其昭穆^⑨。而后宗族会醵，即安其居，以缀恩义。卑其宫室，节其服御^⑩，车不雕玑，器不雕镂，食不二味，心不淫志，以与万民同利。古之明王行礼也如此。"

公曰："今之君子胡莫之行也？"

孔子对曰："今之君子，好利无厌，淫行不倦，荒怠慢游，固^⑪民是尽，以遂其心，以怨其政，以忏其众，以伐有道。求得当欲不以其所，虐杀刑诛不以其治。夫昔之用民者由前，今之用民者由后。是即今之君子莫能为礼也。"

★ 注释

① 大礼：隆重的礼仪。

②会节：意指最重要的礼节和最高的界限。

③文章：古代一种杂错的花纹。这里指文饰器物。

④黼黻（fǔ fú）：古代礼服上所绣的花纹，这里指礼服。

⑤丧祭：葬后的祭礼。

⑥纪：法度规矩。

⑦牺牲：供祭祀用的纯色全体牲畜。色纯为"牺"，体全为"牲"。也通指祭祀用的所有物品。

⑧豕腊（shǐ là）：干猪肉，腊肉。引申为祭祀用的食品。

⑨昭穆：古代宗法制度，宗庙或祭奠时的辈次排列。以始祖居中；二世、四世、六世位于始祖左方，称昭；三世、五世、七世位于右方，称穆。用来分别宗族内部的长幼、亲疏和远近。

⑩节其服御：节省日常用度。服御，指衣服车马之类。

⑪固：坚持，一定。

★译文

鲁哀公向孔子请教说："隆重的礼仪是什么样的？您为什么把礼仪说得那么重要呢？"

孔子回答道："我是个普通人，对隆重的礼节的理解也很粗浅。"

鲁哀公说："您还是说说吧！"

孔子回答道："一般来说，在百姓的日常生活中，礼仪是最重要的。没有祭祀之礼就不能显示对天地神灵的敬重，没有礼仪就无法区别君臣、上下级、长幼的地位关系，没有礼仪就不能展现男女有别、父子亲情、兄弟感情、婚姻关系、亲戚交往、朋友疏密等。所以，君王把礼看得非常重要，并尽其所能来教化引导百姓，使他们懂得礼的重要和礼的界限。等到礼制教化卓有成效，再用有文饰的器物和各式礼服来区别尊卑和上下级。百姓顺应各类关系的礼教之后，接下来就要制定丧葬和祭奠的规则，规范宗庙祭祀的程序。提前准备好祭祀用的物品，准备好猪肉干等食物，每年按时举行严肃的祭礼，以表达对神灵和先祖的崇敬之心；活动中以礼区别血缘关系的亲疏，排好长幼、尊卑次序。祭祀之后的亲属聚宴，也依序排列座席，从而融洽亲属成员之间的关系和亲情。君王对自己的宫殿不求宏伟高大，穿俭朴无华的衣服，所用车辆不加过分的装饰，所用器具也不雕刻花纹，饮食不讲究奢侈，内心没有过分的欲望，能和百姓同享利益。以前的贤明君主就是这样讲礼节的。"

鲁哀公问："现在的君主为什么没有这样做呢？"

孔子回答说："现在的君主贪图私利没有满足，放纵自己的行为不知节制，生活放荡，理政懒散，盘剥百姓以满足其私心，招致百姓对其政策的不满，违背百姓的意愿，侵犯周边政治清明的国家。他们只求个人欲望得到满足，为此不择手段，对待百姓肆意杀罚，不按照法度治理国家。以前的君主统治民众是用前面说的礼教的办法，现在的君主统治民众是用后面说的人治的办法。这就是现在的君主不能重视礼教的原因。"

★ 原文

言偃问曰："夫子之极言礼也，可得而闻乎？"

孔子言："我欲观夏，是故之杞，而不足征也，吾得《夏时》①焉；我欲观殷道，是故之宋，而不足征也，吾得《乾坤》②焉；《乾坤》之义，《夏时》之等，吾以此观之。

"夫礼，初也始于饮食。太古之时，燔黍擘豚，汙樽抔饮③，蒉桴④土鼓⑤，犹可以致敬鬼神。及其死也，升屋而号，告曰：'高，某复！'然后饮腥苴熟⑥，形体则降，魂气则上，是谓天望而地藏也。故生者南向，死者北首，皆从其初也。

"昔之王者，未有宫室，冬则居营窟，夏则居橧巢⑦。未有火化，食草木之实，鸟兽之肉，饮其血，茹其毛。未有丝麻，衣其羽皮。后圣有作，然后修火之利，范金合土，以为宫室、户牖；以炮以燔，以烹以炙，以为醴酪；治其丝麻，以为布帛，以养生送死，以事鬼神。故玄酒在室，醴盏在户，粢醍在堂，澄酒在下⑧，陈其牺牲，备其鼎俎⑨，列其琴瑟管磬钟鼓，以降上神与其先祖，以正君臣，以笃父子，以睦兄弟，以齐上下，夫妇有所，是谓承天之佑。作其祝号⑩，玄酒以祭，荐其血毛，腥其俎，熟其殽。越席以坐，疏布以幂，衣其浣帛，醴盏以献，荐其燔炙。君与夫人交献，以嘉魂魄。然后退而合烹，体其犬豕牛羊，实其簠簋⑪、笾豆⑫、铏羹⑬，祝以孝告，嘏以慈告，是为大祥，此礼之大成也。"

★ 注释

① 《夏时》：夏代的历书，是一部以动植物的生长、繁殖、行为、习性等为基础，结合天文、历象而制定的指导农事活动的物候历。

② 《乾坤》：商代的易书。

③ 燔黍擘豚（fán shǔ bǎi tún），汙樽抔饮（wà zūn póu yǐn）：指上古时代烹饪用具出现前对食物的简单加工情况。燔，烤。擘，撕裂。汙樽，掘坑为樽。抔饮，用手捧喝。

④ 蒉桴（kuài fú）：用草和土抟成的鼓槌。

⑤ 土鼓：一种以陶土为框、两面蒙皮的原始打击乐器。

⑥ 饭腥苴（jū）熟：古代送死送葬的风俗，在死者口中放置珠贝或生谷物，用草袋置放熟食祭奠死者。

⑦ 橧巢：上古人类的居处。用柴草在地面搭建的谓橧，在树上搭建的曰巢。

⑧ 玄酒在室，醴（lǐ）盏在户，粢醍（zī tí）在堂，澄酒在下：玄酒，"太古无酒，以水行礼。后王重古，尊为玄酒"。醴盏，指甜酒和白酒。粢醍，浅红色的清酒。澄酒，一种带色的酒。古人房屋，前边的大房间叫"堂"，后部中央房间叫"室"，室的两侧房间叫"房"。

⑨ 鼎俎：鼎和俎都为古代祭祀时陈置牲体或其他食物的礼器。

⑩ 祝号：在神灵牌位名前冠以美称。

⑪ 簠簋（fǔ guǐ）：簠与簋为两种盛黍、稷、稻、粱的礼器。

⑫ 笾（biān）豆：竹制为笾，木制为豆，古代祭祀时盛祭品的两种器具。

⑬ 铏（xíng）羹：古祭祀时盛在铏器中的调以五味的羹。

★ 译文

言偃向孔子请教，问道："先生，您极其崇尚礼制，请您讲给我们听听吧！"

孔子说："我曾想了解夏代的礼制，因此我去了杞国（杞国是由夏朝王室的后人统治的诸侯国），因为年代久远已无法实地考证，但我在那里得到了夏代的历书《夏时》。我为了考证商代的礼制，我又去了宋国（宋国是由商朝王室的后人统治的诸侯国），同样没有实地考证到有价值的材料，但我得到了商代的易书《乾坤》。我从《乾坤》一书中看到了阴阳变换的道理，从《夏时》中学到了时令周转的规律，同时也学到了许多关于礼制的问题。

"一般来说，礼制起源于人类的日常生活。在远古时代，人们就用火烹制谷物、烤制肉食；挖坑盛装清水，用手捧水饮用；以捆扎草茎做成的鼓槌击打土鼓（用陶制的边框蒙上兽皮做成的鼓）。用这样一些简陋的礼仪来表达对鬼神的敬意。在人死的时候，一定会有人登上房顶，高声呼喊：'哎，某某你快回来吧！（呼唤死者的魂魄）然后在死者的口中放入生食，旁边放上袋装熟食再下葬。此举表示让有形的死者尸体入土为安，让无形的死者灵魂升天之意。南面属阳，所以参加殡葬仪式的人面朝南；北方属阴，所以死者入殓时头部向北。这是初始的殡葬之礼。

"先古时代的君王并没有专门的宫殿，他们冬天住洞穴，夏天住倚树搭建的草棚。那时还不会用火烹制食物，他们只能生吃植物果实，生吃飞禽走兽的肉、喝它们的血，有时连毛一起吞下。没有棉麻织物做衣服，只能用禽兽的羽毛和兽皮御寒。后来才有圣人出现，然后才发现了火的妙用，铸造金属器物，烧制砖瓦，建筑房屋；才有烤制肉食，烹煮食物，酿酒造醋；才有加工丝麻的技术，制造出了麻布和丝绸用于缝制衣物。所有这些，既可以用于人们的日常生活，也可以用于举办葬礼和祭祀鬼神的活动。在先古时代的礼仪中，不同的场合用不同的酒，如在正室中使用玄酒（以清水代酒），在正室门口使用醴酒（带甜味的酒），在大堂中使用醍酒（浅红色的酒），在堂下则使用澄酒（一种清酒）。在案几上摆放好各种祭祀用的生熟肉食和面食、各种礼器（如鼎和漆器），利用各种乐器如琴、瑟、管、磬、钟、鼓等奏乐，以迎接天神与先祖神灵的降临。通过祭祀活动摆正君臣关系，增加父子亲情，和睦兄弟感情，使上下齐心，使男女有别并各安其位。这就是所谓获得了上天的福佑。在大祥（父母亲去世二周年的祭奠称为大祥）祭祀的时候，一定要在神灵牌位名前冠以美称，祭上玄酒，祭上刚宰杀牺牲的血和毛，各种生熟祭品摆放在礼器中。献礼人都坐在草席上，酒器上罩着饰布，人人穿着新衣服，手端准备好的祭酒和祭品。男人和妇人依次到灵位前献礼，并称颂神灵的功德。礼仪过后，将祭品取下，把猪、牛、羊等动物肉食进行烹煮，用簠簋盛放上谷物食品，用竹质和木质礼器盛放干果，用铏（一种礼器）盛放羹类食品，用以招待参加祭礼的人和其他乡人。最后，作祝词感恩感谢神灵的护佑，并把神灵的慈爱转祝大家。这就是大祥祭礼的模式。到这个时候祭礼就结束了。"

五仪解第七

★ 原文

哀公问于孔子曰："寡人欲论鲁国之士，与之为治，敢问如何取之？"

孔子对曰："生今之世，志古之道；居今之俗，服古之服。舍此①而为非者，不亦鲜乎？"

曰："然则章甫绚履，绅带缙笏者，皆贤人也？"

孔子曰："不必然也。丘之所言，非此之谓也。夫端衣玄裳②，冕而乘轩者，则志不在于食荤；斩衰③菅菲，杖而歠粥者，则志不在于酒肉。生今之世，志古之道；居今之俗，服古之服：谓此类也。"

公曰："善哉！尽此而已乎？"

孔子曰："人有五仪④，有庸人，有士人，有君子，有贤人，有圣人。审此五者，则治道毕矣。"

公曰："敢问何如斯可谓之庸人？"

孔子曰："所谓庸人者，心不存慎终之规，口不吐训格⑤之言，不择贤以托其身，不力行以自定。见小暗大，而不知所务；从物如流，不知其所执。此则庸人也。"

公曰："何谓士人？"

孔子曰："所谓士人者，心有所定，计有所守，虽不能尽道术⑥之本，必有率也；虽不能备百善之美，必有处也。是故知不务多，必审其所知；言不务多，必审其所谓；行不务多，必审其所由。智既知之，言既道之，行既由之，则若性命之形骸⑦之不可易也。富贵不足以益，贫贱不足以损。此则士人也。”

公曰：“何谓君子？”

孔子曰：“所谓君子者，言必忠信而心不怨，仁义在身而色无伐，思虑通明而辞不专。笃行信道，自强不息。油然⑧若将可越，而终不可及者。此则君子也。”

公曰：“何谓贤人？”

孔子曰：“所谓贤人者，德不逾闲，行中规绳⑨。言足以法于天下而不伤于身，道足以化于百姓而不伤于本。富则天下无宛财，施则天下不病贫。此则贤者也。”

公曰：“何谓圣人？”

孔子曰：“所谓圣人者，德合于天地，变通无方，穷万事之终始，协庶品之自然，敷其大道而遂成情性。明并日月，化行若神。下民不知其德，睹者不识其邻。此谓圣人也。”

公曰：“善哉！非子之贤，则寡人不得闻此言也。虽然，寡人生于深宫之内，长于妇人之手，未尝知哀，未尝知忧，未尝知劳，未尝知惧，未尝知危，恐不足以行五仪之教。若何？”

孔子对曰：“如君之言，已知之矣，则丘亦无所闻焉。”

公曰：“非吾子，寡人无以启其心，吾子言也。”

孔子曰：“君入庙，如右⑩，登自阼阶，仰视榱桷，俯察机筵⑪，其器皆存，而不睹其人。君以此思哀，则哀可知矣。昧爽夙兴，正其衣冠，平旦⑫视朝，虑其危难，一物失理，乱亡之端。君以此思忧，则忧可知矣。日出听政，至于中冥，诸侯子孙，往来为宾，行礼揖让，慎其威仪。君以此思劳，则劳亦可知矣。缅然⑬长思，出于四门，周章远望，睹亡国之墟，必将有数焉。君以此思惧，则惧可知矣。夫君者，舟也；庶人者，水也。水所以载舟，亦所以覆舟。君以此思危，则危可知矣。君既明此五者，又少留意于五仪之事，则于政治何有失矣！”

★ 注释

① 舍（shè）此：意为有此种行为的人。舍，处于。

② 端衣玄裳：指穿着礼服。端衣，指古代祭祀时所穿的礼服。玄，黑红色。

③ 斩衰：古代丧服，用粗麻布做成，不缝边。

④ 五仪：五个等次。

⑤ 训格：规范，典范。

⑥ 道术：道德学术。

⑦ 形骸：人的形体、躯壳。

⑧ 油然：从容、安闲的样子。

⑨ 规绳：指规范、法则。规，校正圆形的用具。绳，木工用的墨线。

⑩ 如右：指从右边走。古人以右为尊。

⑪ 机筵：筵席，也作"几筵"。

⑫ 平旦：清晨。

⑬ 缅然：悠思貌。

★ 译文

鲁哀公向孔子问道："我想研究一下鲁国的人才，让他们一起参与治理国家，请问怎么选拔人才呢？"

孔子回答说："现在有些人虽然生活在当今的时代，但倾慕古时代的道德礼仪；他们虽然依现今的习俗而生活，但却喜爱穿着古代的服饰。有如此外在表现却做出恶劣举动的人不也很少见吗？"

哀公问："那么按照你的说法，穿着旧时的服装，行着旧时的礼节，这样的人都是贤人吗？"

孔子说："那倒不一定。我刚才说的话，并不是这个意思。那些穿着礼服、戴着礼帽、乘车去行祭祀礼的人，他们的志向不在于食荤；那些身着用粗麻布做的丧服，脚穿着草鞋，拄着丧杖喝粥、行丧礼的人，他们的志向也不在于酒肉。有人生活在当今的时代，却倾慕古代的道德礼仪；过着现代的世俗生活，却穿着古代的服装：我说的就是这类人。"

哀公说："哦，是这样啊！就仅仅是这些吗？"

孔子回答道："人分五个层次，有庸人、士人、君子、贤人和圣人。如果分清了这五类人，那么选拔治国之才就顺理成章了。"

哀公问道："请问什么样的人算是庸人？"

孔子回答说："所谓庸人，他们心中没有始终坚守的谨慎行事之原则，口中也讲不出大道理；他们不把圣贤作为自己的榜样去修身养性，没有人生目标追求，也不努力做事以便得到安定的生活；他们往往小事明白大事糊涂，不知自己在忙些什么；他们凡事随波逐流，没有坚定的信念。这样的人就是庸人。"

哀公问道："请问什么是士人？"

孔子回答说："所谓士人，他们心中有确定的信念，行动有明确的计划，即使对道义和谋略没有达到精通之境，但一定有自己遵循的原则；即使不能做到尽善尽美，但一定有自己的操守。因此他们不一定拥有广博的知识，但一定会审慎利用自己具有的知识；他们讲话不一定多，但一定会思考要说的话是否恰当；他们采取的行动不一定多，但他们一定会谨慎对待每次行动。他们的聪明才智是了解自己知道什么，知道自己该说什么，清楚自己该做什么。其思想和行为就像是人的生命附于躯体一样，紧密连在一起。生活的富贵不会改变其思想，贫贱的生活也不会降低自己的行为操守。这样的人就是士人。"

哀公问："什么样的人是君子呢？"

孔子回答说："所谓君子，就是言行讲究忠心和诚信，内心无怨无悔；身有仁义的美德，却从不自吹自擂；考虑问题明智豁达，说话却从不自以为是。他们遵循道义，努力实现自己的理想抱负，不断超越自我。从表面上看，他们悠然自得、从容不迫，好像没有什么过人之处，但常人却始终无法企及。这样的人就是君子。"

哀公问："什么样的人称得上是贤人呢？"

孔子回答说："所谓贤人，他们的品德就是不逾越常规，行为举止完全符合礼法，他们的言论足可以成为天下百姓的信条而不招来灾祸，他们的道德行为足以感化百姓而不会破坏社会稳定的根本。他们精神富有，会带动天下人不去追求敛财聚财；他们乐善好施，会带动天下人都愿意去帮助贫病之人。这样的人就是贤人。"

哀公又问："什么样的人称得上是圣人呢？"

孔子回答说："所谓圣人，他们的品德修养符合天地之道，思想不僵化，能变通自如。他们对一切事物都去探究前因后果和规律，做事遵循自然法则，与天下万物生灵和谐相处，把天地之道融入自己的真性情。他们的思想如日月照亮人的心灵，他们的修养如神灵般教化着百姓。他们相貌普通，一般的民众看不透他们的德行有多深，即便是走在他们身边也不会知道身边的他们就是得道高人。具备这种境界的人就是圣人。"

哀公说："太好了！若不是遇到先生您这样的圣贤之人，我就听不到这些高论了。但我出生在宫中，生长在妃嫔和宫女居多的环境里，从来不知道什么是悲哀，不知道什么是忧愁、什么是辛劳、什么是畏惧、什么是危患。这样的我，恐怕很难去施行五仪之教。该怎么办呢？"

孔子回答说："从您的话中可以听出，您已经明白这些道理了，我也没有什么可对你说的。"

哀公说："要不是您，我的心智就得不到启发，您还是再详细说说吧！"

孔子说："君主进入宗庙的大门，沿着右边的台阶登上庙堂，抬头仰视屋檐栋梁和从上边悬挂下来的先祖的画像，低头看看摆设供品的桌案，想一想先祖们用过的器具还在，而先祖却早已亡故，君主就会产生悲哀，这就体会到悲哀之情。君主每天穿戴整齐、上朝听政，思考并处理国家大事，时时想着国家面临的危难是什么，不要因为有一样事没有处理好而引发国家动乱。用这样的方式去思考、担忧国家的未来，那么忧愁之事您就找到了。君主天一亮时上朝处理朝政，到太阳偏西才退朝，期间还要接待其他诸侯及其子孙等来宾的国事访问，礼节周到不懈怠，且不失威仪，君主对辛苦就会有深有感受。君主要缅怀过去，不要局限在鲁国这一个国家，思考周围各国的兴衰，特别要关注那些衰亡的国家是怎么亡国的，做到心中有数，思考自己国家的存亡大事，君主就会产生畏惧意识。俗话说，一国之君好比是舟船，而国家的百姓就是水。水能承载舟船，也能倾覆舟船。君主以此去思考危患，处理国事如履薄冰，就能正确面对国家危难。国君明白并做好这五个方面，同时留意国家中的五种不同层次的人，知人善任，那么治理国家就不会有什么闪失了。"

★ 原文

哀公问于孔子曰："请问取人之法。"

孔子对曰："事任于官，无取捷捷①，无取钳钳②，无取啍啍③。捷捷，贪也；钳钳，乱也；啍啍，诞④也。故弓调而后求劲焉，马服而后求良焉，士必悫而后求智能者焉。不悫而多能，譬之豺狼不可迩。"

★ 注释

① 捷捷：花言巧语、巧言令色。

② 钳钳：妄言乱语。

③ 啍啍：多言多语。

④ 诞：虚妄不实。

★ 译文

鲁哀公问孔子："请问选拔任用人才有什么技巧？"

孔子回答说："按其擅长的事来任用官员，不任用巧言令色之人，不任用妄言乱语之人，不任用多言多语之人。巧言令色之人往往贪婪，妄言乱语之人常会搬弄是非，多言多语之人一般虚妄不实。张弓射箭必须调好角度以后再求用力将箭射出才会命中目标，挑选良驹必须先将其驯服再求其是否精良。选拔人才，必须先观其是否忠诚守信，然后再看其聪明才智。无诚信而精明多智，这样的人就如豺狼一样不可亲近任用。"

★ 原文

哀公问于孔子曰："寡人欲吾国小而能守，大则攻，其道如何？"

孔子对曰："使君朝廷有礼，上下相亲，天下百姓皆君之民，将谁攻之？苟违此道，民畔如归①，皆君之仇也，将与谁守？"

公曰："善哉！"于是废山泽之禁，弛②关市之税，以惠百姓。

★ 注释

① 民畔如归：意指民心背离国家成为家常便饭。畔，通"叛"，违背、背离、背叛。

② 弛：解除，废除。

★ 译文

鲁哀公问孔子说："我想使我的国家能做到国虽小但能自守，强大时具有攻伐的实力，怎么才能做到这样呢？"

孔子回答说："您应该推行礼制教化，让君臣、上下相亲相敬，那么天下百姓都愿成为您的子民，谁还会来攻打您的国家呢？假如违背这一治国方法，百姓就会与您离心离德，视您为敌，谁会和您一起守国呢？"

哀公感叹道："您说得真好！"

于是，鲁哀公下令废除不许百姓上山狩猎、不许到湖泊河流捕鱼的禁令，取消关卡和交易场所的税收，使百姓真正沐浴国君的恩惠。

★ 原文

哀公问于孔子曰："吾闻君子不博①，有之乎？"

孔子曰："有之。"

公曰："何为？"

对曰："为其有二乘②。"

公曰："有二乘，则何为不博？"

子曰："为其兼行恶道也。"哀公惧焉。

有间，复问曰："若是乎？君之恶恶道至甚也。"

孔子曰："君子之恶恶道不甚，则好善道亦不甚；好善道不甚，则百姓之亲上亦不甚。《诗》云：'未见君子，忧心惙惙。亦既见止，亦即觏止，我心则悦③。'《诗》之好善道甚也如此。"

公曰："美哉！夫君子成人之善，不成人之恶。微吾子言焉，吾弗之闻也。"

★ 注释

① 博：古代一种棋类游戏。

② 二乘：二人相互侵凌争胜。乘，欺凌。

③ 未见君子……我心则悦：出自《诗经·召南·草虫》。

★ 译文

鲁哀公向孔子请教："我听说君子不参与博戏的，有这回事吗？"

孔子回答说："有这回事。"

哀公问："这是为什么呢？"

孔子回答："因为参与博戏的两个人争强好胜。"

哀公问："就因为争强好胜就不能参与博戏了吗？"

孔子回答说："因为博戏能将人引入邪道。"鲁哀公听了有些吃惊。

过了一会儿，鲁哀公又问："真是这样吗？这么说君子是特别厌恶恶行喽？"

孔子回答道："如果君子不十分厌恶恶行，那他也就不会真心喜好善行；不真心喜好善行，那么百姓也就不会倾心亲近君子。《诗经》上说：'不见君子，忧心思念；见到君子，依偎在旁，心情愉悦。'《诗经》中就是这样抒写人们对善行的崇尚和追求的。"

鲁哀公叹道："真好啊！君子喜欢促成别人的善行而不促成别人的恶行。如果不是先生您的这些话，我也听不到这样的道理。"

★ 原文

哀公问于孔子曰："夫国家之存亡祸福，信有天命，非唯人也？"

孔子对曰："存亡祸福，皆己而已，天灾地妖，不能加也。"

公曰："善！吾子言之，岂有其事乎？"

孔子曰："昔者殷王帝辛①之世，有雀生大鸟于城隅焉，占之者曰：'凡以小生大，则国家必王，而名必昌。'于是帝辛介雀之德②，不修国政，亢暴无极，朝臣莫救，外寇乃至，殷国以亡。此即以己逆天时，诡③福反为祸者也。又其先世殷王太戊④之时，道缺法圮，以致天蘖⑤，桑穀⑥于朝，七日大拱⑦。占之者曰：'桑穀野木而不合生朝，意者国亡乎？'太戊恐骇，侧身修行，思先王之政，明养民之道，三年之后，远方慕义，重译⑧至者，十有六国。此即以己逆天时，得祸为福者也。故天灾地妖，所以儆人主⑨者也。寤梦⑩征怪⑪，所以儆人臣也。灾妖不胜善政，窭梦不胜善行。能知此者，至治之极也，唯明王达此。"

公曰："寡人不鄙固此，亦不得闻君子之教也。"

★ 注释

① 帝辛：即商纣王。

② 介雀之德：介，因、依赖。雀之德，指小麻雀孵出大鸟这一吉祥之兆。

③ 诡：奇异，怪异。

④ 太戊：商王名；太庚子。当时商朝衰微，太戊用伊陟、巫成等贤人，商朝复兴。

⑤ 天蘖：反常的树木。

⑥ 桑榖：古时以桑树、楮树合生于朝为不祥之兆。桑，桑树。榖，楮树。

⑦ 大拱：长大到两手可以围抱，形容粗大。

⑧ 重译：多重翻译。指远方国家的使者经过多重翻译才能交流，说明相隔遥远。

⑨ 儆人主：告诫国君。儆，告诫、警告。人主，指国君。

⑩ 窭梦：半睡半醒、似梦非梦、恍惚如有所见。

⑪ 征怪：怪异的征兆。

★ 译文

鲁哀公问孔子："国家的存亡祸福，是由天命决定的，还是由人力所左右的呢？"

孔子回答说："国家的存亡祸福都是由当政者自己决定的，天灾和灵异事件不能改变国家的命运。"

哀公说："真的吗？您这样说有什么事实根据吗？"

孔子说："从前，商纣王时代，在国都的城墙边，有一只小麻雀孵出一只大鸟，占卜者说：'凡是以小生大，所在的国家必将成为霸主，必将声名大振。'于是，商纣王就认为小鸟孵出大鸟是国运昌盛的好兆头，从此不再好好治理国家，并且行为残暴至极，朝中大臣也无法挽救亡国的态势，最后反军攻入都城，商朝因此灭亡。这就是以自己的肆意妄为而违背天时，让奇异的福兆反而变成灾祸的事例。另一个例子发生在商纣王的先祖商王太戊时代。当时的社会道德缺失，国家法纪紊乱，也出现了诡异的事情，朝堂上无端长出了桑树和楮树，七天树冠就长得两手合抱之粗。占卜者说：'桑树和楮树等野外生长的树木不应共同生长在朝堂上，这有可能预示着国家要灭亡啊？'商王太戊非常恐惧，从此小心地修养自己的德行，学习先王治国的方法，施行富国养民的措施。三年之后，国家面貌大变，远方的国家对商朝的变化充满崇敬，甚至偏远之国的使者经过多重翻译前来朝见学习的就有十六国之多。这就是通过自己的修身治国而改变天时，祸兆反变为国福的事例。所以说，灵异事件是上天来警告国君的，梦见怪异是上天来警告臣子的。灵异事件的预兆胜不过良好的政治，怪异的梦兆也胜不过善良的行为。能明白这个道理，就是治国的最高境界，只有贤明的国君才能做到。"

鲁哀公说："我如果不是如此的肤浅，就听不到您的这番教诲了。"

★原文

哀公问于孔子曰："智者寿乎？仁者寿乎？"

孔子对曰："然。人有三死，而非其命也，行己自取也。夫寝处不时，饮食不节，逸劳过度者，疾共杀之；居下位而上干其君，嗜欲无厌而求不止者，刑共杀之；以少犯众，以弱侮强，忿怒不类，动不量力者，兵共杀之。此三者死非命也，人自取之。若夫智士仁人，将身有节，将行动静以义，喜怒以时，无害其性，虽得寿焉，不亦可乎？"

★译文

普哀公问孔子："睿智的人和仁慈的人都长寿吗？"

孔子回答道："是的。人有三种死法，不是命中注定的，而是由自己的行为所导致的。生活起居没有规律，饮食没有节制，过度安逸或过于劳碌，就会百病丛生而夭折；处在下等的地位却冒犯君长，过于贪婪且获取无度的人，就会因刑罚致死；以少犯众，以弱敌强，喜怒不加控制，行为不自量力、任意妄为，就会在冲突中丢掉性命。这三种死法，不是命中注定的，是人自己招惹来的。而那些智士仁人，立身处世有他们的准则，行为举止合乎规范，该高兴时高兴，该愤怒时愤怒，不损害自己的身体与性命。他们能长寿，不是很正常的吗？"

卷第二

孔子家语新译

KONGZI JIAYU
XINYI

致思第八

★ 原文

孔子北游于农山^①，子路、子贡、颜渊侍侧^②。孔子四望，喟然^③而叹曰："于斯致思^④，无所不至矣。二三子各言尔志，吾将择焉。"

子路进曰："由愿得白羽若月，赤羽若日，钟鼓之音上震于天，旍旗^⑤缤纷下蟠^⑥于地。由当^⑦一队而敌之，必也攘^⑧地千里，搴^⑨旗执馘^⑩。唯由能之，使二子者从我焉。"

夫子曰："勇哉！"

子贡复进曰："赐愿使齐、楚合战于漭漾^⑪之野，两垒相望，尘埃相接，挺刃交兵。赐着缟衣白冠^⑫，陈说其间，推论利害，释国之患。唯赐能之，使夫二子者从我焉。"

夫子曰："辩哉！"

颜回退而不对。孔子曰："回，来，汝奚独^⑬无愿乎？"颜回对曰："文武之事，则二子者既言之矣，回何云焉？"

孔子曰："虽然，各言尔志也，小子言之。"

对曰："回闻薰^⑭、莸^⑮不同器而藏，尧^⑯、桀^⑰不共国而治，以其类异也。回愿得明王圣主辅相之，敷^⑱其五教^⑲，导之以礼乐，使民城郭不修，沟池不越，铸剑戟以为农器，放牛马于原薮，室家无离旷^⑳之思，千岁无战斗之患。则由无所施其勇，而赐无所用其辩矣。"

夫子凛然曰："美哉！德也。"

子路抗手^㉑而对曰："夫子何选焉？"

孔子曰："不伤财，不害民，不繁词，则颜氏之子有矣。"

★ **注释**

① 农山：山名，在今山东境内。

② 侍侧：在旁边陪着。

③ 喟（kuì）然：叹息的样子。

④ 于斯致思：在这里集中精力思考。

⑤ 旍（jíng）旗：即旌旗。

⑥ 蟠（pán）：盘曲地伏着。

⑦ 当：掌管，率领。

⑧ 攘：夺取，或作使敌人退却。

⑨ 搴（qiān）：拔取。

⑩ 馘（guó）：战争中割取的敌人的左耳。古代常以获取敌人耳朵的多少来计功。

⑪ 漭漾（mǎng yǎng）：广大貌。

⑫ 缟（gǎo）衣白冠：白衣白帽。穿这样的服装表示有奋不顾身的决心。缟，未经染色的织物。

⑬ 奚独：为何只有你。奚，疑问词，为何，如何。

⑭ 薰：一种香草。

⑮ 莸（yóu）：一种臭草。

⑯ 尧：指尧帝，姓伊祁，号放勋，帝喾之子，中国上古时期方国联盟首领、"五帝"之一。尧从兄长帝挚那里继承帝位，后禅让于舜。帝尧德高望重，人民倾心于帝尧。

⑰ 桀（jié）：指夏桀，又称帝癸、履癸，商汤把他谥号定为桀（凶猛的意思），夏朝最后一位国王，在位52年。夏桀文武双全，赤手可以把铁钩拉直；但荒淫无度，暴虐无道，为历史上有名的暴君。

⑱ 敷：实施。

⑲ 五教：指父义、母慈、兄友、弟恭、子孝这五种德行。

⑳ 离旷：丈夫离家，妇人独处。

㉑ 抗手：举手。

★ 译文

孔子到鲁国北部的农山游览，子路、子贡、颜渊在身边陪同。登上山顶，孔子向四面远望，感叹地说："在这里集中精力思考，视野开阔，什么想法都能出现啊！你们每个人各谈谈自己的志向，我来评判一下。"

子路走上前说："我想当一个将领，手持如月洁白和如日赤红的两种令旗指挥着军队，即便是敌方擂击的战鼓声响彻云霄，漫山遍野的敌兵手持旌旗在地面盘旋舞动，我带领一队人马迎击来犯之敌，必能将敌人打退于千里之外，拔掉敌人的旗帜，割下敌人的耳朵无数，取得赫赫战功。这样的事只有我能做到，子贡和颜渊肯定比不上我吧！"

孔子说："好！这正能体现你的勇敢！"

子贡走上前说道："我想到齐国和楚国交战的广阔原野上。两军的营垒遥遥相望，对阵双方的军队均已经进入阵地，两军布阵扬起的尘埃已经连成一片，士兵们只等一声令下挥刀交战。在这种情况下，我穿着白色衣帽，在两国之间游说，分析二国敌对之原因、陈述交战的利弊，解除国家的战争灾难。这样的事只有我能做得到，子路和颜渊比不过我吧！"

孔子说："不错！这能体现你的能言善辩！"

颜回没有上前讲话，反而后退了一步。孔子说："颜回，请过来，难道你没有志向吗？"

颜回回答说："文武两方面的事，子路和子贡都已经说过了，我不好再说什么了。"

孔子说："虽然如此，各人有各人的志向，你就说说你的吧。"

颜回回答说："我听说薰草和莸草不能储藏在同一个容器中，因为他们不同属；尧帝和夏桀不可能共同治理一个国家，因为他们不是同一类人。我的志向是辅佐一位贤明的君王，宣扬父义、母慈、兄友、弟恭、子孝这五种道德教化，用礼乐文明（礼制和娱乐文化）教化引导百姓，使百姓不再劳于修筑防护城墙，国家之间不再互相侵犯，剑戟等兵器无用武之地，把武器改铸为农具，百姓可以自由在平原湖畔放牧牛马，男丁不再被征做劳役和兵役、妇女不因丈夫长期离家而忧虑思念，天下没有战争之患。如此一来，子路就没有机会施展他的勇敢，子贡就没有机会发挥他能言善辩的口才了。"

孔子表情严肃地说："这是一种多么美好的愿景啊！"

子路举手行礼，然后问道："老师，您选择哪种呢？"

孔子说："不耗费财物，不危害百姓，不夸夸其谈，只有颜回的志向更得民心啊！"

★原文

鲁有俭啬者，瓦鬲 ① 煮食食之，自谓其美，盛之土型 ②，以进孔子。孔子受之而说，如受大牢 ③ 之馈。

子路曰："瓦甀，陋器也；煮食，薄膳也。夫子何喜之如此乎？"

夫子曰："夫好谏者思其君，食美者思其亲。吾非以馔具 ④ 之为厚，以其食厚而我思焉！"

★注释

① 瓦鬲（gé）：古代陶制炊具，比较简陋。

② 土型：亦作"土刑"或"土硎"。古代一种盛汤羹的陶制器皿，与后边的"瓦甀（biān）"同。

③ 大牢：古时祭祀时用的牲畜叫"牢"，祭祀时并用牛、羊、豕三牲叫作"大牢"，也称"太牢"。太牢用于隆重的祭祀，按古礼规定，一般只有天子、诸侯才能用大牢。此处意指贵重礼物。

④ 馔（zhuàn）具：餐具。

★译文

鲁国有一位极为节俭的人。一天，他用瓦罐煮了一锅食物，尝了尝味道不错，就用陶制的瓦罐盛了一些送给孔子。孔子欣然接受，高兴的表情如同是接受很大的馈赠。

子路问道："瓦罐是非常简陋的器具，煮的食品也极为平淡，先生您为什么这么高兴呢？"

孔子说："一般来说，国家的谏臣进谏言是为国君着想，普通人有美食总会想到父母。我看重的不是盛放食物的器具和其中的食物是否贵重，我是因为他做了好吃的食物能想到让我同享而高兴啊！"

★原文

孔子之楚，而有渔者而献鱼焉，孔子不受。

渔者曰："天暑市远，无所鬻也，思虑弃之粪壤，不如献之君子，故敢以进焉。"于是夫子再拜受之，使弟子扫地，将以享祭①。

门人曰："彼将弃之，而夫子以祭之，何也？"

孔子曰："吾闻诸②，惜其腐饪③，而欲以务施者，仁人之偶④也。恶有受仁人之馈而无祭者乎？"

★注释

① 享祭：祭祀。

② 诸：可代人、代事、代物，相当于"之"。

③ 腐饪：腐烂，食物变质。

④ 偶：同类。

★译文

有一次孔子到楚国去，有一位打鱼人送给他一些鱼，孔子表示不能接受。

打鱼人说："现在天热、市场又远，没办法卖掉这些鱼。我想与其让鱼腐败扔掉，还不如送给您，所以我才冒昧地送些鱼给您。"听了这些话，孔子接受了这些鱼，并再次拜谢。然后让弟子把地打扫干净，准备供奉神灵。

弟子说："打鱼人本来要扔掉这些鱼，而老师却要用来供奉神灵，这是为什么呢？"

孔子说："我听说，那些怜惜食物、怕食物变质而把它送给别人的人，都是仁慈之人。哪有接受了仁慈之人的馈赠而不先供奉给神灵呢？"

★原文

季羔①为卫之士师②，刖③人之足。俄而，卫有蒯聩之乱④，季羔逃之。

走郭门，刖者守门焉，谓季羔曰："彼有缺。"

季羔曰："君子不逾。"

又曰："彼有窦。"

季羔曰："君子不隧。"

又曰："于此有室。"

季羔乃入焉。既而追者罢，羔将去，谓刖者曰："吾不能亏主之法而亲刖子之足。今吾在难，此正子之报怨之时，而逃我者三，何故哉？"

刖者曰："断足固我之罪，无可奈何。曩者⑤君治臣以法令先人后臣，欲臣之免也，臣知之；狱决罪定，临当论刑，君愀然不乐，见君颜色，臣又知之。君岂私臣哉？天生君子，其道固然，此臣之所以说君也。"

孔子闻之，曰："善哉为吏！其用法一也。思仁恕则树德，加严暴则树怨，公以行之，其子羔乎？"

★注释

①季羔：即高柴，字子羔，又称子皋、子高、季高、季皋、季子皋，齐国人，比孔子小三十岁。任卫国狱吏时，不徇私舞弊，按法规办事，为官清廉，执法公平，有仁爱之心，受到孔子的称赞、民众的赞扬。他为人性格直爽，与子路是好友。高柴曾游学兰陵，教授弟子，传播仲尼之道，死后葬于兰陵。

②士师：古代对执法官员之通称，掌禁令、狱讼、刑罚之事。

③刖（yuè）：古代的一种酷刑，把脚砍掉。

④蒯聩（kuǎi kuì）之乱：卫后庄公蒯聩时期的卫国政变。蒯聩，即卫后庄公，姬姓，卫国第三十任国君。

⑤曩（nǎng）者：意思是以往，从前，过去的。

★ 译文

季羔担任卫国的狱官时，曾经审理过一个犯人，判罚是砍足。后来，卫国发生了蒯聩之乱，季羔准备逃走。

他来到城门，发现守门人正是被他判过砍足之刑的人。守门人认出了他，对他说："那边有个缺口，你从那儿逃走吧。"

季羔说："君子不能爬墙跳墙。"

看门人又说："那边还有个墙洞，你钻过去逃走吧。"

季羔说："君子不能像狗一样钻洞。"

看门人又说："这里有间空房子，你进去避一避吧。"

于是季羔进了空房子。后来，追捕季羔的人走远后，季羔离开前问看门人："我以前曾审判过你，并依据法律亲自判了砍足的刑罚，砍了你的脚。现在我有难，这正是你报复我的好机会，你反而多次给我逃生的机会，这是为什么？"

守门人说："砍脚的刑罚是我罪有应得，这是无可奈何的事，谁来审判都一样。过去在你审理我的案子时，依据的是国家的法律，当时你下令先审判他人的案子，然后再审判我的案子，这是为了延长时间，以便更好地了解案情，看能否免于对我的严重刑罚，我心知肚明。后来裁决已定，在行刑前你又表现出愧疚、伤心的样子，我看到了你的神情。你是不得已而为之，怎能徇私枉法呢？你天生就是个君子，你遵守了君子的行为准则，这正是我欣赏您的原因。"

孔子听了之后说："作为官吏应心存善念，即便是正确实施律法也是如此。心怀仁义宽恕之心，就会体现仁德。如果一味用严刑酷刑惩罚犯法之人，就会招致怨恨。能以仁者之心公正使用法律，季羔不就是榜样吗？"

★ 原文

孔子曰："季孙①之赐我粟千钟②，而交益亲；自南宫敬叔之乘我车也，而道加行。故道虽贵，必有时而后重，有势而后行。微夫二子之贶③财，则丘之道殆将废矣。"

★ 注释

① 季孙：指季孙肥，即季康子，鲁哀公的正卿。鲁哀公十一年（前484

年），季康子派公华、公宾、公林带着重礼，迎回当年被三桓赶出鲁国的孔子。

② 千钟：表示数量很多。钟，我国古代的量器，后也作为一种计量单位。

③ 贶（kuàng）：赏赐，赠送。

★译文

孔子说："季康子曾送过我很多粮食，从而使我不为饮食担忧，我才能结识更多的志同道合的朋友。自从南宫敬叔送我车子，我能走得更远，在更大的范围内传授我的学说。所以说，好的思想主张固然重要，但必须有好的机遇才能获得认可和重视，必须有有利的条件才能被推广。没有这二人的慷慨馈赠，我的思想学说就可能默默无闻。"

★原文

孔子曰："王者有似乎春秋。文王以王季为父，以太任为母，以太姒为妃，以武王、周公为子，以太颠、闳夭为臣，其本美矣。武王正其身以正其国，正其国以正天下，伐无道，刑有罪，一动而天下正，其事成矣。春秋致其时，而万物皆及；王者致其道，而万民皆治。周公载己行化，而天下顺之，其诚至矣。"

★译文

孔子说："王者之所以能称霸天下总有其历史渊源。周文王姬昌的父母是王季和太任，其夫人是太姒，生有周武王姬发和周公旦等儿女，有太颠、闳妖为辅佐大臣，所以他有很好的称王之基础和条件。周武王本人修身养性具备了很高的个人修养，从而使其治下的诸侯国政通民和，拥有了推翻商朝昏庸暴君统治的资本；他带兵讨伐暴虐的商纣王朝，惩治暴虐之徒，最后一呼百应，推翻了商朝建立了周朝，成就了称王大业。春、夏、秋、冬按照自然规律运转，万物生生不息；同样，一国之君遵规守道（遵循自然规律，守住道德底线）、推行治国良策，那么百姓就会响应国家号召，从而使得国泰民安。周公旦为周朝制定了礼乐典章制度，并以身作则来教化百姓，使百姓顺应国家的统治，这是他诚心治国的结果。"

★ 原文

曾子曰："入其国也，言信于群臣，而留可也；行忠于卿大夫，则仕可也；泽施于百姓，则富①可也。"

孔子曰："参之言此，可谓善安身矣。"

★ 注释

① 富：指安身。

★ 译文

曾子说："对我们这些学有所成的人来说，到一个国家就要多观察。如果该国国君的言行能够取信于群臣，我们就可以考虑留在这个国家；如果国君的行为能让身边的重臣们忠心耿耿，我们就可以考虑入朝为官；如果国君的恩泽能够传递到百姓身上，我们就可以安心在此工作。"

孔子听后说道："你说的这番话说明你找到安身立命之道了。"

★ 原文

子路为蒲宰，为水备，与民修沟洫①。以民之劳烦苦也，人与之一箪②食、一壶浆。孔子闻之，使子贡止之。

子路忿然不说，往见孔子曰："由也以暴雨将至，恐有水灾，故与民修沟洫以备之；而民多匮饿③者，是以箪食壶浆而与之。夫子使赐止之，是夫子止由之行仁也。夫子以仁教，而禁其行，由不受也。"

孔子曰："汝以民为饿也，何不白于君，发仓廪④以赈之？而私以尔食馈之，是汝明君之无惠，而见己之德美矣。汝速已则可，不则汝之见罪必矣。"

★ 注释

① 沟洫（xù）：中国古代农田中的排灌沟渠系统。

② 箪（dān）：古代用来盛饭食的竹或苇编的器具。

③ 匮饿：因缺粮而饥饿。

④ 仓廪（lǐn）：储藏谷米的仓库。

★译文

当子路担任蒲邑的地方官时，为预防大雨形成水灾，率领民众疏通河道、修建沟渠。因为民众的劳动繁重很辛苦，子路就给每一位参与者发一盒饭和一壶水。孔子听说这件事后就派子贡去阻止他。

子路忿然不悦，就去拜见孔子，说："因为暴雨就要到了，我担心发生水灾，所以才带领民众疏通河道、修建沟渠来防备。但大多数民众因为家里缺少粮食，他们是忍着饥饿在劳动，所以我发给他们每人一份食物和水。老师您却让子贡阻止我这么做，您这不是阻止我践行仁爱吗？您常常教导我们要以仁爱之心爱护百姓，现在却阻止我去做，学生难以接受。"

孔子说："你已经了解到民众处于饥饿状态，为什么不向国君呈报这一民情，请求开仓放粮救济民众呢？你现在用你自己的财产救济民众，虽然彰显了你的仁德，但你把国君置于何地呢？是国君不愿给百姓恩惠吗？所以你赶快停止这件事，否则国君会怪罪于你的。"

★原文

子路问于孔子曰："管仲之为人何如？"

子曰："仁也。"

子路曰："昔管仲说襄公①，公不受，是不辨也；欲立公子纠而不能，是不智也；家残于齐，而无忧色，是不慈也；桎梏而居槛车，无惭心，是无丑也；事所射之君，是不贞也；召忽死之，管仲不死，是不忠也。仁人之道，固若是乎？"

孔子曰："管仲说襄公，襄公不受，公之暗也；欲立子纠而不能，不遇时也；家残于齐而无忧色，是知权命也；桎梏而无惭心，自裁审也；事所射之君，通于变也；不死子纠，量轻重也。夫子纠未成君，而管仲未成臣，管仲才度义，管仲不死束缚而立功名，未可非也。召忽虽死，过于取仁，未足多也。"

★ 注释

① 襄公：齐襄公，姜姓，吕氏，名诸儿，齐僖公之子，公元前 689 年—公元前 686 年在位。

★ 译文

子路问孔子道："您认为管仲的为人怎么样？"

孔子说："他是一个有仁德的人。"

子路说："过去管仲向齐襄公提出治国建议，齐襄公不接受，这说明他没有辩论的口才；他想立公子纠为国君也没能成功，说明他没有政治谋略；他的家人曾在齐国因罪被杀，他却没有忧伤和报仇的举动，说明他并不仁慈；他曾被关在囚车里，但他面无羞愧的表情，说明他没有羞耻之心；他曾用箭射伤过登基前的齐桓公，说明他对国君不忠贞；他和召忽同时辅佐公子纠，召忽为公子纠而死，但他却没有，说明他不忠。老师您说他是有仁德的人，难道这是仁人应有的行为吗？"

孔子说："管仲给襄公提建议未被接受，这是襄公昏暗无道所致；想立公子纠为国君也没能成功，这是没有等到时机；家人因罪被杀却没有忧伤，这是他懂得命运如此；被囚于囚车而面无愧色，这是因为他对自己的未来有很好的把握；改弦易辙去辅佐齐桓公，这是他懂得及时变通；不追随公子纠去赴死，这是他权衡过生死的轻重后做出的决定。因为公子纠没有登上王位，管仲无法成为公子纠的臣子。正是由于管仲的才智与大义，没有被为了表现忠诚而去赴死的小义所束缚，最后辅佐齐桓公成就霸业，他做的这些都无可厚非。召忽虽然为公子纠而死，但其过于狭隘地对待忠诚仁义，并不值得称赞。"

★ 原文

孔子适齐，中路闻哭者之声，其音甚哀。

孔子谓其仆曰："此哭哀则哀矣，然非丧者之哀也。"驱而前，少进，见有异人焉，拥镰带索，哭音不哀①。

孔子下车，追而问曰："子何人也？"

对曰："吾，丘吾子②也。"

曰："子今非丧之所，奚哭之悲也？"

丘吾子曰："吾有三失，晚而自觉，悔之何及！"

曰："三失可得闻乎？愿子告吾，无隐也。"

丘吾子曰："吾少时好学，周遍天下，后还，丧吾亲，是一失也；长事齐君，君骄奢失士，臣节不遂，是二失也；吾平生厚交，而今皆离绝，是三失也。夫树欲静而风不停，子欲养而亲不待。往而不来者，年也；不可再见者，亲也。请从此辞。"遂投水而死。

孔子曰："小子识之，斯足为戒矣！"自是弟子辞归养亲者十有三。

★ 注释

① 哀：疑当作"哀"，形近而讹。

② 丘吾子：即丘吾，春秋时齐国人，齐国大臣，孝子。后人以丘吾为孝子的代称。

★ 译文

孔子到齐国去，行到某处忽然听到有哭声传来，声音非常哀伤。

孔子对随行的弟子说道："这哭声确实非常哀伤，但却不是因为死去亲人的那种哀伤。我们过去看看。"他们继续驱车前进，不一会儿，就看到一位行为怪异的人，手持镰刀，腰系麻绳，哭声不止。

孔子下车走过去问道："请问你是谁？"

那人回答说："我是丘吾子。"

孔子问："这里又不是举行葬礼的地方，你为什么哭得那么悲伤呢？"

丘吾子说："我这一辈子有三个大的过失，我到了晚年才认识到，现在是悔之晚矣！"

孔子说："你能和我说说是三个什么样的过失让你悲痛万分吗？希望你能告诉我，不要隐瞒。"

丘吾子说："我年轻的时候勤奋好学，四处拜师访友许多年，等我学成归来，父母已经双双离世，这是我的第一大过失，没有及时孝敬父母；后来我在齐国做了官，多年的政治生涯使我看到了国君因为骄奢淫逸而失去了很多臣子的拥戴，这是第二大过失，我没有尽到劝谏的本分；我一生虽然重视交朋友，但现在离任后，那些所谓的朋友都离我而去，这是我的第三大过失，没有交下真正的朋友。大树想静一静，但风却在不停地吹；等做子女的想要好好孝敬父母时，可父母已经不在了。失去再也追不回来的，是岁月；永远不可能再见到的，是逝去的父母。谢谢您听我说出心中的郁闷，我们就此诀别吧！"然后他转身投河溺亡。

孔子对身边的弟子们说："请你们记住丘吾子的话，要引以为戒啊！"后来，孔子的弟子中有十三人向孔子辞行，回家奉养父母。

★原文

孔子谓伯鱼曰："鲤乎！吾闻可以与人终日不倦者，其惟学焉。其容体①不足观也，其勇力不足惮也，其先祖不足称也，其族姓不足道也。终而有大名，以显闻四方，流声后裔者，岂非学者之效也？故君子不可以不学，其容不可以不饬②。不饬无类，无类失亲，失亲不忠，不忠失礼，失礼不立。夫远而有光者，饬也；近而愈明者，学也。譬之污池，水潦③注焉，萑苇④生焉，虽或以观之，孰知其源乎？"

★注释

① 容体：容貌体态，也指行为举止。

② 饬（chì）：修饰，整治，使整齐。

③ 水潦：雨水。

④ 萑苇（huán wěi）：芦苇类植物。

★译文

孔子对儿子孔鲤说："孔鲤啊！就我所知，能让人整天不知疲倦所做的事情，恐怕只有研究探讨学问这件事吧。研究学问的人，个人的相貌不足以去欣赏，个人的勇武不足以震慑他人，先辈的威望不足以津津乐道，家族出身不足以去炫耀。他们通过研究学问而扬名立万，流芳百世，这不正是做学问的功效吗？所以说，君子不能不学习，其容貌不能不修饰。不注重修饰就没有好的行为举止，没有好的行为举止就是对亲人的不尊重，对亲人的不尊重就会丧失忠信，失了忠信就无视礼制对个人的约束，不顾礼制的约束就没法在社会上立身。远看起来光鲜亮丽，是修饰打扮的效果；近距离看起来聪明睿智，是学习的结果。这就如同有一个荒凉的池塘，只要常有雨水注入，池塘四周就会长满芦苇等植物。这仅仅是人们看到的景象，谁能洞悉其根源是不断有水注入的结果呢？"

★ 原文

子路见于孔子曰："负重涉远，不择地而休；家贫亲老，不择禄而仕。昔者由也事二亲之时，常食藜藿①之实，为亲负米百里之外。亲殁之后，南游于楚②，从车百乘，积粟万钟，累茵③而坐，列鼎而食，愿欲食藜藿，为亲负米，不可复德也。枯鱼衔索，几何不蠹④？二亲之寿，忽若过隙⑤。"

孔子曰："由也事亲，可谓生事尽力，死事尽思者也。"

★ 注释

① 藜藿（lí huò）之实：藜，一种野菜，即灰菜，嫩叶可食用。藿，豆叶。实，通"食"。

② 南游于楚：此句是指子路跟随孔子周游列国来到楚国。鲁定公十四年（前496年），孔子带了一批弟子离开鲁国，去周游列国。他们周游了陈、卫、宋、蔡、齐等国后，最后到达楚国。楚昭王很钦慕孔子，当孔子一行到达楚国的负函（在今河南信阳境内）时，派人带来了丰厚的礼物，并让负函的守将沈诸梁送给孔子一百多辆随从的车子、一万钟粟米，邀孔子前往楚国国都郢城。（参见《说苑·建本》）

③ 累茵：多层垫褥。

④ 枯鱼衔索，几何不蠹（dù）：形容事物存在的日子已经不多。衔，含。索，绳子。枯鱼衔索，穿在绳上的干鱼。蠹，蛀蚀。

⑤ 过隙：比喻时间短暂，光阴易逝。

★ 译文

子路拜见孔子时说："如果背负着很重的东西，并且走了很远的路，在这种情境下人们对休息地是不会过于挑剔的，只要有地方能坐下来休息就可以了。如果家庭贫困，还有年迈的父母需要赡养，在这种情境下人们就不会等待去选择收入高的职位，只要有份能维持生计的工作就好了。我年轻的时候侍奉父母，因家庭贫困常吃野菜等粗劣的饭食，有时为了给父母搞些米面还要走很远的路。父母去世之后，我跟随先生您南游来到楚国，看到了楚王赏赐的车辆有百余部、粮食有万钟之多，受到招待时的座席要垫上好几层坐垫，桌上摆上好多种食品和菜肴。现在想想，我还是希望父母健在，宁可吃糠咽菜、为讨得米面奔波，但已经没有机会了。人到了风烛残年，哪有不老的呢？（就像挂在绳上的干鱼，哪有不被虫蚀的呢？）侍奉双亲的日月，恍惚如同昨日匆匆而过。"

孔子说："你孝敬父母已经尽心尽力了，对父母的哀思也展示了你的孝心。"

★ 原文

孔子之郯，遭程子于涂①，倾盖②而语终日，甚相亲。顾谓子路曰："取束帛以赠先生。"

子路屑然对曰："由闻之，士不中间见，女嫁无媒，君子不以交，礼也。"有闲，又顾谓子路，子路又对如初。

孔子曰："由！《诗》不云乎？'有美一人，清扬宛兮，邂逅相遇，适我愿兮③。'今程子，天下贤士也。于斯不赠，则终身弗能见也。小子行之。"

★ 注释

① 遭程子于涂：在途中遇到了程子。遭，遇到。程子，当时的一位知名人士。涂，通"途"。

② 倾盖：原意为车上的伞盖并靠在一起。这里意指途中相遇、停车交谈。

③ 有美一人……适我愿兮：出自《诗经·郑风·野有蔓草》。

★ 译文

孔子在去郯国的途中遇到了程子，停车与其长谈直到傍晚，表现得相当亲密。临分别时孔子吩咐子路说："请取一款丝帛过来，我要送给程子先生。"

子路恭敬地对孔子说："我听说，士人交友应有中间人介绍，女子嫁人必须有媒人牵线，君子更不应该乱交朋友，这是礼节。"过了一会，孔子又让子路取东西，子路还是以刚刚说的话答复。

孔子解释说："子路啊，《诗经》里不是有诗句说：'有位美女，清雅脱俗，不期而遇，正合我意'吗？今天遇到的程先生是一位有名的贤士，难遇难求，现在不以朋友之礼送给他礼物，以后也难有机会再见面了。请你照我说的办吧。"

★ 原文

孔子自卫反鲁，息驾于河梁①而观焉。有悬水②三十仞③，圜流④九十里，鱼鳖不能道，鼋鼍⑤不能居。

有一丈夫，方将厉之。孔子使人并涯止之，曰："此悬水三十仞，圜流九十里，鱼鳖、鼋鼍不能居也，意者难可济也。"丈夫不以措意⑥，遂度而出。

孔子问之曰："子巧乎？有道术乎？所以能入而出者何也？"

丈夫对曰："始吾之入也，先以忠信；及吾之出也，又从以忠信。忠信措吾躯于波流，而吾不敢以用私，所以能入而复出也。"

孔子谓弟子曰："二三子识之！水且犹可以忠信成身亲之，而况于人乎？"

★ 注释

① 河梁：桥梁。

② 悬水：瀑布。

③ 仞：长度单位，八尺（春秋战国时期，一尺约二十三厘米）为一仞。

④ 圜流：漩涡急流。

⑤ 鼋鼍（yuán tuó）：汉族神话传说中是指大鳖和鳄鱼。

⑥ 措意：留意，用心。

★ 译文

孔子从卫国返回鲁国，在桥上停车观览大河的风景。河流形成的瀑布高达三十余仞，这一河段九十里范围内到处都是漩涡和激流，鱼鳖在这片水域难以自由游动，即便是大鳖、鳄鱼也难以在此生存。

有一个壮年男子正准备从对岸渡河，孔子看到后马上派人沿着河岸跑过去制止他，说道："这里的瀑布高三十余仞，九十里之内都是旋涡和湍流，鱼鳖和鳄鱼都难以在此生存，你可推想一下，从这里很难渡过去。"那男子不以为然，仍坚持渡河，最后竟然成功地游到了河对岸。

孔子问他说："你是有什么特别的技巧？还是有什么道术？你能在这样的水域遨游自如，为什么呢？"

那男人回答说："我入水之时，心中只有对大河的忠诚与信任；直到我钻出水面的时候，再次衷心表达我对大河的忠诚与信任。是忠诚和信任保护着我的身躯能安全地遨游在波涛之中，我不敢有一点私心杂念，这就是我之所以能游过这条河的原因。"

孔子对弟子们说："你们记住，忠诚和信任连河水都可以被感化，使之亲近忠信之人的身体，又何况人呢！"

★原文

孔子将行，雨而无盖①。门人曰："商②也有之。"

孔子曰："商之为人也，甚吝③于财。吾闻与人交，推其长者，违其短者④，故能久也。"

★注释

①盖：雨伞。

②商：商，卜商，字子夏，孔门弟子。

③吝：吝啬，指舍不得财物。

④推其长者，违其短者：多用对方的长处，避开对方介意的事情。推，推重。违，避免。

★译文

孔子打算出门，外面正在下雨却没有雨伞。门人告诉孔子："卜商有伞可以借用。"

孔子说："卜商这个人生性比较看重财物，很吝啬啊。我知道，与人交往，要多考虑发挥对方的优点和长处，尽量避免在对方介意的事情上有瓜葛，这样交往关系才能长久。"

★原文

楚王渡江，江中有物大如斗，圆而赤，直触王舟，舟人取之。王大怪之，遍问群臣，莫之能识。王使使聘于鲁，问于孔子。

子曰："此所谓萍实者也，可剖而食也，吉祥也，唯霸者为能获焉。"

使者反，王遂食之，大美。久之，使来，以告鲁大夫。

大夫因子游问曰："夫子何以知其然乎？"

曰："吾昔之郑，过乎陈之野，闻童谣曰：'楚王渡江得萍实，大如斗，赤如日，剖而食之甜如蜜。'此是楚王之应也。吾是以知之。"

★译文

楚王渡长江的时候，江中有一物像斗一样大，圆形、红色，径直向王舟撞过来，船工把它打捞上来。楚王对此很好奇，问遍了朝中所有大臣，都说没见过。楚王派使者到鲁国向孔子请教。

孔子说："这是萍草的果实，可以剥开食用，是吉祥之物，此物也只能是能称霸的国君才能得到。"

使者回国并告知楚王。楚王听后就命人剥开此物取出肉核吃，味道非常鲜美。很久以后，楚国的使者又一次访问鲁国，并把此事告诉了鲁国大夫。

鲁大夫通过子游请教孔子："先生怎么知道这种怪异的东西呢？"

孔子回答说："我有一次到郑国去，路过陈国都城的郊外，听到一童谣'楚王渡江遇萍实，大如斗，红如日，剥开食之甜如蜜。'楚王这次正是应验了这个童谣，所以我知道是怎么回事。"

★原文

子贡问于孔子曰："死者有知乎？将无知乎？"

子曰："吾欲言死之有知，将恐孝子顺孙妨生以送死；吾欲言死之无知，将恐不孝之子弃其亲而不葬。赐欲知死者有知与无知，非今之急，后自知之。"

★译文

子贡向孔子请教："老师，您认为人死后是有感知还是没有感知呢？"

孔子回答说："我要是说人死后有感知，我担心活着的孝子贤孙会过分耗费财物和精力去侍奉死者，影响生者的生活质量；我要是说人死后没有感知呢，又担心那些不肖子孙根本不理会对死者的祭奠活动。子贡啊，你想知道人死后有没有感知，现在还不需要急着寻求答案，以后你自然会明白的。"

★原文

子贡问治民于孔子。子曰："懔懔①焉若持腐索之捍马。"

子贡曰："何其畏也？"

孔子曰："夫通达之御皆人也，以道导之，则吾畜也；不以道导之，则仇也。如之何其无畏也？"

★注释

①懔懔：危惧的样子。

★译文

子贡向孔子请教管理人民的举措。孔子说："管理人要时时心怀畏惧，就如同手握半朽的缰绳驾驭一匹烈马一样。"

子贡问道："畏惧什么呢？"

孔子说："驾驭烈马是否顺利就要看驾驭者的本领。如果驾驭者能因势利导，就会让烈马成为好帮手；如果不懂引导，一味强拉硬拽，烈马会强烈抗拒。你说是不是该怀有畏惧之心？"

★原文

鲁国之法，鲁人有赎臣妾于诸侯者，皆取金于府。子贡赎人于诸侯，而还其金。

孔子闻之，曰："赐失之矣！夫圣人之举事也，可以移风易俗，而教导可以施于百姓，非独适身之行也。今鲁国富者寡而贫者众，赎人，受金则为不廉，则何以相赎乎？自今以后，鲁人不复赎人于诸侯。"

★译文

按照鲁国的法律规定，从其他诸侯国赎回做奴隶的鲁国人，都可以从鲁国政府获得一笔赏钱。子贡有次赎回了奴隶，但推辞而没有领取赏钱。

孔子听说这件事后说道："子贡的做法是欠考虑啊！贤达的人做事具有表率作用，可以起到移风易俗的作用，还可以教化百姓，而不是独善其身。现在鲁国的穷人多富人少，如果让大家都认为因赎人领取赏金是不廉洁的行为，那么谁还想着去赎人呢？从今往后，鲁国人就不会从其他诸侯国赎人了。"

★原文

子路治蒲，见于孔子曰："由愿受教于夫子。"

子曰："蒲其何如？"

对曰："邑多壮士，又难治也。"

子曰："然。吾语尔，恭而敬，可以摄勇；宽而正，可以怀强；爱而恕，可以容困；温而断，可以抑奸。如此而加之正不难矣。"

★译文

子路在蒲邑为官，前来拜见孔子说："老师，我希望您能给我一些指点。"

孔子问道："现在蒲邑的情况是个什么样子？"

子路回答说："蒲邑这个地方有很多勇士，很难管理。"

孔子说："是这样啊。那么我告诉你，利用你对人的谦恭与尊敬就可以慑服那些勇士，用你的宽厚与正直可以感化强悍的人，用你的仁爱与宽恕就可以包容身处贫困中的人，用你的温和与果断就可以抑制作奸犯科的人。如此推广你的治理举措，蒲邑就不难治理了。"

三恕第九

★原文

孔子曰:"君子有三恕^①:有君不能事,有臣而求其使,非恕也;有亲不能孝,有子而求其报,非恕也;有兄不能敬,有弟而求其顺,非恕也。士能明于三恕之本,则可谓端身^②矣。"

★注释

① 恕:儒家的伦礼范畴之一,即推己及人,不强加于人。用孔子的话来说,就是"己所不欲,勿施于人""我不欲人之加诸我也,吾亦欲无加诸人"。

② 端身:正身,使行为端正。

★译文

孔子说:"君子在三个方面要做到推己及人:自己对国君没有做到忠心辅佐却要求其下属做到忠心尽职,这不是推己及人;自己对父母不能尽到孝敬的责任却让子女对自己孝敬报恩,这也不是推己及人;自己对兄长不能尊敬却让弟弟对己顺从,这也不是推己及人。士人能理解并实践这三种推己及人的根本意义,就可以称得上是身正为范了。"

★原文

孔子曰:"君子有三思,不可不察也。少而不学,长无能也;老而不教^①,死莫之思也;有而不施,穷莫之救也。故君子少思其长则务^②学,老思其死则务教,有思其穷则务施。"

★ 注释

① 教：指教育自己的子孙。

② 务：一定，务必。

★ 译文

孔子说："君子一生中在三个方面要有慎重思考，不能不明察。人在年轻的时候要认真思考学习的重要性，如果不抓紧学习，长大后就没有知识和技能；成为长辈的时候要慎重思考如何教育子孙，如果不好好教导子孙，人死后其后辈人就不会对其常怀哀思之情；家庭富有的时候要时时思考积德行善，如果不舍得去做乐善好施之事，一旦自己穷困潦倒时就没人来救济。所以君子在年少时要时刻想着长大以后的人生目标而努力学习，做了长辈要思考身后之事而好好教导儿孙，家庭富有时要思虑穷困的境况而致力于乐善施舍。"

★ 原文

伯常骞①问于孔子曰："骞固周国之贱吏也，不自以不肖②，将北面以事君子③，敢问正道④宜行，不容于世；隐道宜行，然亦不忍。今欲身亦不穷，道亦不隐，为之有道乎？"

孔子曰："善哉，子之问也。自丘之闻，未有若吾子所问辩且说⑤也。丘尝闻君子之言道矣，听者无察，则道不入；奇伟不稽⑥，则道不信。又尝闻君子之言事矣，制无度量，则事不成；其政晓察，则民不保。又尝闻君子之言志矣，罢折⑦者不终，径易⑧者则数伤，浩倨⑨者则不亲，就利者则无不弊。又尝闻养世之君子矣，从轻勿为先，从重勿为后，见像而勿强⑩，陈道而勿怫⑪。此四者，丘之所闻也。"

★ 注释

① 伯常骞（qiān）：春秋时的人物，复姓伯常，名骞。

② 不肖：一指不才、不贤，二指品行不好、没出息。

③ 将北面以事君子：崇拜君子的思想与言行。北面，古代下属或晚辈面朝北向上级或长辈行礼。

④道：中国古代哲学的重要范畴，用以说明世界的本原、规律或原理。此处的道是指道义，即道德和正义，是做人的规范、规矩。

⑤辩且说：辩、说，古代的逻辑名词，指思辨和论证。

⑥奇伟不稽：指夸大其词。

⑦罡（gāng）折：指刚正不阿。

⑧径易：指轻易改变志节。

⑨浩倨：怠慢无礼。

⑩见（xiàn）像而勿强：推行法令不强制。见，推行。像，法令。

⑪怫（fèi）：通"悖"（bèi），违反、背离。

★译文

伯常骞向孔子问道："我虽然是周国一名普普通通、地位低下的小官吏，我也不认为自己没有聪明才智，我很崇拜君子的思想与言行，特来向您请教。我的疑惑是如果完全按照道义来行动，却常常不被世人或社会接受；如果抛开道义迎合世人做事却又于心不忍。我现在既不想让自己陷入物质的贫困，又不想违背道义，请问有什么方法吗？"

孔子说："您提出的问题很好！到目前为止，还没有人像您这样提出的问题既富于思辨又具有现实性。我曾听说，君子在谈论道义的时候，要想办法让听者理解，否则道义就不会被听者接受；所以宣扬道义切忌夸大其词，以免不被人信服。我又听说，君子在按照道义做事的时候，必须要有明确的规则和合理的限度，否则就难以做成大事；作为官员其行政举措过于苛刻，百姓就会感觉惶恐不安。我又听说，君子在谈到心志和节操时候，他们知道刚直不阿的人不能寿终，轻易改变志节的人多会有悖道义，傲慢无礼的人没人亲近，贪图利益的人不可能不被指责。我还听说，那些善于安身处世的君子，做容易的事情时不抢在前面，做繁重的事情时不躲在后面，推行法令时不强迫百姓接受，推行道义不忤逆常理和习俗。以上这四个方面，就是我所听到的。"

★原文

孔子观于鲁桓公①之庙，有欹器②焉。夫子问于守庙者曰："此谓何器？"

对曰："此盖为宥坐之器③。"

孔子曰："吾闻宥坐之器，虚则敧④，中⑤则正，满则覆。明君以为至诚，故常置之于坐侧。"

顾谓弟子曰："试注水焉！"乃注之。水中则正，满则覆。

夫子喟然叹曰："呜呼！夫物恶有满而不覆哉？"

子路进曰："敢问持满⑥有道乎？"

子曰："聪明睿智，守之以愚；功被天下，守之以让；勇力振世，守之以怯；富有四海，守之以谦。此所谓损⑦之又损之之道也。"

★ 注释

① 鲁桓公：姬姓，名允（一作名轨）春秋时鲁国第十五位国君，在位十八年，后被杀。

② 敧（qī）器：古代鲁国之君有一种放在宗庙中的器具，相当于今人座右铭。敧器有个特点：当它空虚不盛一点水时，就只能处于倾斜状态，即便把它扶正，一放手它就又歪斜在一边，这就是所谓"虚则敧"；在这容器中注入中等容积的水，就可端正地摆放在那里，这就是"中则正"；但在容器注水又不可太满，水太多了，它又会自动向另一侧翻倒，而把水都倒了出来，这就是所谓的"满则覆"。鲁国之君把这奇异的容器放在宗庙中作为"座右铭"，目的在于提醒自己，万事都要采取中庸之道，适可而止，切不可过分，慎防"满而覆"。

③ 宥（yòu）坐之器：放在座位右边以示警诫的器物，相当于后来的座右铭。宥坐，置于座位的右边。宥，通"右"。

④ 虚则敧：空的时候就倾斜。

⑤ 中：指水不多不少，恰到好处。

⑥ 持满：据上下文意，此当指不盈不满，避免水满则溢。

⑦ 损：减少。

073

★ 译文

　　孔子到鲁桓公的庙里去参观，见到有一件歪斜的器物摆在那里。于是他问守庙的人："这是什么器物啊？"

　　守庙人回答说："这是一种放在座位右边以示警诫的器物，叫作欹器。"

　　孔子说："我听说这种器皿全空时就保持歪斜状态，如果注入不多不少的水时就自动调整到直立状态，如果水满时就会倾倒并把水倒出来。贤明的国君常把它作为一种警示放在座位边。"

　　孔子说完回头对弟子们说："我们灌水试试看。"一名弟子把水慢慢灌进欹器。随着水的注入，欹器慢慢摆正位置。当水不多不少时，欹器就完全直立；水加满后立即倾翻把水全部倒出来，然后又回到倾斜状态。

　　孔子看后感叹道："唉，器物装得太满哪有不洒出来的呢？"

　　子路走上前去问道："请问做人如何才能做到不出现满招损呢？"

　　孔子说："聪明睿智的人要学会虚心，功高盖世的人要懂得谦让，勇猛过人的人要敢于示弱，富有四海的人要做到谦逊。这就是避免满招损的方法。"

★ 原文

　　孔子观于东流之水。子贡问曰："君子所见大水必观焉，何也？"

　　孔子对曰："以其不息，且遍与诸生而不为也，夫水似乎德；其流也，则卑下，倨拘①必修其理，此似义；浩浩乎无屈尽之期，此似道；流行赴百仞之溪②而不惧，此似勇；至量必平之，此似法；盛而不求概③，此似正；绰约微达，此似察；发源必东，此似志；以出以入，万物就以化洁，此似善化也。水之德有若此，是故君子见必观焉。"

★ 注释

　　① 倨拘（jū gōu）：同"倨句"，一种弯曲形的器具，钝角形的称"倨"，锐角形的称"句"，这里表示蜿蜒曲折。

　　② 百仞之溪：意指以瀑布形式流过百仞悬崖。

　　③ 概：本义是量米粟时刮平斗斛（hú）用的木板。量米粟时，放在斗斛上刮平，不使过满。

★译文

孔子正在观赏滚滚东流的河水。子贡问道："君子见到大河就一定要观赏，这是为什么？"

孔子回答说："因为大河奔流不息，其恩泽惠及大河两岸的万物和苍生，而大河本身却无欲无求，所以大河的行为就像是人的德行；河水奔流由高到低，一路蜿蜒曲折，顺势而为遵循大自然的安排，这就像是人的道义；河水浩浩荡荡好似没有穷尽之日，这就像是有道德；大河流过高山峻岭、流过百丈峡谷而无所畏惧，这就像是无畏的勇气；河水所到之处水满则继续流向前方，这就像是行为法则；河道包容着水流，不求盈满而只起疏导作用，这就像是正直品行；水虽然看似柔弱，但无孔不入可达每个细微之处，这就像是洞察；河水一旦发源，就必定东流，百折不挠，这就像是有目标志向；经过河水的洗涤，万物都变得干净清洁，就像是善于教化。水具有这么多品德，所以君子见到后一定要观赏。"

★原文

子贡观于鲁庙之北堂①，出而问于孔子曰："向②也赐观于太庙之堂，未既辍③，还瞻北盖④，皆断焉。彼将有说耶？匠过之也？"

孔子曰："太庙之堂，官致良工之匠，匠致良材，尽其功巧，盖贵久矣，尚有说也。"

★注释

① 北堂：宗庙放置神主之所。

② 向：过去，从前。

③ 辍：停止。

④ 盖（hé）：通"阖"，门。

★译文

子贡在鲁国太庙的北堂参观，出来问孔子道："刚才我在太庙的北堂参观，还没看完的时候，回头看了看北门，发现它是用一块块木板拼接而成的。这样做，是有它特别的工艺要求呢，还是木匠失误造成的？"

孔子说："建造太庙的厅堂时，官府挑选的都是技艺高超的工匠，选用的是优质的材料，可以说每道工序都是做工精良，以便保持长久。你说的这种情况（一块块木板拼接而成的北门），恐怕还是有它特有的理由吧！"

★ 原文

孔子曰："吾有所耻，有所鄙，有所殆。夫幼而不能强学，老而无以教，吾耻之；去其乡，事君而达，卒遇故人，曾无旧言，吾鄙之；与小人处而不能亲贤，吾殆之。"

★ 译文

孔子说："我对有些人感到羞愧，对有些人很鄙视，对有些人感到很忧虑。年轻时不努力学习，年老时无法教育自己的子孙，我替这种人感到羞愧；离开家乡去朝廷做了大官，偶尔遇到过去的旧友，竟然忘记旧情不去谈论往事，对这种人我很鄙视；经常跟小人混在一起而不去亲近贤人，我为这种人感到忧虑。"

★ 原文

子路见于孔子。孔子曰："智者若何？仁者若何？"

子路对曰："智者使人知己，仁者使人爱己。"

子曰："可谓士矣。"

子路出，子贡入，问亦如之。子贡对曰："智者知人，仁者爱人。"

子曰："可谓士矣。"

子贡出，颜回入，问亦如之。对曰："智者自知，仁者自爱。"

子曰："可谓士君子矣。"

★ 译文

子路被孔子召见。孔子问他："有智慧的人是什么样？有仁德的人又是什么样？"

子路回答："有智慧的人能使别人了解自己，有仁德的人能使别人热爱自己。"

孔子说："你有这样的认识说明你算得上是士人了。"

子路出去后，子贡进来，孔子提出同样的问题问他。子贡回答说："有智慧的人懂得如何去理解别人，有仁德的人懂得如何去热爱别人。"

孔子说．"你同样可以算是一个士人了 。"

子贡出去后，颜回进来，孔子还是用同样的问题问他。颜回回答说："有智慧的人有自知之明，有仁德的人会自珍自爱。"

孔子说："你可以算得上是士人之中的君子了。"

★ 原文

子贡问于孔子曰："子从父命，孝乎；臣从君命，贞乎。奚疑焉？"

孔子曰："鄙哉，赐！汝不识也！昔者明王万乘之国①，有争臣七人，则主无过举；千乘之国②，有争臣五人，则社稷不危也；百乘之家，有争臣三人，则禄位不替；父有争子，不陷无礼；士有争友，不行不义。故子从父命，奚讵③为孝？臣从君命，奚讵为贞？夫能审其所从，之谓孝，之谓贞矣。"

★ 注释

① 万乘之国：指天子之国。

② 千乘之国：指诸侯国。

③ 奚讵：岂，难道。

★ 译文

子贡向孔子问道："儿子顺从父亲的命令，这是孝；臣子听从君王的命令，就是忠。这有什么可怀疑吗？"

孔子说："子贡啊，如果简单这么认识就太浅薄了！说明你还没有认识到真正的孝与忠。过去圣贤的天子身边都有七位直言敢谏、提反对意见的谏臣，他们的存在使君王避免错误的政策；每一个诸侯国，也会有五位谏臣，从而使国家发展不会走向危险的道路。对于一个富甲四方的卿大夫，会有三位直言敢谏的家臣，确保家族的地位和俸禄不会被其他家族取代；父亲有直言敢谏的儿子在身边监督，就不会做出有失礼节的事情；士人身边有直言敢谏的朋友，就不会做出不合道义的事情。所以，儿子完全顺从父命，就一定是孝吗？臣子完全服从君王的命令，就一定是忠吗？因此，审视明白、知道什么该服从，这才叫孝，这才叫忠。"

★ 原文

子路盛服见于孔子。子曰："由，是倨倨^①者，何也？夫江始出于岷山，其源可以滥觞^②；及其至于江津，不舫舟，不避风，则不可以涉。非唯下流水多耶？今尔衣服既盛，颜色充盈，天下且孰肯以非告汝乎？"

子路趋而出，改服而入，盖自若也。子曰："由，志之！吾告汝，奋于言者华，奋于行者伐^③，夫色智而有能者，小人也。故君子知之曰智，言之要也；不能曰不能，行之至也。言要则智，行至则仁。既仁且智，恶不足哉？"

★ 注释

① 倨倨（jù jù）：神情无忧无虑，或得意傲慢。

② 滥觞（làn shāng）：指水量很小，仅可浮起酒杯大小的物体，用来比喻事物的起源、发端。

③ 伐：自吹自擂。

★ 译文

子路穿着华贵的衣服去见孔子。孔子说："子路啊，你穿得这样华贵、神情这么得意是为什么呢？长江刚从岷山发源的时候，水流很小只能浮起酒杯；江水流到江津时，如果不并舟，不回避大风，人们就没法渡过长江。难道不是因为下游的水多么？今天你穿的衣服是这样华丽，神色是这么得意，谁还会将你的缺点告诉你呢？（如此以往你怎么能进步呢？）"

子路快步走出去，换了服装再回来，显示出很随意、自然的样子。孔子说："子路，要记住！我告诉你，夸夸其谈的人往往华而不实，喜欢表现自己的人常会自吹自擂。因有一点才智就表现出来的人，一般都是不成大器的小人。所以，君子知道就说知道，说出的话才能切中要点；知道做不到就说做不到，其行为才能达到至高的境界。语言交流切中要点是明智的表现，行为达到至高的境界则是仁德的表现。做人既有仁德又有智慧，还有什么不满足呢？"

★原文

子路问于孔子曰："有人于此，披褐^①而怀玉^②，何如？"

子曰："国无道，隐之可也；国有道，则衮冕而执玉^③。"

★注释

① 披褐：意指处境贫寒。褐，粗布衣服。

② 怀玉：意指身怀仁德与才能。

③ 衮冕而执玉：意指入朝为官。衮冕，大臣上朝穿的衣帽。执玉，手持玉圭。

★译文

子路向孔子问道："如果有一个人处境贫寒，但却身怀才智与谋略，您说他应该怎么做？"

孔子说："如果国家政治昏暗，可以先隐居不出。如果国家政治清明，就应该去朝廷当官，实现自己的理想。"

好生第十

★原文

鲁哀公问于孔子曰："昔者舜冠何冠乎？"孔子不对。

公曰："寡人有问于子，而子无言，何也？"

对曰："以君之问不先其大者，故方思所以为对。"

公曰："其大何乎？"

孔子曰："舜之为君也，其政好生而恶杀，其任授贤而替不肖。德若天地而静虚①，化若四时而变物②。是以四海承风③，畅于异类④，凤翔麟至⑤，鸟兽驯德⑥。无他，好生故也。君舍此道而冠冕是问，是以缓对。"

★注释

① 静虚：清静无私欲。

② 变物：遵循自然规律。

③ 承风：指接受教化。

④ 异类：不同种族的人。

⑤ 凤翔麟至：凤凰飞来栖息，麒麟安于生息。意指世态祥和。

⑥ 鸟兽驯德：指飞禽走兽都被感化。驯，顺从。

★译文

鲁哀公向孔子问道："古时的舜帝戴什么样的帽子呢？"孔子没有回答。

鲁哀公接着说："我有问题问您，您却不说话，这是为什么呢？"

孔子回答说："因为您不先问重要的问题，所以我正在思考怎样回答您呢。"

鲁哀公说："您认为重要的问题是什么呢？"

孔子说："舜帝作为一代君主，他的执政理念是爱惜生命避免杀戮，他用人的原则是以有才能的人替换无才能的人。他的仁德像天地一样广大而个人又清净无私欲，他的教化是因势利导像四季一样遵循自然规律。所以，他治下的臣民都愿意接受他的教化，遍及不同种族，国家一片祥瑞迹象，飞禽走兽都被他的仁德感化。所有这些功绩没有别的原因，就是因为他爱惜生命的缘故。您不问这些治国之道而问戴什么帽子，所以我才迟迟不做回答。"

★原文

孔子读史，至楚复陈①，喟然叹曰："贤哉楚王！轻千乘之国而重一言之信。匪申叔之信，不能达其义；匪庄王之贤，不能受其训。"

★注释

①楚复陈：一段历史典故。楚国帮助陈国恢复国政。公元前599年，陈国发生内乱，夏徵舒弑陈灵公，太子午（后为陈成公）逃到晋国避难，而大臣孔宁、仪行父则到楚国避难。次年，楚庄王派兵入陈讨乱，诛杀夏徵舒一党，把陈国掌握在楚国手中。此时，楚国大夫申叔时向楚王谏言：楚庄王讨乱是义举，如果把陈国据为己有，义就变为贪；夏徵舒弑君有罪不假，但其个人行为不足以让整个陈国遭受亡国之灾。楚庄王听了申叔时的谏言，恢复了陈国，迎立太子午回国执政。

★译文

孔子读史书，当读到楚国帮陈国平复内乱并恢复陈国政权一节时，感慨地说："楚庄王真是一位贤明君王啊！他把一个诸侯国的疆土看得很轻，而把履行诺言、保持信义看得很重。如果没有申叔时的忠诚谏言，可能就没有楚王践行道义之举；但如果没有楚王的贤明，楚王也不可能接受申叔时的忠心劝谏。"

★原文

孔子尝自筮其卦①，得《贲》②焉，愀然③有不平之状。

子张进曰："师闻卜者得贲卦，吉也。而夫子之色有不平，何也？"

孔子对曰："以其离耶。在《周易》，山下有火谓之贲，非正色之卦也。夫质也，黑白宜正焉。今得贲，非吾兆也。吾闻丹漆不文，白玉不雕，何也？质有余，不受饰故也。"

★ 注释

①尝自筮其卦：曾经自己占卜。尝，曾经。筮，用草木类预测，占卜。

②《贲（bì）》：卦名，六十四卦之一。主卦是离卦，卦象是火；客卦是艮卦，卦象是山。

③愀然（qiǎo rán）：形容神色变得严肃或不愉快。

★ 译文

孔子曾经自己占卜，卜得《贲》卦，脸上露出严肃、不爽的表情。

子张问孔子："老师，我听人说卜得《贲》卦是吉利的象征。而老师看卦后不高兴，是什么原因呢？"

孔子说："因为卦中有离的原因。在《周易》中，山下有火是贲卦，此卦不是正色的卦。就本质而言，黑色与白色是纯正的色质。现在我占得了贲卦，对我来说不是好兆头。有人说，丹漆漆过的器物不需加纹饰，上好的白玉也不必雕琢，为什么呢？这是因为它们的质地本来就好，不用雕饰的自然状态就已经很美。"

★ 原文

孔子曰："吾于《甘棠》①，见宗庙之敬也甚矣。思其人，必爱其树；尊其人，必敬其位，道也。"

★ 注释

①《甘棠》：《诗经·召南》中的一篇，为先秦时代华夏族民歌，全诗三章，每章三句。全诗由睹物到思人，由思人到爱物，人、物交融为一。甘棠，棠梨树，在古时宗庙前一般种植此树。

★ 译文

孔子说："我读了《甘棠》这首诗，可以体会到来宗庙中的人对祖先的尊敬与怀念之情。思念已经逝去的人，必对为怀念故人而种植的树木充满爱惜；尊敬故人，必定要对着故人的神位表达崇敬，这是自然的情感流露。"

★原文

子路戎服见于孔子，拔剑而舞之，曰："古之君子，固以剑而自卫乎？"

孔子曰："古之君子，忠以为质，仁以为卫，不出环堵之室①，而知千里之外。有不善则以忠化之，侵暴则以仁固之，何待剑乎？"

子路曰："由乃今闻此言，请摄齐②以受教。"

★注释

① 环堵之室：意指居所。堵，墙壁。

② 摄齐：意指以正式的形式拜谢。摄，提起。齐，长衣的下摆。

★译文

有一天，子路穿着军服来见孔子，并拔出佩剑舞了起来，边舞边说："古代的君子也用剑自卫吗？"

孔子说："古代君子以诚信为宗旨，用仁德护身，他们运筹帷幄，不出居所就能预测千里之外的事情，遇到不友善的人会利用诚心感化他，对进犯欺凌自己的人，则利用仁爱之心打动他，如此一来，还需用剑防身自卫吗？"

子路说："听老师一席话颇受教育，请允许我再次拜谢老师的教诲。"

★原文

楚恭王出游，亡乌噭①之弓，左右请求之。王曰："止。楚王失弓，楚人得之，又何求之？"孔子闻之："惜乎其不大也！不曰：人遗弓、人得之而已，何必楚也！"

★注释

① 乌噭（hào）：古代一种名弓的名称。

★译文

楚恭王有一把好弓，叫乌噭，可惜在出游的时候给弄丢了。他的侍从请求楚王下令把弓找回来。楚恭王说："不找啦。楚王我丢了弓，会被楚国的人给捡到，为什么还要找呢？"

后来孔子听说了这件事，说："可惜这个楚恭王的气量还不够大。只要说有人丢了弓，但弓还会被人捡到就行了，没必要非得说楚国啊！"

★ 原文

孔子为鲁司寇，断狱讼^①，皆进众议者而问之，曰："子以为奚若？某以为何若？"皆曰云云如是，然后夫子曰："当从某子，几是。"

★ 注释

① 断狱讼：审判案件。断，审判。狱讼，诉讼的案件。

★ 译文

孔子在鲁国担任司寇之职，他在审理诉讼案件时，经常邀请许多相关人士参与审案过程，听取他们的意见，说："你认为怎么样？某某认为怎么样？"大家就案件纷纷发表各自的见解。最后，孔子总结："我认为应该听从某某人的意见，应该如此这般判决。"

★ 原文

孔子问漆雕凭^①曰："子事^②臧文仲、武仲及孺子容^③，此三大夫孰贤？"

对曰："臧氏家有守龟^④焉，名曰蔡。文仲三年而为一兆^⑤，武仲三年而为二兆，孺子容三年而为三兆。凭从此之见，若问三人之贤与不贤，所未敢识也。"

孔子曰："君子哉，漆雕氏之子！其言人之美也，隐而显；言人之过也，微而著；智而不能及，明而不能见。孰克如此？"

★ 注释

① 漆雕凭：人名，孔子学生。

② 事：侍奉。

③ 臧文仲、武仲及孺子容：臧文仲，姬姓，臧氏，名辰，谥文，史称称

臧文仲，春秋时鲁大夫，世袭司寇。历事鲁庄公、闵公、僖公、文公四君。其博学广知而不拘常礼，思想较为开明进步，曾废除关卡，以利经商，于国于民，尽职尽责，对鲁国的发展起过积极的作用。他从善如流，不耻下问，居要职贵赏罚分明，而不居功为己有，为世人所景仰。武仲，名纥，谥武，臧文仲之孙，臧宣叔之子，鲁国大夫，史称臧武仲。孺子容，无记载，可能为武仲之后辈。

④守龟：指天子或诸侯占卜用的龟甲，出自《周礼》。

⑤兆：占卜。

★译文

孔子问漆雕凭说："你先后侍奉过臧文仲、臧武仲及孺子容，这三位大夫哪个更贤德？"

漆雕凭回答说："臧氏家中有一只用来占卜的龟甲，名叫蔡。臧文仲三年中只用它占卜过一次，武仲三年占卜了二次，孺子容三年竟然占卜了三次。仅从占卜这一个方面就可以说明一些问题，但如果要问三人哪个贤德哪个不贤德，我还不敢贸然判断。"

孔子说："漆雕氏的后代真是君子啊！他说别人的长处时，表述含蓄却能使意思明晰；他说别人的过失时，表述看似细小但却能将意思凸显出来。只有感觉智慧水平还不够高、眼界还不能预测未来发展的人才依靠占卜。谁能想到他会利用这一点来评价人呢？"

★原文

鲁公索氏将祭而亡其牲^①。孔子闻之，曰："公索氏不及二年将亡。"后一年而亡。

门人问曰："昔公索氏亡其祭牲，而夫子曰不及二年必亡。今过期而亡，夫子何以知其然？"

孔子曰："夫祭者，孝子所以自尽于其亲。将祭而亡其牲，则其余^②所亡者多矣。若此而不亡者，未之有也。"

★ 注释

① 牲：祭祀用的家畜。

★ 译文

鲁国的公索氏正准备祭祀的时候，祭祀用的牲畜却丢了。孔子听说此事后说："公索氏家族不用两年就会衰败。"果然，一年之后的公索氏家族败亡了。

孔子的弟子问他："公索氏丢失了用来祭祀的牲畜时您就说过，用了不两年公索氏必定衰亡。您的话如今才过了一年就应验了，您是如何预测这种事的呢？"

孔子说："祭祀是孝子诚心尽力供奉先祖的重要仪式。而祭祀尚未开始却先把祭祀用的牲畜弄丢了，这么重要的东西都会丢，预示着他将要失去的东西会更多。出现这样的事就是败落的征兆，我还没听说过例外。"

★ 原文

虞、芮① 二国争田而讼②，连年不决，乃相谓曰："西伯③，仁人也，盍④ 往质⑤ 之。"

入其境，则耕者让畔⑥，行者让路。入其邑，男女异路，斑白不提挈⑦。入其朝，士让⑧ 为大夫，大夫让为卿。虞、芮之君曰："嘻！吾侪⑨ 小人也，不可以入君子之朝。"遂自相与而退，咸以所争之田为闲田矣。

孔子曰："以此观之，文王之道，其不可加焉。不令而从，不教而听，至矣哉！"

★ 注释

① 虞、芮：两个诸侯国。虞国在今山西平陆，芮国在今山西芮城。

② 讼：诉讼，争论。

③ 西伯：即西伯侯姬昌，后称周文王。

④ 盍：何不。

⑤ 质：评判。

⑥ 畔：指田地的边界。

⑦ 提挈：提着，举着，指负重。

⑧ 让：推贤举能。

⑨ 吾侪：我等，我辈，我们这类人。

★译文

虞国和芮国为了边界的田地而争夺不休，相互争论了几年也没结果，他们就商量说："西伯侯是一位仁人，我们何不到他那里让他给评判呢？"

他们进入西伯侯的领地后，看到耕田的人互相谦让不争夺地头边界，路上的行人互相让路。进入城邑后，看到男女分道而行，年轻人主动为老年人提着重物。进入西伯侯的朝廷后，听到的是官员相互谦让，士人推举贤者做大夫的官职，大夫推举贤者做更高的卿的职位。看到这些，虞国和芮国的国君说："唉！我们是不是太小鸡肚肠了呢！我们连做西伯侯的朝臣都不够格。"于是，他们就一起返回，把所争之地作为闲田（搁置起来），不再为争田地闹矛盾。

孔子说："从这件事可以看出，文王的治国之道已经难以超越了。不用命令大家就能自觉行动，不用教导大家就能自觉遵守，这是达到治国的最高境界了。"

★原文

曾子曰："狎①甚则相简②，庄甚则不亲。是故君子之狎足以交欢，其庄足以成礼。"

孔子闻斯言也，曰："二三子志之！孰为参也不知礼也？"

★注释

① 狎（xiá）：亲近。

② 简：轻慢，随便。

★译文

曾子说："在待人方面，如果表现得过分亲近就会显得轻慢，而过分庄重又显得不够亲热。所以，君子应该做到，亲近，只要能博取对方的欢心就足够了；庄重，只要能礼节到位就可以了。"

孔子听到这番言论后说："你们要记住曾参说的这些话！谁说曾参不懂如何

运用礼制呢？"

★ 原文

哀公问曰："绅、委、章甫^①，有益于仁乎？"

孔子作色^②而对曰："君胡^③然焉？衰麻^④苴杖^⑤者，志不存乎乐，非耳弗闻，服使然也；黼黻衮冕^⑥者，容不亵慢，非性矜庄，服使然也；介胄执戈者，无退慑之气，非体纯猛，服使然也。且臣闻之，好肆不守折，而长者不为市。窃^⑦夫其有益与无益，君子所以知。"

★ 注释

① 绅、委、章甫：指礼服和制服。绅，古代士大夫束腰的特制大带子。委，周之冠。章甫，商之冠，后常用以称儒者之冠。

② 作色：脸上变色，指神情变严肃或发怒。

③ 胡：文言疑问词，为什么，何故。

④ 衰麻：指丧服。

⑤ 苴（jū）杖：古代居丧时孝子所用的竹杖。

⑥ 衮冕：古代君主及大臣的礼服和礼冠。

⑦ 窃：私下认为。

★ 译文

鲁哀公向孔子询问说："穿戴礼服或制服，有益于实施仁政吗？"

孔子突然神色严肃地回答："君主为什么这样问呢？身穿丧服、手执丧杖的人，好似对音乐不感兴趣，这并不是他们不喜欢听，而是因为身上穿的丧服使他们必须专注于思念逝者；身穿华贵礼服、头戴礼冠的王公大臣，容貌举止庄重，这并不是他们的本性矜持端庄，而是因为身上穿的官服使他们必须要体现威严与庄重；身着铠甲、手持兵器的人，毫无退缩、怯懦的样子，并不是他们生来就勇猛无惧，而是身上穿的军服赋予了他们保家卫国的责任。而且我还听说，善于经商的人不会做亏本的生意（坐等生意亏本），忠厚长者也不会去做买卖。我私下认为，礼服和制服对仁政有益与无益，君子应该是可以分辨的。"

★ 原文

孔子谓子路曰："见长者而不尽其辞，虽有风雨，吾不能入其门矣。故君子以其所能敬人，小人反是。"

★ 译文

孔子对子路说："拜见忠厚的长者，如果还没把拜见的来意说明白，即使是在风雨天气，我也不能先进入他的家门。所以君子都是尽自己所能来敬重别人，小人正好与此相反。"

★ 原文

孔子谓子路曰："君子以心导耳目[①]，立义以为勇；小人以耳目导心，不逊[②]以为勇。故曰退之而不怨，先之斯可从已。"

★ 注释

① 耳目：视听，此处应指行为。

② 逊（xùn）：通"逊"，顺从，谦逊。

★ 译文

孔子对子路说："君子用高尚的心志引导自己的行为，把立志奉行道义作为勇敢的象征；小人仅凭粗浅的感知引导自己的内心，把桀骜不驯当作勇敢。所以说君子不被任用也不抱怨，让他带头也能做好表率，带动他人。"

★ 原文

孔子曰："君子有三患：未之闻，患不得闻；既得闻之，患弗得学；既得学之，患弗能行。有其德而无其言，君子耻之；有其言而无其行，君子耻之；既得之而又失之，君子耻之；地有余而民不足，君子耻之；众寡均而人功倍己焉，君子耻之。"

★ 译文

孔子说："君子常怀有三种忧虑。对尚未听说的学说，担心无法听到；对已经听闻的理论，担心没法学到其精髓；对已经学到的知识，担心无法付诸实践。

具有良好品德而不能通过言传去发扬光大，君子应该感到羞愧；只会高谈阔论而不能亲身付诸实践，君子应该感到羞愧；做事情半途而废或见异思迁，君子应该感到羞愧；拥有充足的田地却不能让百姓生活富裕，君子应该感到羞愧；拥有相同的资源，而他人取得的功绩却是自己的倍数，君子应该感到羞愧。"

★ 原文

鲁人有独处室者，邻之嫠妇①亦独处一室。夜，暴风雨至，嫠妇室坏，趋而托焉，鲁人闭户而不纳。

嫠妇自牖与之言："子何不仁而不纳我乎？"

鲁人曰："吾闻男女不六十不同居。今子幼，吾亦幼，是以不敢纳尔也。"

妇人曰："子何不如柳下惠②然？妪③不逮门④之女，国人不称其乱。"

鲁人曰："柳下惠则可，吾固不可。吾将以吾之不可、学柳下惠之可。"

孔子闻之，曰："善哉！欲学柳下惠者，未有似于此者，期于至善，而不袭⑤其为，可谓智乎！"

★ 注释

① 嫠（lí）妇：寡妇。嫠，通"嫠"。

② 柳下惠：春秋时鲁国大夫。柳下惠夜里在城门借宿时，遇到一衣着单薄、无家可归的女子。当夜寒风呼啸，大雪纷飞。柳下惠怕她冻伤，让她坐在自己的怀中取暖，用衣服裹住她抱着她坐了一夜，没有发生不正当的淫乱行为。柳下惠是遵守中国传统道德的典范，他"坐怀不乱"的故事广为传颂。

③ 妪（yǔ）：以身体相互取暖。

④ 不逮门：未赶在城门关闭之前入城。逮，赶上。

⑤ 袭：照旧搬用。

鲁国有个男子单独住在家里，邻居是一寡妇，也独处一室。一天夜里，风雨交加，寡妇的房子被毁坏，便跑去要求借宿，那个人却不开门接纳她。

寡妇通过窗户对他说："你这样是不是不讲仁义，为什么不让我进去避雨呢？"

那人说："人常说男女不到六十岁不能同处一室。而现在的你这么年轻，我同样也年轻，所以我不敢让你进来。"

寡妇说："你为什么不学一学柳下惠呢？他怀抱没有赶在城门关闭前入城的女子度过寒冷的冬夜，而鲁国上上下下没人说他心怀不轨。"

那人说："柳下惠能做到，而我却不一定做到。我不能用我做不到的事情去效仿柳下惠能够做到的事情。"

孔子听闻此事，说："太好了！想要学习柳下惠的行为，还从没有人用像他这种做法的。为了追求至善的境界，但不盲目照搬前人的做法，这可以说是很明智的了！"

★原文

孔子曰："小辩害义，小言破道。《关雎》^①兴于鸟，而君子美之，取其雄雌之有别；《鹿鸣》^②兴于兽，而君子大之，取其得食而相呼。若以鸟兽之名嫌之，固不可行也。"

★注释

①《关雎》：出自《诗经·国风·周南》，为《诗经》的第一篇。

②《鹿鸣》：出自《诗经·小雅》，为《诗经·小雅》的第一篇。

★译文

孔子说："对小事情分辨不清就会有损道义的发扬，不合道义的微小言论也会有损道义的传承。《关雎》一诗有感于雎鸠鸟的和鸣之声，君子对此诗赞叹不已，这是因为雄雌雎鸠鸟鸣叫声虽有差别，但都对感情专一。《鹿鸣》一诗以鹿鸣起兴，君子对此加以赞美，是因为鹿找到食物发出鸣叫呼唤同伴来一同享用。

如果因为这些诗以鸟兽取名而遭嫌弃，不去关注其内涵，一定是行不通的。"

★ 原文

孔子谓子路曰："君子而强气[1]，则不得其死；小人而强气，则刑戮荐臻[2]。《豳》[3]诗曰：'迨天之未阴雨，彻彼桑土，绸缪牖户[4]，今汝下民，或敢侮余。'"

孔子曰："能治国家之如此，虽欲侮之，岂可得乎？周自后稷[5]，积行累功，以有爵土。公刘[6]重之以仁。及至大王亶甫[7]，敦以德让，其树根置本，备豫远矣。初，大王都豳，翟[8]人侵之。事之以皮币，不得免焉；事之以珠玉，不得免焉。于是属耆老而告：'之所欲、吾土地。吾闻之，君子不以所养而害人。二三子何患乎无君？'遂独与大姜[9]去之，逾梁山，邑于岐山之下。豳人曰：'仁人之君，不可失也。'从之如归市焉。天之与周，民之去殷，久矣。若此而不能天下，未之有也。武庚[10]恶能侮？《鄁》[11]诗曰：'执辔如组，两骖如儛[12]。'"

孔子曰："为此诗者，其知政乎？夫为组者，总纰[13]于此，成文[14]于彼。言其动于近，行于远也。执此法以御民，岂不化乎？《竿旄》[15]之忠告至矣哉！"

★ 注释

①强（jiàng）气：指桀骜不驯，意气用事。

②荐臻（zhēn）：接连不断，越来越多。荐，频繁。臻，茂盛。

③《豳（bīn）》：指《诗经·豳风》，十五国风之一，共有诗七篇。其中多描写豳地农家生活及辛勤劳作的情景，是我国最早的田园诗中的几首。孔子所引之句出自其中的《鸱鸮》，它是传世最早的寓言诗。

④彻彼桑土，绸缪（chóu móu）牖（yǒu）户：彻，疏通、治理。绸缪，意指事前做好准备。牖户，窗和门。

⑤后稷：姬姓，名弃，黄帝玄孙，帝喾嫡长子，尧舜时期掌管农业之官，周朝的先祖。

⑥公刘：古代周部落首领，为周先祖不窋之孙，鞠陶之子。《诗经·大

雅·公刘》便是其后人祭祀时称颂公刘功绩的诗歌。公刘带领族人开垦荒地，兴修水利，制造农具，整修田园，种植五谷，发展畜牧，传播农耕文化，对部族发展做出了很大贡献。

⑦壹（dǎn）甫：即古公壹父，周文王祖父。周武王追尊其为太王。

⑧翟（dí）：通"狄"，古代北方少数民族。

⑨大姜：即太姜，古公壹父之妻（正妃），周文王的祖母。

⑩武庚：商纣王的儿子。周武王即位后，封商纣王之子武庚于殷地，管理商朝的旧都殷（今河南安阳）。后武庚发动叛乱，兵败被诛。

⑪《郜（bèi）》：郜，此处应为"郑"之误，指《诗经·郑风》孔子所引之句出自其中的《大叔于田》。

⑫执辔（pèi）如组，两骖（cān）如儛（wǔ）：手握缰绳如手持丝线织锦，两辕的驾马步调一致如舞蹈，说明驾车者是一个非常善于御马的人。执辔，手持马缰驾车。辔，驾驭牲口的嚼子和缰绳。组，织锦。骖，驾车时在两边的马（古时一车有四马驾车），此处意指驾车之马。儛，通"舞"。

⑬纰：单股的丝线。

⑭文：花纹，纹理。

⑮《竿旄（máo）》：即《干旄》，指《诗经·鄘风·干旄》

★译文

孔子对子路说："君子如果过于意气用事，就可能不得善终；小人如果桀骜不驯，就会不断招致刑法的惩罚和杀戮。《诗经·豳风》上说：'趁着天未下雨，找来材料，修缮门窗，未雨绸缪、做好防备。这些下边的人，看谁还来欺侮我们！'"

孔子说："如果能够像这样来治理国家，防患于未然，即使有人（或国家）想来侵犯，能成功吗？周朝先人自后稷起积德行善、勤累功绩，从而拥有爵位和疆土。公刘更加注重实行仁德。到周太公壹甫时期，进一步用仁德和礼制来加强统治，奠定了强国的根本，做好了长远打算。当初，太王壹甫建都于豳地，狄人屡屡来侵犯。为避免战乱，于是送给他们毛皮和布帛，但没能起到作用；又送给他们珠宝、美玉，同样也没能免除被侵犯。于是太公召集当地的长老，告诉他们说：'狄人想要的是我们的土地。我听说，他们的首领只是想要土地养育自己的部族，我离开可以使百姓避免遭受战乱祸害。所以，你们不用担心没有君主来领导你们。'于是亶父和太姜一起率领族人离开豳地，翻过梁山，来到岐山脚下建起新的城邑。豳地的百姓说：'这是一位仁德的君主，我们不能失去他。'于是豳地的百姓陆续追随太王，好像赶集一样纷纷奔他而去。上天帮助周，百姓与商离心离德由来已久。如此这般，周朝一统天下，这是顺理成章的事，天意不可违，后来的武庚叛乱又怎么能够撼动周朝呢？《诗经·郑风》说：'驾车者手握缰绳如同手握柔丝织锦，举重若轻、控制全局，两旁的马像在舞蹈，进退有序，有条不紊。'"

孔子又继续说道："作这首诗的人，一定很懂得为政的道理。织丝带的人，在一端梳理着看似杂乱的丝线，而在另一端却织成了纹理。这是说从近处着手采取措施，而其影响却作用到更深远之处。掌握这个方法用来治理百姓，怎么可能达不到教化顺达、惠及天下呢？《干旄》的忠告，达到最高境界了啊！"

孔子家语新译

观周第十一

★原文

孔子谓南宫敬叔①曰："吾闻老聃②博古知今，通礼乐之原，明道德之归，则吾师也，今将往矣。"

对曰："谨受命。"

遂言于鲁君曰："臣受先臣之命云：'孔子，圣人之后也，灭于宋③。其祖弗父何④，始有国而授厉公。及正考父⑤，佐戴、武、宣，三命兹益恭。故其鼎铭曰：一命而偻，再命而伛⑥，三命而俯。循墙而走，亦莫余敢侮⑦；馆于是，粥于是，以糊其口。其恭俭也若此。'臧孙纥⑧有言：'圣人之后，若不当世，则必有明君而达者焉。'孔子少而好礼，其将在矣。属臣曰：'汝必师之。'今孔子将适周，观先王之遗制，考礼乐之所极，斯大业也！君盍以乘资之？臣请与往。"

公曰："诺。"与孔子车一乘，马二匹，竖子⑨侍御。

敬叔与俱至周，问礼于老聃，访乐于苌弘⑩，历郊社⑪之所，考明堂⑫之则，察庙朝⑬之度。于是喟然曰："吾乃今知周公之圣，与周之所以王也。"

及去周，老子送之，曰："吾闻富贵者送人以财，仁者送人以言。吾虽不能富贵，而窃仁者之号，请送子以言乎：凡当今之士，聪明深察而近于死⑭者，好讥议人者也；博辩闳达而危其身，好发人之恶者也。无以有己为人子者，无以恶己为人臣者。"

孔子曰："敬奉教。"

自周反鲁，道弥尊^⑮矣。远方弟子之进，盖三千焉。

★ 注释

①南宫敬叔：鲁国大夫，即孟僖子之子，孟僖子临终前留下遗言让他和孟懿子都要拜孔子为老师。

②老聃（dān）：即老子，姓李名耳，字伯阳。老子是中国古代伟大的思想家、哲学家、文学家和史学家，道家学派创始人和主要代表人物。今存世著述有《道德经》（又称《老子》）。

③灭于宋：在宋国消亡。

④弗父何：宋湣公之长子，宋厉公之兄，孔父嘉之高祖。据传，弗父何把王位让于其弟宋厉公。

⑤正考父：弗父何的曾孙，曾辅佐宋戴公、宋武公、宋宣公。生子孔父嘉，即孔子的七世祖。正考父贵为帝室之胄，且博学多才、文武兼备、德高望重，深受宋国几代国君倚重，官拜上卿，却是个谦谦君子，为人处世甚是恭谨低调，俭朴至极。

⑥伛（yǔ）：弯着身子。此处指屈身表达尊敬。

⑦亦莫余敢侮：没有人欺侮于我。

⑧臧孙纥：即鲁大夫臧武仲，臧文仲之孙，为人有远见。

⑨竖子：对人的鄙称，此处指仆人。

⑩苌弘：字叔，又称苌叔。周朝大臣刘文公所属大夫。苌弘学识渊博，忠于职守。《淮南子》中称他"天地之气，日月之行，风雨之变，历律之数，无所不通"。公元前518年，孔子自曲阜西行至洛邑，向老子请教礼制。其间特意去拜访苌弘，向其请教"乐"的知识。

⑪郊社：祭天地。周代冬至祭天称郊，夏至祭地称社。

⑫明堂：明堂，是"天子之庙"，天称明，故命明堂。"明堂"一词最早见于《逸周书》。明堂为周公在洛邑始建，但明堂最初的形制如何，却不见有准确的记述。明堂的主要意义在于借神权以布政，宣扬君权神授。

⑬庙朝：宗庙和朝廷，也专指朝廷，君主听政的地方。

⑭ 近于死：意指找不到出路，自身发展陷入死胡同。

⑮ 道弥尊：指孔子的学说更加受人尊崇。

★译文

孔子对南宫敬叔说："我听说老子博古通今，通晓礼制和乐制的起源，明白道义和仁德的归属，他是我心目中的老师，现在我想去拜访他。"

南宫敬叔回答说："我愿陪您前往。"

于是南宫敬叔向鲁国国君告假时说："我父亲曾嘱咐我说：'孔子是圣人的后代，其家族是在宋国消亡后移居到鲁国。他的始祖弗父何，最初是宋国君位继承人，后来他把君位让给了弟弟宋厉公。其祖先正考父（弗父何的曾孙），先后辅佐过宋戴公、宋武公、宋宣公三位国君，三次被任命为朝廷重臣，他接受任命时的态度一次比一次恭敬。孔氏家族祖庙中的铸鼎铭文对他的德行有记载，铭文是这样写的：他三次被国君任命为上卿，第一次是弯腰受命，第二次是鞠躬受命，第三次是俯身受命。他平时为人低调，走路都顺着墙根儿，但也没有人看不起或遭人欺侮；他对待生活尽量节俭，不论是吃米饭还是喝稀粥，只要能吃饱就满足了。他的谦恭与节俭竟然到了如此之地步！'鲁大夫臧孙纥曾说过这样的话：'像这样圣明的祖先的后代，即便现今名声还不显赫，但必定会得到圣明君主的赏识而成为贤达人士。'孔子从小就崇尚礼制，他就是当今的圣贤之人。我父亲还嘱咐我说：'你一定要拜他为师。'现在孔子想到周国去，考察周王朝时期的国家制度，探究那个时期礼乐所达到的高度，这是大事啊！您要不要提供车马资助他出行呢？同时我也请求和他一起去。"

鲁君说："你的建议很好。"于是，鲁君在孔子出行前赠送他一辆车、两匹马，还派了一个人给他驾车。

南宫敬叔和孔子一起到了周国。孔子向老子请教了礼制的事情，并向苌弘咨询关于古乐的知识，走访了祭祀天地场所，考察了朝廷明堂的规则。于是他感叹地说："我现在才知道周公的圣明，以及周王朝称王天下的原因。"

离开周国时，老子去送他，说："人常说富贵者拿财物送人，仁者用建议赠人。我不是富贵之人，那我就假借一下仁者的称号，送您几句话吧！纵观当今的有识之士，聪明达到了明察秋毫的程度、但却找不到发展出路的人，都是因为喜欢讥讽议论别人；因知识广博与辩论能力强反而让自身陷入危难境地的人，都是因为喜好揭发别人的短处。作为人子就不应我行我素，作为臣子就不要让世人唾弃。"

孔子说："我一定遵循您的教诲。"

从周国返回鲁国，孔子的学说更加受人尊崇，从远方慕名来向他学习的，大约有三千人。

★原文

孔子观乎明堂，睹四门墉①，有尧舜之容，桀纣之象，而各有善恶之状，兴废之诫焉。又有周公相成王，抱之负②斧扆③南面以朝诸侯之图焉。

孔子徘徊而望之，谓从者曰："此周之所以盛也。夫明镜所以察形，往古④者所以知今。人主不务袭迹⑤于其所以安存，而忽怠⑥所以危亡，是犹未有以异于却走而欲求及前人也，岂不惑哉！"

★注释

① 门墉：指门口两侧的墙壁。

② 负：背对着。

③ 斧扆（yǐ）：古代帝王所用的状如屏风的器物，高八尺，上绣斧形图案。

④ 往古：古昔，古代的事。

⑤ 袭迹：沿袭。

⑥ 忽怠：忽略轻视。

★译文

孔子参观周的明堂（天子之庙），看到四门的墙上分别画有尧、舜、桀、纣的画像，画像的善恶容貌栩栩如生，并有关于国家兴亡的警世箴言。另外还有周公辅佐成王的画像，周公怀抱着成王背对着屏风朝南而坐，接受诸侯大臣的朝见。

孔子仔仔细细地来回观看，并对跟从他的人说："这是周朝兴盛的原因啊。明亮的镜子可以照出人的相貌，历史就像一面明亮的镜子，了解历史可以让我们更好地认识现在。君主如果不学习古人的经验，努力使国家在安定的道路上发展，忽视国家危亡的因素，这和倒着跑却想超越前边的人一样，难道不糊涂吗？"

★ 原文

孔子观周，遂入太祖后稷①之庙。庙堂右阶之前，有金人焉，三缄其口②，而铭其背曰："古之慎言人也，戒之哉！无多言，多言多败；无多事，多事多患。安乐必戒，无所行悔。勿谓何伤，其祸将长；勿谓何害，其祸将大；勿谓不闻，神将伺人。焰焰不灭，炎炎若何？涓涓不壅③，终为江河。绵绵不绝，或成网罗。毫末不札④，将寻斧柯⑤。诚能慎之，福之根也。口是何伤？祸之门也。强梁者⑥不得其死，好胜者必遇其敌。盗憎主人，民怨其上。君子知天下之不可上也，故下之；知众人之不可先也，故后之。温恭慎德，使人慕之；执雌⑦持下，人莫逾之。人皆趋彼，我独守此。人皆或之⑧，我独不徙。内藏我智，不示人技。我虽尊高，人弗我害。谁能于此？江海虽左⑨，长于百川，以其卑也。天道无亲，而能下人。戒之哉！"

孔子既读斯文也，顾谓弟子曰："小人识之，此言实而中，情而信。《诗》曰：'战战兢兢，如临深渊，如履薄冰⑩。'行身如此，岂以口过患哉？"

★ 注释

① 后稷：黄帝玄孙，帝喾嫡长子。

② 三缄其口：形容说话谨慎，也用来形容不肯或不敢开口。缄，封。

③ 涓涓不壅：涓涓细流不堵塞。涓涓，细小的水流。壅，堵塞。

④ 毫末不札：细小的枝条不剪掉。毫，细小的树枝。不札，不拔除，不剪掉。

⑤ 寻斧柯：用斧头砍。寻，用。柯，斧柄。

⑥ 强梁者：强横的人。

⑦ 雌：柔弱。

⑧ 或之：摇摆不定。

⑨ 江海虽左：指江海处于下游。

⑩ 战战兢兢，如临深渊，如履薄冰：出自《诗经·小雅·小旻》。

★ 译文

孔子在参观周太祖后稷之庙时，看到大殿前台阶右侧立着一个金人，但嘴巴被扎了三道封条，在这个金人的背面刻着一段铭文："这是古代一位说话极其慎重的人，请世人谨记！不要多言，言多必有失；不要多事，多事必招灾祸。居安思危，不做后悔之事。不要以为话多不会有什么伤害，因话多引发的后患会不断累积；不要以为话多没什么害处，不断累积的后患终将会成为更大的祸端；不要认为你说的话别人听不到，不要忘了还有神灵在监视着你。初起的火苗不尽快扑灭，将会变成熊熊大火，到那时该怎么办？涓涓细流不堵塞，终将汇集成为江河。绵长的丝线不扯断，将可以结成罗网。细小的枝条不早剪掉，将来就要用斧子砍。说话谨慎，那是福的根源。口无遮掩能造成什么伤害？那就是祸的大门啊。强横野蛮的人一般都不得好死，争强好胜的人注定会遇到真正的对手。盗贼在抢劫财物时憎恨物主口出怨言，民众也怨恨长官随意发号施令。君子知道天下之事不可事事争上，所以甘居人下；知道不可事事居于众人之先，所以甘居人后。温和谦恭、谨慎修德，会使人仰慕；守住谦逊、保持平和，不会招人妒忌。人人趋之若鹜，我独自坚守自己的追求。人人都人心思变，我独自坚定不移。把智慧藏在心里，不向别人炫耀技能。即便我位高权重，他人也不会想加害于我。有谁能做到这样呢？江海虽然处于下游，却是容纳百川的结果，因为它地势低下。天地之间的自然规律至高无上，对所有人都是一样的。要以此为戒啊！"

孔子读完这篇铭文，回头对弟子说："你们要记住铭文上的话！这些话实在而中肯，合情而可信。《诗经》上说：'战战兢兢，如临深渊，如履薄冰。'立身行事能够做到这样，哪还能因言语招惹祸端呢？"

★ 原文

孔子见老聃而问焉，曰："甚矣！道之于今难行也。吾比执道①，而今委质②以求当世之君，而弗受也。道于今难行也！"

老子曰："夫说者流于辩，听者乱于辞。知此二者，则道不可以忘也。”

★ 注释

① 吾比执道：本句意指我以前不断追求道的真谛。比，注重。执，追求。道，中华哲学独有的哲学概念。简言之，道一指宇宙万物产生和发展的根源，二指自然规律，三指人类社会发展的规则与法则。

② 委质：亦作"委挚""委贽"，恭敬地呈献、献给。

★ 译文

有一天，孔子到老子那里去，谈起了心中的疑惑，见了面就说："哎呀，现今在世上推行道义真是太难了。我们以前不辞辛苦，不断追求道的真谛，并把我们的学习研究成果奉献给当今的国君们，期待可以帮助他们治理国家，使得国泰民安，而他们却不愿收受。道在当今之世真是难以推行啊。"

老子回答说："一般来说，因为游说者往往注重于辩说之辞，从而离主题越说越远；而听者因被天花乱坠的说辞（说得过美）弄晕反而不得要领。注意避免这两种因素，道的传播就不会难以进行了。"

弟子行第十二

★原文

卫将军文子①问于子贡曰："吾闻孔子之施教也，先之以《诗》《书》②，而道之以孝悌，说之以仁义，观之以礼乐，然后成之以文德。盖入室升堂③者，七十有余人，其孰为贤？"子贡对以不知。

文子曰："以吾子常与学，贤者也，不知何谓？"

子贡对曰："贤人无妄，知贤即难。故君子之言曰：'智莫难于知人。'是以难对也。"

文子曰："若夫知贤，莫不难。今吾子④亲游焉，是以敢问。"

子贡曰："夫子之门人，盖有三千就焉，赐有逮及⑤焉，未逮及焉，故不得遍知以告也。"

文子曰："吾子所及者，请问其行。"

子贡对曰："能夙兴夜寐⑥，讽诵⑦崇礼，行不贰过⑧，夫称言不苟，是颜回之行也。孔子说之以《诗》曰：'媚兹一人，应侯慎德。''永言孝思，孝思惟则。'⑨若逢有德之君，世受显命，不失厥⑩名。以御于天子，则王者之相也。

"在贫如客⑪，使其臣如借。不迁怒，不深怨，不录旧罪，是冉雍⑫之行也。孔子论其材曰：'有土之君子也，有众使也，有刑用也，然后称怒焉。'孔子告之以《诗》曰：'靡不有初，鲜克有终⑬。' 匹夫之怒，唯以亡其身。

"不畏强御，不侮矜寡，其言循性，其都以富，材任治戎，是仲由之行也。孔子和之以文，说之以《诗》曰：‘受小拱大拱，而为下国骏厖。荷天子之龙，不戁不悚，敷奏其勇^⑭。’强乎武哉，文不胜其质。

"恭老恤幼，不忘宾旅，好学博艺，省物而勤也，是冉求^⑮之行也。孔子因而语之曰：‘好学则智，恤孤则惠，恭则近礼，勤则有继。尧舜笃恭以王天下。’其称之也，曰‘宜为国老’。

"齐庄而能肃，志通而好礼，傧相^⑯两君之事，笃雅有节，是公西赤^⑰之行也。子曰：‘礼经三百，可勉能也；威仪三千，则难也。’公西赤问曰：‘何谓也？’子曰：‘貌以傧礼，礼以傧辞，是谓难焉。’众人闻之，以为成也。孔子语人曰：‘当宾客^⑱之事，则达矣。’谓门人曰：‘二三子之欲学宾客之礼者，其于赤也。’

"满而不盈，实而如虚，过之如不及，先王难之；博无不学，其貌恭，其德敦；其言于人也，无所不信；其骄大人也，常以浩浩，是以眉寿^⑲，是曾参之行也。孔子曰：‘孝，德之始也；悌，德之序也；信，德之厚也；忠，德之正也。参中夫四德者也。’以此称之。

"美功不伐^⑳，贵位不善^㉑，不侮不佚^㉒，不傲无告^㉓，是颛孙师^㉔之行也。孔子言之曰：‘其不伐，则犹可能也；其不弊百姓，则仁也。’《诗》云：‘恺悌君子，民之父母^㉕。’夫子以其仁为大。

"学之深，送迎必敬，上交下接若截焉，是卜商^㉖之行也。孔子说之以《诗》曰：‘式夷式已，无小人殆^㉗。’若商也，其可谓不险矣。’

"贵之不喜，贱之不怒；苟利于民矣，廉于行己；其事上也，以佑其下，是澹台灭明^㉘之行也。孔子曰：‘独贵独富，君子耻之，夫也中之矣。’

"先成其虑，及事而用之，故动则不妄，是言偃^㉙之行也。孔子曰：‘欲能则学，欲知则问，欲善则详，欲给则豫^㉚。当是而行，偃也得之矣。’

"独居思仁，公言仁义，其于《诗》也，则一日三覆‘白圭之玷^㉛’，是宫绍^㉜之行也。孔子信其能仁，以为异士。

"自见孔子，出入于户，未尝越礼。往来过之，足不履影。启蛰不杀，方长不折；执亲之丧，未尝见齿；是高柴^㉝之行也。孔子曰：‘柴于亲丧，

则难能也；启蛰不杀，则顺人道；方长不折，则恕仁也。成汤恭而以恕，是以日跻。'

"凡此诸子，赐之所亲睹者也。吾子有命而讯赐，固不足以知贤。"

文子曰："吾闻之也，国有道则贤人兴焉，中人用焉，乃百姓归之。若吾子之论，既富茂矣，壹诸侯之相也，抑世未有明君，所以不遇也。"

子贡既与卫将军文子言，适鲁，见孔子曰："卫将军文子问二三子之于赐，不壹而三焉[34]，赐也辞不获命，以所见者对矣。未知中否，请以告。"

孔子曰："言之乎。"

子贡以其辞状告孔子。子闻而笑曰："赐，汝次为人[35]矣。"

子贡对曰："赐也何敢知人，此以赐之所睹也。"

孔子曰："然。吾亦语汝耳之所未闻，目之所未见者，岂思之所不至，智之所未及哉？"

子贡曰："赐愿得闻之。"

孔子曰："不克不忌[36]，不念旧怨，盖伯夷、叔齐[37]之行也。

"思天而敬人，服义而行信，孝于父母，恭于兄弟，从善而教不道，盖赵文子[38]之行也。

"其事君也，不敢爱其死，然亦不敢忘其身；谋其身不遗其友，君陈[39]则进而用之，不陈则行而退，盖随武子[40]之行也。

"其为人之渊源[41]也，多闻而难诞，内植足以没其世；国家有道，其言足以治；无道，其默足以生，盖铜鞮伯华[42]之行也。

"外宽而内正，自极于隐括之中，直己而不直人，汲汲于仁，以善自终，盖蘧伯玉[43]之行也。

"孝恭慈仁，允德图义[44]，约货去怨，轻财不匮，盖柳下惠之行也。

"其言曰：'君虽不量于其身，臣不可以不忠于其君。是故君择臣而任之，臣亦择君而事之。有道顺命，无道衡命。'盖晏平仲[45]之行也。

"蹈忠而行信，终日言不在尤之内；国无道，处贱不闷，贫而能乐，盖老莱子[46]之行也。

"易行以俟天命，居下不援其上；其观于四方也，不忘其亲，不尽其乐；以不能则学，不为己终身之忧，盖介子山⁴⁷之行也。"

子贡曰："敢问夫子之所知者，盖尽于此而已乎？"

孔子曰："何谓其然？亦略举耳目之所及而矣。昔晋平公⁴⁸问祁奚⁴⁹曰：'羊舌大夫⁵⁰，晋之良大夫也，其行如何？'祁奚辞以不知。公曰：'吾闻子少长乎其所，今子掩之，何也？'祁奚对曰：'其少也恭而顺，心有耻而不使其过宿；其为大夫，悉善而谦其端；其为舆尉也，信而好直其功。至于其为容也，温良而好礼，博闻而时出其志。'公曰：'曩者问子，子奚曰不知也？'祁奚曰：'每位改变，未知所止，是以不敢得知也。'此又羊舌大夫之行也。"

子贡跪曰："请退而记之。"

★ **注释**

① 文子：即公孙弥牟，名弥牟，字子之，谥文，也称文子。文子曾担任卫国的将军，在卫悼公时担任国相。

②《书》：指《尚书》，是中国古代最早的一部历史文献汇编。最早时它被称为《书》，到了汉代被叫作《尚书》，意思是"上古之书"。汉代以后，成为儒家的重要经典之一，所以又叫作《书经》。

③ 升堂入室：指学识或能力达到了较高水平。古代房屋前为堂、后为室。

④ 吾子：古时对别人的尊称，意为"您"。

⑤ 逮及：联络，接触。

⑥ 夙兴夜寐：早起晚睡，形容非常勤奋。夙，早。兴，起来。寐，睡。

⑦ 讽诵：背诵，诵读。

⑧ 不贰过：指不重复犯错误。

⑨ "媚兹一人，应侯慎德。""永言孝思，孝思惟则。"：均出自《诗经·大雅·下武》。"媚兹一人，应侯慎德"意指德行独受君王的钟爱，如应侯一样继承先辈的美德。媚，喜爱。应侯，周朝初期应国国君。慎德，同"顺德"，继承了先辈的传统美德。"永言孝思，孝思维则"意指崇尚孝道，

把孝道当作行为准则。

⑩ 厥：代词，他的。

⑪ 在贫如客：对待贫困的人就像对待客人一样。在，问候。

⑫ 冉雍：孔子的弟子。冉耕（伯牛）、冉雍（仲弓）、冉求（子有）兄弟三人皆在孔门十哲之列，世称"一门三贤"。

⑬ 靡不有初，鲜克有终：出自《诗经·大雅·荡》。意指刚开始做的时候都能有一个好的开始，但很少有人能坚持到最后。多用以告诫人们为人要善始至终。靡，无、没有。初，开始。鲜，少。克，能够。

⑭ 受小拱大拱……敷奏其勇：出自《诗经·商颂·长发》。"受小拱大拱，而为下国骏厖"意指受到大小各种奖赏，为天下诸侯当好领头骏马。拱，指奖赏。骏，大。厖，丰厚，厚重。"荷天子之龙"，意为受到天子宠爱。"不憨不竦"意指既不怯懦也不惧怕，竦，同悚，恐惧。"敷奏其勇"，意指勇猛杀敌屡立战功。敷奏，施展。

⑮ 冉求：字子有，也称冉有，孔子弟子。

⑯ 傧相：古时称替主人接引宾客或主持礼仪的人。

⑰ 公西赤：字子华，河南省濮阳县人，孔门弟子。公西赤有非常优秀的外交才能。

⑱ 宾客：指以宾客之礼相待，春秋战国时多用来称他国使者。

⑲ 眉寿：长寿。因人老会长出长眉毛，故称眉寿。

⑳ 伐：夸耀。

㉑ 不善：不自喜。

㉒ 不侮不佚：不轻慢，不放荡。

㉓ 不傲无告：不欺侮无依无靠者。傲，欺侮，愚弄。无告，无依无靠。

㉔ 颛（zhuān）孙师：复姓颛孙、名师、字子张，孔子弟子，春秋末年陈国阳城（今河南登封）人，重视自己的德行修养。

㉕ 恺悌君子，民之父母：出自《诗经·大雅·洞酌》。恺悌，指和颜悦色、平易近人。

㉖ 卜商：字子夏，卫国人。孔门七十二贤之一。

㉗式夷式已，无小人殆：出自《诗经·小雅·节南山》。意为用平和、公平的态度处人处事，就不会引来小人的诽难。式，用。夷，平。

㉘澹台灭明：复姓澹台，名灭明，字子羽，孔门弟子，鲁国人，比孔子小三十九岁。澹台灭明往南游学到吴地，跟从他学习的有三百多人。他有一套教学管理制度，影响甚大，是当时儒家在南方的一个有影响的学派，其才干和品德传遍了各诸侯国。

㉙言偃：字子游，又称叔氏。春秋时常熟人，为孔子三千弟子中唯一的南方人。擅长文学，曾任鲁国武城宰，阐扬孔子学说，用礼乐等教化士民，境内到处有弦歌之声，为孔子所称赞。后人配祀孔庙，列入"孔门十哲"，尊崇为"南方夫子"。

㉚欲给则豫：给，丰足、充裕。豫，事先准备。

㉛白圭之玷：出自《诗经·大雅·抑》。比喻人或物大体很好，只是有些小缺点。圭，古代行礼时用的玉器。玷，白玉上的一个斑点。

㉜宫绦：一作宫韬，即南宫绦，又称南宫适，孔子弟子。

㉝高柴：即季羔。

㉞不壹而三焉：不止一次而是再三请求。

㉟汝次为人矣：你能够评价他人了。次，次序。

㊱不克不忌：不苛刻，不嫉妒。克，苛刻。忌，嫉妒。

㊲伯夷、叔齐：商末孤竹君的两个儿子。相传其父遗命要立次子叔齐为继承人。孤竹君死后，叔齐让位给伯夷，伯夷不受，叔齐也不愿登位，先后都跑到周国。周武王伐纣，二人叩马谏阻。武王灭商后，他们耻食周粟，后饿死于首阳山。

㊳赵文子：即赵武，春秋时晋国大夫，晋悼公之相，大夫赵盾之孙、赵朔之子。春秋时晋国的执政大夫。赵文子以有知人之明闻于世，他在世时，通过外交活动增强了晋国在诸侯间的地位。

㊴君陈：君主信任。

㊵随武子：即士会，祁姓，士氏，名会，字季，春秋时晋国大夫。因封于随，人称随会；谥武，人称随武子。

㊶渊源：指思虑深邃。

㊷铜鞮（tí）伯华：春秋时晋国大夫羊舌赤，字伯华，铜鞮是他的封地。其父羊舌职去世，中军尉祁奚推荐为羊舌赤代替其位。

㊸蘧（qú）伯玉：名蘧瑗，字伯玉，卫国大夫，春秋时卫国人，是位年逾百岁的寿星。侍奉卫献公、殇公、灵公三代国君。他主张以德治国，执政者以自己的模范行为去感化、教育、影响人民。蘧伯玉与孔子一生为挚友，在孔子周游列国的十四年中，有十年在卫国，其中两次住在蘧伯玉家。尤其是孔子第二次从外地回到卫国，蘧伯玉已年高隐退，孔子再次在其家设帐授徒。二人更是无事不谈，充分交流思想。蘧伯玉的政治主张、言行、情操对儒家学说的形成产生了重大影响，为以后儒家学派的最终确立，奠定了坚实基础。不仅如此，蘧伯玉"弗治之治"的政治主张，也开创了道家"无为而治"的先声。

㊹允德图义：允德，修德、涵养德行。图义，追求道义。

㊺晏平仲：即晏子，名婴，字仲，谥平，春秋时齐国大夫。他是一位重要的政治家、思想家、外交家。有政治远见和外交才能，作风朴素闻名诸侯。他爱国忧民，敢于直谏，在诸侯和百姓中享有极高的声誉。

㊻老莱子：春秋时楚国人，道家代表人物。一说即老子。

㊼介子山：即介子推，春秋时晋国贤臣。因"割股奉君"、隐居"不言禄"之壮举，深得世人怀念。

㊽晋平公：春秋时晋国国君，姬姓，晋氏，名彪，晋悼公之子，在位22年。

㊾祁奚：姬姓，祁氏，名奚，字黄羊，春秋时晋国人。祁奚从政约60年，为四朝元老；晋平公曾令祁黄羊举贤，祁黄羊先后推荐仇人解狐和儿子祁午，留下"内举不避亲，外举不避仇"的美誉。

㊿羊舌大夫：即羊舌赤，亦即铜鞮伯华。

★译文

卫国的将军文子问子贡说："我听说孔子教育弟子，先教他们通读《诗经》和《尚书》，然后教导他们孝顺父母、尊长爱幼的道理，传授给他们仁德和道义的思想精髓，训练他们修身养性和为人处世的礼乐文化，培养他们的文才和德行。其中学有所成的贤人就有七十多人，他们之中谁最有贤德呢？"子贡回答说不知道。

文子说："您和他们一起学习，你也是贤者，为何说不知道呢？"

子贡回答说："贤德之人不能对他人妄加评论，并且评论他人是否贤德是件很困难的事。所以君子说：'最难得的智慧莫过于认识评价他人了。'因此难以回答您的问题。"

文子说："若是一般人要评价这些贤人，确实很困难。但您本人亲身在孔子门下求学，与他们在一起，所以我才冒昧问您这个问题。"

子贡说："先生的门下大概有弟子三千人，有些是我接触了解的，有些甚至没有交往，所以无法逐一评判来告诉您。"

文子说："那就请您根据您的了解谈谈吧，我主要是想问问他们的品行如何。"

子贡回答说："学习勤奋，读史诵典，崇尚道德礼义，从不重复犯错，被公认为是不苟言行的，是颜渊的品行。孔子引用《诗经》的词句来形容颜渊：'受先王之垂爱，承应侯之美德。''崇尚孝道，把孝道当作行为准则。'如果颜渊遇到有德行的诸侯国君任用，就会获得世袭的功名俸禄，且不会辱没其美名。若被国君任用，就会成为国君最好的辅臣。

"对待贫困的人就像对待客人一样，使唤家里的仆人如同借用般客气。不迁怒于人，也不抱怨他人，对待别人的过错从不旧账重提，这是冉雍的品行。孔子评论他的品行与才能时说：'即便他能成为拥有封地的君子，有民众可以使役，有刑罚可以施用，但他也会更加发奋努力做事。'孔子还用《诗经》的话评价他说：'万事开头讲得好，很少能有好收场。'（表示冉雍能够做到有始有终）一般人不会发奋去追求人生目标，最后只能无功终老。

"不害怕强暴，不欺辱无依无靠之人，言语率真表露真性情，担任行政长官能让一方百姓富足，有带兵打仗之才能，这是子路的品行。孔子曾用文字赞美过他，还引用《诗经》中的词句来称赞他：'广受赞美与尊敬，国之栋梁与依仗。受天子恩宠与信任，心无胆怯与惶恐，屡施神威奏战功。'勇敢和武艺是其强项，用语言难以表达他的质朴。

"尊敬长辈，怜惜幼小，不忘出门在外的人，喜好学习，多才多艺，节俭勤劳，这是冉求的品行。孔子曾对他说：'勤奋好学就更加智慧，同情孤寡就是仁爱，恭敬待人就是礼义，勤劳付出就会有所收获。尧舜忠诚谦恭，所以能称王天下。'他做到了，孔子很称赞他，说：'你应当去做国家的卿大夫。'

"整齐庄重而又严肃，志向远大而又喜好礼仪；作为礼宾主持两国国君的会晤，能做到礼仪典雅庄重而有节度。这是公西赤的品行。孔子说：'《礼经》记载的礼仪有三百项之多，可以通过努力学习来掌握；而各种礼仪规范、细则有三千项之多，却是难以全部把控的。'公西赤问：'为什么这样说呢？'孔子回答：'作为礼宾主持仪式要有优雅合宜的礼容，要根据各自不同的礼节要求和辞令来把控仪式的进程，所以说很难。'众人听孔子这么说，都觉得公西赤已经学有所成了。孔子对大家说：'如果是作为各种仪式的礼宾处理交际事宜，他会做得很好。'孔子又对弟子们说：'你们想要学习有关礼宾所需的礼仪，就向公西赤学习吧。'

"学有所成却不自满，知识渊博却极为谦虚，超过他人仍谦虚向他人学习，古代贤明的君王也难以做到。他博采众长无所不学，外表恭敬，德行敦厚；他与任何人说话都真诚以待，令人信服；他能够傲视权贵，胸襟坦荡有浩然之气，因此能够长寿。这是曾参的品行。孔子说：'行孝是德行的基础，尊长爱幼是德行的引子，诚信是德行的深度，忠诚是德行的准则。曾参集中了这四种品德。'孔子就是如此来称赞他。

"取得令人称颂的功绩不夸耀，身居尊贵的地位不沾沾自喜，不轻慢他人，不放任自己，不欺侮无依无靠者，这是颛孙师的品行。孔子评价他说：'不自吹自擂，一般人还可能做到；能够做到不愚弄百姓，则是仁德的表现。'《诗经》中说：'平易近人之君子，事百姓如敬父母。'先生认为他的仁德是最突出的。

"学习能够深入理解其义，迎来送往必定恭敬为之，和上下级交往界限分明，这是卜商的品行。孔子用《诗经》的话评价他说：'心平气和处事平，没有小人来危害。'像卜商这样，可以说不至于有危险。

"富贵时不沾沾自喜，贫贱时不幽怨恼怒；处处以民众为重，行为廉洁俭约；为官从政既考虑对上负责又考虑对下面的百姓给予护佑。这是澹台灭明的品行。孔子说：'唯独关注个人之富贵，君子认为是可耻的行为。澹台灭明就是这样的人。'

"做事前有谋划，处理事情按计划而行，从没有轻举妄动的行为，这是言偃的品行。孔子说：'想要获得才能，就要勤奋学习；想要了解更多知识，就要经常请教他人；想要把事情做得完美，就要事先考虑周详；想要有能力付出，就要

提前做好储备。按照这个原则行事，言偃是完全做到了。'

"个人独处时静心思考仁德，在外所讲的话符合道义，牢记《诗经》上的诗句'白圭之玷'（白玉上之污点，可以把它磨掉，说出去的错话，则无法收回），每天多次反省自己的言行，因此言行极其谨慎，这是宫绍的品行。孔子相信他能行仁义，认为他是一个与众不同的人。

"自从跟随孔子求学，无论在家或是在外，从不违背规矩和礼仪。迎来送往谨慎，脚都不会踩到别人的影子。春天不杀蛰伏刚醒的虫子，不攀折正在生长的草木。为亲人守丧时，绝不会有言笑。这是高柴的品行。孔子说：'高柴为亲人守丧的诚心，是一般人难以做到的；春天不杀生，体现的是把人道推及各种生灵；不砍折正在生长的树木，体现的是把仁爱施予万物。历史中的成汤就是因为谦恭而又能做到推己及人，因此其威望天天升高。'

"以上这些是我熟悉的人的品行。对于您的问题，恕我不才，我不能妄断他们谁更加贤德。"

文子说："我听说，如果国家开明按正道行事，那么贤达之人就会多起来，正直的人被任用，百姓也会安心归顺。按照您刚才的谈论，内容已经很丰富了，这些人都可以成为诸侯国君的佐臣啊。大概世上没有明君，所以他们没有得到任用。"

这次谈话过后，子贡到鲁国见到孔子，说："卫将军文子再三向我询问同学弟子们的情况，我推辞不掉，就把我的所见所闻告诉了他。不知道是否合适，请老师告诉我。"

孔子说："说来听听。"子贡把和文子谈话内容告诉了孔子。

孔子听后笑着说："子贡啊，你能评价他人了。"

子贡回答说："我怎敢去评价他人呢，这是我亲眼所见啊。"

孔子说："好吧。我也告诉你一些你没听到、没看到的人和事，也许我说的这些你还没有想到，或者说你还没有学习了解到。"

子贡说："我很愿意聆听老师的教诲。"

孔子说："不苛刻、不忌妒，不计较过去的仇怨，这是伯夷和叔齐的品行。

"思考天道、遵循自然规律，崇尚仁义、做事讲信用，孝敬父母，友爱兄弟，从善如流、不空谈道义，这是赵文子的品行。

"辅佐国君，不怕付出自己的生命，然而也不忘记保护自己。谋求自己的发展，也不忘记身边的朋友。君王任用时他就努力去做，不用则离开而退隐，这是随武子的品行。

"为人思虑深邃，见闻广博难以被欺骗，内心修养超过同代的其他人。如果国家君主圣明，其言论足以用来治国；如果遇到君主不开明，他会用沉默来保全自己。这是铜鞮伯华的品行。

"外表宽容而且内心正直，能自己矫正自己的行为，严格要求自己而不苛求别人，努力地追求仁义，终身行善。这是蘧伯玉的品行。

"孝敬、谦恭、慈善、仁爱，修养个人德行，谋求行为仁义，内敛节俭而不招人怨恨，轻视财物而又精神不匮乏。这是柳下惠的品行。

"有人说：'君主不一定做到根据才能任命臣子，但是做了臣子必须忠于君主。因此君主有选臣、用臣的权利，臣子也可以选择君主来辅佐。如果君主圣明就听从他的命令，如果君主昏庸无道就隐居不仕。'这是晏平仲的品行。

"用行动践行忠信，平时的言谈不会有什么过失；身处政治昏暗的乱世，虽地位低下也不忧愁烦闷，生活贫困而能保持安乐的态度。这是老莱子的品行。

"修养自己的德行等待机遇，身处低位却不攀附高枝；出游在外不忘记父母，不贪图尽情享乐；感觉到能力不足就去学习请教，不给自己留下终身的遗憾。这是介子山的品行。"

子贡问："请问老师，您知道的就只有这些吗？"

孔子说："怎么能这么说呢？我也只是大略举出我能想起来的罢了。从前，晋平公问祁奚：'羊舌大夫是晋国的优秀大夫，他的品行怎么样？'祁奚推辞说不知道。晋平公又问：'我听说你从小在他家长大，你现在避而不谈，是为什么呢？'祁奚回答说：'他年轻时候谦恭而和顺，发现过错不会留到第二天来改正；他作为大夫，凡事皆出于善心而又谦虚正直；他出任舆尉时，讲信用而不瞒报功绩。至于他的外在表现，温和善良而且喜好礼仪，见多识广，时时坚守自己的志向。'晋平公说：'刚才我问你，你怎么说不知道呢？'祁奚说：'他的地位经常改变，也不知他将来会怎么样，所以不敢说完全了解他。'这又是羊舌大夫的品行。"

子贡向孔子行跪拜之礼，说："请让我回去记下您的话。"

贤君第十三

★原文

哀公问于孔子曰："当今之君，孰为最贤？"

孔子对曰："丘未之见也，抑^①有卫灵公^②乎？"

公曰："吾闻其闺门之内无别^③，而子次之贤，何也？"

孔子曰："臣语其朝廷行事，不论其私家之际^④也。"

公曰："其事何如？"

孔子对曰："灵公之弟曰公子渠牟，其智足以治千乘，其信足以守之。灵公爱而任之。又有士曰林国者，见贤必进之，而退与分其禄，是以灵公无游放之士^⑤。灵公贤而尊之。又有士曰庆足者，卫国有大事，则必起而治之；国无事，则退而容贤^⑥。灵公悦而敬之。又有大夫史鳅^⑦，以道去卫。而灵公郊舍^⑧三日，琴瑟不御^⑨，必待史鳅之入，而后敢入。臣以此取之，虽次之贤，不亦可乎。"

★注释

① 抑：或许。

② 卫灵公，是春秋时卫国第二十八代国君，以其爱好男宠、多猜忌、且脾气暴躁而留下不好的史学评价。但卫灵公的作为也有双面性，他擅长识人，知人善任。

③ 闺门之内无别：意指个人私生活不检点。闺门，指家庭。无别，指没有规矩。

④ 私家之际：个人私生活。

⑤游放之士：没被任用的有识之士。

⑥退而容贤：自己退位，把位置让给贤能的人。

⑦史鳅（qiū）：卫国大臣，字子鱼，史称史鱼，立志为国家推荐贤才，是中国古代谏臣的榜样，开了"尸谏"的先河。

⑧郊舍：在郊外住宿。

⑨不御：不弹奏、吹奏。

★译文

鲁哀公问孔子："当今的君主，谁最贤明啊？"

孔子回答说："我还未曾见过最贤明的君主，或许卫灵公就算是一个吧！"

哀公说："我听说他个人私生活不检点，而您却说他贤明，为什么呢？"

孔子说："我指的是他在理政方面的所作所为，而不论他的家庭个人私事。"

哀公问："他在理政方面做得怎么样呢？"

孔子回答说："卫灵公有个弟弟名为公子渠牟，他的智慧足以治理一个诸侯之国，他的诚信行为也足以成为他人的榜样。灵公喜欢他的才智而重用他。卫国有个官员名叫林国，他只要发现贤能的人必定推荐给国君，如果未被任用，林国就把自己的俸禄拿出来与他分享，因此在卫灵公治下的卫没有放任不用的有识之士。卫灵公认为林国很贤明因而很尊敬他。还有个叫庆足的官员，卫国只要有大事，就必定站出来担当重任；国家平安无事时，就辞去官职而让位于其他的贤德之人。卫灵公因此喜欢他并且特别敬重他。还有个大夫叫史鳅，为了寻求道学而离开卫国。卫灵公就在郊外住了三天，不近声乐，一定要等到史鳅回国，而后他才敢回宫。我是根据这些事来评价他，从这一方面说把他列为贤君，不也可以吗？"

★原文

子贡问于孔子曰："今之人臣，孰为贤？"

子曰："吾未识也。往者齐有鲍叔①，郑有子皮②，则贤者矣。"

子贡曰："齐无管仲，郑无子产？"

子曰："赐，汝徒知其一，未知其二也。汝闻用力为贤乎？进贤为贤乎？"

子贡曰："进贤贤哉。"

子曰："然。吾闻鲍叔达③管仲，子皮达子产，未闻二子之达贤己之才者也。"

★ 注释

① 鲍叔：即鲍叔牙，春秋时齐国大夫。他和管仲是好朋友。广为世人所知的事情，莫过于"管鲍之交"。鲍叔牙推荐管仲当上齐相，从而帮助齐桓公九合诸侯，成就齐国霸业。

② 子皮：姬姓，罕氏，名罕虎，郑国七穆之一，罕氏宗主，春秋后期担任郑国当国、卿大夫。他推荐子产（姬姓，公孙氏，名侨，字子产，又字子美，谥成）做郑国的相，积极拥护子产改革。

③ 达：使……显达。

★ 译文

子贡问孔子："请问，当今的大臣中，谁能称得上是贤人呢？"

孔子说："当今的贤人我还不太了解。历史上齐国的鲍叔、郑国的子皮，他们都是贤人。"

子贡说："齐国不是有管仲，郑国不是有子产吗？"

孔子说："子贡啊，你只知其一，不知其二。你觉得做事能力强的人和举荐比自己更贤能的人相比，二者谁更贤明？"

子贡说："能举荐贤能的人更贤明。"

孔子说："这就对了。据我所知，鲍叔牙极力举荐管仲，才成就了管仲的显赫功绩；子皮举荐了子产，成就了子产的功绩。没有听说过管仲和子产使比他们才能更好的人显达。"

★ 原文

哀公问于孔子曰："寡人闻忘之甚者，徙而忘其妻，有诸？"

孔子对曰："此犹未甚者也，甚者乃忘其身。"

公曰："可得而闻乎？"

孔子曰："昔者，夏桀贵为天子，富有四海，忘其圣祖之道，坏其典法，废其世祀①，荒于淫乐，耽湎于酒。佞臣谄谀，窥导其心；忠士折口，逃罪不言。天下诛桀而有其国。此谓忘其身之甚矣！"

★注释

① 废其世祀：废弃世代相继的祭祀礼仪，此处引申为废弃了世代尊崇的仁政的传承。

★译文

哀公问孔子说："寡人听闻，有很健忘的人，在搬家的时候竟连自己的妻子也忘了，真有这样的事吗？"

孔子回答道："这还不算是很健忘的，还有更健忘的人，连他自身是谁都忘了。"

哀公好奇地问道："请您说说这是什么样的人？"

孔子于是答道："从前，夏桀享有天子的尊贵，拥有四海的财富，唯独忘记了圣祖的仁德，破坏了其制定的典章制度，废弃了世代尊崇的仁政的传承，过度地享乐而荒于政务，整天沉迷于酒色之中。阿谀的奸臣便暗中窥察他心中的欲望，逢迎他的嗜好，使他更为堕落；忠直的臣子，为逃避无端的刑戮迫害，闭口不敢劝谏。天下人杀了夏桀，占有了他的国家。这就是连他本人是谁都忘了的典型啊！"

★原文

颜渊将西游于宋，问于孔子曰："何以为身？"

子曰："恭敬忠信而已矣。恭则远于患，敬则人爱之，忠则和于众，信则人任之。勤斯四者，可以政国，岂特一身者哉？故夫不比于数①，而比于疎②，不亦远乎；不修其中，而修外者，不亦反乎；虑不先定，临事而谋，不亦晚乎。"

★ 注释

① 数：此处指技巧、策略、规律。

② 疎（shū）：通"疏"，此处指疏于长远谋划。

★ 译文

颜渊将要西行游学于宋国，临行前，向孔子求教："我怎样才能安身立命呢？"

孔子说："言行能做到恭、敬、忠、信就可以了。待人谦恭可以让人远离祸端，对人尊敬就能获得他人喜爱与尊重，待人忠诚会与他人团结和睦，与人诚信则赢得信任与重用。始终秉持谦恭、尊敬、忠诚、诚信这四点，可以治理好国家，不只是有利于自己一人的事啊！所以说，不讲策略、疏于长远谋划，那就会离初衷越行越远啊！不注重修养自己的内心，却只顾修饰自己的外表，那就是本末倒置啊！做事情不是预先考虑成熟，事到临头才开始谋划，可能就会为时已晚啊！"

★ 原文

孔子读《诗》于《正月》六章①，惕焉如惧，曰："彼不达之君子，岂不殆哉？从上依世则道废，违上离俗则身危。时不兴善，己独由之，则曰非妖即妄②也。故贤也既不遇天，恐不终其命焉，桀杀龙逢③，纣杀比干④，皆类是也。《诗》曰：'谓天盖高，不敢不局。谓地盖厚，不敢不蹐⑤。'此言上下畏罪，无所自容也。"

★ 注释

①《正月》六章：指《诗经·小雅·正月》的第六章。这是一首政治怨刺诗，当作于西周将亡之时，诗人生动、细致、准确地记录了两千多年前生于乱世的正直的知识分子心灵的颤动，感动过无数的人。正月，正阳之月，夏历四月。

② 非妖即妄：不是异类就是乱党。

③ 龙逢：即关龙逢，夏桀时期的大臣，因进谏获罪被杀。

④ 比干：商纣王的叔父，因屡谏商纣王被挖心而死。

⑤ 谓天盖高……不敢不蹐：出自《诗经·小雅·正月》。

孔子读到《诗经·小雅·正月》第六章的诗文时，表现出提心吊胆的样子，像是很害怕，说："在那个时代的君子得不到重视，其处境真难道不令人担忧吗？如若顺从君主附庸潮流，那么就要放弃心中秉持的'道'；如果违背君主意志远离世俗，那么自身就有危险。当时的时代不宣扬善行，自己偏要追求善为，就会被人说成是异类或是乱党。所以说贤能的人若生不逢时，恐怕还有不能终养天年之忧。夏桀杀害龙逢，商纣杀害比干，都是这一类的例证。正如《诗经》所说：'都说天很高，却不敢不弯腰而立。都说地很厚，却不得不蹑脚而行。'这就是说乱世中的贤人君子上下都得罪不起，难以找到容身之地啊。"

★ 原文

子路问于孔子曰："贤君治国，所先者何？"

孔子曰："在于尊贤而贱不肖。"

子路曰："由闻晋中行氏①尊贤而贱不肖矣，其亡何也？"

孔子曰："中行氏尊贤而不能用，贱不肖而不能去，贤者知其不用而怨之，不肖者知其必己贱而仇之，怨仇并存于国，邻敌构兵②于郊，中行氏虽欲无亡，岂可得乎。"

★ 注释

① 中行（háng）氏：东周时期晋国六卿家之一。其家族最后的结局是人逃到国外，家族就此衰败。

② 构兵：集结军队。

★ 译文

子路问孔子说："贤明的君主治理国家，应该把什么放在首要的位置呢？"

孔子说："在于尊重并重用才德兼备之人，鄙视且不用无德不才之人。"

子路说："我听说晋国的重臣中行氏，尊重才德兼美的人，鄙视无德不才的人，结果却落得人逃家败的结局，这是什么原因呢？"

孔子说："中行氏虽尊重才德兼美的人，却不能加以重用；鄙视不才的人，却又不解除他们的职务。才德兼美者知道他不会重用自己，因而埋怨他；没有才干的人知道他一定鄙视自己，因而仇恨他。在其主政时期对内既招人怨又招人仇恨，邻国又陈兵于郊外。这种境况之下，中行氏即使不想逃亡，也是不得已而为之啊。"

★ 原文

孔子闲处，喟然而叹曰："向使铜鞮伯华无死，则天下其有定矣。"

子路曰："由愿闻其人也。"

子曰："其幼也，敏而好学；其壮也，有勇而不屈；其老也，有道而能下人。有此三者，以定天下也，何难乎哉！"

子路曰："幼而好学，壮而有勇，则可也。若夫有道下人，又谁下哉？"

子曰："由不知，吾闻以众攻寡，无不克也，以贵下贱，无不得也。昔者周公居冢宰 ① 之尊，制天下之政，而犹下白屋之士 ②，日见百七十人，斯岂以无道也？欲得士之用也。恶有道而无下天下君子哉？"

★ 注释

① 冢（zhǒng）宰：官名，即太宰，六卿之首。太宰原为掌管国家财务及宫内事务的官。周武王驾崩时，周成王年少，周公曾以冢宰之职摄政。

② 白屋之士：指贫寒的士人。

★ 译文

孔子闲坐时，叹一声长气感慨地说："假使铜鞮伯华还活着，一定可以辅助君王安定天下。"

子路说："我很愿意听听他的事。"

孔子说："他小的时候，聪敏而好学上进；壮年的时候，勇敢而不屈不挠；年老之后，德高望重却能礼贤下人。具备这三种品质的人来治理国家，一定可以让天下安定，这不是什么难事。"

子路说："小时候聪敏好学，壮年时勇敢而不屈服，是可以理解的。德高望重却能礼贤下士，那么怎么区分尊卑上下呢？"

孔子说："仲由，你不知道，我听说以多击少，没有不胜的；地位尊贵的人能够善待地位底下的人，没有不受到拥戴的。从前的周公居于冢宰的高位，掌握着国家的政令，对贫寒的士人礼遇优加，每天接见七八十甚至上百人，这难道是因为他不讲尊卑秩序吗？他是为了发掘有才能的人并加以任用啊！哪有德高望重却不礼贤下士的君子呢？"

★ 原文

齐景公①来适鲁，舍于公馆，使晏婴②迎孔子。

孔子至，景公问政焉。孔子答曰："政在节财。"

公悦。又问曰："秦穆公③国小处僻而霸，何也？"

孔子曰："其国虽小其志大，处虽僻而政其中，其举也果，其谋也和，法无私而令不愉，首拔五羖④，爵之大夫，与语三日而授之以政，以此取之，虽王可，其霸少矣。"

景公曰："善哉。"

★ 注释

① 齐景公：姜姓，吕氏，名杵臼，齐灵公之子，春秋时齐国君主。齐景公既想励精图治，又贪图享乐。作为君主，他不愿放弃其中的任何一个。与此相应，他的身边大臣就有不同的两派，一是治国之臣，一是乐身之臣。齐景公在位五十八年，国内治安相对稳定，然因无有嫡子，身后诸子展开了激烈的王位之争。

② 晏婴：晏子，字仲，谥平，春秋时齐国大夫。

③ 秦穆公：嬴姓，赵氏，名任好，是秦德公之少子，春秋时秦国国君。在位三十九年（前659年—前621年）。秦穆公非常重视人才，得到百里奚（五羖）、蹇叔、丕豹、公孙支等贤臣的辅佐，因周襄王任命他为西方诸侯之伯，遂称霸西戎。在部分史料中，被认为是"春秋五霸"之一。

④ 五羖（gǔ）：指秦国大夫百里奚。晋献公灭虞国时，俘虏了虞国国君和大夫百里奚，并把百里奚作为女儿伯姬（秦穆公夫人，后称穆姬）出嫁时陪嫁的奴隶送给秦国。后来，百里奚逃到楚国，穆公听说百里奚有才能，想

用重金赎买他，但又担心楚国不给，就派人对楚王说："我家的奴隶百里奚逃到这里，请允许我用五张黑羊皮赎回他。"因此，人称百里奚为"五羖大夫"。楚国就答应交出了百里奚。再后来，穆公与其长谈三日，拜他为秦国大夫。百里奚相秦七年，勤理政务，平易近人，生活俭朴，使秦大治，遂建霸业。在当时其贡献是多方面的，在历史上有着极高的地位。

★ 译文

齐国齐景公到鲁国来，住在公馆里，派晏婴去迎接孔子。

孔子到了之后，景公便向他请教治国之道。孔子回答说："治理国家关键是要节省财物。"

景公听了很高兴，又问道："秦穆公所统治的国家不大，又处在偏僻的地方，而他却成就了霸业，这是为什么呢？"

孔子说："他的国家面积虽小，但他的志向远大；地理位置虽然偏僻，但他的执政政策正确。他采取行动追求效果，谋划国事讲究政通人和，执法无私，颁布政令不随意。他亲自提拔了百里奚（有才能，但地位很低），授给他大夫的爵位，仅与他长谈三日就放手让他处理国家大事。秦穆公的这些为政举措，即使成就王者之业也是可以的，称霸一隅只不过是小成就而已。"

景公说："您说得太好了！"

★ 原文

哀公问政于孔子。孔子对曰："政之急者，莫大乎使民富且寿也。"

公曰："为之奈何？"

孔子曰："省力役，薄赋敛，则民富矣；敦礼教，远罪疾，则民寿矣。"

公曰："寡人欲行夫子之言，恐吾国贫矣。"

孔子曰："《诗》云：'恺悌君子，民之父母①。'未有子富而父母贫者也。"

★ 注释

① 恺悌君子，民之父母：出自《诗经·大雅·泂酌》。恺悌君子，泛指品德优良，平易近人的人。恺悌，平易近人。君子，先秦时代对国君或诸侯

卿士的美称。

★译文

哀公向孔子请教为治国之道。孔子回答说："治理国家最急迫也是最重要的举措，就是使老百姓富足和健康长寿。"

哀公说："怎样才能做到这一点呢？"

孔子说："减少劳役，减轻赋税，百姓就会富足；教化百姓敦厚礼制，使他们远离灾祸，百姓就会长寿。"

哀公说："如果按您说的去做，我担心国家会因此而贫困。"

孔子说："《诗经》上有句诗说：'平易近人之君主，百姓视之为父母。'子女富足了还用担心父母不富足吗？"

★原文

卫灵公问于孔子曰："有语寡人：'有国家者，计之于庙堂①之上，则政治矣。'何如？"

孔子曰："其可也。爱人者则人爱之，恶人者则人恶之，知得之己者则知得之。人所谓不出环堵之室而知天下者，知反己②之谓也．"

★注释

① 庙堂：此处指处理国家大事的朝堂、议事厅。

② 反己：反省自己，严格要求自己。

★译文

卫灵公问孔子说："有人告诉我：'有国有家的人，只要在朝堂上与大臣们认真做好谋划，国家就会治理好。'您认为这种说法怎么样呢？"

孔子说："这种说法也对啊。爱人者受人爱戴，对人恶者招人恨之，知晓自己的好恶与需求也就知道别人的好恶与需求。所谓不出陋室就可以做到了解民众诉求，说的就是认真反省自己、设身处地地考虑民众利益。"

★原文

孔子见宋君，君问孔子曰："吾欲使长有国而列都得之，吾欲使民无惑，吾欲使士竭力，吾欲使日月当时，吾欲使圣人自来，吾欲使官府治理，为之奈何？"

孔子对曰："千乘之君^①，问丘者多矣，而未有若主君之问问之悉也。然主君所欲者，尽可得也。丘闻之，邻国相亲，则长有国；君惠臣忠，则列都得之；不杀无辜，无释罪人，则民不惑；士益之禄，则皆竭力；尊天敬鬼，则日月当时；崇道贵德，则圣人自来；任能黜否^②，则官府治理。"

宋君曰："善哉！岂不然乎？寡人不佞^③，不足以致之也。"

孔子曰："此事非难，唯欲行之云耳。"

★ 注释

① 千乘之君：指诸侯国君。

② 黜否（chù fǒu）：罢斥佞邪小人。

③ 不佞（nìng）：旧时谦称，相当于"不才"。佞，有才智。

★ 译文

孔子拜见宋国国君，宋君问孔子说："我想使国家长期安定、各个城邑都能感恩臣服，我想让百姓对法纪没有困惑，我想让士人都竭力为国，我想让风调雨顺福佑苍生，我想让圣贤之人自愿前来，我想使官吏得到很好的治理，怎样才能做到这些呢？"

孔子回答说："有很多诸侯国的国君向我询问过问题，但是都没有像您这样问得这么详细。不过您所希望的这些都是能够实现的。我认为，与相邻的国家做到睦邻友好、和平相处，国家就会长期稳定；君主心怀仁德则臣子忠心，各个城邑就能感恩臣服；不滥杀无辜也不放过有罪之人，就能使老百姓对国家法纪没有困惑；增加士人的俸禄，就能让他们竭尽其力、尽心尽职；尊奉天命、敬事鬼神，就能风调雨顺福佑苍生；推崇道义、重视仁德，就能使圣人自愿前来；任用贤能，罢免奸邪小人，就能使官吏得到很好的治理。"

宋君说："说得好啊！哪里不是这样呢？恕我不才，怕是没有能力做到这种程度。"

孔子说："做到这些并不难，只要行动起来就会做到的。"

辩政第十四

子贡问于孔子曰："昔者齐君问政于夫子，夫子曰政在节财。鲁君问政于夫子，子曰政在谕臣①。叶公②问政于夫子，夫子曰政在悦近而来远。三者之问一也，而夫子应之不同，然政在异端③乎？"

孔子曰："各因其事也。齐君为国，奢乎台榭④，淫于苑囿⑤，五官伎乐⑥，不解于时，一旦而赐人以千乘⑦之家者三，故曰政在节财。鲁君有臣三人⑧，内比周⑨以愚其君⑩，外距⑪诸侯之宾，以蔽其明，故曰政在谕臣。夫荆⑫之地广而都⑬狭，民有离心，莫安其居，故曰政在悦近而来远。此三者所以为政殊矣。《诗》云：'丧乱蔑资，曾不惠我师⑭？'此伤奢侈不节以为乱者也。又曰：'匪其止共，惟王之邛⑮。'此伤奸臣蔽主以为乱也。又曰：'乱离瘼矣，奚其适归？⑯'此伤离散以为乱者也。察此三者，政之所欲，岂同乎哉？"

★注释

①谕臣：了解大臣。谕，知道，了解。

②叶公：即沈诸梁，芈姓，沈尹氏，名诸梁，字子高，春秋末期楚国军事家、政治家。其曾祖父是"春秋五霸"之一的楚庄王。他24岁就被楚昭王封为叶邑（今河南叶县）尹。

③异端：不同方面。

④台榭：中国古代建筑将地面上的夯土高墩地基部分称为台，台上的木构房屋称为榭，两者合称为台榭。自春秋至汉代，台榭是宫室、宗庙中常用

的建筑形式。

⑤苑囿（yòu）：宫室园林。

⑥五官伎乐：指声色享乐。五官，指眼、耳、鼻、舌、身五种感官。伎，歌女。

⑦千乘：一千辆战车。此处指大量的财物。

⑧有臣三人：指鲁国孟孙、叔孙、季孙三家。

⑨比周：勾结、结党营私。

⑩愚：愚弄、欺瞒。

⑪距：通"拒"，拒绝。

⑫荆：即楚国。

⑬都：古代称头目、首领。

⑭丧乱蔑资，曾不惠我师：出自《诗经·大雅·板》。全句意为，国家动乱财匮乏，怎能安抚我百姓。曾，副词，可译为竟然。师，此处指民众。

⑮匪其止共，惟王之邛：出自《诗经·小雅·节南山》。全句意为，谗人哪能尽职守，只为国王酿灾殃。止共，尽职尽责。止，做到。共，通"恭"，忠于职责。邛，病。

⑯乱离瘼矣，奚其适归：出自《诗经·小雅·四月》。全句意为，颠沛流离痛苦深，何处才是我归宿？离，流离失所。瘼，病贫。

★译文

子贡问孔子说："从前齐国国君向您询问如何治理国家，您说治理国家要注重节省财力。鲁国国君向您询问如何治理国家，您说要注重了解掌握大臣的行政作为。楚国的叶公向您询问如何治理国家，您说治理国家要从身边事做起，先让境内的臣民欢悦无怨，以此吸引远处的人慕名而来投奔。三个人的问题是同一个问题，而您的回答却迥然不同，这是不是说治国有不同的方法？"

孔子说："我的回答是根据他们各国不同的实际情况来谈的。齐国君主作为一国之君，喜欢建造豪华的台榭式宫廷，热衷修筑宫廷园林，沉迷于声色享乐，并且没有终止的意思，有时一天就多次动用大量财物用于赏赐，所以我说为政在于节财。再说鲁国国君，他有三个大臣，对内结党营私、欺瞒愚弄国君，对外排斥国君的宾客，阻挡国君的信息渠道不让国君明察，所以我说为政之道在于了解掌握大臣的行政作为。而对楚国而言，国土广阔而领导者心胸狭小，很多人有离心，不安心在此为官，所以我说为政之道在于要从身边事做起，先让境内的臣民欢悦无怨，以此吸引远处的人慕名而来投奔。这三个国家的情况不同，所以施政方针也不同。《诗经》上说：'国家动乱财匮乏，怎能安抚我百姓？'这是哀叹奢侈浪费不节约资财而导致国家动乱。《诗经》又说：'谗人哪能尽职守，只能为王酿灾殃。'这是哀叹奸臣蒙蔽国君而导致国家动乱。又说：'颠沛流离痛苦深，何处才是我归宿？'这是哀叹民心离散而导致国家动乱啊。通过这三种实例可以说明，治国之道要根据国情的政治需要，方法难道能相同吗？"

★ 原文

孔子曰："忠臣之谏君，有五义^①焉：一曰谲谏^②，二曰戆谏^③，三曰降谏^④，四曰直谏，五曰风谏^⑤。唯度主而行之，吾从其风谏乎。"

★ 注释

① 五义：五种方法。

② 谲（jué）谏：以旁敲侧击的方式对君主进行劝谏，委婉地规劝。

③ 戆（gàng）谏：刚正不阿、直接指出问题进行规劝。

④ 降谏：和颜悦色、平心静气地进谏。

⑤ 风谏：用迂回委婉的方式进行劝谏。

★ 译文

孔子说："忠臣劝谏君主，有五种方法：一是以旁敲侧击的方式委婉劝谏，二是以刚正不阿的态度直言劝谏，三是以和颜悦色的形式平静劝谏，四是以直面问题陈说利弊的方式进行劝谏，五是用迂回委婉的方式进行劝谏。这些方法的运用需要揣度君主的心态选择采用，我更愿意采用迂回委婉的方式来规劝。"

★ 原文

子曰："夫道不可不贵也。中行文子^①倍^②道失义以亡其国，而能礼贤以活其身。圣人转祸为福，此谓是与。"

127

★ 注释

① 中行文子：名寅，中行氏是晋国贵族，中行文子是中行氏在晋国作为卿大夫的最后一人。

② 倍：通"背"，违背。

★ 译文

孔子说："不尊崇道义不行啊！中行文子因背弃道义就丢了官、失了封地，但由于能够礼贤下士，从而保全了性命。圣明的人能够将祸患转化成福祉，说的就是这样情况。"

★ 原文

楚王将游荆台①，司马②子祺谏，王怒之。令尹③子西贺于殿下，谏曰："今荆台之观，不可失也。"

王喜，拊④子西之背曰："与子共乐之矣。"

子西步马十里，引辔而止，曰："臣愿言有道，王肯听之乎？"

王曰："子其言之。"

子西曰："臣闻为人臣而忠其君者，爵禄不足以赏也；谀其君者，刑罚不足以诛也。夫子祺者，忠臣也；而臣者，谀臣也。愿王赏忠而诛谀焉。"

王曰："我今听司马之谏，是独能禁我耳。若后世游之何也？"

子西曰："禁后世易耳。大王万岁⑤之后，起山陵于荆台之上，则子孙必不忍游于父祖之墓以为欢乐也。"

王曰："善！"乃还。

孔子闻之，曰："至哉，子西之谏也！入之于十里之上，抑之于百世之后者也。"

★ 注释

① 荆台：古楚国著名景观，故址在今湖北监利。

② 司马：古代职官名称。商时始置，春秋战国时代沿用，位列三公，与

六卿相当，与司徒、司空、司士、司寇并称五官。

③令尹：楚国在春秋战国时代的最高官衔，对内主持国事，对外主持战争，总揽军政大权于一身。

④拊（fǔ）：拍。

⑤万岁：指去世。

★译文

楚王打算到荆台游玩，司马子祺直言反对来劝阻，楚王非常恼怒。令尹子西却在官殿下附和楚王，进言道："眼下的荆台正是最美的时节，大王不能错过。"

楚王听了很高兴，拍拍子西的后背说："我和你一起去荆台，欣赏美景，享受快乐。"

子西陪楚王骑马走了十余里路，然后勒住马缰绳停了下来，说："我想和大王说说关于治理国家的道义，您愿意听听吗？"

楚王说："你说吧。"

子西说："人常说忠于君主的臣子，所获得的爵位俸禄不足以体现对他的奖赏；阿谀奉承君主的臣子，即便刑罚加身也不足以表达对他的惩罚。子祺忠言相谏是忠臣，而我迎合大王有谄媚之嫌。希望大王能褒奖忠臣而谴责谄媚之臣。"

楚王说："我现在听从司马的劝谏，只能禁止我自己不搞游山玩水的奢侈行为。假如我后世的人兴师动众出来游山玩水，该怎么办呢？"

子西说："禁止后人来游乐很容易。大王去世后，在荆台上修建起陵墓，那么后世子孙必定不忍心在先祖的陵墓周围游玩来寻求欢乐。"

楚王说："非常好！"于是他们取消游程返回国都。

孔子听到这件事，说："子西的劝谏真是奇妙至极！这是用十余里的路程进行劝谏并被采纳，同时也阻止后世之人的豪华游乐啊！"

★原文

子贡问于孔子曰："夫子之于子产、晏子，可为至矣。敢问二大夫之所为目①，夫子之所以与之者。"

孔子曰："夫子产于民为惠主②，于学为博物。晏子于君为忠臣，于行为恭敬。故吾皆以兄事之，而加爱敬。"

★ 注释

① 目：条目，要点。

② 惠主：怀有仁爱之心的官员。

★ 译文

子贡向孔子请教，问道："您对子产和晏子的评价可以说是极高的。能否请您谈谈这两位大夫最突出的特点是什么，您为什么这样称赞他们？"

孔子说："子产对于百姓来说就是一位仁爱施惠的官员，在学识上通晓天文地理。而晏子呢，对君主来说是忠臣，且态度恭敬、行为勤勉。所以，我对这二人都看作是兄长一般来对待，对他们充满爱戴和敬重。"

★ 原文

齐有一足之鸟，飞集于宫朝，下止于殿前，舒翅而跳。齐侯大怪之，使使聘鲁① 问孔子。

孔子曰："此鸟名曰商羊②，水祥③ 也。昔童儿有屈其一脚，振讯两眉而跳且谣曰：'天将大雨，商羊鼓儛。'今齐有之，其应至矣。急告民趋治沟渠，修堤防，将有大水为灾。"

顷之大霖雨④，水溢泛诸国，伤害民人。唯齐有备，不败。

景公曰："圣人之言，信而有征矣！"

★ 注释

① 使使聘鲁：派遣使者访问鲁国。聘，访。

② 商羊：商羊是古代汉族传说中的神鸟，是一种吉祥鸟。每逢阴天下雨之前，就有成群的商羊鸟从树林里出来，单脚又蹦又跳。天长日久，人们见商羊鸟出现，就知道雨要降临。家家户户挖沟开渠，疏通水路。现在流传的商羊鼓舞是以模仿商羊鸟一足的动作为主要特点形式的祭祀求雨舞蹈。

③ 祥：有关吉祥的征兆。

④ 霖雨：连绵大雨。

★译文

在齐国发现一种只有一只脚的飞鸟，它们飞到齐国皇宫上空，落到宫殿前的广场上，展开翅膀，翩翩起舞。齐侯对此事很奇怪，派人到鲁国请教孔子。

孔子说："这种鸟名叫商羊，是一种预报大雨将至的吉祥鸟。以前就有一首童谣，小孩子屈起一脚，单脚着地，抖动两手，边跳边唱：'天降大雨、商羊起舞。'现在齐国出现了这种鸟，预示大雨也将要到来了。应当赶快告诉百姓，疏通沟渠，修筑堤坝，以免大雨酿成水灾。"

不久大雨下个不停，很多国家雨水泛滥，老百姓深受其害。只有齐国提前做好了准备，没有受到大的损失。

齐景公说道："圣人说的话，言而有据，真实可信！"

★原文

孔子谓宓子贱①曰："子治单父②，众悦。子何施而得之也？子语丘所以为之者。"

对曰："不齐之治也，父恤其子，其子恤诸孤，而哀丧纪③。"

孔子曰："善！小节也，小民附矣，犹未足也。"

曰："不齐所父事者三人，所兄事者五人，所友事者十一人。"

孔子曰："父事三人，可以教孝矣；兄事五人，可以教悌矣；友事十一人，可以举善矣。中节也，中人附矣，犹未足也。"

曰："此地民有贤于不齐者五人，不齐事之而禀度④焉，皆教不齐之道。"

孔子叹曰："其大者乃于此乎有矣。昔尧舜听天下，务求贤以自辅。夫贤者，百福之宗也，神明⑤之主也。惜乎不齐之以所治者小也。"

★注释

① 宓（fú）子贱：名不齐，字子贱，孔子弟子，春秋时鲁国人。

② 单父：鲁国城邑，故址在今山东单县南。

③ 父恤其子，其子恤诸孤，而哀丧纪：像父亲爱护孩子那样体恤百姓，像顾惜自己儿子那样照顾孤儿，并且尽力协助百姓哀悼死者办好丧事。

④ 禀度：受教。

⑤ 神明：明智如神。

★ 译文

孔子对宓子贱说："你在单父这个地方为官，民众很高兴。你采取了什么措施达到了这种效果呢？请告诉我，你都采用了什么办法。"

宓子贱回答说："我治理的办法是，像父亲爱护孩子那样体恤百姓，像顾惜自己儿子那样照顾孤儿，并且尽力协助百姓哀悼死者办好丧事。"

孔子说："好！这是非常具体的措施，可以达到让百姓顺服。但恐怕还不只这些吧。"

宓子贱说："我像对待父亲那样敬重的有三个人，像对待兄长那样尊重的有五个人，像朋友一样交往的有十一个人。"

孔子说："像父亲那样敬重这三个人，可以教化民众孝道；像兄长那样尊重五个人，可以教化民众敬爱兄长；像朋友那样交往十一个人，可以教化民众提倡友善。这只能算是中等的措施，也可以让众人依附。但只有这些还不够吧。"

宓子贱说："在单父这个地方，比我贤能的有五个人，我都恭敬地和他们交往，并向他们请教，他们也都教我治理之道。"

孔子感叹地说："治理好单父的大道理就在这里了。从前尧舜治理天下，一定要访求贤人来辅助。得到贤人辅助，是造福百姓的源泉，是让政治清明的主宰啊。可惜你在这个小地方，有点大材小用了。"

★ 原文

子贡为信阳宰，将行，辞于孔子。

孔子曰："勤之慎之，奉天子之时①，无夺无伐，无暴无盗。"

子贡曰："赐也少而事君子，岂以盗为累②哉？"

孔子曰："汝未之详也。夫以贤代贤，是谓之夺；以不肖代贤，是谓之伐；缓令急诛，是谓之暴；取善自与，是谓之盗。盗非窃财之谓也。吾闻之，知为吏者，奉法以利民；不知为吏者，枉法以侵民，此怨之所由也。治官③莫若平，临财莫如廉。廉平之守，不可改也。匿人之善，斯谓蔽贤；扬人之恶，斯为小人。内不相训而外相谤，非亲睦也。言人之善，若己有之；言人之恶，若己受之。故君子无所不慎焉。"

★注释

① 奉天子之时：按照自然规律采取措施。

② 累：连累，拖累。

③ 治官：做官行事。

★译文

子贡要去做信阳的长官，上任之前向孔子辞行。

孔子说："为官要勤勉，要谨慎，要遵循自然规律。没有豪夺，没有强取，没有残暴，没有盗窃等行为。"

子贡说："我从年轻的时候就在先生这里学习，怎么会受到偷盗的连累呢？"

孔子说："你知道的还不够详细。用才德兼备之人取代才德兼备之人，这就叫作豪夺；用平庸之人取代德才兼备之人，这就叫作强取；制定的政令宽松而处罚很严酷，这就叫作残暴；把他人的功绩说成是自己的，这就叫作盗窃。我说的盗窃，不是一般意义上的盗窃财物，是盗取名利。我听说，善于做官的人，都会遵循法令办事，尽量使百姓得到好处；不善做官的人，常会歪曲法令办事，使百姓利益受到损害，这是怨恨产生的根源。为官之道没有比公平更重要；面对财物没有比廉洁更好。清廉和公平的操守，是无论如何也不能改变的。不去发现他人的优点，就是埋没人才；张扬别人的缺点，这是小人的行为。不在内部小范围互相规劝，而是在外面广庭大众中互相诽谤，就不可能做到与人和睦相处。赞扬他人的优点和成就，就像自己拥有这些一样真诚为之高兴；谈及他人的缺点，好像在说自己的缺点一样（有难过的表现）。所以说有道德修养的君子，时时处处都应谨慎啊。"

★原文

子路治蒲三年，孔子过之。入其境，曰："善哉！由也恭敬以信矣。"入其邑，曰："善哉！由也忠信而宽矣。"至庭，曰："善哉！由也明察以断矣。"

子贡执辔而问曰："夫子未见由之政，而三称其善，其善可得闻乎？"

孔子曰："吾见其政矣。入其境，田畴^①尽易^②，草莱^③甚辟^④，沟洫深治，此其恭敬以信，故其民尽力也。入其邑，墙屋完固，树木甚茂，此其忠信以宽，故其民不偷^⑤也。至其庭，庭甚清闲，诸下用命，此其言明察以断，故其政不扰也。以此观之，虽三称其善，庸尽其美矣。"

★ 注释

① 田畴：泛指田地。

② 易：整治。

③ 草莱：指荒芜之地。

④ 辟：开垦，开辟。

⑤ 偷：懒惰。

★ 译文

子路治理蒲邑已经三年，有一次孔子路过蒲邑。走到其境内时，孔子便称赞说："好啊！子路做到了恭谨敬业并且获得百姓信任。"走到城中时，孔子又称赞说："好啊！子路做到了对上忠信而且待民宽厚。"到了子路办公的府衙，孔子不由得又称赞说："好啊！子路做到了明察秋毫而又有决断。"

子贡听了很奇怪，手握着马缰绳问孔子："先生您还没有看到子路的政策与成效，然而却三次称赞他做得好，您能说一说他到底哪些地方做得好呢？"

孔子说："其实这一路上我们已经看到他的施政效果了。走到他管辖的境内，所有田地都耕种良好，荒地也得以充分开垦，田间的水道也都疏通彻底，这就说明他恭谨敬业又讲诚信，所以百姓才会尽力去做事。走到城里时，看到城墙和房屋都完好牢固，树木长得很茂盛，这就说明他讲求忠信、于民宽厚，所以百姓做事才不苟且马虎。走进他的府衙，看到那里清静，办事人员都尽职尽责，这说明他能明察一切而又行事果断，说明他的政事有条不紊。从这些方面来看，即使我连续三次称赞他做得好，我觉得还不够呢！"

卷第四

孔子家语新译

KONGZI JIAYU
XINYI

六本第十五

★ 原文

孔子曰："行己①有六本②焉，然后为君子也。立身有义矣，而孝为本；丧纪有礼矣，而哀为本；战阵有列矣，而勇为本；治政有理矣，而农为本；居国有道矣，而嗣③为本；生财有时矣，而力为本。置本不固，无务农桑；亲戚不悦，无务外交；事不终始，无务多业；记闻而言，无务多说；比近不安，无务求远。是故反本修迩④，君子之道也。"

★ 注释

① 行己：立身处世。

② 本：根本。

③ 嗣：子孙，这里指选定继位之君。

④ 反本修迩：返回到事物的根本，从近处做起。

★ 译文

孔子说："立身处世有六个根本原则，这是能成为君子的必备条件。处世立身要讲仁义，孝道是根本；举办丧祭要讲礼度，表达哀思是根本；战事当前要讲行兵布阵，勇敢是根本；管理地方要讲条理，发展农业是根本；治理国家要讲道义，传承是根本；获取财富要讲时机，肯下力气是根本。最根本之事做不到，就如同没有最基本的衣食之源；如果连自己的亲戚都不能取悦，就难以进行人事交往取悦他人；办事不能有始有终，追求过多也无益；只凭道听途说发表言论，就不要多说；身边的事处置不妥，就不要去想更远的事。因此返回到事物的根本，从近处做起，是君子遵循的要旨。"

★ 原文

孔子曰："良药苦于口而利于病，忠言逆于耳而利于行。汤、武以谔谔[①]而昌，桀、纣以唯唯[②]而亡。君无争[③]臣，父无争子，兄无争弟，士无争友，无其过者，未之有也。故曰：'君失之，臣得之；父失之，子得之；兄失之，弟得之；己失之，友得之。'是以国无危亡之兆，家无悖乱之恶，父子兄弟无失，而交友无绝也。"

★ 注释

① 谔谔：直言争辩貌。意指臣子敢于表达意见。

② 唯唯：恭敬顺从貌。意指臣子不敢表达意见。

③ 争：通"诤"，直言劝谏。

★ 译文

孔子说："良药苦口利于病，忠言逆耳利于行。商汤和周武王因为能听取臣子的谏言而使国家昌盛，夏桀和商纣王因为只听随声附和的话而国破身亡。国君没有直言敢谏的大臣，父亲没有直言敢劝的儿子，兄长没有直言敢说的弟弟，士人没有直言敢语的朋友，要想不犯错误是不可能的。所以说：'国君有失误，臣子来补救；父亲有失误，儿子来补救；哥哥有失误，弟弟来补救；自己有失误，朋友来补救。'如此一来，国家就没有灭亡的危险，家庭就没有悖逆的事情发生，父子兄弟之间不会失和，朋友交往也不会断绝。"

★ 原文

孔子见齐景公，公悦焉，请置廪丘之邑以为养[①]。孔子辞而不受。入谓弟子曰："吾闻君子赏功受赏。今吾言于齐君，君未之有行，而赐吾邑，其不知丘亦甚矣。"于是遂行。

★ 注释

① 请置廪丘之邑以为养：愿意将廪丘赐予孔子作为食邑（有管理权并以

137

此获取俸禄）。廪丘，地名，在今山东郓城西北。

★译文

孔子拜见齐景公，景公十分高兴，表示愿意将廪丘赐予孔子作为食邑。孔子推辞没有接受。回到住处后，孔子对弟子说："我听说君子因为有功才会接受赏赐。现如今我向齐景公进言，他并没有采取实际的行动，却赏赐给我城邑，这是让我无功受禄，他也太不了解我孔丘了。"于是就离开了。

★原文

孔子在齐，舍于外馆，景公造^①焉。宾主之辞既接，而左右白曰："周使适至，言先王庙灾。"

景公覆问："灾何王之庙也？"

孔子曰："此必釐^②王之庙。"

公曰："何以知之？"

孔子曰："《诗》^③云：'皇皇上天，其命不忒^④。天之以善，必报其德。'祸亦如之。夫釐王变文武之制，而作玄黄华丽之饰，宫室崇峻，舆马奢侈，而弗可振^⑤也。故天殃所宜加其庙焉，以是占^⑥之为然。"

公曰："天何不殃其身，而加罚其庙也？"

孔子曰："盖以文武故也。若殃其身，则文武之嗣，无乃殄^⑦乎？故当殃其庙以彰其过。"

俄顷，左右报曰："所灾者，釐王庙也。"

景公惊起，再拜曰："善哉！圣人之智，过人远矣。"

★注释

①造：造访，访问。

②釐王：东周国君，周庄王之子，名胡。周厘王在位时期，变革周文王和周武王时期所制定的政治制度，制作颜色华丽的服饰，建造高大奢侈的宫室。

③《诗》：后面所引的诗未收入今本《诗经》，古人称之为逸诗。

④忒：变更，差错。

⑤振：救。

⑥占：预测，推测。

⑦殄：断绝，灭绝。

★译文

孔子在齐国，住在宾馆里，齐景公到宾馆来看望他。宾主刚互致问候，景公身边的人就来报告说："周国的使者刚到，说先王的宗庙遭了火灾。"

景公追问："哪个君王的庙被烧了？"

孔子说："这一定是釐王的庙。"

景公问："您怎么知道的呢？"

孔子说："《诗经》中讲道：'至高至美的上天，公正无私不偏袒。行善好德之凡人，必获上天所福佑。'灾祸也是如此。釐王不仅改变了文王和武王的典章制度，并且追求豪华与富丽堂皇，建造高大宏伟的宫室，享受奢侈的生活，而无可救药。所以上天把灾祸降在他的庙上。我以此做了这样的推测。"

景公说："上天为什么不降祸到他的身上，而要惩罚他的庙呢？"

孔子说："大概是因为文王和武王的缘故吧。如果降到他身上，文王和武王的后代不是灭绝了吗？所以降灾到他的庙上来彰显他的过错。"

过了一小会儿，有人报告："受灾的是釐王的庙。"

景公吃惊地站起来，再次向孔子行礼说："好啊！圣人的智慧远远超过一般人啊。"

★原文

子夏三年之丧毕，见于孔子。子曰："与之琴，使之弦。"侃侃而乐，作而曰："先王制礼，弗敢过也。"子曰："君子也。"

闵子①三年之丧毕，见于孔子。孔子与之琴，使之弦。切切而悲，作而曰："先王制礼，弗敢过也。"子曰："君子也。"

子贡曰："闵子哀未尽，夫子曰：'君子也。'子夏哀已尽，又曰：'君子也。'二者殊情而俱曰君子，赐也或②，敢问之。"

孔子曰："闵子哀未忘，能断之以礼；子夏哀已尽，能引之及礼。

虽均之君子，不亦可乎。"

★ 注释

① 闵子：即闵子骞，孔子弟子。

② 或：通"惑"。

★ 译文

子夏守丧三年完毕，回来见孔子。孔子说："给他琴，让他弹一曲。"子夏从容地弹起优美的音乐，弹完后站起来说："先王制定的礼仪，不敢不遵守。"孔子说："你是一位君子啊。"

闵子骞守丧三年完毕，来见孔子。孔子也给他一把琴，让他弹奏。闵子骞的琴声很悲切，他弹完后站起来说："先王制定的礼仪，不敢越过。"孔子说："你也是君子啊。"

子贡说："闵子骞还没从悲伤中走出来，您说他是君子；子夏已不再悲伤，您又说他是君子。两个人的感情表达不同，您都说他们是君子，我都糊涂了，大胆问一问这是为什么。"

孔子说："闵子骞没有忘记哀伤，能够按照礼仪来约束自己；子夏已不再悲伤，却也能够按礼仪行事。我将他们与君子相提并论，不是也可以吗？"

★ 原文

孔子曰："无体之礼，敬也；无服之丧，哀也；无声之乐，欢也。不言而信，不动而威，不施而仁，志。夫钟之音，怒而击之则武，忧而击之则悲，其志变者，声亦随之。故志诚感之，通于金石①，而况人乎？"

★ 注释

① 金石：指钟磬一类乐器。

★ 译文

孔子说："不讲究形式的礼节，是要展示出恭敬；不穿丧服的悼念，是要表达出悲哀；没有声音的音乐，是发自内心的欢乐。不用言语而能使人信服，没有行动却能展示威严，不用施与却能表达仁爱，这些都是内心真情流露的结果。这就如同击鼓，当人处于愤怒之时击鼓，鼓声就有威武之感；当人在忧伤时击鼓，鼓声就会传递出悲哀之情。人的心志改变，声乐就会随之改变。所以人之内心感触能够传递到乐器，再通过乐器表达出来，何况是人与人的交流呢？"

★原文

孔子见罗雀者所得，皆黄口小雀。夫子问之曰："大雀独不得，何也？"

罗者曰："大雀善惊而难得，黄口贪食而易得。黄口从大雀则不得，大雀从黄口亦不得。"

孔子顾谓弟子曰："善惊以远害，利食而忘患，自其心矣，而以所从为祸福。故君子慎其所从。以长者之虑，则有全身之阶；随小者之戆，而有危亡之败也。"

★译文

孔子看到一个用网捕捉麻雀的人，扑到的都是幼小的麻雀。孔子问捕雀人说："为什么扑不到成年的大麻雀呢？"

扑雀人说："大雀容易惊觉难以捕捉，小雀贪食就容易捕到。如果小雀跟着大雀就捉不到，同样大雀跟着小雀也不易捉到。"

孔子回头对弟子说："时刻保持警觉就能远离伤害，贪利贪吃容易忘记忧患，这都是源自它们自己的内心，结果是福还是祸也与在一起的同伴有很大关系。所以君子与人相处很谨慎，与长者相交并学习长者的深谋远虑，就有保全自己的凭仗；如若与幼稚鲁莽之人相交并鲁莽行事，就会有失败乃至危及生命的危险。"

★原文

孔子读《易》①，至于《损》《益》②，喟然而叹。

子夏避席问曰："夫子何叹焉？"

孔子曰："夫自损者必有益之，自益者必有决③之，吾是以叹也。"

子曰："然则学者不可以益乎？"

子曰："非道益之谓也。道弥益而身弥损。夫学者损其自多，以虚受人，故能成其满。博哉天道，成而必变。凡持满而能久者，未尝有也。故曰：'自贤者，天下之善言不得闻于耳矣。'昔尧治天下之位，犹允恭④以持之，克让⑤以接下，是以千岁而益盛，迄今而逾彰。夏桀、昆吾⑥自满而极，亢意⑦而不节，斩刈⑧黎民如草芥焉，天下讨之，如诛匹夫，是以千载而恶着，迄今而不灭。观此，如行则让长，不疾先；如在舆，遇三人则下之，遇二人则式之。调其盈虚，不令自满，所以能久也。"

子夏曰："商请志之，而终身奉行焉。"

★ 注释

①《易》：指《易经》。《易经》也称《周易》或《易》，是中国最古老的文献之一，并被儒家尊为"五经"之首。《易》事实上是包括了古代的《连山》《归藏》和《周易》，但《连山》和《归藏》已经失传。

②《损》《益》：分别指《易经》六十四卦的第四十一卦和第四十二卦。《损》卦是象征减损，《益》卦象征增益。损和益，一减一增，既是对立的，又可以相互转化；或减或增、或减中有增、增中有减，或不增不减。如何取舍，如何抉择，没有固定不变的模式。

③决（què）：通"缺"。

④允恭：诚信而恭勤。

⑤克让：谦让。

⑥昆吾：古代中国传说中的人物，相传其为陶器制造业的发明者。

⑦亢意：恣意妄为。

⑧斩刈（yì）：砍伐，斩杀。

★ 译文

孔子读《易经》，当读到《损》《益》两卦时，喟然长叹。

子夏起身问道："您为何长叹？"

孔子说："遇事谦虚的人必能从中获益，自我满足不知谦虚为何物的人必定会蒙受损失。我因此而感叹。"

子夏说："通过学习不是就可以让自己保持不断获益吗？"

孔子说："我指的不是学识的增加。随着学识的增加，则感觉需要学习的事物越多，所以学者中谦虚的人很多，他们虚心接受别人的教诲，所以才能让自身达到知识渊博。天道博大精深（自然万物之变化奥妙无穷），事物发展到圆满之后必定派生出新的变化。凡是处于持满状态却能长久保持一成不变，这是不可能发生的事。所以说：'认为自己是贤能之辈的人，自然就不愿意听取他人的意见。'古时尧帝处于统治天下的地位，他保持恭敬、勤勉的处事原则，以谦让的态度对待下属，所以千百年来名声日盛，到如今其美德越发受世人颂扬。而夏桀、昆吾骄傲自大、狂妄不羁，随心所欲而不知节制，斩杀老百姓像割草芥一样，天下人讨伐他们如同诛杀普通百姓，所以千百年后他们的恶行越发昭著，到如今对他们的声讨也一直不绝。从这些鲜活的历史事件可以看出，要懂得谦逊，行路要让长者先行而不抢先；乘车时，如果有三人就主动从车上退下来，如果只有两个人也要按礼仪谦让。调整好谦虚和向上的心态，不让自己自满，才能保持长盛不衰。"

子夏说："我要把这些话记下来，终身按照这一原则做事。"

★原文

子路问于孔子曰："请释①古之道而行由之意，可乎？"

子曰："不可。昔东夷之子，慕诸夏之礼，有女而寡，为内私婿②，终身不嫁。不嫁则不嫁矣，亦非贞节之义也。苍梧娆③娶妻而美，让与其兄，让则让矣，然非礼之让矣。不慎其初，而悔其后，何嗟及矣。今汝欲舍古之道，行子之意，庸知子意不以是为非，以非为是乎？后虽欲悔，难哉。"

★注释

① 释：放弃。

② 为内（nà）私婿：为其招纳非正式婚配的女婿。内，通"纳"。

③ 苍梧娆：人名。

★译文

子路问孔子："我想放弃自古传承下来的礼制而按照我自己的意愿行事，可以吗？"

孔子说："不行。从前有个东夷人仰慕华夏的礼义，但他容忍守寡的女儿与一个男人私自生活在一起，终身没有再嫁。虽然说没有再嫁，但其实际做法却不合乎贞节的礼义规范。苍梧娆娶了个很漂亮的妻子，并让给他的哥哥，虽说是谦让，但却不符合礼义。当初的行为不慎重，事后去后悔，追悔莫及有什么用呢？现在你想放弃古人传承下来的礼制而照自己的意愿去行事，你能知道你的意愿是以非为是、还是以是为非呢？不按照礼制行事，以后再去反悔，处境更难啊。"

★原文

曾子耘瓜，误斩其根。曾皙①怒，建大杖以击其背。曾子仆地而不知人久之。有顷，乃苏，欣然而起，进于曾皙曰："向也参得罪于大人，大人用力教参，得无疾乎？"退而就房，援琴而歌，欲令曾皙而闻之，知其体康也。

孔子闻之而怒，告门弟子曰："参来，勿内。"曾参自以为无罪，使人请于孔子。

子曰："汝不闻乎，昔瞽瞍②有子曰舜，舜之事瞽瞍，欲使之，未尝不在于侧，索而杀之，未尝可得。小棰则待过，大杖则逃走。故瞽瞍不犯不父之罪，而舜不失烝烝③之孝。今参事父委身以待暴怒，殪④而不避，既身死而陷父于不义，其不孝孰大焉？汝非天子之民也？杀天子之民，其罪奚若？"

曾参闻之曰："参罪大矣！"遂造孔子而谢过。

★注释

① 曾皙：曾参之父，也是孔子的早期学生。

② 瞽瞍（gǔ sǒu）：亦作"瞽叟"，舜之父。

③ 烝烝：厚美的样子。

④ 殪（yì）：杀死。

★译文

曾参在瓜地锄草，误把瓜根铲断了。其父曾皙大怒，拿起大棍子杖击曾参的后背。曾参被打倒在地而昏迷过去。过了好大一会才苏醒过来，他面带喜色爬起来，走到曾皙面前说："方才，我得罪了父亲，您用力教训我，可别累坏了身体啊？"曾参回到房间里，边弹琴边唱歌，他的用意是想让父亲听到，知道他身体没事。

孔子听到这件事情很生气，告诉弟子说："曾参来时，不要让他进来。"曾参自认为没有过错，托人告诉孔子他要来拜见。

孔子说："你没有听说吗？从前，瞽瞍有个孩子叫舜。舜尽心服侍瞽瞍，只要瞽瞍唤他，他会及时出现在瞽瞍身边，从不怠慢。瞽瞍心狠，有把舜杀掉的心思，却一直没有得成。瞽瞍用小棍棒打他，他就等着受过挨打；如果是用大棍子打他，他就逃走。所以瞽瞍没有犯下不行父道的过错，而舜也没有不尽孝道。曾参侍奉父亲，舍弃身体来承受父亲的雷霆之怒，宁肯死也不躲避，万一他被父亲打死，就会让父亲陷于不义之地，有哪一种行为比这更不孝的呢？你不也是君主的子民吗？杀害君主的子民，这是多大的一种罪过呢？"

曾参听到这些话，说："我真是罪大啊！"于是到孔子那里登门请罪。

★原文

荆^①公子行年^②十五而摄荆相事。孔子闻之，使人往观其为政焉。

使者反曰："视其朝清净而少事，其堂上有五老焉，其廊下有二十壮士焉。"

孔子曰："合二十五人之智，以治天下，其固^③免矣，况荆乎？"

★注释

① 荆：即楚国。

② 行年：指年龄。

③ 固：通"痼"，痼疾、痼习，此处指政策疏漏。

★译文

楚国公子十五岁就代理楚国相。孔子听说这件事情，教人前往观察他理政的情况。

使者回来说："看他处理政事的大堂很清静，事也不多，厅堂上有五位老人，廊道里有二十位壮士。"

孔子说："集合二十五人的智慧来治理天下，一定能避免政策疏漏，何况是楚国啊？"

★ 原文

子夏问于孔子曰："颜回之为人奚若？"

子曰："回之信贤于丘。"

曰："子贡之为人奚若？"

子曰："赐之敏贤于丘。"

曰："子路之为人奚若？"

子曰："由之勇贤于丘。"

曰："子张之为人奚若？"

子曰："师之庄贤于丘。"

子夏避席而问曰："然则四子何为事先生？"

子曰："居，吾语汝。夫回能信而不能反①，赐能敏而不能诎②，由能勇而不能怯③，师能庄而不能同④。兼四子者之有以易吾，弗与也，此其所以事吾而弗贰也。"

★ 注释

① 反：指变通。

② 诎（qū）：通"屈"，弯曲、屈服，引申为谦虚。

③ 怯：示弱，退让。

④ 同：相同、一样，引申为趋同、合群。

★ 译文

孔子的学生子夏问孔子："颜回的为人怎样？"

孔子回答："颜回的忠信比我强。"

子夏又问孔子："子贡的为人怎么样？"

孔子回答："子贡的思维灵敏在我之上。"

子夏接着问："子路的为人怎么样？"

孔子说："子路的勇敢是我所不能。"

子夏再问："子张的为人怎么样？"

孔子说："子张的严谨持重是我所不及。"

子夏从座席上站起来说："既然他们都比你强，那么他们为什么都愿意拜你为师呢？"

孔子说："颜回讲求忠信但不懂得变通；子贡思维灵敏但不够谦虚；子路勇敢但不懂得退让；子张虽然严谨持重但与人和不来（不合群）。即便集这四人之优点于一身也换不来一个我（他们每人的优点虽然是我不能及的，但是他们的缺点却是我没有的），所以他们都愿意拜我为师，一心跟我学习。"

★原文

孔子游于泰山，见荣声期①行乎郕②之野，鹿裘③带索④，瑟瑟而歌。

孔子问曰："先生所以为乐者，何也？"

期对曰："吾乐甚多，而至者三。天生万物，唯人为贵，吾既得为人，是一乐也；男女之别，男尊女卑，故人以男为贵，吾既得为男，是二乐也；人生有不见日月，不免襁褓者，吾既以行年九十五矣，是三乐也。贫者，士之常；死者，人之终。处常得终，当何忧哉？"

孔子曰："善哉！能自宽者也。"

★注释

① 荣声期：人名。

② 郕（chéng）：古邑名，在今山东汶上。

③ 鹿（cū）裘：粗制的大衣。鹿，通"粗"。

④ 带索，用草绳束腰。

★译文

孔子去泰山游览途中，看到荣声期在郕邑的郊外，穿着粗糙的皮衣，腰系一段草绳，边弹琴边唱歌。

孔子问："先生这么快乐，所为何事？"

荣声期回答："令我快乐的事有很多，而最值得高兴的有三个。上天创造出万物，只有人最高贵，我能成为人，这是一乐；男女有别，男尊女卑，以男人为尊贵，我能生为男人，这是第二乐；有人尚未出生就胎死腹中，有的在婴儿时期就夭折，而我已经活到九十五岁了，这是第三乐。贫穷是士人的常事，死亡是人生的终结。我身处贫穷但能正常等待寿终，有什么可忧愁的呢？"

孔子说："好啊！你是一个能够自我宽慰的人。"

★ 原文

孔子曰："回①有君子之道四焉，强于行义，弱②于受谏，怵于待禄③，慎于治身。史鳅有男子之道三焉，不仕而敬上，不祀而敬鬼，直己而曲人。"

曾子侍曰："参昔常闻夫子三言而未之能行也。夫子见人之一善而忘其百非，是夫子之易事也；见人之有善若己有之，是夫子之不争也；闻善必躬行之，然后导之，是夫子之能劳也。学夫子之三言而未能行，以自知终不及二子者也。"

★ 注释

① 回：指颜回。

② 弱：虚心。

③ 怵于待禄：惧怕为官从政。怵，惧怕。待禄，指为官从政。待，通"持"。

★ 译文

孔子说："颜回有君子的四种品德：善于践行仁义之事，虚心听从别人意见，惧怕出面为官从政，慎重坚持修养自身。史鳅具有男人的三种品德：不做官也对国君忠心耿耿，不祭祀也对鬼神充满敬意，自身正直而宽以待人。"

陪在一旁的曾参说："我以前常听您说三句话，却没有照着去做。先生发现别人的一处优点就淡忘他所有的缺点，因此您容易与人相处；看见别人获得好处如同自己获得一样高兴，所以您不与人争名夺利；对待善行一定是亲身力行，然后才教导别人，所以您劳苦功高。虽然学习了您的这三句话却不能照着去做，所以我知道自己最终不如颜回和史䲡优秀。"

★ 原文

孔子曰："吾死之后，则商^①也日益，赐^②也日损。"

曾子曰："何谓也？"

子曰："商也好与贤己者处，赐也好说不若己者。不知其子视其父，不知其人视其友，不知其君视其所使，不知其地视其草木。故曰与善人居，如入芝兰^③之室，久而不闻其香，即与之化矣。与不善人居，如入鲍鱼之肆^④，久而不闻其臭，亦与之化矣。丹之所藏者赤，漆之所藏者黑。是以君子必慎其所与处者焉。"

★ 注释

① 商：即卜子夏，姓卜，名商，字子夏，春秋时晋国人，孔子的学生。

② 赐：即端木赐，复姓端木，名赐，字子贡，孔子的得意门生。

③ 芝兰：香草和兰花。芝，通"芷"，这里指香草。

④ 鲍鱼之肆：卖咸鱼的商铺。鲍鱼，指咸鱼。

★ 译文

孔子说："我死以后，子夏的学问会越来越好，子贡的学问却会退步。"

曾子心中疑惑，问："为什么呢？"

孔子道："子夏喜欢跟比他贤德的人交往，而子贡却喜欢跟不如自己的人在一起。不了解儿子，可以看看他的父亲如何；不了解一个人，可以看他所交往的朋友怎么样；不了解君主，可以看他所任用之人的品行；不了解一个地方的土质如何，看那儿长出的草木状况便可知道。所以说，跟品德高尚的人在一起，就像到了种植了香草或兰花的居室，时间久了之后，也不觉得香了，因为已经与它同化。而跟品德低劣的人一起，就如同走入出售咸鱼的店里，时间久了，也不觉得腥臭了，因为也被它同化了。存放朱砂（红色颜料）的器皿，往往会变成红色；而贮藏黑色油漆的器皿，就变成了黑色。因此，君子必须谨慎地选择与自己相交、相处在一起的人啊！"

★原文

曾子从孔子之齐，齐景公以下卿之礼聘曾子，曾子固辞。

将行，晏子送之，曰："吾闻之，君子遗人以财不若善言。今夫兰本三年，湛①之以鹿酳②，既成，啖③之，则易之匹马，非兰之本性也，所以湛者美矣，愿子详其所湛者。夫君子居必择处，游必择方，仕必择君。择君所以求仕，择方所以修道。迁风移俗者，嗜欲移性，可不慎乎？"

孔子闻之曰："晏子之言，君子哉！依贤者固不困，依富者固不穷。马蚿④斩足而复行，何也？以其辅之者众。"

★注释

① 湛（jiān）：通"渐"，浸泡。

② 鹿酳（yìn）：烹制好的鹿肉酱。

③ 啖（dàn）：吃。

④ 马蚿：即马陆，也叫千足虫、千脚虫、秤杆虫。马陆为节肢动物门倍足纲动物。

★译文

曾子跟从孔子到齐国，齐景公欲用下卿的职位聘用曾子，曾子执意推辞。

曾子将要离开齐国时，晏婴去送他，说道："我听说，君子赠人钱财不如赠人良言。用生长期三年以上的兰草连根一起用来烹制鹿肉酱，这种方法做成的鹿肉酱吃起来味道鲜美，其价格可以换一匹马。这不是兰草本身有这么高的价值，而是与兰草一起烹煮的鹿肉营养富足。我的意思是请你弄明白兰草和鹿肉的关联。君子的居所一定要有所选择，出游一定要选择地方，做官一定要选择国君。选择国君是为了更好地做官，选择居住和出游的地方是为了修养道行。人处的环境、风俗发生改变，会对人的本性发生作用，所以要谨慎对待啊。"

孔子听到后说："晏子说的话，是君子之言啊！与贤德好人为邻，一定不会困顿；与富人为友，当然不会贫穷。千足虫断了一条腿还能行走，为什么？是因为它还有很多条腿辅助它行走啊。"

★ 原文

孔子曰："以富贵而下人，何人不尊？以富贵而爱人，何人不亲？发言不逆，可谓知言矣；言而众向之，可谓知时矣。是故以富而能富人者，欲贫不可得也；以贵而能贵人者，欲贱不可得也；以达而能达人者，欲穷不可得也。"

★ 译文

孔子说："身处富贵还能谦逊待人，谁会不尊敬他呢？身处富贵还能爱护别人，谁又会不亲近他呢？说话不违常理、不违逆他人，可以说是会说话；如果说出的话得到大家的赞同响应，可算是懂得把握时机了。所以自己富有而且能想法让他人也富有，自己想穷也不可能啊；自己地位尊贵而且想法让别人显得尊贵，想低贱也办不到啊；自己显达而且又能帮别人显达，想陷入困境也不可能啊。"

★ 原文

孔子曰："中人①之情也，有余则侈，不足则俭，无禁则淫，无度则逸，从②欲则败。是故鞭朴③之子，不从父之教；刑戮之民，不从君之令。此言疾之难忍，急之难行也。故君子不急断④，不急制⑤。使饮食有量，衣服有节，宫室有度，畜积有数，车器有限，所以防乱之原也。夫度量不可不明，是中人所由之令。"

★ 注释

① 中人：指普通人。

② 从：通"纵"，放纵。

③ 鞭朴：用作刑具的鞭子和棍棒。

④ 断：决定，判定，决断。

⑤ 制：制止。

★ 译文

孔子说："对于很多普通人来说，财富有余就会奢侈浪费，财物不足就会生活节俭，没有禁令就会肆意妄行，没有限度就会放纵越位，纵欲就会招致败亡。

所以说，被严责鞭打的儿子，往往不再听从父亲的教诲；被刑律惩罚的人，也会不再听从君主的命令。这是说惩罚行为过激会令人难以忍受，法令过于严苛也会难以推行。所以君子不要急于做出决断，不要急于制止。让百姓饮食有限量，穿衣有节制，居所符合规定，财物储备数量有限度，车辆使用不超规格，这才是防止产生祸乱的基本方法。法令禁止事项不能不明确，这是一般人都应遵守的法律规定。"

★ 原文

孔子曰："巧而好度，必攻；勇而好问，必胜；智而好谋，必成。以愚者反之。是以非其人，告之弗听；非其地，树之弗生。得其人，如聚砂而雨之；非其人，如会聋而鼓之。夫处重擅宠，专事妒贤，愚者之情也；位高则危，任重则崩，可立而待。"

★ 译文

孔子说："思维灵敏而且审时度势，一定能做事专精；勇往直前而且听得进建议，一定会取得胜利；聪明睿智而且善于谋划，一定能取得成功。愚拙者正好相反。因此，选的人不合适，说对了他也不听；不是适宜的土地，种上树也长不高。选对了人，就像在沙堆上浇水，水立即就渗入其中；选不对人，就像把聋人聚到一起，鼓声再响也没有用处。处于重要地位获得过多的宠爱，专门干嫉贤妒能的事情，这是愚昧者的心态；对他们来讲地位越高越危险，一旦委以重任就会把事情搞砸，这是很快就会出现的事情。"

★ 原文

孔子曰："舟非水不行，水入舟则没；君非民不治，民犯上则倾。是故君子不可不严也，小人不可不整一也。"

★ 译文

孔子说："船没有水就无法行使；但水进了船，也会使船沉没。君主不考虑百姓就谈不上治理国家，百姓群起造反国家就会灭亡。所以作为一国之君不可以不严格谨慎，百姓的思想不可以不统一。"

齐高庭①问于孔子曰："庭不旷山，不直地②，衣穰而提贽③，精气④以问事⑤君子之道，愿夫子告之。"

孔子曰："贞以干之⑥，敬以辅之，施仁无倦。见君子则举之，见小人则退之。去汝恶心而忠与之，效其行，修其礼，千里之外，亲如兄弟。行不效，礼不修，则对门不汝通矣。夫终日言，不遗己之忧；终日行，不遗己之患。唯智者能之。故自修者，必恐惧以除患，恭俭以避难者也。终身为善，一言则败之，可不慎乎。"

★ 注释

① 齐高庭：齐国人高庭。

② 不旷山，不直地：意指不怕山峦阻隔，不怕背井离乡。旷，阻隔。

③ 衣穰而提贽：背着食物，提着见面礼。贽（zhì），礼物。

④ 精气：指有信念，诚心诚意。

⑤ 事：做，成为。

⑥ 贞以干之：以忠贞为主干。干，主干。

★ 译文

齐国人高庭问孔子："我不怕山峦阻隔，不怕背井离乡，自备食物，提着见面礼，真诚地前来向您咨询如何才能做好君主的辅臣，希望您能给予指导。"

孔子说："以忠贞为主干，以恭敬为辅助，实行仁德而不知疲倦。遇到君子就举荐，碰见小人就斥退。摒弃邪恶的念头，忠诚地与人相处，做事讲究行之有效，修行讲究礼仪规范，即便是相隔千里，也会让人感觉亲如兄弟。如果不讲究行动效果，不讲究礼仪，那么即使对门居住的邻居也不愿与你往来。每天所说的话，不要给自己留下隐忧；整天所做的事，不要给自己留下后患。只有聪明人才能做到这样。所以注重自我修养的人，一定小心谨慎地消除隐患，恭敬待人以避开祸端。一辈子做好事，有时一句话就能毁了自己，你要谨慎为之啊！"

辩物第十六

★ 原文

季桓子穿井，获如玉缶，其中有羊焉。使使问于孔子曰："吾穿井于费，而于井中得一狗，何也？"

孔子曰："丘之所闻者，羊也。丘闻之，木石之怪夔、蝄蜽[1]，水之怪龙、罔象[2]，土之怪羵羊[3]也。"

★ 注释

①夔（kuí）、蝄蜽（wǎng liǎng）：二者都是传说山岭中的精灵。

②龙、罔（wǎng）象：二者都是传说水中的精灵。

③羵（fèn）羊：传说土中的精灵。

★ 译文

季桓子派人打井的时候，得到了一个质地如玉的罐子，里面有一只羊形怪物。他就派遣使者前去向孔子咨询，说："我们在费邑打井的时候，挖到了一只怪物像狗（故意让使者说形状像狗不是像羊），这是什么东西呢？"

孔子回答说："根据我的了解，你得到的东西应该是像羊吧。我曾听说过在山林中的精怪有夔和蝄蜽，在水中找到的精怪有龙或是罔象，而在深土中的精怪则只能是羵羊。"

★ 原文

吴伐越，隳[1]会稽，获巨骨一节，专车焉。吴子使来聘于鲁，且问之孔子，命使者曰："无以吾命也。"

宾既将事^②，乃发币^③于大夫，及孔子，孔子爵之^④。既彻俎而燕^⑤，客执骨而问曰："敢问骨何如为大？"

孔子曰："丘闻之，昔禹致群臣于会稽之山，防风^⑥后至，禹杀而戮之，其骨专车焉。此为大矣。"

客曰："敢问谁守为神？"

孔子曰："山川之灵，足以纪纲^⑦天下者，其守为神；社稷^⑧之守为公侯，山川之祀者为诸侯，皆属于王。"

客曰："防风何守？"

孔子曰："汪芒氏^⑨之君，守封嵎山者，为漆姓。在虞、夏、商为汪芒氏，于周为长翟氏^⑩，今曰大人。"

有客曰："人长之极几何？"

孔子曰："焦侥氏^⑪长三尺，短之至也；长者不过十，数之极也。"

★ **注释**

① 隳（huī）：毁坏。

② 宾既将事：使者完成拜见国君的礼节仪式。宾，使者。既，完成。将事，任务或工作。

③ 币：礼品。

④ 爵之：倒酒给他喝。

⑤ 彻俎而燕：撤掉礼仪用的器具开始宴饮。彻，通"撤"，撤走。俎，礼仪（或祭祀）中用来盛放礼品（或祭品）的器具。燕，通"宴"，宴饮。

⑥ 防风：据传他是巨人族，有三丈三尺高。

⑦ 纪纲：治理，管理。

⑧ 社稷：土神和谷神，后来作为国家的代称。

⑨ 汪芒氏：据传为防风氏的别称。

⑩ 长翟氏：据传为防风氏的别称。

⑪ 焦侥氏：据传为小人部族。

★ 译文

吴国攻打越国的时候，毁坏了会稽山，得到了一节巨大的骨头。这节骨头把一辆车装得满满的。吴国国君派人前往鲁国友好访问，嘱托使者顺便向孔子询问这件事，并对使者说："（关于询问骨头这件事）不要说是我的命令。"

使者来到鲁国完成拜见国君的礼节仪式以后，就将所带的礼物分送给鲁国的各位大夫。到了孔子跟前时，孔子回敬他一杯酒。礼仪完毕，撤掉礼仪用的器具，又开始了宴饮。

使者便拿着一块骨头问孔子道："请问您，什么人的骨头才是最大的呢？"

孔子说："我听说，以前大禹在会稽山上召集群臣，防风违令迟到，大禹就杀了他，他的骨头需要专车来装运。他的骨头就算是最大的骨头了。"

使者问道："请问谁来帮上天行施职守呢？"

孔子说："山川的精灵能够兴云降雨，佐佑天下苍生，所以山川的精灵就是为上天行施职守。守国家社稷的则为诸侯，所以诸侯要祭祀山川的神灵，他们都为君主服务。"

使者又问道："防风曾经镇守哪里呢？"

孔子说："防风是汪芒国的首领，守护的是封山和嵎山，姓氏为漆。到虞、夏、商三代，其后裔是汪芒氏部落，在周代是长翟氏部落，现在则称为大人国。"

使者又问道："人的身体最高的有多高呢？"

孔子说："焦侥氏族人的身体高三尺，是最矮的。人最高的不会超过十尺，这是极点了。"

★ 原文

孔子在陈，陈惠公①宾之于上馆。时有隼集②陈侯之庭而死，楛矢③贯之，石砮，其长尺有咫，惠公使人持隼如孔子馆而问焉。

孔子曰："隼之来远矣，此肃慎④氏之矢。昔武王克商，通道于九夷百蛮，使各以其方贿⑤来贡，而无忘职业。于是肃慎氏贡楛矢、石砮，其长尺有咫。先王欲昭其令德之致远物也，以示后人，使永鉴⑥焉，故铭其栝曰'肃慎氏贡楛矢'，以分大姬。配胡公⑦，而封诸陈。古者分同姓以珍玉，所以展亲亲也；分异姓以远方之职贡，所以无忘服 ^⑧ 也。故分陈以肃慎氏贡焉，君若使有司求诸故府，其可得也。"

公使人求，得之，金牍 ^⑨ 如之。

★ 注释

① 陈惠公：陈国国君，名吴，在位28年，谥惠。

② 集：停留，落在。

③ 楛（hù）矢：楛木做的箭杆。楛，荆类植物，茎可制箭杆。

④ 肃慎：古民族名。

⑤ 方贿：地方所贡的财物土产。

⑥ 永鉴：永远作为鉴证。

⑦ 以分大姬，配胡公：大姬，周武王的长女。胡公，名妫满，舜帝之后。周武王灭商建周后，将长女大姬嫁给妫满为妻，封于陈地，建立陈国，奉祀舜帝，成为陈国的第一任国君、陈国的始祖。妫满死后，谥号胡公，史称陈胡公。

⑧ 服：臣服，服从。

⑨ 金牍：金牍，指刻下金字。牍，原指古代写字用的木片，此处指文字。

★ 译文

孔子在陈国，陈惠公请他住在上等馆舍里。当时有一只隼鸟被箭射死，落到陈惠公的官廷内，箭的箭柄是用楛木制成，箭头由石头制作，箭长有一尺八寸。陈惠公让人拿着死鸟到馆舍向孔子咨询这件事。

孔子说："隼鸟是从很远的地方来的，箭应该是肃慎氏部落特有的箭。从前周武王攻克商朝后，打通了通向各少数民族的道路，让他们以各自的特产来进贡，贡品也可以是体现部族生活的物品。于是肃慎氏部落就进贡了用楛木做杆、石头做箭头的箭，长有一尺八寸。武王为了彰显其功业，能使远方的人都来进贡，以此来昭示后人，永远作为历史鉴证，所以在箭杆的末端刻上'肃慎氏贡品楛箭'几个字，把它赏赐给女儿大姬。大姬嫁给了胡公，胡公被封到陈地。古代帝王赏赐同姓同族之人用珍宝玉器，以表示亲属的亲密关系；把远方的贡品分赐给异姓，

157

是为了让他们不忘记臣服。所以周武王把肃慎氏部落的贡物赐给陈国。您如果派人到府库中去找，就应该可以找到这支箭。"

陈惠公派人去找，真的找到了那支箭，上面镌刻的金字果然和孔子说得一模一样。

★ **原文**

郯子①朝鲁，鲁人问曰："少皞氏以鸟名官②，何也？"

对曰："吾祖也，我知之。昔黄帝以云纪官③，故为云师而云名，炎帝以火④，共工⑤以水，大昊以龙⑥，其义一也。我高祖少皞挚之立也，凤鸟适至，是以纪之于鸟，故为鸟师而鸟名。自颛顼氏⑦以来，不能纪远，乃纪于近，为民师而命以民事，则不能故也。"

孔子闻之，遂见郯子而学焉。既而告人曰："吾闻之，天子失官，学在四夷，犹信。"

★ **注释**

① 郯子：指郯国国君，为少昊后裔。

② 少皞氏以鸟名官：少皞氏即少昊，嬴姓，名挚，黄帝之子。少昊少年即被黄帝送到东夷部落联盟里最大部落凤鸿氏部落里历练，并取凤鸿氏之女为妻，先成为凤鸿部落的首领，后又成为整个东夷部落联盟的首领。他先在东海之滨建立一个国家，并且建立了一套奇异的制度（以鸟名官），即以各种各样的鸟儿命名文武百官。凤凰总管百鸟，燕子掌管春天，伯劳掌管夏天，鹦雀掌管秋天，锦鸡掌管冬天。温顺的鹁鸪掌管教育，凶猛的鸷鸟掌管军事，公平的布谷掌管建筑，威严的雄鹰掌管法律，善辩的斑鸠掌管言论，等等。

③ 黄帝以云纪官：黄帝初受命，适有云瑞之应，因以云名官，号为云师。春官为青云，夏官为缙云，秋官为白云，冬官为黑云，中官为黄云。

④ 炎帝以火：炎帝以火纪官，春官为大火，夏官为鹑火，秋官为西火，冬官为北火，中官为中火。

⑤ 共工：据传任帝祝融时期的水正，部落首领，后为炎帝魁隗氏政权最后一位统治者（第七任帝）。

⑥大昊以龙：伏羲以龙纪官，春官曰苍龙，夏官曰赤龙，秋官曰白龙，冬官曰黑龙，中官曰黄龙。大昊，传说中的上古帝王，亦即伏羲氏。

⑦颛顼（zhuān xū）氏：颛顼，中国上古部落联盟首领，"五帝"之一，号高阳氏，黄帝之孙，昌意之子。颛顼氏以民事纪官，如木正曰勾芒，金正曰蓐收，水正曰玄冥，土正曰勾龙，火正曰祝融。

★译文

郯国国君拜访鲁国时，鲁国曾有人问他："少皞氏用鸟的名字来命名官职，是什么原因呢？"

郯国国君回答说："少皞氏是我们的祖先，我知道其中的原因。古时的黄帝用云来命名官职，这就是以云冠名官称的制度。炎帝用火来命名，共工用水来命名，大昊用龙来命名，其意义都是一样的。我的先祖少皞氏在出生时，正好有凤凰鸟飞过，因此便设立了以鸟冠名官称的体系，所有官职均用鸟命名。自颛顼氏以后，就不再沿用过去的办法，而是就近取名，因此所设立的官职用百姓熟知的政事命名，这就是以鸟冠名于官称没有流传下来的缘故。"

孔子听说了这件事以后，就马上去拜见郯国国君，并向他学习古代的官职制度。后来孔子告诉别人说："我听说，现在的周王朝已经找不到古代的官职制度，有关的官学制度就只存在于四方小国中了，看来此话不虚。"

★原文

郑隐公^①朝于鲁，子贡观焉。郑子执玉高，其容仰；定公受玉卑，其容俯。

子贡曰："以礼观之，二君者将有死亡焉。夫礼，生死存亡之体，将左右周旋，进退俯仰，于是乎取之；朝祀丧戎^②，于是乎观之。今正月相朝，而皆不度，心以亡矣。嘉事^③不体，何以能久？高仰，骄也；卑俯，替^④也。骄近乱，替近疾。君为主，其先亡乎？"

夏五月，公薨^⑤。又郑子出奔。孔子曰："赐不幸而言中，是赐多言。"

★ 注释

① 邾隐公：曹姓，名益，邾国第十七任国君。

② 朝祀丧戎：指国君朝见、祭祀、丧礼和出征仪式。

③ 嘉事：指正式的大型礼仪规范。

④ 替：代替、取代，此处指不尽心、懈怠。

⑤ 公薨（hōng）：指鲁定公去世。薨，专指诸侯或高官去世。

★ 译文

邾隐公到鲁国觐见鲁国国君，子贡观看了整个觐见仪式。邾隐公高高地举着玉，脸向上仰视；而鲁定公接玉时姿势过低，脸向下俯视。

子贡观礼后说道："从观看礼仪的整个过程来看，预示这两位君主将有死亡或下台之征兆。礼制，是生死存亡的根本，站立的方位、行礼时机、进退次序、俯仰幅度等，都应适度到位；朝会、祭祀、丧礼、出征等礼仪，必须合乎常规。现今这次正月的朝会，二位君主的礼仪都不合礼制要求，貌似他们心中已经没有礼制约束了。朝会不合礼制，执政如何能长久呢？高仰着头，是骄纵的表现；懈怠俯视，是怠慢的表示。持骄放纵就离动乱不远了，懈怠则是疾病的征兆。作为一国之君，首当其冲会败亡啊！"

当年夏历五月，鲁定公去世。后又发生邾国国君逃亡到国外之事。孔子评论说："子贡不幸言中，不过他在这方面有点多嘴了。"

★ 原文

孔子在陈，陈侯就之燕游①焉。行路之人云："鲁司铎②灾，及宗庙。"以告孔子。

子曰："所及者，其桓、僖③之庙。"

陈侯曰："何以知之？"

子曰："礼，祖有功而宗有德，故不毁其庙焉。今桓、僖之亲尽矣，又功德不足以存其庙，而鲁不毁，是以天灾加之。"

三日，鲁使至。问焉，则桓、僖也。

陈侯谓子贡曰："吾乃今知圣人之可贵。"

对曰："君之知之，可矣，未若专其道而行其化^④之善也。"

★ 注释

① 燕游：闲游。

② 司铎：春秋鲁国宫名。

③ 桓、僖：指鲁桓公和鲁僖公。

④ 专其道而行其化：专心遵照他的学说和主张，推行他的教化。专，专心遵照；道，圣人的学说和主张。化，教化。

★ 译文

孔子在陈国，陈国国君陪同他一起闲游。路上，有行人说："鲁国的司铎官衙发生大火，殃及宗庙。"陈公把此事告诉了孔子。

孔子说："所殃及的恐怕是供奉鲁桓公和鲁僖公的庙吧。"

陈公问："您凭什么说是供奉他们的宗庙呢？"

孔子说："根据礼制，祖先功高盖世、且德高望重，所以才不用废除他们的宗庙。而鲁桓公和鲁僖公与当今的鲁国国君已经超出了近亲关系，且他们的功德还不足以继续保留宗庙的礼制规格，鲁国自己不废掉他们的宗庙，因此天灾帮助为之。"

三日后，鲁国使臣到，问他这件事，证实了是鲁桓公、鲁僖公的宗庙被毁。

陈侯对子贡说："我今天才知道圣人的可贵之处。"

子贡回答："国君您能明白圣人的过人之处就很好了，但如果遵照他的学说和主张，推行他的教化，那就更好了。"

★ 原文

阳虎^①既奔齐，自齐奔晋，适赵氏^②。

孔子闻之，谓子路曰："赵氏其世有乱乎！"

子路曰："权不在焉，岂能为乱？"

孔子曰："非汝所知。夫阳虎亲富而不亲仁，有宠于季孙，又将杀之，不克而奔，求容于齐。齐人囚之，乃亡归晋。是齐、鲁二国已去其疾。

161

赵简子好利而多信，必溺其说而从其谋。祸败所终，非一世可知也。"

★ 注释

① 阳虎：姬姓，阳氏，名虎，一名货，春秋后期鲁国人，季孙氏家臣。他以季孙家臣之身，执政鲁国，开鲁国"家臣执国政"的先河。后因其阴谋落败而逃出鲁国，最后被晋国赵简子收留，是春秋历史上的传奇人物。

② 赵氏：指赵简子。

★ 译文

阳虎先是逃到齐国，后又逃到晋国，并被赵简子收留。

孔子听说后对子路说："赵简子家今后会出乱子的！"

子路说："阳虎已经没有了原来的权力，怎么还能作乱呢？"

孔子说："不是你所理解的那样。阳虎的特点是爱攀附富贵，不亲近有仁德之人，他以前被季孙所宠信，但他却要加害季孙，阴谋没有得逞，被迫逃到齐国，希望齐国能够收留他。齐国人知道他的底细而囚禁了他，后来他又逃出来到晋国。所以鲁国和齐国没有了这个祸害。赵简子贪图小利而又容易轻信于人，今后必定会被阳虎的花言巧语所迷惑，从而听信他的计谋。阳虎所引起的祸患到何时才会终结，不是这一代就见分晓的。"

★ 原文

季康子问于孔子曰："今周十二月，夏之十月，而犹有螽[①]，何也？"

孔子对曰："丘闻之，火[②]伏而后蛰者毕，今火犹西流，司历过也。"

季康子曰："所失者几月也？"

孔子曰："于夏十月，火既没矣，今火见，再失闰也。"

★ 注释

① 螽（zhōng）：蝗类的总称。

② 火：大火星。

★ 译文

季康子问孔子："现在已经是周历的十二月、夏历的十月，而蝗虫仍然肆虐，这是为什么？"

孔子回答："一般来说，大火星消失以后，昆虫就会逐渐蛰伏起来，而现在大火星仍然在西方上空高悬，这一定是司历官搞错了。"

季康子问："在哪个月出差错了呢？"

孔子说："夏历十月，大火星应该在天空中消失，而现在却还在空中闪烁，我觉得应该是少了一个闰月。"

★ 原文

吴王夫差将与哀公见晋侯。子服景伯[①]对使者曰："王合诸侯，则伯率侯牧[②]以见于王；伯合诸侯，则侯率子男以见于伯。今诸侯会，而君与寡君见晋君，则晋成为伯矣。且执事以伯召诸侯，而以侯终之，何利之有焉？"吴人乃止。既而悔之，遂囚景伯。

伯谓太宰嚭[③]曰："鲁将以十月上辛[④]有事于上帝、先王，季辛[⑤]而毕。何也世有职焉，自襄已来未之改也。若其不会，祝宗[⑥]将曰'吴实然。'"嚭言于夫差，归之。

子贡闻之，见于孔子曰："子服氏之子拙于说矣，以实获囚，以诈得免。"

孔子曰："吴子为夷德[⑦]，可欺而不可以实。是听者之蔽，非说者之拙也。"

★ 注释

① 子服景伯：即子服何，春秋时鲁国大夫。

② 伯率侯牧：自先秦时代开始，已有君主赐封爵制度。《礼记·王制》："王者之制禄爵，公侯伯子男，凡五等。"伯，此处指诸侯之长（有公、侯爵位）。侯牧，指诸侯国。

③ 太宰嚭（pǐ）：本名伯嚭，系春秋时楚国伯州犁之孙。楚国诛杀伯州犁后，伯嚭逃奔吴国。他在吴国先任大夫，后任太宰，故称太宰嚭。

④ 上辛：指的是农历每月上旬的第一个辛日。古代以甲子计日，每十日必有一个辛日。其中每年正月上辛日，为帝王祈求丰年之日。

⑤ 季辛：指农历每月的第三个辛日。

⑥ 祝宗：古代主持祭祀祈祷者。

⑦ 夷德：指不重视德行。

★ 译文

吴王夫差准备和鲁哀公去拜见晋国国君谈联盟事宜。鲁国大夫子服景伯对吴国使者说："王要联合诸侯国，那么应该是诸侯之长率领各诸侯国君去朝见王；若诸侯之长召集诸侯会盟，则是由具有侯爵爵位的诸侯国国君率领其他有子爵、男爵爵位的诸侯国君去拜见诸侯之长。现在是诸侯会盟，贵国与我国的国君一起去拜见晋国国君，这就暗示晋国国君为诸侯之长。况且您以诸侯之长的身份召集各诸侯国君，最后却以普通侯爵的身份出现，有什么好处呢？"吴国听从子服景伯的建议，取消了这次活动。后来，吴国反悔，于是找机会把景伯囚禁起来。

景伯对吴国太宰嚭说："鲁国将在十月上辛这天开始祭祀天神和先祖，直到季辛这天结束。我家世代都在祭祀中任职，从襄公以来一直未曾改变。如果这次我不能参加祭祀活动，祝宗会在祷告时说'是吴王囚禁他的缘故使他无法参加。'"太宰嚭将这些话告诉了吴王夫差，夫差就把他放了回去。

子贡听说这件事后去见孔子，说道："子服景伯拙于言辞，因为讲实话而被囚禁，现在却用巧言欺骗而获释放。"

孔子说："吴王不重视德行，对他可以欺骗而不可以讲实话。这是听者鄙陋，而不是言者笨拙啊！"

★ 原文

叔孙氏之车士，曰子锄商，采薪于大野，获麟焉。折其前左足，载以归。叔孙以为不祥，弃之于郭外，使人告孔子曰："有麕①而角者，何也？"

孔子往观之，曰："麟也。胡为来哉？胡为来哉？"反袂拭面，涕泣沾衿。叔孙闻之，然后取之。

子贡问曰："夫子何泣尔？"

孔子曰："麟之至，为明王也。出非其时而见害，吾是以伤焉。"

★ 注释

① 麇（jūn）：指獐子。

★ 译文

　　叔孙氏有一个车夫名叫子锄商，在田野中砍柴时捉到一只麒麟。他砍下麒麟的前左脚，并把麒麟放在车里带了回来。叔孙氏认为这是不祥之物，就把麒麟扔到城外面，并派人咨询孔子："头上长角、类似于獐子的动物是什么？"

　　孔子去察看后说："这是麒麟啊！为什么到这里来啊？为什么要到这里来啊？"孔子泪流满面，回身不断用衣袖擦拭，泪水沾湿了衣襟。叔孙氏听说后，就把受伤的麒麟取了回来。

　　子贡问道："老师您为什么要哭呢？"

　　孔子说："麒麟出现是圣君降临的吉兆啊！可是他出来的不是时候，受到伤害，我因此而伤心。"

哀公问政第十七

★ 原文

哀公问政于孔子。

孔子对曰:"文武之政,布在方策①。其人存则其政举,其人亡则其政息。天道敏②生,人道敏政,地道敏树。夫政者,犹蒲卢③也,待化以成,故为政在于得人。取人以身,修道以仁。仁者,人也,亲亲为大;义者,宜也,尊贤为大。亲亲之杀④,尊贤之等,礼所以生也。礼者,政之本也。是以君子不可以不修身。思修身,不可以不事亲;思事亲,不可以不知人;思知人,不可以不知天。天下之达道有五,其所以行之者三,曰:君臣也,父子也,夫妇也,昆弟也,朋友也,五者,天下之达道;智仁勇三者,天下之达德也。所以行之者,一也。或生而知之,或学而知之,或困⑤而知之,及其知之,一也。或安而行之,或利而行之,或勉强而行之,及其成功,一也。"

公曰:"子之言,美矣、至矣!寡人实固,不足以成之也。"

孔子曰:"好学近乎智,力行近乎仁,知耻近乎勇。知斯三者,则知所以修身;知所以修身,则知所以治人;知所以治人,则能成天下国家者矣。"

公曰:"政其尽此而已乎?"

孔子曰:"凡为天下国家有九经,曰:修身也、尊贤也、亲亲也、敬大臣也、体群臣也、子庶民也、来百工也、柔远人⑥也、怀诸侯也。夫修身则道立,尊贤则不惑,亲亲则诸父⑦兄弟不怨,敬大臣则不眩⑧,

体群臣则士之报礼重，子庶民则百姓劝^⑨，来百工则财用足，柔远人则四方归之，怀诸侯则天下畏之。"

公曰："为之奈何？"

孔子曰："齐洁盛服^⑩，非礼不动，所以修身也。去谗远色，贱财而贵德，所以尊贤也。爵其能，重其禄，同其好恶，所以笃亲亲也。官盛任使^⑪，所以敬大臣也。忠信重禄，所以劝士也。时使薄敛，所以子百姓也。日省月考^⑫，既廪称事，所以来百工也。送往迎来，嘉善而矜不能，所以绥远人^⑬也。继绝世，举废邦^⑭，治乱持危，朝聘以时，厚往而薄来，所以怀诸侯也。治天下国家有九经，其所以行之者，一也。凡事豫^⑮则立，不豫则废。言前定则不跲，事前定则不困，行前定则不疚^⑯，道前定则不穷。在下位不获于上，民弗可得而治矣。获于上有道，不信于友，不获于上矣。信于友有道，不顺于亲^⑰，不信于友矣。顺于亲有道，反诸身不诚，不顺于亲矣。诚身有道，不明于善，不诚于身矣。诚者，天之至道也。诚之^⑱者，人之道也。夫诚，弗勉而中，不思而得，从容^⑲中道^⑳，圣人之所以体定也；诚之者，择善而固执之者也。"

公曰："子之教寡人备矣。敢问行之所始？"

孔子曰："立爱自亲始，教民睦也；立敬自长始，教民顺也。教之慈睦，而民贵有亲；教以敬，而民贵用命。民既孝于亲，又顺以听命，措诸天下无所不可。"

公曰："寡人既得闻此言也，惧不能果行而获罪咎。"

★ 注释

① 布在方策：意指记录在册。方，书写用的木板。策，竹简。

② 敏：勤勉。

③ 蒲卢：螺蠃，主要的生物学特征便是它的上颚长、常交叉，又有异常纤细的腰，所以又叫细腰蜂。不知古人有什么凭据，一致认为螺蠃不能自己生育后代，就把螟蛉的幼子抱回去抚养。并觉得这是一种高尚的行为，所以后人把收养的义子叫作"螟蛉之子"。其实螺蠃只是要在螟蛉身上产卵罢了。

④ 杀：削弱。

⑤ 困：经历困苦。

⑥ 柔远人：厚待远方来的人。

⑦ 诸父：父辈，如叔伯等。这里泛指族人。

⑧ 眩：眼花。此处指迷乱，即从政不混乱。

⑨ 劝：勤勉，努力。

⑩ 齐洁盛服：斋戒沐浴，使身心洁静，身穿盛服。齐，通"斋"。

⑪ 官盛任使：官吏用心，听凭差遣。

⑫ 日省月考：指经常考评。

⑬ 绥远人：安抚边远地方的人民。绥，安抚。

⑭ 举废邦：复兴正在没落的国家。

⑮ 豫：事先准备。

⑯ 疚：惭愧。

⑰ 不顺于亲：不听从父母的教导。

⑱ 诚之：按诚去做。

⑲ 从容：安闲舒缓，不慌不忙。

⑳ 中道，指合乎道义。

★ 译文

鲁哀公向孔子询问治国之道。

孔子回答说："周文王、周武王的治国方略，均有文献记载。如有像周文王、武王这样的君王在位，这些治国方略就能很好地贯彻落实；若没有这样的君王当政，这些治国措施就无人问津。天道就是勤勉地衍生万物，人道就是勤勉地处理政务，地道就是迅速地让树木生长。为政就如同螺蠃取螟蛉之子化为自己的后代一样，要让政治教化能很快取得成效，所以治理国家最重要的是得到人才。选取人才的标准在于其自身修养，把仁德作为道德修养之根本。仁，就是具有爱人之心，且以爱自己的亲人最为重要；义，就是待人处事做得适宜，并且把尊重贤人作为最大的义。敬爱自己的亲人会有亲疏之分，尊重贤人也有等级差异，这就产生了礼，所以礼制是政治教化的根本。因此君子不可以不加强自身的修养。想要加强自身修养，就必须侍奉好父母；侍奉好了父母，还必须学会知人识人；学会了知人识人，还要学会知悉天命和顺应天命。天下共通的人伦原则有五条、用来实践这五条人伦原则的品德有三种。君臣之道，父子之道，夫妇之道，兄弟之道，朋友之道，这五条人伦原则是天下人都要遵行的原则；智慧、仁义、勇气三个方面的品德，是天下人共求的德行。理解和实践这些原则与德行的方式都是一致的，有的人天生就知道这些道理，有的人通过学习才知道，有的人经历了困苦才知道，途径不同但结果一样，就是达到认识一致。有的人心安理得地去践行，有的人为了名利去做，有的人被迫勉强去做，等到他们践行成功了，取得的成效又都是一样的。"

哀公说："您的这番言论太好了，可以说达到了极致。我真是孤陋寡闻，以前从没听到过，更别说能做到这些啦。"

孔子说："喜欢学习就会增加智慧，践行仁义就是仁德的表现，反省自身知错即改就是勇敢的象征。明白了这三者，就知道了应该如何修身；知道了如何修身，接下来就是学习如何管理民众；知道了如何治理民众，就能很好地实施治理国家的策略。"

哀公问："治理国家的策略就只有这些吗？"

孔子说："一般来说，作为君王治理国家有九条原则，那就是：修养自身、尊重贤人、亲其亲人、敬重大臣、体恤群臣、爱民如子、招纳工匠、优待远客、安抚诸侯。修养自身就能树立正面形象引领众人，尊重任用贤人就不会为施政方针困惑，亲其亲人就不会招致族人的怨恨，敬重大臣就会让大臣们忠心耿耿不欺骗君主，体恤群臣的辛苦付出就会得到士人更加厚重的回报，爱民如子百姓就会接受教化而努力工作，招纳百工就会使能工巧匠生产出的物品更加充足，优待远客使他们宾至如归从而影响更多的人归顺，安抚包容周边诸侯国就会让天下人充满敬畏。"

哀公问："怎么才能做到这些呢？"

孔子说："像斋戒那样清心寡欲，穿着庄重，不符合礼仪的事坚决不做，这就是修养自身的原则。驱除小人谗言，不被女色诱惑，看轻财物而重视人的德行，这就是尊重贤人的原则。给有才能的人加官晋爵，给以丰厚的俸禄，与他们爱憎一致，这就是让亲人更加亲近的原则。对重臣都委以明确的权力与责任，这就是敬重大臣的原则。给忠信之士升职并增加俸禄，这就是体恤群臣的原则。劳役不误农时，减少赋税，这就是爱民如子的原则。对工匠经常进行考评，付给的工钱与粮米与工作业绩相称，这就是用激励措施招纳百工的原则。对来客热情迎送，嘉奖有善行的人，怜惜身体能力差的人，这就是优待远客的原则。帮助断绝禄位的世家（大家族）延续下去，帮助濒临废亡的小国复兴起来，帮助邻国治理祸乱、在其危难之时伸出援助之手，诸侯国之间经常往来、注重付出丰厚而收受菲薄，这就是安抚诸侯的原则。治理国家的这九条原则，实行起来应作为一个整体来对待。无论任何事情，事先做好谋划就会成功，没有谋划就会失败。讲话前有准备，语言就会顺畅；做事前做好规划，就不会出现混乱；出发前做好行程规划，旅行中就不会有忧虑；治国策略要预先谋划好，国家就会昌盛不衰。身处下位的人如果不能和身处上位的人同心同德，就不可能治理好民众。要做到上下同心是有条件的，如果朋友之间做不到相互信任，就不可能取信于上司；同样，取得朋友之间的相互信任也有条件，如果连父母都不孝敬，就得不到朋友的信任；孝敬父母也是有规则的，如果违背真诚的原则，就不能真正让父母顺心；使自己真诚也是有规则的，不明白什么是善，就不能使自己真诚付出。内心真诚，是上天的最高准则；追求真诚，做一个真诚之人，是为人处世的原则。如果有诚心，不必勉强就能让所有行为中规中矩，不用思考就会去履行责任，一切都会从容自然而合乎道义，这也是圣人心性平静的原因。做真诚的人，就是选择善行，并以此为目标执着追求的人。"

哀公说："您教给我的这些非常完美，请问从什么地方开始做起呢？"

孔子说："树立仁爱的社会风气就从爱亲人开始，可以教导百姓和睦相处；树立恭敬的观念从尊敬长辈开始，可以教导百姓懂得顺从。教人慈爱和睦，百姓就会认为爱人是最宝贵的；教人待人恭敬，百姓就会认为服从命令是最重要的。百姓既能孝顺父母，又能听从命令，把这种教化措施推广下去，治理好国家就水到渠成了。"

鲁哀公说："我现在听了先生这番高论，真担心不能很好地加以落实，那可就是罪过了啊。"

★ 原文

宰我问于孔子曰："吾闻鬼神之名，而不知所谓，敢问焉。"

孔子曰："人生有气有魂。气者，人之盛也；魄者，鬼之盛也。夫生必死，死必归土，此谓鬼；魂气归天，此谓神。合鬼与神而享之，教之至也。骨肉弊于下，化为野土，其气发扬于上者，此神之著也。圣人因物之精，制为之极，明命鬼神，以为民之则，而犹以是为未足也，故筑为宫室，设为宗祧^①，春秋祭祀，以别亲疏，教民反古复始，不敢忘其所由生也。众人服自此，听且速焉。教以二端^②，二端既立，报以二礼。建设朝事，燔燎^③膻芗^④，所以报气也；荐黍稷，羞肺肝，加以郁鬯^⑤，所以报魄也。此教民修本，反始崇爱，上下用情，礼之至也。君子反古复始，不忘其所由生，是以致其敬，发其情，竭力从事，不敢不自尽也，此之谓大教。昔者文王之祭也，事死如事生，思死而不欲生，忌日则必哀，称讳则如见亲，祀之忠也。思之深，如见亲之所爱。祭欲见亲颜色者，其唯文王与。《诗》云：'明发不寐，有怀二人^⑥。'则文王之谓与！祭之明日，明发不寐，有怀二人，敬而致之，又从而思之。祭之日，乐与哀半，飨^⑦之必乐，已至必哀，孝子之情也。文王为能得之矣。"

★ 注释

① 宗祧（tiāo）：宗，宗庙；祧，远祖之庙；总称之为宗庙。

② 二端：指鬼和神，或魂与魄。

③ 燔燎（fán liáo）：烧柴祭天。

④ 膻芗（shān xiāng）：指烧牛羊脂产生的气味，也泛指牛羊肉。

⑤ 荐黍稷，羞肺肝，加以郁鬯（chàng）：献上谷物、牲畜的肺肝，配以香酒。荐，供上。黍稷，泛指谷物。羞，通"馐"，进献。郁鬯，香酒。

⑥ 明发不寐，有怀二人：出自《诗经·小雅·小宛》。意指辗转反侧无倦意，怀念双亲到夜明。

⑦ 飨（xiǎng）：指祭祀。

★ 译文

宰我问孔子："我常听人们说起鬼神，但并不知道鬼神到底是什么？您能给我讲解一下吗？"

孔子说："人生下来就有元阳之气也有与之相应的魂的存在。所谓的元阳之气（魂），是人之生命延续的必要条件；所谓的魄，就是鬼附在人身上的对等物。人总归要死，死后形体入土为安，魄随即化成鬼；人死之后魂气归天，这时的魂化作神。古人把鬼与神合在一起祭祀，就是源于此而形成的教化模式。尸骨埋在地下，最后转化为土，元阳之气从身体中抽离出来，升到空中成为神灵。古时的圣人根据构成世间万物的灵气，确定了其至高无上的名称，明确了鬼和神的名称，以此作为百姓祭祀的对象；古之圣人觉得这样还不够尊敬，又为鬼神建筑宫殿式的庙宇，设立家族宗庙祖庙，每逢春秋季节举办祭祀活动，依据亲疏远近关系予以祭祀，教导人们追怀远古，不要忘记自己的祖先，更不要忘记自己的生命是鬼神赋予的。百姓慢慢信服这种教化，以后就更容易顺从其他政治教化。从祭祀鬼神这二者开始教化，确立鬼与神的地位，设置不同的祭祀礼仪。设置朝祭礼，燃烧牛脂羊脂产生膻气香气，以此来报答魂气（即神灵）；献上谷物、牺畜肺肝，配以香酒，以报答魄（即鬼灵）。这些仪式就是教化百姓不忘生命之根本，报答祖先，崇尚爱心，上对鬼神、下对亲人都真情相爱，这就是祭礼的最大教化作用。君子反思远古，不忘生命之源，所以要向祖先和神灵表达敬意、抒发情感，祭祀时尽心尽意，自觉尽力而为，这就是一种极大的教化方式。先前周文王在祭祀时，对待父母的神灵就像侍奉在世的父母一样，哀思逝去的父母时痛不欲生，在父母的忌日必定表达悲哀，提到父母名讳就如同见到父母本人，他对祭祀的忠诚可见一斑。这种思念之深，犹如又见到了已故亲人的喜怒哀乐；在祭祀时能想到父母的音容笑貌，大概非周文王莫属了吧。《诗经》上说：'辗转反侧无倦意，怀念双亲到夜明。'这一诗句说的就是周文王。他在祭祀第二天，因思念双亲而辗转反侧，一夜无眠直到天晓。在父母生前恭敬之至，祭祀之前又怀念备至。到祭祀之时，哀思与喜悦参半，高兴的是能请来父母之神灵并祭上供品，哀思的是祭祀过后神灵离去。这是孝子的真性情啊！周文王确实是做到了。"

卷第五

孔子家语新译

KONGZI JIAYU
XINYI

颜回第十八

★ 原文

鲁定公问于颜回曰："子亦闻东野毕^①之善御乎？"

对曰："善则善矣，虽然，其马将必佚^②。"

定公色不悦，谓左右曰："君子固有诬^③人也。"颜回退。

后三日，牧来诉之曰："东野毕之马佚，两骖曳^④两服^⑤入于厩^⑥。"公闻之，越席而起，促驾召颜回。

回至，公曰："前日寡人问吾子以东野毕之御，而子曰'善则善矣，其马将佚'，不识吾子奚以知之？"

颜回对曰："以政知之。昔者，帝舜巧于使民，造父^⑦巧于使马。舜不穷其民力，造父不穷其马力，是以舜无佚民，造父无佚马。今东野毕之御也，升马执辔，衔体正矣；步骤驰骋，朝礼毕矣^⑧；历险致远，马力尽矣，然而犹乃求马不已。臣以此知之。"

公曰："善！诚若吾子之言也。吾子之言，其义大矣，愿少进乎？"

颜回曰："臣闻之，鸟穷则啄，兽穷则攫^⑨，人穷则诈，马穷则佚。自古及今，未有穷其下而能无危者也。"

公悦，遂以告孔子。孔子对曰："夫其所以为颜回者，此之类也，岂足多哉？"

★ 注释

① 东野毕：春秋时善于驾车的人，也作东野稷。

② 佚：走失，失散。

③ 诬：欺骗，信口胡言。

④ 曳：拉着。

⑤ 服：居中的马称服。

⑥ 厩，马棚。

⑦ 造父：西周时期一位善于驾车的人。

⑧ 朝礼毕矣：指把马调理得极好。

⑨ 攫（jué）：用爪子抓。

★译文

鲁定公问颜回："你也听说过东野毕善于驾车的事吧？"

颜回回答说："他确实善于驾车，尽管如此，他的马必定会跑掉。"

鲁定公听了很不高兴，对身边的人说："君子中竟然也有信口胡言的人。"颜回就退下了。

仅过了三天，养马的人来告诉鲁定公说："东野毕的马跑了，两匹骖马拉着两匹服马进了马棚。"鲁定公听了，立刻站起来，越过席桌，吩咐让人驾车去接颜回。

颜回来了，鲁定公说："前天我问你东野毕驾车的事，而你说：'他确实善于驾车，但他的马一定会逃走。'我不明白你是怎样知道的？"

颜回说："我是根据他操纵马车的情况知道的。从前舜帝善于管理百姓，造父善于驾驭马。舜帝从不过度劳役百姓，造父从不让马力竭，因此舜帝时代没有逃亡的百姓，造父没有逃走的马匹。现在东野毕驾车，只要让马驾上车，他就会勒上马嚼子，拉紧缰绳，让马规规矩矩；或紧或慢，把马控制得极好；赶着马车历经坎坷，长途奔波，马的力气已经筋疲力尽，然而他还让马不停地奔跑。我因此知道马会逃掉。"

鲁定公说："说得好！的确如你说的那样。你的这些话，意义很大，希望能进一步地讲一讲。"

颜回说："我听说，鸟急了会啄人，兽急了会用爪子伤人，人走投无路则会坑蒙拐骗，马筋疲力尽则会逃走。从古至今，没有节制地劳役手下人总会让自己陷入困境或危险，这是必然的事。"

鲁哀公听了很高兴，于是把此事告诉了孔子。孔子对他说："他之所以是颜回，就因为常有这一类的表现，不足为奇啊！"

★原文

孔子在卫，昧旦晨兴，颜回侍侧，闻哭者之声甚哀。

子曰："回！汝知此何所哭乎？"

对曰："回以此哭声非但为死者而已，又有生离别者也。"

子曰："何以知之？"

对曰："回闻桓山之鸟，生四子焉。羽翼既成，将分于四海，其母悲鸣而送之。哀声有似于此，谓其往而不返也。回窃以音类知之。"

孔子使人问哭者，果曰："父死家贫，卖子以葬，与之长决。"

子曰："回也，善于识音矣！"

★译文

孔子在卫国时，一天早上天刚拂晓就起床，颜回在旁边侍候，听到有哭声传来，声音很悲伤。

孔子说："颜回，你知道这哭声是为什么哭吗？"

颜回回答说："我觉得哭声既有为死者而哭，也更是为生离别而哭。"

孔子说："你怎么知道的？"

颜回回答："我听人说过，桓山上有一种鸟，孵出了四只幼鸟。等到幼鸟羽翼丰满，将会离开母亲飞往四面八方，母亲在与孩子们送别的时候就会发出凄凉的叫声。我听到过这种叫声，叫声中的悲伤与现在的哭声有点类似，是因为与孩子的分别可能就是永远再难相见。所以根据哭声声调我判断哭者也为生离别而哭。"

孔子派人去问哭者悲伤的原因，得到的答复说："这人的父亲去世，因家境贫寒，无力葬父，要卖掉儿子以便葬父，因要与儿子诀别，所以非常痛苦。"

孔子说："颜回啊，你是一位辨音高手啊！"

★ 原文

颜回问于孔子曰："成人之行若何？"

子曰："达于情性之理，通于物类之变，知幽明①之故，睹游气②之原，若此可谓成人矣。既能成人，而又加之以仁义礼乐，成人之行也。若乃穷③神④知礼，德之盛也。"

★ 注释

① 幽明：善恶，贤愚。

② 游气：浮动的云气，引申为表象。

③ 穷：寻根究源。

④ 神：指变幻莫测的自然现象。

★ 译文

颜回向孔子请教，说道："完美的人应具备什么样的品行？"

孔子说："其性格与情感符合人间常态，懂得世间万物的变化规律，知晓善恶贤愚之分别，能够透过现象看清事物本质，这就是完美之人具备的才能。拥有了这些才能，再用仁义道德和礼乐规则约束自身，这就是完美的人应有的品行。如果通晓天文地理又通达礼乐规则，就能达到仁德的境界。"

★ 原文

颜回问于孔子曰："臧文仲、武仲①孰贤？"

孔子曰："武仲贤哉！"

颜回曰："武仲世称圣人，而身不免于罪，是智不足称也；好言兵讨，而挫锐于邾，是智不足名也。夫文仲、其身虽殁，而言不朽，恶有未贤？"

孔子曰："身殁言立，所以为文仲也。然犹有不仁者三，不智者三，是则不及武仲也。"

回曰："可得闻乎？"

孔子曰："下展禽②，置六关③，妾织蒲，三不仁。设虚器，纵逆祀，祠海鸟，三不智。武仲在齐，齐将有祸，不受其田，以避其难，是智之难也。

夫臧武仲之智，而不容于鲁，抑有由焉。作而不顺，施而不恕也夫。《夏书》④曰：'念兹在兹，顺事恕施。'"

★ 注释

① 臧文仲、武仲：在《好生第十》中有注解。这一问题孔子曾提问过漆雕凭，漆雕凭的回答是从占卜的次数这个角度分析，说是文仲更贤。

② 展禽：名获，字季，又字禽，柳下人，谥惠，后人尊称柳下惠。

③ 六关：关名。

④ 《夏书》：上古历史文献集。《左传》等引《尚书》文字，分别称《虞书》《夏书》《商书》《周书》，战国时总称为《书》，后又改称《尚书》，意即上古之书。

★ 译文

颜回问孔子："您认为臧文仲、臧武仲二人哪个更加贤能呢？"

孔子说："臧武仲更贤能。"

颜回说："臧武仲被世人称之为圣人，但也未能避免颠沛流离的困境，这说明他的智慧还不足以称道；他喜欢用武力来解决国家争端，结果反被邾国挫败，这说明他的智谋还不够高明。而臧文仲却死后留名，他的思想言论流传下来，怎么能说他不如武仲贤能呢？"

孔子答道："文仲死后其思想言论得以流传，这是文仲圣贤的原因。然而他做过不仁义之事三件、不明智之事三件，所以我说他不如武仲贤能。"

颜回说："您能说给我听吗？"

孔子说："臧文仲明知展禽是位贤人却不重用、设置'六关'增加征税、让自己的女人织草席贩售（与民争利），这是三件不仁义之事；为占卜用的卜龟设置豪华居所、纵容不合规程的祭祀行为、让国人祭祀不知名的海鸟，这是三件不明智之事。而臧武仲在齐国时，已经预感到齐国将要动乱，他不接受齐庄公赏赐的封地和高官，因此避过了灾祸，这是智者难以做到的。臧武仲有如此的智慧，却不能容于鲁国，肯定事出有因吧。他做事情不从事理，施行政令不合乎恕道。《夏书》上说：'心在此处人就在此处，顺事理而合乎恕道。'"

★原文

颜回问君子。孔子曰:"爱近仁,度近智,为己不重,为人不轻,君子也夫!"

回曰:"敢问其次。"

子曰:"弗学而行,弗思而得。小子勉之!"

★译文

颜回向孔子请教什么样的人称得上君子。孔子说:"有爱心就接近仁德,善谋划就接近明智智慧,不高估自己,也不轻视他人,这样的人就是君子。"

颜回说:"还有其他的吗?"

孔子说:"不学习就不要采取行动,不思考就不要想有所收获。你好好努力吧!"

★原文

仲孙何忌①问于颜回曰:"仁者一言而必有益于仁智,可得闻乎?"

回曰:"一言而有益于智,莫如预;一言而有益于仁,莫如恕。夫知其所不可由,斯知所由矣。"

★注释

① 仲孙何忌:即孟懿子,南宫敬叔之兄,孔子弟子。

★译文

仲孙何忌问颜回说:"仁德之人的只言片语也会展示其仁德和明智,您能为我解释一下吗?"

颜回回答说:"要说用一个词来表达人的明智,那就是预判;要用一个词来说明人的仁德,那就非宽恕莫属。明白了不能做什么,也就明白了该做什么。"

★原文

颜回问小人。孔子曰:"毁人之善以为辩,狡讦怀诈以为智,幸人之有过,耻学而羞不能,小人也。"

★译文

颜回请教什么样的人是小人。孔子说："把诋毁他人优点的言辞看作善辩，把诬陷他人、心怀狡诈当作聪明，对他人的过错幸灾乐祸，自己不学习还羞辱能力差的人，这就是小人。"

★原文

颜回问子路，曰："力猛于德而得其死者，鲜矣。盍慎诸焉？"

孔子谓颜回曰："人莫不知此道之美，而莫之御也，莫之为也。何居？为闻者盍日思也夫？"

★译文

颜回与孔子谈论子路，说道："武力胜过仁德而能善终的人，是很少见的。这样的人为什么不谨慎对待这件事呢？"

孔子说："人人都知道这个道理的正确，但却极少有人掌握其要旨，也很少有人能照着去做。为什么呢？知道这个道理的人，为什么不能每日认真思考呢？"

★原文

颜回问于孔子曰："小人之言有同乎君子者，不可不察也。"

孔子曰："君子以行言，小人以舌言。故君子于为义之上相疾也，退而相爱；小人于为乱之上相爱也，退而相恶。"

★译文

颜回问孔子："小人说的话有时也和君子一样，不能不加以分辨甄别啊。"

孔子说："君子用行动来践行所说的话，而小人只是用舌头来说说而已。所以，君子为了仁义道德常进行批评与自我批评，此外提倡相互友爱；小人则是在恣意妄为时互相示爱，而在其他方面相互中伤。"

★原文

颜回问朋友之际如何。孔子曰："君子之于朋友也，心必有非焉，而弗能谓吾不知，其仁人也。不忘久[①]德，不思久怨，仁矣夫。"

★注释

①久：通"旧"。

★译文

颜回请教朋友之间如何相处处。孔子说："君子对于朋友，发现朋友有错误的时候，这时不能当作不知道，淡而化之，这才是仁德之人的处友之道。不忘记朋友以往的恩德，也不计较曾经的仇怨，这才是仁义的行为。"

★原文

叔孙武叔①见未仕于颜回，回曰："宾之。"武叔多称人之过而己评论之。

颜回曰："固子之来辱也，宜有得于回焉？吾闻诸孔子曰：'言人之恶，非所以美己；言人之枉，非所以正己。故君子攻其恶，无攻人之恶。'"

★注释

①叔孙武叔：姬姓，名州仇，谥武，鲁国叔孙氏第八代宗主。

★译文

叔孙武叔拜见没有官职的颜回，颜回吩咐家人："请用宾客之礼招待他。"期间，叔孙武叔谈论的多是别人的过失，并妄加评论。

颜回说："您屈驾来这里，是想从我这里得到些什么吧？我听说孔夫子曾经说过：'谈论他人的过失，并不能美化自己；谈论他人的错误行为，也不能说明自己正确。所以君子谈论事情的对错，而不是拿他人的错误攻击他人。'"

★原文

颜回谓子贡曰："吾闻诸夫子：'身不用礼，而望礼于人；身不用德，而望德于人，乱也。'夫子之言，不可不思也。"

★译文

颜回对子贡说："我听孔夫子说：'自己不遵守礼制却要求别人遵守，自己不奉行德行却让别人践行，那样会引起混乱。'先生的话，不能不好好思考啊！"

181

子路初见第十九

★ 原文

子路初见孔子，子曰："汝何好乐？"

对曰："好长剑。"

孔子曰："吾非此之问也。徒谓以子之所能，而加之以学问，岂可及哉？"

子路曰："学岂益哉也？"

孔子曰："夫人君而无谏臣则失正，士而无教友则失听。御狂马不释策①，操弓不反檠②。木受绳则直，人受谏则圣。受学重问，孰不顺成？毁仁恶士，必近于刑。君子不可不学。"

子路曰："南山有竹，不柔自直，斩而用之，达于犀革③。以此言之，何学之有？"

孔子曰："栝而羽之④，镞而砺之⑤，其入之不亦深乎？"

子路再拜曰："敬而受教。"

★ 注释

① 不释策：不放下马鞭。

② 操弓不反檠（qíng）：不使用没有用檠来校正过的弓。弓不反于檠，然后可持。檠，校正弓的器具。

③ 达于犀革：射穿犀牛皮。

④ 栝（guā）而羽之：给箭栝装上箭羽。

⑤ 镞（zú）而砺之：装上磨锋利的箭头。

子路初次拜见孔子，孔子问："你有什么爱好？"

子路回答说："我喜欢长剑。"

孔子说："我不是问你这个。我想说的是，以你的能力和水平，如果进一步努力学习，谁能赶得上你呢？"

子路说："学习真的有用吗？"

孔子说："一国之君如果没有敢直谏的臣子及时指出其施政中的错误，就有可能会失去公义；士如果没有真正的朋友对自己的行为及时提出善意的批评，就会走弯路。驯服狂野之马不能放下马鞭，弓箭也不能等到用时才进行校正。木匠用墨绳做准绳使做出的木器平直，人虚心接受他人的批评才能获得提升。学习知识，重视向他人求教，这样不是更有助于成功吗？诋毁仁义道德，厌恶学习，那就离触犯刑律不远了。所以说君子不可不学习。"

子路说："山上生长的竹子，不用矫正自然就是直的；砍下来作为利器，可以刺穿犀牛皮。如此来说，哪还用学习呢？"

孔子说："如果在竹箭末端装上羽毛，前端装上打磨锋利的箭头，这样射出的箭不是穿透力更强吗？"

子路听到此处，再次拜谢孔子，并恭敬地接受他的教诲。

★原文

子路将行，辞于孔子。子曰："赠汝以车乎？赠汝以言乎？"

子路曰："请以言。"

孔子曰："不强不达①，不劳无功，不忠无亲，不信无复②，不恭失礼。慎此五者而已。"

子路曰："由请终身奉之。敢问亲交取亲③若何？言寡可行④若何？长为善士而无犯若何？"

孔子曰："汝所问苞⑤在五者中矣。亲交取亲，其忠也；言寡可行，其信乎；长为善士而无犯，其礼也。"

★ 注释

① 不强不达：不努力坚持就达不到目的。

② 不信无复：不讲信用别人就不会再相信。

③ 亲交取亲：取得新结交朋友的信任。亲交，新结交的人。取亲，取得信任，成为亲近的朋友。

④ 言寡可行：话说得少但可以得到响应。

⑤ 苞：通"包"，包涵。

★ 译文

子路在出行前向孔子辞行。孔子说："你想让我送你车呢，还是送你几点建议呢？"

子路说："请您给我一些建议吧。"

孔子说："不努力坚持就达不到目的，不勤勉做事就不会成功，不讲忠诚就没有亲朋好友，不讲诚信就会失去他人信任，不谦恭待人就会失礼。这五个点要谨记慎行。"

子路说："我会终身奉行。此外我还想问一下，如何才能取得新结交朋友的信任？如何才能做到少说话多办事？如何才能做到长期行善而不冒犯他人？"

孔子说："你问的这些都包含着我说的五点当中了。取得朋友的信任靠的是忠诚，说话不多却能得到响应靠的是诚信，能长期行善而不冒犯他人靠的是礼数。"

★ 原文

孔子为鲁司寇，见季康子，康子不悦，孔子又见之。

宰予① 进曰："昔予也常闻诸夫子曰：'王公不我聘，则弗动。'今夫子之于司寇也日少，而屈节数② 矣。不可以已乎？"

孔子曰："然。鲁国以众相陵③，以兵相暴之日久矣，而有司不治，则将乱也。其聘我者，孰大于是哉？"

鲁人闻之，曰："圣人将治，何不先自远刑罚？"自此之后，国无争者。

孔子谓宰予曰："违山十里，蟪蛄④ 之声，犹在于耳，故政事莫如应之。"

① 宰予：字子我，亦称宰我，春秋末鲁国人，孔子著名弟子，"孔门十哲"之一。其思想活跃，好学深思，善于提问，是孔门弟子中唯一曾正面对孔子学说提出异议的人。

② 数（shuò）：屡次，多次。

③ 陵：通"凌"，侵犯，欺侮。

④ 蟪蛄（huì gū）：一种蝉。

★ 译文

孔子为鲁国司寇时，因工作事宜去拜见季康子，季康子显得不高兴，后来孔子还是照样去拜见他。

宰予劝说孔子："以前曾听老师您说：'王公不来请，我就不主动去拜见。'现在老师您担任司寇一职的时日虽然不多，但您却多次放下尊严去拜见卿大夫。不能不去吗？"

孔子说："我是说过这样的话。现在的鲁国，倚仗人多欺侮他人、凭借武力凌辱他人等现象已经存在很长时间了，而有关部门的官吏却不加治理，这样下去会出国家大乱的。现在我已经被聘为官员，是面子重要还是治理国家的政事重要呢？"

鲁国人听说这件事后，纷纷说："孔圣人将要采取严厉措施治理国家，我们为什么不主动避免犯错误而远离刑罚呢？"从此以后，鲁国内争斗现象就销声匿迹了。

孔子对宰予说："即使离山十里，山林中的蝉鸣声仍能传入耳中。所以，处理政事就应该像这蝉声，让理政效果传递到远方。"

★ 原文

孔子兄子有孔蔑①者，与宓子贱皆仕。孔子往过孔蔑，而问之曰："自汝之仕，何得何亡？"

对曰："未有所得，而所亡者三。王事若龙②，学焉得习，是学不得明也；俸禄少，饘粥③不及亲戚，是以骨肉益疏④也；公事多急，不得吊死问疾，是朋友之道阙⑤也。其所亡者三，即谓此也。"

孔子不悦，往过子贱，问如孔蔑。

对曰："自来仕者无所亡，其有所得者三。始诵之，今得而行之，是学益明也；俸禄所供，被及亲戚，是骨肉益亲也；虽有公事，而兼以吊死问疾，是朋友笃也。"

孔子喟然谓子贱曰："君子哉若人！鲁无君子者，则子贱焉取此？"

★ 注释

① 孔蔑：也作孔篾，即孔忠，字子蔑，孔子兄孟皮之子，也是孔子弟子。

② 王事若龙：政事一件接着一件。

③ 馆（zhān）：稠粥。

④ 疎（shū）：通"疏"。

⑤ 阙：削弱。

★ 译文

孔子的兄长有个儿子叫孔蔑，与宓子贱一样从政为官。一天，孔子来到孔蔑那里，问他说："从你做官以来，有什么得失啊？"

孔蔑回答："没有什么成就，但却在三个方面有所失。公事一件接着一件忙忙碌碌，学过的知识也没有时间去实践，没有把学习与实践融会贯通；做官俸禄少，连一碗粥也不能分给亲戚朋友，亲戚朋友日渐疏远；处理的公事大多都是紧急的，没有时间去凭吊死者慰问病人，因此朋友之情日渐淡漠。这就是我所说的有所失的三个方面。"

孔子听了很不高兴，他又来到宓子贱处，问了同样问题。

宓子贱回答："自从做官以来，没觉得有所失，反而在三个方面有所得。以前学习记诵的知识得到了应用实践，使我对学习能明智的认识更深了；得到的俸禄可以分一些给亲戚家人，使我感觉亲情更亲了；虽然公务缠身，我公私兼顾抽时间去凭吊逝者慰问病友，使我的朋友感情更深了。"

孔子感叹地称赞宓子贱说："这人是个真君子啊！如果说鲁国没有君子，宓子贱又是从哪里学来的呢？"

孔子侍坐于哀公，赐之桃与黍焉。

哀公曰："请。"孔子先食黍而后食桃，左右皆掩口而笑。

公曰："黍者所以雪桃，非为食之也。"

孔子对曰："丘知之矣。然夫黍者，五谷之长，郊礼宗庙以为上盛。果属有六而桃为下，祭祀不用，不登郊庙。丘闻之，君子以贱雪贵，不闻以贵雪贱。今以五谷之长，雪果之下者，是从上雪下，臣以为妨于教，害于义，故不敢。"

公曰："善哉！"

★译文

孔子陪鲁哀公座谈，哀公赐予他桃子和大黄米。

哀公说："请吃吧。"孔子先吃了大黄米，然后再吃桃子，两边的侍者见状都掩口而笑。

哀公说："大黄米是用来擦桃子用的，不是吃的。"

孔子说："我知道。但是大黄米是五谷之中最珍贵的，在祭祀天地、祖先时都用大黄米作为上等供品。果品分六等，而桃子为下等果品，普通的祭祀中都不用，更别说在祭祀天地和祖先的大型祭拜活动中了。我听说，君子都是用低贱的物品擦拭贵重的物品，没听说用贵重物品擦拭低贱物品的。现在用五谷中珍贵的大黄米擦拭果品中的下等品，臣以为这有伤教化，与道义不合，我不能这么做。"

哀公说："您说得太好了！"

★原文

子贡曰："陈灵公宣淫于朝，泄冶①正谏而杀之，是与比干谏而死同，可谓仁乎？"

子曰："比干②于纣，亲则诸父，官则少师，忠报之心，在于宗庙而已，固必以死争之。冀身死之后，纣将悔寤③，其本志情在于仁者也。泄冶之于灵公，位在大夫，无骨肉之亲，怀宠不去，仕于乱朝，以区区之一身，欲正一国之淫昏，死而无益，可谓狷^④矣。《诗》曰：'民之多僻，无自立辟^⑤。'其泄冶之谓乎？"

★注释

①泄冶：春秋时陈国大夫，因谏陈灵公与夏姬私通之事而被陈灵公所杀。

②比干：比干是商王文丁之子，幼年聪慧，勤奋好学，以太师高位辅佐帝乙，又受托孤重辅商纣王，从政40多年，主张减轻赋税徭役，鼓励发展农牧业生产，提倡冶炼铸造，富国强兵。商末帝纣王暴虐荒淫，横征暴敛，滥用重刑，比干叹曰："主过不谏非忠也，畏死不言非勇也，过则谏不用则死，忠之至也"。遂至摘星楼强谏三日不去。后被杀并被剖视其心，终年64岁。

③悔寤：即悔悟。寤，通"悟"。

④狷（juàn）：性情耿直、固执。

⑤民之多僻，无自立辟：出自《诗经·大雅·板》。意指当今邪僻之事多，枉自矫正是徒劳。

★译文

子贡说："陈灵公在朝堂上公开谈论其淫乱行为，泄冶直言进谏而被杀，死因与比干类似，他这样做算得上'仁义'之举吗？"。

孔子说："比干对于纣王来说，论亲情是他叔父，论官位是少师，精忠报国之心，那是其身份和血脉所赋予的责任，所以一定是以死相争。希望通过自己的死，换得纣王幡然悔悟，这是比干的个人情感与仁德之心出自一体。泄冶对于灵公来说，官位不过是个大夫，与灵公也没有骨肉之亲，仅仅因为被宠信而舍不得离开，在这样一个淫乱的朝廷做官。试图以区区一己之微力，纠正整个国家的荒淫混乱，死了也起不到任何作用，这种行为只能算作耿直和固执。《诗经》有句诗说：'当今邪僻之事多，枉自矫正是徒劳。'这不正是对泄冶的最好注解吗？"。

★原文

孔子相鲁。齐人患其将霸，欲败其政。乃选好女子八十人，衣以文饰而舞容玑^①，及文马四十驷^②，以遗鲁君。陈女乐、列文马于鲁城南高门外。季桓子微服往观之再三，将受焉，告鲁君为周道游观。观之终日，怠于政事。

子路言于孔子曰："夫子可以行矣。"

孔子曰："鲁今且郊，若致膰③于大夫，则是未废其常，吾犹可以止也。"

桓子既受女乐，君臣淫荒，三日不听国政，郊又不致膰俎。孔子遂行，宿于郭屯。

师已④送，曰："夫子非罪也。"

孔子曰："吾歌可乎？"

歌曰："彼妇人之口，可以出走；彼妇人之请，可以死败⑤。优哉游哉，聊以卒岁⑥。"

★ 注释

① 容玑：古时一种舞蹈，或指一种舞曲。

② 驷（sì）：古代同驾一辆车的四匹马。

③ 膰（fán）：古代祭祀用的肉制品。

④ 师已：鲁国乐师。

⑤ 彼妇人之请，可以死败：那些女人的请求，会让国家败亡。请，请求，请竭。

⑥ 聊以卒岁：勉强地度过余生。

★ 译文

孔子在鲁国为相，齐国担心鲁国从此强大起来最后称霸，预谋扰乱鲁国国政。于是齐国挑选了美女八十人，穿着纹饰华丽的衣服，学会跳容玑舞，又挑选了一百六十匹骏马，作为礼物送给鲁国国君。齐国把这些美女、骏马整齐地陈列在鲁城南面的高门外。季桓子穿便装去看了好几次，准备接受下来，并告诉鲁国国君借巡游考察之名前往观看。鲁国国君一整天都在观赏，不管朝中政事。

子路对孔子说："老师，您可以考虑辞职离开鲁国了吧？"

孔子说："鲁国马上就要进行大型郊祭（祭天地和祖先）仪式，如果礼仪结束后国君还能将祭祀用的祭品与各位大夫分享，说明国君没有改变常规，我可以考虑继续留在这里从政。"

季桓子接受了这些舞女以后，整日和国君荒淫取乐，多日不理朝政，郊祭活动后也没有和大夫们共同分享祭品。孔子因此决定离开鲁国，并住在城郊外。

师已前来送行，说："先生您没有过错！"

孔子说："我可以唱歌吗？"

孔子吟唱的歌词是："那些女人的口舌会让贤人离开，那些女人的请求会让国家败亡。优哉游哉，我就悠闲安度余生吧。"

★原文

澹台子羽^①有君子之容，而行不胜其貌；宰我有文雅之辞，而智不充其辩。

孔子曰："里语^②云：'相马以舆，相士以居。'弗可废矣。以容取人，则失之子羽；以辞取人，则失之宰予。"

★注释

① 澹台子羽：即澹台灭明，字子羽，孔子弟子。

② 里语：即俚语，民间谚语。

★译文

澹台子羽有君子般的容貌，但其德行却比不上其外貌；宰我谈吐文雅得体，但其智谋却比不上其巧言善辩。

孔子说："民间谚语说：'要知马好不好，就要把马套在车上看其驾车情况来评判；要知道人是不是有德才，就要从其平时的行为表现来评说'。这个规则是不可颠覆的。如果以容貌取人，就会在子羽身上失误；如果以言辞取人，就会在宰我身上失误。"

★原文

孔子曰："君子以其所不能畏人，小人以其所不能不信人。故君子长人之才，小人抑人而取胜焉。"

★译文

孔子说："君子因自己有做不到的事情所以对人特别尊重，小人因为自己有做不到的事情而不信任他人。因此君子能助人增长才干，小人则通过压制他人取胜。"

★原文

孔蔑问行己之道。子曰："知而弗为，莫如勿知；亲而弗信，莫如勿亲。乐之方至，乐而勿骄；患之将至，思而勿忧。"

孔蔑曰："行己乎？"

子曰："攻其所不能，补其所不备。毋以其所不能疑人，毋以其所能骄人。终日言，无遗己忧；终日行，不遗己患。唯智者有之。"

★译文

孔蔑向孔子请教修身处世的方法。孔子说："知道该做而不去做，还不如不知道；与人亲近而不信任于人，还不如不去亲近。快乐来临，高兴但不骄傲自满；忧患将至，要思考对策而不是枉自忧愁。"

孔蔑说："做到这些就可以立身处世了吗？"

孔子说："攻克自己所不能做到的事，补充完善自己不完备的地方。不要因为自己做不到而怀疑他人也做不到，也不要因为自己做到别人所做不到的事情而看不起他人。每天所说的话，不要给自己留下话柄；每天做的事，不要给自己留下后患。这是明智的人必须做到的。"

在厄第二十

★ 原文

楚昭王①聘孔子，孔子往拜礼焉，路出于陈、蔡。陈、蔡大夫相与谋曰："孔子圣贤，其所刺讥②，皆中诸侯之病。若用于楚，则陈、蔡危矣。"遂使徒兵距③孔子。

孔子不得行，绝粮七日，外无所通，藜羹④不充，从者皆病。孔子愈慷慨讲诵，弦歌不衰⑤。乃召子路而问焉，曰："《诗》云：'匪兕匪虎，率彼旷野⑥。'吾道非乎？奚为至于此？"

子路愠，作色而对曰："君子无所困。意者⑦夫子未仁与，人之弗吾信也；意者夫子未智与，人之弗吾行也。且由也昔者闻诸夫子：'为善者，天报之以福，为不善者，天报之以祸。'今夫子积德怀义，行之久矣，奚居之穷也？"

子曰："由未之识也，吾语汝！汝以仁者为必信也，则伯夷、叔齐不饿死首阳；汝以智者为必用也，则王子比干不见剖心；汝以忠者为必报也，则关龙逢⑧不见刑；汝以谏者为必听也，则伍子胥⑨不见杀。夫遇不遇者，时也；贤不肖者，才也。君子博学深谋而不遇时者，众矣，何独丘哉？且芝兰生于深林，不以无人而不芳；君子修道立德，不谓穷困而改节。为之者，人也；生死者，命也。是以晋重耳⑩之有霸心，生于曹、卫⑪；越王勾践⑫之有霸心，生于会稽⑬。故居下而无忧者，则思不远；处身而常逸者，则志不广。庸知其终始乎？"

子路出，召子贡，告如子路。

子贡曰："夫子之道至大，故天下莫能容夫子，夫子盍少贬焉？"

子曰："赐，良农能稼，不必能穑^⑭；良工能巧，不能为顺；君子能修其道，纲而纪之^⑮，不必其能容。今不修其道而求其容。赐，尔志不广矣，思不远矣。"

子贡出，颜回入，问亦如之。

颜回曰："夫子之道至大，天下莫能容。虽然，夫子推而行之，世不我用，有国者之丑也，夫子何病焉？不容，然后见君子。"

孔子欣然叹曰："有是哉，颜氏之子！使尔多财，吾为尔宰。"

★ 注释

① 楚昭王：楚国国君，楚平王之子，芈姓，熊氏，名壬，谥昭。

② 刺讥：对时局的分析判断。

③ 使徒兵距：派兵阻拦。距，通"拒"，阻拦。

④ 藜羹：菜汤。此指粗劣的食物或野菜。

⑤ 弦歌不衰：以琴瑟伴奏而歌，没有流露饥饿无力之迹象。

⑥ 匪兕（sì）匪虎，率彼旷野：出自《诗经·小雅·何草不黄》。不是犀牛不是老虎，却要流落在旷野。兕，犀牛。

⑦ 意者：想来。

⑧ 关龙逢：即关龙逄。关龙逢以献黄图为由，对夏桀不知廉耻地与妹喜寻欢作乐等行为进行死谏，后被杀害。

⑨ 伍子胥：春秋时楚国人，父兄均被楚平王杀害，他逃到吴国，与孙武共佐吴王阖闾伐楚，五战攻入郢都，掘楚平王墓，鞭尸三百。后来，吴王夫差打败越国，越国勾践请和，伍子胥劝谏不听。后被赐剑被逼自杀。

⑩ 重耳：即春秋五霸的晋文公。为公子时，出奔，困于曹卫。

⑪ 生于曹、卫：指困于曹、卫时产生了兴盛国家之念头。

⑫ 勾践：也作句践，春秋时越王。他被吴王夫差打败后，困于会稽，屈膝求和。其后卧薪尝胆，发愤图强，经过十年，终于灭掉吴国。一种说法将其列入"春秋五霸"。

193

⑬ 生于会稽：此指勾践称霸之心是在困于会稽时产生的。

⑭ 稽：收获。

⑮ 纲而纪之：抓住关键来治理。

★ 译文

楚昭王聘请孔子到楚国去，孔子去拜谢，途中要经过陈国和蔡国。陈国、蔡国的大夫一起谋划说："孔子是位圣贤，他对时政的批评与分析都切中诸侯国的要害问题，如果他把他的治国策略用于楚国，那我们陈国、蔡国就危险了。"于是分别派兵阻拦孔子去楚国。

孔子一行被围困不能前行，断粮七天，也无法和外边取得联系，只能靠煮食野菜充饥，跟随他的人都病倒了。孔子为了激励大家，在讲授学问时更加慷慨激昂，用琴瑟伴奏唱歌时声音也不减弱。然而，私下里孔子找来子路问道："《诗经》有句诗说：'不是犀牛不是虎，却要流落在旷野。'难道是我的学说有什么不对吗？为什么会沦落到这个地步啊？"

子路面带不快，严肃地回答说："君子是不会被围困的。想来老师您还不够仁德，以致他们不信任我们；想来老师您还不够睿智，他们故意不让我们前行。我从前就听老师讲过：'做善事的人上天会降福于他，做坏事的人上天会降祸于他。'如今老师您积德行善、心怀仁义，推行您的主张已经很长时间了，怎么还会落得如此这种穷困的境地呢？"

孔子说："子路啊，你还不明白！我来告诉你。如果讲仁义的人就一定被人相信，那么伯夷、叔齐就不会饿死在首阳山上；如果有智慧的人一定会被任用，那么王子比干就不会被剖心；如果说忠心的人必定会有好报，那么关龙逢就不会被杀；如果是忠言劝谏一定会被采纳，那么伍子胥就不会被迫自杀。遇不遇到贤明的君主，由时运决定；贤能与否，则是个人的品质与才能。作为君子，学识渊博、深谋远虑而时运不济的人多了，何止是我一人呢？况且芝兰生长在深山老林之中，并不因为无人欣赏而不吐露芳香；君子修身养性，树立仁德，不会因为穷困而改变节操。如何做由自己决定，结果是生还是死就是命运了。晋国重耳的称霸之心，就产生在逃难于曹国和卫国之中；越王勾践的称霸之心，则萌生于被困在会稽之时。所以说，身居下位而无所忧患的人，理想就不会高远；长期生活安逸的人，志向就不会高大。怎么知道他的经历呢？"

子路出去后，孔子叫来子贡，又问了同样的问题。

子贡说："老师，您的理论学说博大精深，因此天下人还难以接受，您何不把您的主张降低一些标准呢？"

孔子说："子贡啊，好的农夫会种庄稼，但不能确保会有收获；好的工匠善于制作，其作品不一定能顺遂每个人的心意；君子研究自己的理论学说，抓住关键做深入研讨，不用管别人能否采纳。如果现在不研究完善自己的理论学说，只想办法求得别人采纳。子贡啊，这说明你的志向不够远大，你的思想也不深远啊。"

子贡出去以后，颜回进来了，孔子又问了他同样的问题。

颜回说："老师，您的理论学说博大精深，因此天下人还难以接受。虽然如此，您还是竭力推行。世人不用，那是当权者的耻辱，您何必为此忧虑呢？您的学说不被采纳但却能坦然对待，这样才更突显出您的君子本色。"

孔子听了高兴地感叹说："你说得很有道理，不愧是颜家的好儿子。假如你有很多钱，我就来给你做管家。"

★原文

子路问于孔子曰："君子亦有忧乎？"

子曰："无也。君子之修行也，其未得之，则乐其意；既得之，又乐其治。是以有终身之乐，无一日之忧。小人则不然。其未得也，患弗得之；既得之，又恐失之。是以有终身之忧，无一日之乐也。"

★译文

子路问孔子："君子也有忧愁吗？"

孔子说："没有。君子在修身实践中，获得成功之前，会因意图明确而乐在其中；取得成就之后，又能为有所作为而高兴。所以君子终生都很快乐，没有一天身处忧虑之中。小人就不同了。想要的东西未得到之前，担心自己得不到；得到之后，又担心失去。所以小人的一生都充满了忧虑，没有一天是快乐的。"

★ 原文

曾子弊衣而耕于鲁，鲁君闻之而致^①邑焉。曾子固辞不受。

或曰："非子之求，君自致之，奚固辞也？"

曾子曰："吾闻受人施者常畏人，与人者常骄人。纵君有赐，不我骄也，吾岂能勿畏乎？"。

孔子闻之，曰："参之言足以全其节也。"

★ 注释

① 致：赠送，赐予。

★ 译文

曾子穿着粗劣的衣服在鲁国以耕种为生，鲁君听说后要赠送给他封地，曾子坚辞不受。

有人说："您没有提出要求，这是国君自愿封给您的，您为什么坚决辞掉呢？"

曾子说："我听说，接受馈赠之人常会对施赠者充满敬畏感，而施赠者也常常会对接受馈赠者怀有优越感。纵使国君的赠与行为没有傲视我的心态，但我接受之后能不对国君敬畏有加吗？"

孔子听说此事后说道："曾子的话表明他能够保全他的气节。"

★ 原文

孔子厄^①于陈蔡，从者七日不食。子贡以所赍^②货，窃^③犯围^④而出，告籴于野人^⑤，得米一石焉。颜回、仲由炊之于壤屋之下，有埃墨^⑥堕饭中，颜回取而食之。

子贡自井望见之，不悦，以为窃食也。入问孔子曰："仁人廉士，穷改节乎？"

孔子曰："改节即何称于仁廉哉？"

子贡曰："若回也，其不改节乎？"

子曰："然。"

子贡以所饭告孔子。子曰："吾信回之为仁久矣。虽汝有云，弗以疑也。其或者必有故乎？汝止，吾将问之。"

召颜回曰："畴昔⑦予梦见先人，岂或启佑⑧我哉？子炊而进饭，吾将进焉。"

对曰："向有埃墨堕饭中，欲置之，则不洁；欲弃之，则可惜。回即食之，不可祭也。"

孔子曰："然乎，吾亦食之。"

颜回出，孔子顾谓二三子曰："吾之信回也，非待今日也。"二三子由此乃服之。

★ 注释

① 厄：受困。

② 赍（jī）：携带。

③ 窃：私下，偷偷地。

④ 犯围：冲出包围。

⑤ 告籴（dí）于野人：向附近的村民换米。籴，买米，或以物换米。野人，乡野之人，这里指附近的村民。

⑥ 埃墨：烟熏的墙灰。

⑦ 畴昔：往日，前几日。

⑧ 启佑：开导佑助。

★ 译文

孔子受困于陈、蔡两国交界之地，跟随的人七天吃不上饭。子贡带着一些物品，偷偷逃出包围，找附近的村民换米，最后弄回来一石米。颜回和仲由在一间破旧的土屋中煮饭，有块熏黑的墙灰掉到饭中，颜回把墙灰弄脏的饭粒取出来吃了。

子贡在院子里望见了这一幕，很不高兴，以为颜回在偷吃。他进门去问孔子："仁德廉洁之人在穷困时会改变节操吗？"

孔子说："改变节操还称得上仁德廉洁之人吗？"

子贡问："像颜回这样的人，他不会改变节操吧？"

孔子说："是的。"

子贡把颜回吃米饭的事告诉了孔子。孔子说："我相信颜回是仁德之人已经很久了，即使你这样说，我还是不怀疑他的为人。他那样做或者是有原因吧。你待在这里，我问问他。"

孔子把颜回叫进来说："几天前我梦见了祖先，这岂不是预示祖先在开导佑助我们吗？你做好饭赶快端上来，我要先祭祀祖先。"

颜回说："刚才煮饭时有墙灰掉入饭中，如果不管它，留在饭中就把整个米饭污染了；假如把玷污的少量米饭取出来扔掉，又觉得可惜。所以我就把带灰的米饭吃了，所以这饭不能用来祭祖。"

孔子说："如果是这样，我也会像你这样做。"

颜回出去后，孔子对弟子们说："我相信颜回，并不是从今天开始的。"弟子们从此更佩服颜回了。

入官第二十一

子张问入官^①于孔子。

孔子曰:"安身取誉为难。"

子张曰:"为之如何?"

孔子曰:"己有善勿专,教不能勿怠,已过勿发,失言勿掎^②,不善勿遂^③,行事勿留。君子入官,有此六者,则身安誉至而政从矣。

"且夫忿数者,官狱所由生也;拒谏者,虑之所以塞也;慢易^④者,礼之所以失也;怠惰者,时之所以后也;奢侈者,财之所以不足也;专独者,事之所以不成也。君子入官,除此六者,则身安誉至而政从矣。

"故君子南面临官^⑤,大域之中而公治之,精智而略行之,合^⑥是忠信,考^⑦是大伦^⑧,存^⑨是美恶,进是利而除是害,无求其报焉,而民之情可得也。夫临之无抗民之恶,胜之无犯民之言,量之无佼民之辞,养之无扰于其时,爱之无宽于刑法。若此,则身安誉至而民得也。

"君子以临官,所见则迩^⑩,故明不可蔽也。所求于迩,故不劳而得也。所以治者约,故不用众而誉立。凡法象^⑪在内,故法不远而源泉不竭,是以天下积而本不寡。短长得其量,人志治而不乱政。德贯乎心,藏乎志,形乎色,发乎声,若此而身安誉至民咸自治矣。是故临官不治则乱,乱生则争之者至。争之至,又于乱。明君必宽裕以容其民,慈爱优柔之,而民自得矣。

"行者,政之始也;说者,情之导也。善政行易而民不怨,言调说和

199

则民不变。法在身则民象之⑫，明在己则民显之。若乃供己而不节，则财利之生者微矣；贪以不得，则善政必简矣；苟以乱之，则善言必不听也。详以纳之，则规谏日至。言之善者，在所日闻；行之善者，在所能为。故君上者，民之仪也；有司执政者，民之表也；迩臣⑬便僻者⑭，群仆之伦也。故仪不正则民失，表不端则百姓乱，迩臣便僻，则群臣污矣。是以人主不可不敬乎三伦。

★ 注释

① 入官：入仕，做官。

② 掎（jǐ）：辩解。

③ 遂：行，继续做下去。

④ 慢易：怠慢，轻慢，不庄重。

⑤ 南面临官：意指登上官位。南面，古代以坐北朝南为尊位，故天子、诸侯见群臣，或官员见僚属，皆面南而坐。

⑥ 合：结合。

⑦ 考：考察，考量。

⑧ 大伦：伦常大道，指人与人之间关系的道德准则。

⑨ 存：区分。

⑦ 迩（ěr）：近。意指观察入微或从近处入手。

⑪ 法象：法度。

⑫ 法在身则民象之：自身用法度来约束，百姓就会效法而遵守法纪。

⑬ 迩臣：近臣，身边的大臣。

⑭ 便僻：当作"便辟"，逢迎谄媚的人。此指君王身边受宠幸的臣子。

★ 译文

子张向孔子询问做官的事。

孔子说："要执政地位稳固又能获得好的名声很难。"

子张说："那该怎么办呢？"

孔子说："自己所具备的好品行不能只独善其身，指导别人学习不要懈怠，已发生过的错误不要再犯，说错了话不要为之辩解，对不好的风气不要随波逐流，该做的事立即行动不要拖延。君子做官能做到这六点，就可以巩固自己的地位并获得声誉，从而使其施政方略顺利推行。

"另外，积怨过多，容易招致牢狱之灾；不听劝谏，就会阻塞他人建言献策；态度傲慢，容易失礼；做事懈怠，就会丧失时机；办事奢侈，就会浪费财物；独断专权，难以成就大事。君子做官如果没有这六种毛病，同样可以巩固自己的地位并获得声誉，从而使其施政方略顺利推行。

"因此，君子做了官，管理范围广大，需要以公心来治理，精心地谋划并抓住重点推行施政方略，把对国家的忠诚和对百姓的诚信结合起来，考虑伦理道德的最高准则，区分善恶美丑，学会趋利避害，不追求别人的报答，这样就可以得到百姓的拥护。治理百姓不用残暴的方式，领导百姓不说冒犯民众的话，心系百姓不用欺骗手段，使役百姓不干扰他们适时播种收获，爱护百姓但不放宽刑法的约束。如果能做到这样，就可以使执政地位稳固、声誉好、百姓支持。

"君子做官，对身边事应看清事实真相，做到心明眼亮不受蒙蔽。先从近处入手，不舍近求远，这样不用费很大力气就可以有所作为。施政策略尽量简单易行，不用兴师动众，这样就可以获得好名声。内心存有法度，不乱施政，让行政举措顺应民情，如同有源之水一样不会枯竭，因此所辖之域就会人财富足且不会伤害百姓生活的根本。根据能力的不同任用人才，做到人尽其用，政治上就不会混乱。让良好的德行贯穿于心，蕴藏在施政过程之中，表现在言谈举止之中，获得百姓的呼应。这样，政治地位得到巩固；执政声誉随之而至，百姓也就自然就会得到治理。总的来说，身居官位不善于治理就会造成社会混乱，社会混乱就会产生争权夺利的事情，从而更加剧了社会动荡。英明的君主必须宽容地对待百姓，用慈爱之心去安抚他们，这样才会得到民众的拥护。

"为官者身体力行，是执政的前提；语言和悦，是疏导情绪的基础。良好的政治措施加上善于推行就不会引发民众怨言；言辞合适伴以和颜悦色，民众就不会产生不满。为官者以身作则，民众就会以你为榜样；为官者正大光明，就会得到民众颂扬。为官者如果只贪图享受而不节俭，那么就会挫伤劳动者的积极性；如果只贪图私利没有满足，那么就会疏于理政；如果政治出现混乱，好的意见必然听不进去；如果仔细审慎地采纳别人的建议，那么提建议的人会日渐增多。好的建议在于天天能够有人提，好的行动在于能够说到做到。所以说，统治民众的君王，应该是民众的榜样；各个地方政府的官员，应该是民众的表率；君王身边的侍御大臣，应该是各级官员的样板。榜样不正，就会失去民心；表率不端，就会使社会混乱；侍御大臣不正，下属官员就会变坏。因此，作为一国之君，不可不谨慎地对待这三个方面的伦理关系。

★ 原文

"君子修身反道①，察理言②而服③之，则身安誉至，终始在焉。故夫女子必自择丝麻，良工必自择貌材④，贤君必自择左右。劳于取人，佚于治事。君子欲誉，则必谨其左右。为上者，譬如缘木焉，务高而畏下滋⑤甚。六马之乖离⑥，必于四达之交衢⑦；万民之叛道，必于君上之失政。上者尊严而危，民者卑贱而神。爱之则存，恶之则亡。长民者必明此之要。故南面临官，贵而不骄，富而能供⑧，有本而能图末，修事⑨而能建业，久居而不滞，情近而畅乎远。察一物而贯乎多，治一物而万物不能乱者，以身为本者也。

"君子莅民⑩，不可以不知民之性而达诸民之情。既知其性，又习其情，然后民乃从命矣。故世举⑪则民亲之，政均则民无怨。故君子莅民，不临以高，不导以远，不责民之所不为，不强民之所不能。廓⑫之以明王之功，不因其情，则民严而不迎。笃⑬之以累年之业，不因其力，则民引⑭而不从。若责民所不为，强民所不能，则民疾，疾则僻矣。

古者圣主冕而前旒⑮，所以蔽明也；纩紞纮统⑯充耳，所以掩聪也。水至清则无鱼，人至察则无徒。枉而直之⑰，使自得之；优而柔之，使自求之；揆而度之，使自索之⑱。民有小罪，必求其善以赦其过；民有大罪，必原其故以仁辅化。如有死罪，其使之生，则善也。是以上下亲而不离，道化流而不蕴⑲。故德者，政之始也。

"政不和，则民不从其教矣；不从教，则民不习；不习，则不可得而使也。君子欲言之见信也，莫善乎先虚其内；欲政之速行也，莫善乎以身先之；欲民之速服也，莫善乎以道御之。不以道御之，故虽服必强⑳；自非忠信，则无可以取亲于百姓者矣。内外不相应，则无已取信于庶民者矣。此治民之至道矣，入官之大统㉑矣。"

子张既闻孔子斯言，遂退而记之。

★ 注释

① 修身反道：指修身养性应遵循正道，不断提高。

② 理言：有道理的话。

③ 服：行动。

④ 貌材：良好的材料。

⑤ 滋：更加。

⑥ 乖离：离散，不合。

⑦ 交衢（qú）：指道路交错的要冲之处。

⑧ 供：通"恭"，恭敬。

⑨ 修事：指治理政事。

⑩ 莅民：统治百姓。

⑪ 世举：国家安定，国家兴旺。

⑫ 廓：开拓。

⑬ 笃：一心一意，增加。

⑭ 引：退。

⑮ 旒（liú）：古时帝王、诸侯、大臣冠冕上前后悬垂的玉饰。

⑯ 纮綖（hóng dǎn）：古代垂于冠冕两旁悬填的带子。

⑰ 枉而直之：使弯曲的东西变直。

⑱ 揆（kuí）而度之，使自索之：制定规则、掌握好分寸，让百姓自我接受使用这些规则。

⑲ 道化流而不蕴：道德教化顺达而不产生思想混乱。蕴，滞积。

⑳ 强：勉强。

㉑ 大统：最重要的纲领、原则。

★译文

　　"君子修身养性不断提升自己的素养,采纳正确合理的建议并采取行动措施,地位就可巩固,名望也随之而至,做人做官都会有始有终。所以女子织布一定要亲自挑选丝麻,优秀的工匠一定要亲自挑选材料,贤明的君主一定要亲自挑选身边的大臣。选拔人才辛苦一些,治理政事时就轻松一些。所以君子要想得到美誉,也要谨慎选择身边的人。在上位的人,就好像爬树一样,爬得越高越害怕掉下来。拉车的六匹马如若分散乱跑,就形不成合力,走到交叉路口就不知向何处去;百姓造反,必定是因为君王政治措施的错误。在上者虽然高贵威严但却是有危险的,民众虽然卑贱却是有无形的神力。民众爱护,你的地位就能稳定;取恶于民,你就要丢掉位子。统治者必须要明白这个道理的重要性。因此,出仕为官,地位虽然高贵也不要骄横,富有也要谨慎恭敬,既要把握根本还要考虑细枝末节,处理好政事又能建功立业,长期执政仍不懈怠,从近处入手而让其影响传达到远方。观察一件事物要能联想多种事物,治理一件事而不扰乱其他事情,那就是从自身做起,以身作则。

　　"君子为官统治民众,必须了解民众的本性和情感,进而采取相应的政治举措。这样的举措适合民性,符合民情,民众才乐于服从你的管理。因此,政治举措不负众望则会得到民众拥护,政策公平合理就不会招致民怨。所以君子治国,不能高高在上,不要做远不可及的事,不责备民众做不愿做的事,不强求民众做不能完成的事。为了开拓贤明君王那样的功业,不顾民情,那么民众表面恭敬实际却不愿迎合。为了增加已有的业绩,不顾民力,那么民众就会逃避而不服从。如果强迫民众做他们不愿做的事,强迫他们做不能完成的事,民众就会痛恨,痛恨就会做出一些邪僻的行为。

　　古代的圣明君主戴着前面悬垂着玉串的冠冕,是用来遮蔽视线的;垂于冠冕两边的带子挡住耳朵,是用来遮蔽听觉的。水太清就没有鱼了,人过于精明就没有追随者相伴。纠正百姓做错了的事,让百姓自己有所认识,自觉改正;宽厚并温柔地对待百姓,让他们自己去追求、自得其乐;制定规则要掌握好分寸,让百姓自我接受并遵守这些规则。百姓犯了小罪,一定要找出他们的长处,赦免他们的过错;百姓犯了大罪,一定要找出犯罪的原因,用仁爱的思想教育他们,使他们改过从善；如果犯了死罪，惩治后也给予他们重生的机会，那就更好了。这样一来，君臣百姓上下相亲而不是离心离德，道德教化顺达而不产生思想混乱。所以说执政者的道德教化，是执政好坏的前提。

"政令不切合实际，民众就不会服从教化；不服从教化，民众就不会遵守法规制度；不遵守法规制度，民众就更难以管理和统治。君子要想使自己的话被别人相信，最好的办法是虚心听取意见；要想政治措施迅速推行，最好的办法是身体力行；要想使民众迅速服从，最好的办法是以正确措施来治理国家。不以正确的措施治理，民众即使服从也是勉强的；不依靠忠诚和信任，就不可能取得百姓的亲近和拥护。为政者和民众不能相互沟通、相互理解，就不能取信于平民百姓。这是治理民众的最重要的原则，也是入仕做官者最重要的原则。"

子张听了孔子这番话，就回去记录下来。

困誓第二十二

★ 原文

子贡问于孔子曰："赐倦于学，困于道矣，愿息而事君，可乎？"

孔子曰："《诗》云：'温恭朝夕，执事有恪①。'事君之难也，焉可息哉？"

曰："然则赐愿息而事亲。"

孔子曰："《诗》云：'孝子不匮，永锡尔类②。'事亲之难也，焉可以息哉？"

曰："然则赐请愿息于妻子。"

孔子曰："《诗》云：'刑于寡妻，至于兄弟，以御于家邦③。'妻子之难也，焉可以息哉？"

曰："然则赐愿息于朋友。"

孔子曰："《诗》云：'朋友攸摄，摄以威仪④。'朋友之难也，焉可以息哉？"

曰："然则赐愿息于耕矣。"

孔子曰："《诗》云：'昼尔于茅，宵尔索绹，亟其乘屋，其始播百谷⑤。'耕之难也，焉可以息哉？"

曰："然则赐将无所息者也？"

孔子曰："有焉。自望其广⑥，则睪⑦如也；视其高，则填⑧如也；察其从，则隔⑨如也。此其所以息也矣。"

子贡曰："大哉乎死也！君子息焉，小人休焉。大哉乎死也！"

★注释

①温恭朝夕，执事有恪（kè）：出自《诗经·商颂·那》。朝夕，早朝和晚朝。恪，谨慎。

②孝子不匮，永锡尔类：出自《诗经·大雅·既醉》。孝道传承永不竭，福佑孝子得安详。锡，通"赐"。

③刑于寡妻，至于兄弟，以御于家邦：出自《诗经·大雅·思齐》。刑，指做出典范。寡妻，对妻子的谦称。御于家邦，治家如同治国。御，治理。

④朋友攸摄，摄以威仪：出自《诗经·大雅·既醉》。交友之道在于相辅相长，行为举止遵循道德规范。攸，语助词。摄，佐助。威仪，指起居行为皆遵循规范。

⑤昼尔于茅，宵尔索绹（táo），亟（jí）其乘屋，其始播百谷：出自《诗经·豳风·七月》。昼尔于茅，白天去割茅草。尔，语助词。于，取，引申为割。宵尔索绹，晚上搓绳。绹，绳索。亟其乘屋，急急忙忙修盖房屋。

⑥广：通"圹（kuàng）"，坟墓。

⑦皋（gāo）：通"皋"，高地。

⑧填：满盈的样子。

⑨隔：隔开。

★译文

子贡向孔子问道："我对学习产生了厌倦，对道义又产生困惑，所以我想终止学习去从政辅佐君主，也可以轻松一下，可以吗？"

孔子说："《诗经》里说：'早晚朝拜恭敬谨慎，恪守职责理事尽心。'伴君从政是很难的事情，怎么可以休息呢？"

子贡说："那么我去侍奉父母以得到休息。"

孔子说："《诗经》里讲：'孝道传承永不竭，福佑孝子得安详。'侍奉父母也是很难的事，怎么可以休息呢？"

子贡说："我回家帮助妻子养家以得到休息。"

孔子说："《诗经》里说：'给妻子做出典范，为兄弟树立榜样，帮家族实现兴旺。'与妻子儿女生活，治家也是很难的事，怎么可以休息呢？"

子贡说："我想在朋友那里得到休息。"

孔子说："《诗经》里讲：'交友之道在于相辅相长，行为举止遵循道德规范。'结交朋友也是很难的，怎么可以休息呢？"

子贡说："那么，我就去做个农夫种庄稼以得到休息。"

孔子说："《诗经》里说：'白天割茅草，晚上把绳搓，修屋制农具，适时把种播。'做个好农民也是很难的事，怎么可以休息呢？"

子贡说："难道就没有不用学习的地方了吗？"

孔子说："有啊。你看远处的那个坟墓，像个高高的土丘；坟头高耸，实实地立在那里；实察其侧面，一个个又是隔开的。那里就是休息的地方。"

子贡说："死亡真是重大啊！君子进了坟墓就停止了人生追求，小人进了坟墓也就终结其人生。死亡真是重大！"

★ 原文

孔子自卫将入晋，至河 ①，闻赵简子 ② 杀窦犨鸣犊 ③ 及舜华 ④，乃临河而叹曰："美哉水，洋洋乎！丘之不济，此命也夫！"

子贡趋而进曰："敢问何谓也？"

孔子曰："窦犨鸣犊、舜华，晋之贤大夫也。赵简子未得志之时，须此二人而后从政。及其已得志也，而杀之。丘闻之刳胎 ⑤ 杀夭 ⑥，则麒麟不至其郊；竭泽而渔，则蛟龙不处其渊；覆巢破卵 ⑦，则凤凰不翔其邑。何则？君子违伤其类者也。鸟兽之于不义，尚知避之，况于人乎？"

遂还，息于邹 ⑧，作《槃操》⑨ 以哀之。

★ 注释

① 至河：到了黄河。

② 赵简子：即赵鞅，谥简，晋国上卿，是先秦法家思想的实践者。

③ 窦犨（chōu）鸣犊：窦犨，字鸣犊，春秋时晋国的贤大夫。

④ 舜华：春秋时晋大夫，有贤名，与窦犨均被赵简子所杀。

⑤ 刳（kū）胎：剖腹取胎。

⑥ 夭：正在成长的幼小生命。

⑦ 覆巢破卵：弄翻鸟巢打破卵。

⑧ 邹：通"陬"，地名，在今山东曲阜。

⑨《槃操》：琴曲名。

★ 译文

孔子从卫国要到晋国去，刚来到黄河边，就听到晋国的赵简子杀了窦犨鸣犊和舜华的消息。他面对黄河叹息着说："黄河水美啊，浩浩荡荡地流淌！我不能渡过黄河，是命中注定的吧！"

子贡走向前问道："请问老师，您这话是什么意思啊？"

孔子说："窦犨鸣犊、舜华都是晋国的贤大夫啊。赵简子在未得志的时候，依仗他们二人的鼎力支持才得以从政。但他得志以后，却把他们杀了。我听说，如果一个国家中有人对牲畜有剖腹取胎的残忍行为，那么麒麟就不会在这个国家的地界出现；如果有竭泽而渔的行为，蛟龙就不会在这个国家的水中栖息；如果有捅翻鸟巢打碎鸟卵的行径，凤凰就不会在这个国家的上空飞翔。为什么呢？这是因为君子对伤及同类的事也感到害怕啊！鸟兽对于伤及同类这样不仁义的事尚且知道躲避，何况是人呢？"（表达了孔子因获得了赵简子杀害窦犨鸣犊和舜华的消息后不想再去晋国的意愿。）

于是他们返了回来，最后回到邹地，并作《槃操》一曲来哀悼他们。

★ 原文

子路问于孔子曰："有人于此，夙兴夜寐①，耕芸树艺②，手足胼胝③，以养其亲。然而名不称孝，何也？"

孔子曰："意者身不敬与？辞不顺与？色不悦与？古之人有言曰：'人与己与，不汝欺④。'今尽力养亲，而无三者之阙⑤，何谓无孝之名乎？"

孔子曰："由，汝志之，吾语汝，虽有国士之力，而不能自举其身。非力之少，势不可矣。夫内行不修，身之罪也；行修而名不彰，友之罪也。行修而名自立。故君子入则笃行，出则交贤，何谓无孝名乎？"

★ 注释

① 夙兴夜寐：早起晚睡。

② 耕芸树艺：耕地锄草种庄稼。

③ 手足胼胝（pián zhī）：手脚长出老茧。

④ 不汝欺：不欺骗你。

⑤ 阙：缺点。

★ 译文

子路问孔子说："这里有一个人，早起晚睡，耕地除草种庄稼，手掌和脚底都磨出了老茧，以此来养活父母。然而，这人却没有得到孝子的名声，这是为什么呢？"

孔子说："想来是他行为举止有不恭敬的地方吧？或许他对老人说话的言辞不够温顺吧？或者他给老人的脸色不够温和吧？古话说：'别人的心与你自己的心是一样的，是不会欺骗你的。'现在这个人尽力养亲，如果没有上面讲的三种情况，怎么能没有孝子的名声呢？"

孔子又说："仲由啊，你记住，我要告诉你，一个勇士力大无穷、全国闻名，但他也不能把自己举起来。这不是力量大小的问题，而实际情况是无法做到。一个人不注重修养自身的内在品德，这是他自己的错误；人的内在品德修养好而名声却没有彰显，这就是朋友的过错。品行与修养好了自然会有好名声。所以君子在家行为淳厚，在外结交有德有才的朋友，这样的人怎会没有孝子的名声呢？"

★ 原文

孔子遭厄①于陈、蔡之间，绝粮七日，弟子馁病②，孔子弦歌。子路入见曰："夫子之歌，礼乎？"

孔子弗应，曲终而曰："由，来！吾语汝，君子好乐，为无骄也；小人好乐，为无慑③也。其谁之子，不我知而从我者乎？"子路悦，援④戚⑤而舞，三终而出。

明日，免于厄。子贡执辔曰："二三子从夫子而遭此难也，其弗忘矣！"

孔子曰："善，恶何也？夫陈、蔡之间，丘之幸也。二三子从丘者，皆幸也。吾闻之，君不困不成王，烈士⑥不困行不彰。庸知其非激愤厉志之始是乎在⑦？"

★注释

①厄：阻隔，受困。

②馁（něi）病：因饥饿身体出现病态。馁，饥饿。病，身体发生不健康的现象。

③慑：恐惧，害怕。

④援：拿，拿过来。

⑤戚：斧，古代一种长柄斧，既可做兵器，又可以做舞蹈道具。

⑥烈士：有抱负、志向高远的人。

⑦在：通"哉"，助词。

★译文

孔子周游列国，到达陈国、蔡国之间时，遭受到围困，断粮七天，弟子因饥饿困顿而呈现出病态。这种情况下，孔子还弹琴唱歌，子路进来对孔子说："在这种困境中先生还唱歌符合礼制吗？"

孔子没有回答，直到一曲结束后才说："子路，过来！我告诉你，君子喜欢音乐，为的是戒骄戒躁；小人喜欢音乐，为的是消除心中的恐惧。这是谁家孩子，不了解我而追随我呢？"子路听到这番解释后面露喜色，顺手拿起一件兵器随着孔子弹的曲子跳起舞来，跳了三曲后，才退了出去。

第二天，孔子一行摆脱了围困。走在路上，子贡挽着马缰绳说："我们跟随先生遭受这场磨难，永远也不会忘记。"

孔子说："是啊，但这算什么呢？在陈国、蔡国交界处的这段磨难经历，是我的幸事啊。你们跟随我，也是你们的幸运啊。我听说，君王不经受危难，就不能成就王业；志向高远之人不经受危难，其成就也得不到张显。谁能说不是在困厄之时他们才开始发愤励志的呢？"

★原文

孔子之宋，匡^①人简子^②以甲士围之。子路怒，奋戟^③将与战。孔子止之曰："恶有修仁义而不免世俗之恶者乎？夫《诗》《书》之不讲，礼、乐之不习，是丘之过也。若以述^④先王，好古法而为咎^⑤者，则非丘之罪也，命之夫。由，歌，予和汝。"子路弹琴而歌，孔子和^⑥之，曲三终，匡人解甲而罢。

★注释

① 匡：地名，春秋时属宋国，在今河南睢县西。

② 简子：人名，军队首领。

③ 戟：古兵器，合戈、矛为一体，既可以直刺，又可以横击。

④ 述：遵循，依照，继承。

⑤ 咎：灾祸，灾殃。

⑥ 和（hè）：应和，跟着唱。

★译文

孔子去宋国，匡地有个名叫简子的军官让士兵包围了他们。子路大怒，举戟准备和他们交战。孔子制止了他，说："你是一个以仁义修身的人，怎么还对世俗之人的行为这么激动难忍呢？都是因为你不好好学习《诗经》《尚书》，也没有练习礼乐，这是我的过错。但如果你遵循先王制定的礼法制度并因此招致灾祸，那么就不是我的罪过了，那就是命啦！子路，你唱歌，我跟你一起唱。"子路弹起琴、唱起歌来，孔子也跟着唱。几曲之后，士兵觉得无聊，便解除包围，退去了。

★原文

孔子曰："不观高崖，何以知颠^①坠之患？不临深泉，何以知没溺之患？不观巨海，何以知风波之患？失之者其不在此乎？士慎此三者，则无累^②于身矣。"

★注释

① 颠：通"巅"，山巅。

② 累：忧患，耻辱，危难。

★ 译文

孔子说："不登高高的悬崖，怎么知道从崖顶坠落的危险呢？不身临深渊，怎么知道沉没的危险呢？不到大海，怎么知道风浪带来的灾祸呢？造成过失的原因，不就是不懂得预防这些危险吗？有志之士应谨慎地对待这三个问题，就不会伤害到自身。"

★ 原文

子贡问于孔子曰："赐既为人下①矣，而未知为人下之道，敢问之。"

子曰："为人下者，其犹土乎。汩②之深则出泉，树其壤，则百谷滋焉，草木植焉，禽兽育焉，生则出焉，死则入焉。多其功而不意③，弘其志而无不容④。为人下者以此也。"

★ 注释

① 为人下：指为人谦虚、谨慎。

② 汩：通"抇（hú）"，挖掘。

③ 多其功而不意：功劳多但不张扬。

④ 弘其志而无不容：志向宏大且包容万物。

★ 译文

子贡问孔子："我已经做到为人谦虚谨慎了，却不知为人谦虚谨慎的道理，冒昧向您请教。"

孔子说："为人谦虚谨慎的人，可以比作是厚载万物的土地吧。深挖下去就会挖到泉水，在土壤中播下种子，在泉水滋润下，就会让农作物在土地里生长，草木在土地里繁殖，动物在土地上繁衍生息，万物生活在大地上，死后又归入土地。土地的功劳虽多，却毫不在意；土地的志向宏大，却能包容万物。为人谦虚谨慎的人就拥有了土地这样的胸怀。"

213

★原文

孔子适郑，与弟子相失，独立东郭①门外。或人谓子贡曰："东门外有一人焉，其长九尺有六寸，河目隆颡②，其头似尧，其颈似皋繇③，其肩似子产然自腰已下，不及禹者三寸，累然④如丧家之狗。"子贡以告，孔子欣然而叹曰："形状末也，如丧家之狗，然乎哉！然乎哉！"

★注释

① 郭：在城的外围加的一道城墙。"内为之城，城外为之郭。"（《管子·度地》）

② 河目隆颡（sǎng）：双眼扁平，额头突出。河目，双眼扁平。颡，额头。

③ 皋繇（gāo yáo）：即皋陶（yáo），中国上古传说中的人物，与尧、舜、禹齐名的"上古四圣"之一，上古时期伟大的政治家、思想家、教育家，被史学界和司法界公认为中国司法鼻祖。

④ 累然：失意不得志貌。

★译文

孔子到宋国去，和弟子相互走散了，独自一人站在东城门外。有人向子贡这样描述孔子："东门外站着一人，身长九尺六寸，双眼平直，额头突出，头像尧，脖子像皋繇，双肩像子产，但腿比禹帝要短三寸，其不得志的样子如丧家之犬。"

子贡把这话告诉了孔子，孔子高兴地感叹："对我容貌的描述不重要。说我现在如丧家之犬，真是描述得当啊！真是确切啊！"

★原文

孔子适卫，路出于蒲①，会公叔氏②以蒲叛卫，而止之。孔子弟子有公良儒③者，为人贤长④，有勇力，以私车五乘从夫子行，喟然曰："昔吾从夫子遇难于匡，又伐树于宋⑤，今遇困于此，命也夫！与其见夫子仍遇于难，宁我斗死。"挺剑而合众，将与之战。

蒲人惧，曰："苟无适卫，吾则出子。"以盟孔子，而出之东门。

孔子遂适卫。子贡曰："盟可负乎？"

孔子曰："要⑥我以盟，非义也。"

卫侯闻孔子之来，喜而于郊迎之。问伐蒲，对曰："可哉！"

公曰："吾大夫以为蒲者，卫之所以恃⑦晋楚也。伐之，无乃不可乎？"

孔子曰："其男子有死之志⑧，吾之所伐者，不过四五人⑨矣。"

公曰："善！"卒不果伐。

他日，灵公又与夫子语，见飞雁过而仰视之，色不悦。孔子乃逝⑩。

★注释

① 蒲：春秋时卫地一邑，在今河南长垣。

② 公叔氏：即公孙戍，卫国大夫。

③ 公良儒：亦作"公良孺"，孔子弟子，字子正，陈国人。

④ 贤长：贤能而有长者之风。

⑤ 伐树于宋：指孔子周游列国时曾在宋国一棵大树下教授弟子，当地的宋人砍掉大树，以此来表达不欢迎他们。

⑥ 要（yāo）：威胁，要挟，强求。

⑦ 恃（shì）：有依赖、依靠或矜持的意思，此处应为紧邻之意。

⑧ 其男子有死之志：指公叔氏欲带蒲地投奔他国，故蒲地男子宁死不愿叛国。

⑨ 四五人：指人数很少。

⑩ 逝：离去。

★译文

孔子一行到卫国，路经蒲邑，正遇到公孙氏占据蒲邑准备背叛卫国，所以限制他们离开蒲邑。孔子弟子中有个叫公良儒的人，为人贤能而有长者风度，且有勇力，他是以自己的五辆车资助并跟随孔子出行的。他感叹地说："以前我跟随先生在匡地受到围困，在宋国又遇到伐树驱赶，现在又在这里遇阻，这都是命啊！与其看着先生再次遇难，还不如死战突围出去呢。"于是，举起剑来集合众人，准备与蒲人战斗。

蒲人害怕了，说："如果你们发誓答应不去卫国，我们就放你们走。"于是在得到孔子的盟誓后，让他们从东门出城。

孔子一行还是去了卫国。子贡说："立下盟誓可以违背吗？"

孔子说："威胁我们订立的盟誓，是不合道义的行为。"

卫灵公听说孔子来了，高兴地到城外去迎接。卫灵公询问起征伐蒲地的事，孔子说："可以啊！"

卫灵公说："我的许多官员认为蒲地是卫国与晋国、楚国相接壤的地方，出兵讨伐叛逆恐怕不好吧（担心引发国家战争）？"

孔子说："蒲地男子大多不愿叛国，我们所讨伐的，只不过是极少数的叛乱分子而已。"

卫灵公说："好！"但最终也没有出兵讨伐。

有一天，卫灵公又与孔子谈话，看见有大雁飞过，就抬头观看，脸露不悦之色。孔子觉察出卫灵公对他的冷淡，于是离开了卫国。

★ 原文

卫蘧伯玉 ① 贤而灵公不用，弥子瑕 ② 不肖，反任之。史鱼 ③ 骤 ④ 谏而不从。史鱼病将卒，命其子曰："吾在卫朝，不能进蘧伯玉，退弥子瑕。是吾为臣不能正君也。生而不能正君，则死无以成礼。我死，汝置尸牖下 ⑤，于我毕矣。"其子从之。

灵公吊焉，怪而问焉，其子以其父言告公。公愕然失容，曰："是寡人之过也。"于是命之殡于客位，进蘧伯玉而用之，退弥子瑕而远之。

孔子闻之，曰："古之列 ⑥ 谏之者，死则已矣。未有若史鱼死而尸谏，忠感其君者也，可不谓直 ⑦ 乎？"

★ 注释

① 蘧（qú）伯玉：名瑗，卫国大夫。

② 弥子瑕：卫灵公之嬖（bì）大夫（受宠的大夫）。

③ 史鱼：即史鳝，字子鱼，春秋时卫国大夫。

④ 骤：屡次，多次。

⑤置尸牖下：置遗体于窗下。这是一种非常简陋的丧礼形式，对于史鱼这样一位国家大臣来讲，是不合礼制的（史鱼是以这种自贬的行为表达自责）。牖，窗。

⑥列：通"烈"，强烈，极力。

⑦直：通"值"，有价值。

★译文

卫国的蘧伯玉是贤能之辈，但未得到卫灵公重用。弥子瑕不贤，反被卫灵公宠信。史鱼多次进谏，但卫灵公不听。

后来史鱼病重，临死之前，对他的儿子说："我在卫国朝廷任职，却不能推荐蘧伯玉入仕，也不能斥退被宠的弥子瑕。作臣子却不能匡正君主，是我无能啊！既然活着不能匡正君主，死了就不值得举办隆重丧礼。我死后，你把我的灵柩停放在窗下办理丧事，算是对我的惩罚吧。"他的儿子听从了他的话。

卫灵公前来吊丧，对此感到奇怪并询问原因。史鱼的儿子就把他父亲的话告诉了卫灵公。卫灵公大惊失色，说："这是我的过错啊！"于是，命令将史鱼的灵柩停放厅堂前宾客的位置上，隆重举办丧礼。后来，卫灵公召见蘧伯玉并任用了他，给弥子瑕降职并疏远了他。

孔子听到这事后说："古时的那些极力劝谏的人，至死其劝谏也就停止了。没有人像史鱼这样，死了却还要用尸体来进谏，他的忠诚感动了君主，这不正是有价值的进谏吗？"

五帝德第二十三

★原文

宰我问于孔子曰:"昔者吾闻诸荣伊①曰:'黄帝三百年。'请问黄帝者,人也?抑非人也?何以能至三百年乎?"

孔子曰:"禹、汤、文、武、周公,不可胜以观也。而上世黄帝之问,将谓先生难言之故乎?"

宰我曰:"上世之传,隐微②之说,卒采之辩③,暗忽④之意,非君子之道者,则予之问也固矣。"

孔子曰:"可也,吾略闻其说。黄帝者,少昊⑤之子,曰轩辕,生而神灵,弱而能言,幼齐睿庄,敦敏诚信。长聪明,治五气⑥,设五量⑦,抚万民,度四方。服牛乘马,扰驯⑧猛兽。以与炎帝战于阪泉之野,三战而后克之。始垂衣裳,作为黼黻⑨。治民以顺天地之纪,知幽明之故,达生死存亡之说。播时百谷,尝味草木,仁厚及于鸟兽昆虫。考日月星辰,劳耳目,勤心力,用水火财物以生民。民赖其利,百年而死;民畏其神,百年而亡;民用其教,百年而移。故曰黄帝三百年。"

★注释

① 荣伊:人名。

② 隐微之说:隐约微妙的说法。

③ 卒采之辩:采信那种传闻的辩说。

④ 暗忽:不明确。

⑤少昊：指少典，传说为黄帝之父。

⑥五气：指五行之气，或为仁、义、礼、智、信五种道德基本规范。

⑦量：计算量器。

⑧扰驯：驯服，驹养。

⑨始垂衣裳，作为黼黻：开始制作衣服，后来演化成各色各式的服装。

★译文

宰我问孔子说："以前我听荣伊说过：'黄帝活了三百年。'请问黄帝是不是人呢？其寿命怎么能达到三百年呢？"

孔子说："大禹、商汤、周文王、周武王、周公等历史人物，尚且无法说得尽道得清，而你问的却是更久远的、关于上古时代的黄帝，这应该是老师也难以说得清的问题吧？"

宰我说："上古的传说，可谓隐晦，人们对各种说法也争论不休，都带有很多不确定的因素，问这些尚无定论的事好像不是君子所为，但我还是忍不住要问问。"

孔子说："好吧，我也是略微听说过一些这方面的事情。黄帝，据说是少典的儿子，名叫轩辕，出生时就灵性十足，很小就能说话。童年的时候，他伶俐、机敏、诚实、厚道。长大成人后，就更加聪明、明辨事理，提出了五行之气的学说，设置了五种计量标准。他安抚天下民众，制定规则使四方安定。他善于驾驭牛马，驯服猛兽。跟炎帝在阪泉这个地方展开大战，三次战役彻底打败了炎帝。他开始了制作衣服，后来演化成各色各式的服装。他治理民众，顺应天地之法则。他了解昼夜更替的自然变化，通晓生死存亡的自然规律。他推行按季节播种百谷，栽培花草树木，他的这些做法也惠及鸟兽和昆虫。他观察日月星辰的变化规律，费尽心思和劳力，善于利用水、火、财物养育百姓。他活着的时候，人民受其恩惠一百年；他死了以后，人民敬畏他的神灵是一百年；再后来，人民还沿用他的教化又是一百年。所以说黄帝的直接影响是三百年，如同他活了三百年一样。"

★原文

宰我曰："请问帝颛顼①？"

孔子曰："五帝用说，三王有度^②，汝欲一日遍闻远古之说，躁哉！予也。"

宰我曰："昔予也闻诸夫子曰：'小子毋或宿^③。'故敢问。"

孔子曰："颛顼，黄帝之孙，昌意^④之子，曰高阳。渊而有谋，疏通以知远，养财以任地^⑤，履时以象天^⑥，依鬼神而制义^⑦，治气性以教众，洁诚以祭祀，巡四海以宁民。北至幽陵^⑧，南暨交趾^⑨，西抵^⑩流沙^⑪，东极蟠木^⑫。动静之类，小大之物，日月所照，莫不底属^⑬。"

★ 注释

① 颛顼（zhuān xū）：传说中的古代部落首领，"五帝"之一，姬姓，号高阳氏，黄帝之孙，昌意之子。

② 五帝用说，三王有度：意指五帝时代久远，说来话长；对三王的记载，也有很多。 三王，指夏、商、周三朝的建立者大禹、商汤、周武王及周文王的合称。

③ 小子毋或宿：指有问题不要等到明天再问。小子，指学生。毋或，不可。

④ 昌意：黄帝之子，颛顼之父。

⑤ 养财以任地：谓因地制宜积累财物。养财，积蓄、增多财物。仁地，依据、凭借地势，利用土地。

⑥ 履时以象天：顺应时令。

⑦ 制义：指制定规则。

⑧ 幽陵：古地名。古人认为是最北边的地方。

⑨ 交趾：古地名。古人认为是南方最远之地。

⑩ 抵：到达。

⑪ 流沙，古地名。沙漠被风吹而流动，故以流沙指称沙漠地区。古人亦常以流沙称不熟悉的西北广大沙漠地区。

⑫ 蟠木：又作"扶木"，即扶桑，传说为神木，太阳出于其下，故扶桑又指日出之地。

⑬ 底属：平服归属。

★ 译文

宰我说："请问颛顼是怎样的人？"

孔子说："关于五帝有许多传说，夏、商、周三代的君主也有很多记载。你想在一天之内全部了解远古的所有传说，宰我啊，你太急躁了。"

宰我说："以前您曾教导我们说：'有问题不要等明天再问。'所以才敢向您请教。"

孔子说："颛顼是黄帝的孙子，昌意的儿子，名叫高阳。他知识渊博而有谋略，懂得变通也有远见，因地制宜创造并积累财富，顺应天时变化做事，制定尊崇鬼神的规则，陶冶性情教化民众，态度虔诚地去祭祀，巡察天下安定人民。北到最远的幽陵，南到最远的交趾，西抵荒芜的沙漠，东至日出之地。所有的生灵，所有大大小小的事物，凡是日月所能照到的地方，全都在他的管属之下。"

★ 原文

宰我曰："请问帝喾①？"

孔子曰："玄枵②之孙，蟜极③之子，曰高辛。生而神异，自言其名。博施厚利，不于其身。聪以知远，明以察微。仁以威，惠而信，以顺天地之义。知民所急，修身而天下服，取地之财而节用焉，抚教万民而诲利④之，历⑤日月之生朔⑥而迎送之，明鬼神而敬事之。其色也和，其德也重，其动也时，其服也哀。春夏秋冬，育护天下。日月所照，风雨所至，莫不从化。"

★ 注释

① 帝喾（kù）：黄帝曾孙，号高辛氏，传说中的古代部落首领。

② 玄枵（xiāo）：或作"玄嚣（xiāo）"，黄帝之子。

③ 蟜（jiǎo）极：黄帝之孙。

④ 诲利：教诲而使之有利。诲，教诲。利，使…有利。

⑤ 历：观察。

⑥ 朔：农历每月初一。月球运行到太阳和地球之间，跟太阳同时出没，地球上看不到月光，这种月相叫朔。

★ 译文

宰我说："请问帝喾是怎样的人？"

孔子说："帝喾是玄枵的孙子，蟜极的儿子，名叫高辛。他一生下来就神奇灵异，能够说出自己的名字。他广泛施利于人民，却从不考虑自己的利益。兼听而有远见，明辨而体察细微，仁慈而有威望，恩惠而有诚信。他顺从天地之法则，知道人民急需什么，修养自身而令天下人信服，从自然界获取的财物都节约使用，安抚教化人民而使他们受益。他观察日月的运行而加以利用，了解鬼神而恭敬地加以尊崇。他神色温和，德行厚重，举措因时而异，对丧事衷心表达哀情。春、夏、秋、冬一年四季，时时都呵护养育着天下万民。日月所能照到的地方，风雨所能到达的地方，没有不被感化的。"

★ 原文

宰我曰："请问帝尧^①？"

孔子曰："高辛氏之子，曰陶唐。其仁如天，其智如神。就之如日，望之如云。富而不骄，贵而能降。伯夷典礼^②，夔、龙^③典乐。舜时而仕，趋视四时，务先民始之。流四凶^④而天下服。其言不忒，其德不回。四海之内，舟舆所及，莫不夷说^⑤。"

★ 注释

① 帝尧：传说中父系氏族社会后期的部落联盟首领。陶唐氏，名放勋，史称唐尧。

② 典礼：掌管礼仪的事。

③ 夔（kuí）、龙：二人都是尧舜时的乐官。

④ 四凶：中国神话传说中由上古时代流放到四方的四个凶人，指不服从舜的四个部族首领。

⑤ 说：通"悦"。

★ 译文

宰我说："请问帝尧是怎样的人？"

孔子说："他是高辛氏的儿子，名叫陶唐。他的仁慈如天一般宽阔，他的智慧如神一样灵动。靠近他如太阳般温暖，遥望他如云彩般柔和。他富而不骄，尊贵而能谦恭。他让伯夷主管礼仪，让夔、龙执掌舞乐。推举舜来做官，到各地巡视四季农作物生长情况，把民众的事放在首位。他流放了四个领头的恶人，从而赢得天下人的信服。他的话从不出差错，他的德行从不违背常理。四海之内，车船所到之处，人们对他没有不心悦诚服的。"

★ 原文

宰我曰："请问帝舜^①？"

孔子曰："乔牛^②之孙，瞽瞍之子也，曰有虞。舜孝友闻于四方，陶渔^③事亲。宽裕而温良，敦敏而知时，畏天而爱民，恤远而亲近。承受大命，依于二女^④。睿明智通，为天下帝。命二十二臣，率尧旧职，躬己而已。天平地成，巡狩四海，五载一始。三十年在位，嗣帝五十载。陟方岳^⑤，死于苍梧^⑥之野而葬焉。"

★ 注释

① 帝舜：传说中的帝王。有虞氏，名重华，史称虞舜。

② 乔牛：即"桥牛"，舜之祖父。

③ 陶渔：制作陶器、做网捕鱼。

④ 二女：指舜的两位妻子娥皇、女英，她们都是尧的女儿。

⑤ 陟方岳：此处指巡狩、巡察四方。陟，登。方岳，四方高大的山。

⑥ 苍梧：山名，又名九嶷，在今湖南宁远南。

★ 译文

宰我说："请问帝舜是怎样的人？"

孔子说："他是乔牛的孙子，瞽瞍的儿子，名叫有虞。舜帝因孝顺父母、善待兄弟而闻名四方，他依靠制作陶器、做网捕鱼来奉养双亲。他宽容豁达且温和善良，性格敦厚、心思机敏且能把握时机，敬天而爱民，既抚恤远方的人又亲近身边的人。他执政时敢于承担重任，并获得了两位妻子的鼎力相助。他圣明睿智、多谋通达，最终成为天下帝王。他任命了二十二位大臣，统帅帝尧时期的旧职，他只是身体力行而已。在他的治理下，天下太平，物产丰盈。他巡狩四海，五年一次。他为臣三十载，身临帝位五十年，最后在一次巡察过程中，在苍梧这个地方去世并被安葬在那里。"

★ 原文

宰我曰："请问禹？"

孔子曰："高阳之孙，鲧①之子也，曰夏后。敏②给克③齐④，其德不爽⑤，其仁可亲，其言可信。声为律，身为度。亹亹⑥穆穆⑦，为纪为纲。其功为百神之主⑧，其惠为民父母。左准绳，右规矩，履四时，据四海。任皋繇、伯益以赞其治，兴六师⑨以征不序⑩，四极之民，莫敢不服。"

孔子曰："予，大者如天，小者如言，民悦至矣。予也非其人⑪也。"

宰我曰："予也不足以戒敬承矣⑫。"

他日，宰我以语子贡，子贡以复孔子。子曰："吾欲以颜状取人也，则于灭明改之矣；吾欲以言辞取人也，则于宰我改之矣；吾欲以容貌取人也，则于子张改之矣。"宰我闻之，惧，弗敢见焉。

★ 注释

① 鲧（gǔn）：传说中原始社会的部落首领。

② 敏给：敏捷。

③ 克：能。

④ 齐：通"济"，成。

⑤ 不爽：没有差错。

⑥ 亹亹（wěi wěi）：勤勉不倦貌。

⑦ 穆穆：仪态美好，容止庄敬貌。

⑧ 其功为百神之主：旧注："禹治水，天下既平，然后百神得其所。"

⑨ 六师：这里泛指军队。

⑩ 不序：不臣服、不守规矩。

⑪ 非其人也：意为孔子说自己也不足以说清楚五帝的功德。

⑫ 予也不足以戒敬承矣：弟子我还不能全部领会五帝的优秀品德，承继他们的优秀品性。

★译文

宰我说："请问禹是怎样的人？"

孔子说："他是高阳的孙子，鲧的儿子，名叫夏后。他敏捷又能把事情办成功，他的行为没有丝毫差失，他的仁德令人可亲，他的言语令人可信。他说的话中规中矩，行为举止合乎礼度。他勤勉不倦，恭敬庄重，处处为人表率。他的功德使百神各安其命，他的功业惠及天下百姓。他时刻遵循准则和规矩，做事不违背时令，四海之内都在他的统治之下。他任命皋繇、伯益帮助他治理天下，率领军队征伐不服从者，四方的民众没有不服从的。"

孔子说："宰我啊，古帝王的功德伟大就像天一样广阔，即使是小小的一句话，民众都非常喜欢。我也不能完全说清他们的功德啊。"

宰我说："弟子我也不能很好地领会他们全部的功德，承继他们的好品行。"

他日，宰我把有关古帝王的事情告诉子贡，子贡又把这事告诉孔子。孔子说："我原来以外表判断人，是澹台灭明改变了我这种做法；我以言辞表达判断人，是宰我改变了我这种做法；我以仪表判断人，是子张改变了我这种做法。"宰我听到这些话，心中惭愧，都不敢去见孔子了。

卷第六

五帝第二十四

★原文

　　季康子问于孔子曰："旧闻五帝之名，而不知其实，请问何谓五帝？"

　　孔子曰："昔丘也闻诸老聃曰：'天有五行，水、火、金、木、土，分时化育，以成万物，其神谓之五帝。'古之王者，易代而改号[1]，取法五行。五行更王[2]，终始相生，亦象其义。故其为明王者，而死配五行。是以太皞配木，炎帝配火，黄帝配土，少皞配金，颛顼配水。"

　　康子曰："太皞氏其始之木何如？"

　　孔子曰："五行用事[3]，先起于木。木东方，万物之初皆出焉。是故王者则[4]之，而首以木德王天下。其次则以所生之行转相承也。"

★注释

　　① 易代而改号：改换朝代就改换年号、帝号。

　　② 五行更王：按照五行循环的顺序更换帝王年号。

　　③ 用事：运行。

　　④ 则：效法。

★译文

　　季康子问孔子："以前听说过五帝的名称，但不知其内涵，请问什么是五帝？"

　　孔子说："从前，我听老聃说过：'天体运行有五行，即水、火、金、木、土。这五行变化形成四季，从而化生并孕育形成了万物，代表五行的五个神叫作五帝。'古代的帝王改朝换代、变更国号和帝号，就是以五行变化为依据。按五行更换帝号，周而复始，终始相接，也遵循五行更替的规则。因此，古时那些贤明的帝王，死后配以五行，以示尊崇。所以就有了太皞配木，炎帝配火，黄帝配土，少皞配金，颛顼配水。（这就是五帝。）"

季康子问："为什么要把太皞配以五行中的木作为开始呢？"

孔子回答说："五行的运行，先是从木开始的。木属东方，万物都是从这里发源的，因此帝王以五行相配也遵循的这一原则，首先以木来配于德施天下的第一位帝王，后辈的帝王依据五行相生的顺序依次相配。"

★ 原文

康子曰："吾闻勾芒①为木正②，祝融③为火正，蓐收④为金正，玄冥⑤为水正，后土⑥为土正。此则五行之主而不乱称曰帝者，何也？"

孔子曰："凡五正者，五行之官名。五行佐成上帝，而称五帝。太皞之属配焉，亦云帝，从其号。昔少皞氏之子有四叔，曰重、曰该、曰修、曰熙，实能金、木及水。使重为勾芒；该为蓐收；修及熙为玄冥；颛顼氏之子曰黎，为祝融；共工氏之子曰勾龙，为后土。此五者，各以其所能业为官职，生为上公⑦，死为贵神，别称五祀，不得同帝。"

★ 注释

①勾芒：中国古代民间神话中的木神，也是上古时期的一个官职名称，即木正之官职。

②木正：官职名称。

③祝融：中国古代民间神话中的火神，也是上古时期的一个官职名称，即火正之官职。

④蓐（rù）收：中国古代民间神话中的金神，也是上古时期的一个官职名称，即金正之官职。

⑤玄冥：中国古代民间神话中的水神，也是上古时期的一个官职名称，即水正之官职。

⑥后土：中国古代民间神话中的土神，也是上古时期的一个官职名称，

即土正之官职。

⑦ 上公：百官之首。

★ 译文

季康子问："我听说勾芒为木正，祝融为火正，蓐收为金正，玄冥为水正，后土为土正。这些人被称为五行的执掌者，但却不被称为帝，是为什么呢？"

孔子说："这五正是用五行之名命名的官职。实际上，真正的五行之神是辅佐天帝的，所以被称为五帝。比如太皞所属配的五行是五帝之一，所以太皞随五行之称也称帝。古时候，少皞有四个兄弟，分别叫重、该、修、熙，他们分别擅长于金、木和水等方面的技能，于是让重担任勾芒（木正），让该担任蓐收（金正），让修和熙担任玄冥（水正），颛顼的儿子黎则担任祝融（火正），共工氏的儿子勾龙担任后土（土正）。这五个人各以自己所擅长的技能担任相应的官职，活着时为百官之首，死后被尊为贵神，另立五祀祭祀，所以他们不能等称之为帝。"

★ 原文

康子曰："如此之言，帝王改号，于五行之德，各有所统，则其所以相变者，皆主何事？"

孔子曰："所尚则各从其所王之德次焉。夏后氏①以金德王，色尚黑，大事②敛③用昏④，戎事乘骊⑤，牲用玄⑥；殷人用水德王，色尚白，大事敛用日中，戎事乘翰⑦，牲用白；周人以木德王，色尚赤，大事敛用日出，戎事乘骝⑧，牲用骍⑨。此三代之所以不同。"

康子曰："唐、虞二帝，其所尚者何色？"

子曰："尧以火德王，色尚黄；舜以土德王，色尚青。"

★ 注释

① 夏后氏：指夏代君主。

② 大事：指丧礼。

③ 敛：通"殓"，指入殓。

④ 昏：黄昏。

⑤ 骊：纯黑色的马。

⑥ 玄：黑色的。

⑦ 翰：白色马。

⑧ 骃（yuán）：指赤毛白腹的马。

⑨ 骍（xīng）：皮毛红色的。

★ 译文

季康子问："按这样说，帝王改换称号，是依据其所配属的五行所持有的特质，这些特质各有不同，那么不同的帝王会依此做出相应改变，这些改变体现在哪些事情上呢？"

孔子说："帝王所崇尚的是各自称王所依据的五行之德。夏朝的帝王以金德称王，所以崇尚黑色，丧葬定在黄昏之时，战车战马用黑马，祭祀用的牲畜也是黑色的；殷商的帝王以水德称王，崇尚白色，丧葬定在中午之时，战车战马用白马，祭祀用的牲畜也是白色的；周朝的帝王以木德称王，崇尚红色，丧葬定在日出之时，战车战马用红色的马，祭祀的牲畜也用红色的。这是夏、商、周三代不同的地方。"

季康子问："唐尧、虞舜二帝，他们崇尚什么颜色？"

孔子说："尧以火德称王，崇尚黄色。舜以土德成王，崇尚青色。"

★ 原文

康子曰："陶唐、有虞、夏后、殷、周独不配五帝，意者德不及上古耶？将有限乎？"

孔子曰："古之平治水土，及播殖百谷者众矣，唯勾龙氏兼食于社①，而弃②为稷神，易代奉之，无敢益者，明不可与等。故自太皞以降，逮③于颛顼，其应五行而王，数非徒五，而配五帝，是其德不可以多也。"

★ 注释

① 兼食于社：在社祭中享受祭祀。

②弃：即后稷，名弃，周始祖。

③逮：至，到。

★ 译文

季康子问："唐尧、虞舜、夏禹、商汤、周文王和周武王没有给予五帝的称谓，是否意味着他们比不上远古时期的帝王呢？还是有什么限制呢？"

孔子说："古时候，治理水土，适时指导播种百谷的人有很多，只有勾龙被尊为土地神、后稷被尊为稷神，历代都予以祭祀供奉，后来没有增加，说明其他人还无法与二人对等。所以从太皞以来，直到颛顼，顺应五行而称王的人数也不止五个，而只有他们（太皞、少皞、黄帝、炎帝、颛顼帝）被尊为五帝，是因为他们的德行到了无可复加的地步。"

执辔第二十五

闵子骞 ① 为费宰，问政于孔子。

子曰："以德以法。夫德法者，御民之具，犹御马之有衔勒 ② 也。君者，人也；吏者，辔也；刑者，策也。夫人君之政，执其辔、策而已。"

子骞曰："敢问古之为政？"

孔子曰："古者天子以内史 ③ 为左右手，以德法为衔勒，以百官为辔，以刑罚为策，以万民为马，故御天下数百年而不失。善御马者，正衔勒，齐辔策，均马力，和马心，故口无声而马应辔，策不举而极千里。善御民者，壹 ④ 其德法，正其百官，以均齐民力，和安民心，故令不再而民顺从，刑不用而天下治。是以天地德之，而兆民 ⑤ 怀之。夫天地之所德，兆民之所怀，其政美，其民而众称之。今人言五帝三王者，其盛无偶，威察若存，其故何也？其法盛，其德厚，故思其德必称其人，朝夕祝之。升闻于天，上帝俱歆 ⑥，用永厥世 ⑦，而丰其年。

"不能御民者，弃其德法，专用刑辟，譬犹御马，弃其衔勒，而专用棰策，其不制也，可必矣。夫无衔勒而用棰策，马必伤，车必败；无德法而用刑，民必流，国必亡。治国而无德法，则民无修；民无修，则迷惑失道。如此，上帝必以其为乱天道也。苟乱天道，则刑罚暴，上下相谀，莫知念忠，俱无道故也。今人言恶者，必比之于桀纣，其故何也？其法不听 ⑧，其德不厚，故民恶其残虐，莫不吁嗟，朝夕祝之。升闻于天，上帝不蠲 ⑨，降之以祸罚，灾害并生，用殄 ⑩ 厥世。故曰德法者，御民

233

之本。"

★ 注释

① 闵子骞：即闵损，字子骞，孔子弟子。

② 衔勒：马笼头。

③ 内史：官名，协助天子管理政务，故称之为天子之左右手。

④ 壹：统一，使一致。

⑤ 兆民怀之：兆民，指众百姓。怀，怀念、包容、归顺。

⑥ 歆（xīn）：闻，听到。

⑦ 用永厥世：保佑国运昌盛不衰。用，以。永，长久。厥，其。

⑧ 听：指遵守。

⑨ 蠲（juān）：放过，饶恕。

⑩ 殄（tiǎn）：断绝。

★ 译文

闵子骞任费地长官时，向孔子请教施政策略。

孔子说："用德政和礼法。德政和礼法是治理民众的工具，就好像驾驭马车必须配备有马嚼子和马笼头一样。国君好比驾马车的人，官吏好比是缰绳，刑罚好比马鞭。君王执政，只要掌握好缰绳和马鞭就可以了。"

闵子骞说："请问古人是怎样执政的呢？"

孔子说："古代的天子把内史作为其执政的左右手，把德政和礼法当作马嚼子和马笼头，把百官当作缰绳，把刑罚当作马鞭，把万民比作拉车的马，所以统治天下数百年而没有失误。善于驾驭马车，就要配置马嚼子和马笼头，备齐缰绳和马鞭，使马均衡用力，让马齐心合力，这样不用吆喝马就应和缰绳的松紧前进，不用扬鞭驱赶就可以跑出千里之路。善于统治民众的君王，就得有一整套德政和法制体系，以此端正百官为政的言行，均衡、协调使用民力，使万民心安、和顺，从而达到政令不用重复强调，民众就会执行，即便有刑罚也基本用不到，天下就会得到很好的治理。因此天地之间的万物感激其恩惠，世间万民也乐于服从其统治。天地之所以感激，万民之所以乐于服从，皆因为其各种政令完美，所以才得到民众的交口称赞。现在人说起五帝、三王，他们开创的盛世无人能比，他们的威望和声誉好像至今还存在，这是什么缘故呢？是因为他们的礼制和法制完备，他们的德行深厚，所以人们一想起他们的德政，必然会称赞他们，早晚为他们祝颂。这些祝颂声音传到上天，天帝听了很高兴，因此保佑他们国运长久，年成丰收。

"不善于治理民众的君王，他们丢弃了德政和礼法，专用刑罚，这就好比驾驭马车，丢弃了马嚼子和马笼头，而专用棍棒和马鞭，驾驭不了马车是必然的事。驾驭马车没有马嚼子和马笼头，而用棍棒和马鞭，马必然会受伤，车必然会遭到毁坏；没有德政和礼法而专用刑罚，民众必然会人心向背，国家必然会走向灭亡。治理国家不用德政和礼法，民众就无所依循；民众没有依循，就会思想认识混乱而丧失道义。出现这样的状况，天帝必然认为这是违背天道。君王违背了天道，就会导致刑罚残暴，从而使君臣上下相互奉承讨好，没人再去担忧国家安危，这都是没有遵循道义的缘故。现在人们说到罪恶的君王，必定会把他比作夏桀、商纣，这是为什么呢？因为他们有礼法而不依，他们的德政浅薄，所以民众憎恨他们的残酷暴虐，没有人不为之哀叹，人们会朝夕诅咒他们。上天听到了这些声音，天帝不会饶恕他们的罪过，降下灾祸来惩罚他们，天灾人祸一起发生，因此灭绝了他们的朝代。所以说德政和礼法是治理民众的根本法则。"

★原文

"古之御天下者，以六官①总治焉。冢宰之官以成道，司徒之官以成德，宗伯之官以成仁，司马之官以成圣，司寇之官以成义，司空之官以成礼。六官在手以为辔，司会②均仁以为纳③，故曰御四马者执六辔④，御天下者正六官。是故善御马者，正身以总辔，均马力，齐马心，回旋曲折，唯其所之。故可以取长道，可赴急疾。此圣人所以御天地与人事之法则也。天子以内史为左右手，以六官为辔，已而与三公为执六官，均五教⑤，齐五法，故亦唯其所引，无不如志。以之道则国治，以之德则国安，以之仁则国和，以之圣则国平，以之礼则国定，以之义则国义，此御政之术。

"过失，人之情，莫不有焉；过而改之，是为不过。故官属不理，分职不明，法政不一，百事失纪，曰乱。乱则饬⑥冢宰。地而不殖，财物不蕃，万民饥寒，教训不行，风俗淫僻，人民流散，曰危。危则饬司徒。父子不亲，长幼失序，君臣上下，乖离异志，曰不和。不和则饬宗伯。贤能而失官爵，功劳而失赏禄，士卒疾怨，兵弱不用，曰不平。不平则饬司马。刑罚暴乱，奸邪不胜⑦，曰不义。不义则饬司寇。度量不审，举事失理，都鄙⑧不修，财物失所，曰贫。贫则饬司空。故御者同是车马，或以取千里，或不及数百里，其所谓进退缓急异也。夫治者同是官法，或以致平，或以致乱者，亦其所以为进退缓急异也。

"古者，天子常以季冬考德正法，以观治乱。德盛者治也，德薄者乱也。故天子考德，则天下之治乱，可坐庙堂之上而知之。夫德盛则法修，德不盛则饬法，与政咸德而不衰。故曰，王者又以孟春⑨论吏之德及功能。能德法者为有德，能行德法者为有行，能成德法者为有功，能治德法者为有智。故天子论吏而德法行，事治而功成。夫季冬正法，孟春论吏，治国之要。"

★ 注释

① 六官：即六卿，指下文所讲的冢宰、司徒、宗伯、司马、司寇、司空。在周礼中，天官冢宰（治官），主管吏治；地官司徒（教官），主管民事；春官宗伯（礼官），主管礼制；夏官司马（政官），主管兵事；秋官司寇（刑官），主管刑狱；冬官司空（事官），主管建筑、制造等。

② 司会：官名，主管财政与对群臣的政绩考核。

③ 纳，通"衲"，骖马的内侧缰绳。

④ 御四马者执六辔：驾驭马车的过程中要控制好缰绳。四马，指四匹马拉的马车。六辔，六条缰绳，中间的驾马每匹两条、两边的骖马各有一条。

⑤ 五教：指父义、母慈、兄友、弟恭、子孝这五种人伦准则。

⑥ 饬：警告，告诫。

⑦ 胜：控制，遏制。

⑧ 都鄙：都城和所辖的城镇。

⑨ 孟春：初春，即春季的第一个月。

★ 译文

"古代统治天下的帝王，设置六官来统理国家。设置冢宰之官来成就道，司徒之官来成就德，宗伯之官来成就仁，司马之官来成就圣，司寇之官来成就义，司空之官来成就礼。把六官管好、用好就如同驾车掌握好了缰绳，司会均行仁义就如同有了内侧缰绳。所以说，驾驭四匹马拉的马车的车夫要控制好六条缰绳，治理天下的君王要掌握好六官。因此，善于驾驭马车的人，端正身体，揽好缰绳，使马均匀用力，让马齐心一致，无论道路多么曲折婉转，处处都能随心所欲。所以既可以在平坦大道疾驰，也可以在崎岖道路上奔波。这是圣明君王统治天下和治理民众的法则。天子把内史作为左右手，把六官作为缰绳，再和三公一起来监管六官的理政过程，全面落实五种教化（父义、母慈、兄友、弟恭、子孝五种伦理道德的教育），全面推行五法（仁、义、礼、智、信），只要君王指引得当，国泰民安的目标就会实现。以官员治理来实现国家治理，以教化推广来实现国家长治久安，以礼制落实来实现国家和顺，以仁德外交来实现国家和平，以刑罚分明来实现国家稳定，以诸事合度来彰显国家大义。这就是君王施政的策略。

"过错和失误，是人之常情，人不可能没有过失。知错即改，就不为过。因此，官员隶属不清晰，职责不分明，法律、政策不统一，处理政事不按制度规则，这叫作政治混乱。政治混乱就需要告诫冢宰。田地没有种好，财物没有增加，万民饥寒，各种教化推行不利，风俗败坏、人的行为邪僻，百姓流离失所，这叫作百姓危及。百姓危及就需要告诫司徒。父子不亲，长幼失序，君臣上下离心离德，各有其志，这叫作人心不和。人心不和就需要告诫宗伯。贤能的人失去官爵，有功者得不到奖赏利禄，士卒心怀怨恨，兵力虚弱不堪使用，这叫作国家不安定。国家不安定就需要告诫司马。刑罚混乱残暴，奸邪行为屡禁不止，这叫作法度不平。法度不平就要诫勉司寇。度量标准不一致，诸事失去条理章法，都城和辖邑得不到修固，财物分配不均，这叫作国家衰弱。国家衰弱就要告诫司空。所以驾驭着同样的车马，有的可以行千里，有的走不到数百里，这就是因为驾驭者控制进退缓急不同造成的。治理国家用的是同样的法度，有的人治理得很好，有的人治理国家却导致混乱，这也是因为统治者操纵治国策略的进退缓急不同造成的。

"古时候，天子一般在冬末考察德政的实施、纠正施政法令的不当之处，都是以治理社会混乱状况作为依据。为政者德政深厚，世道就安定；德政浅薄，世道就混乱。所以天子只要考察官吏的德政，那么天下的治乱状况，即便是坐在朝堂之上就可以知道。为政者德政深厚，各种政策就会得到有力实施；德政不足，就会有损于政策的推行；把行政治理与仁德融合在一起，国家就不会衰败。所以说，天子在春季的第一个月评定官吏的德行及功绩和才能。能以仁德之心推行政策的官员为有德，能够很好施行德政的官员为有才，施行德政并取得成效的官员为有功，能运很好地把德政融入新政策制定的官员为有智。因此天子通过评定官吏，而让德政和政策得到推行，国家大事得到治理而大功告成。冬末调整政策，初春评定官吏，这是治国的关键。"

★原文

子夏问于孔子曰："商闻易①之生人及万物、鸟兽、昆虫，各有奇偶②，气分不同。而凡人莫知其情，唯达德者能原其本焉。天一、地二、人三，三三如九。九九八十一，一主日③，日数十，故人十月而生；八九七十二，偶以从奇，奇主辰，辰为月④，月主马，故马十二月而生；七九六十三，三主斗⑤，斗主狗，故狗三月而生；六九五十四，四主时，时主豕，故豕四月而生；五九四十五，五为音⑥，音主猿，故猿五月而生；四九三十六，六为律⑦，律主鹿，故鹿六月而生；三九二十七，七主星，星主虎，故虎七月而生；二九一十八，八主风⑧，风为虫，故虫八月而生。其余各从其类矣。鸟、鱼生阴而属于阳，故皆卵生。鱼游于水，鸟游于云，故立冬则燕雀入海化为蛤⑨。蚕食而不饮，蝉饮而不食，蜉蝣⑩不饮不食，万物之所以不同。介鳞⑪夏食而冬蛰，齕吞⑫者八窍而卵生，咀嚼者九窍而胎生，四足者无羽翼，戴角者无上齿，无角无前齿者膏，无角无后齿者脂。昼生者类父，夜生者似母，是以至阴主牝，至阳主牡。敢问其然乎？"

孔子曰："然，吾昔闻诸老聃亦如汝之言。"

★ 注释

① 易：日月交替，阴阳变换。

② 奇偶：本意指的是单双数。因《易经》中有"阳卦奇，阴挂偶"之说，所以"奇偶"也用来形容道家的阴阳学说。

③ 日：即太阳，代表天干，从甲至癸。

④ 月：即月亮，代表地支，从子到亥。

⑤ 斗：即北斗，仅次于日、月。

⑥ 音：指五音，角、徵（zhǐ）、宫、商、羽五个音级。

⑦ 律：指六律。古代乐律有阳律、阴律各六，阳律曰律，包括黄钟、太蔟、姑洗、蕤宾、夷则、无射。古代律法也有六律，即吏律、户律、礼律、兵律、刑律、工律。

⑧ 风：八风，东方曰明庶风，东南曰清明风，南方曰景风，西南曰凉风，西方曰阊阖风，西北曰不周风，北方曰广莫风，东北曰融风。

⑨ 燕雀入海化为蛤：古人认为蛤是由燕雀转化而成的，因为它们都是生于阴而属于阳。这种认识是不科学的。

⑩ 蜉蝣（fú yóu）：亦作"蜉蝤"。虫名，有数种，是最原始的有翅昆虫。幼虫生活在水中，成虫体细狭，长数分，有四翅，后翅短，腹部末端有长尾须两条。生存期短者几小时，长者六七天。

⑪ 介鳞：指甲虫与鳞虫，古代传说中为龟鳖和鱼龙之类的祖先。此处指有鳞动物。

⑫ 齕（hé）吞：不用咀嚼而吞食。

★ 译文

子夏请教孔子说："我听说，日月交替、阴阳变换诞生了人类、鸟兽、昆虫等世间万物，万物各自对应一个命数（即用数字代表其命运），命数奇偶不同是由于万物生存的环境不同造成的，一般人并不了解其中的道理，只有德行通达的人才能够探究其中的本原。天为一，地为二，人为三，三三得九。九九八十一，一代表天干，天干数是十，所以人怀胎十个月后出生；八九七十二，二为双数

239

承接奇数，奇数代表地支，地支又代表十二个月份，月份象征着马，所以马怀胎十二个月后出生；七九六十三，三代表北斗，北斗象征狗，所以狗怀胎三个月后出生；六九五十四，四代表四时，四时象征猪，所以猪怀胎四个月后出生；五九四十五，五代表五音，五音象征猿，所以猿怀胎五个月后出生；四九三十六，六代表六律，六律象征鹿，所以鹿怀胎六个月后出生；三九二十七，七代表星，星象征虎，所以虎怀胎七个月后出生；二九一十八，八代表八风，八风象征昆虫，所以昆虫经过八个月衍化而成。其余的动物种类不同但各有其生育规律。鸟、鱼出生于阴但却属于阳，所以都是卵生。鱼在水中遨游，鸟在云中飞翔，立冬时燕雀飞到海中，化而为蚌蛤。蚕光吃不喝，蝉光喝不吃，蜉蝣不吃不喝，体现出万物生活形态各有不同。长有鳞甲的动物夏天进食而冬天蛰伏，不用咀嚼而吞食的动物长有八个器官且是卵生，咀嚼食物的动物长有九个器官并且是胎生，长有四只脚的动物没有羽毛和翅膀，长有角的动物牙齿不发达，没有角而且前齿不发达的动物长得肥，没有角并且后齿不发达的动物身上多油脂。动物白天出生的像父亲，晚上出生的像母亲，因此说极阴象征雌性，极阳象征雄性。请问这说得对吗？"

孔子说："对。我以前听老聃讲的也和你说的一样。"

★原文

子夏曰："商闻《山书》^①曰：'地东西为纬，南北为经；山为积德^②，川为积刑^③；高者为生，下者为死；丘陵为牡，溪谷为牝；蚌蛤龟珠，与日月而盛虚。'是故坚土之人刚，弱土之人柔，墟土之人大，沙土之人细，息土之人美，毗土之人丑。食水者善游而耐寒，食土者无心而不息，食木者多力而不治，食草者善走而愚，食桑者有绪而蛾，食肉者勇毅而捍，食气者神明而寿，食谷者智惠而巧，不食者不死而神。故曰：羽虫三百有六十，而凤为之长；毛虫三百有六十，而麟为之长；甲虫三百有六十，而龟为之长；鳞虫三百有六十，而龙为之长；倮虫^④三百有六十，而人为之长。此乾坤之美也，殊形异类之数^⑤。王者动必以道，静必顺理^⑥，以奉天地之性，而不害其所主，谓之仁圣焉。"

子夏言终而出。子贡进曰："商之论也何如？"

孔子曰："汝谓何也？"

对曰："微则微矣，然则非治世之待也。"

孔子曰："然，各其所能⑦。"

★ 注释

①《山书》：古代的一种记山川地理之书，已佚。

②山为积德：山是慢慢积累升高而成。德，本义是攀登、升高。

③川为积刑：河川是由水流聚集而成。

④倮（luǒ）虫：无羽毛鳞甲蔽身的动物。倮，通"裸"。

⑤殊形异类之数：形形色色动物的命数之所在。

⑥动必以道，静必顺理：指采取行动时要顺应天道，从内心和情理上顺应天理。

⑦各其所能：各自发挥才能。

★ 译文

子夏说："我听说《山书》上写道：'大地东西方向为纬，南北方向为经；山是石土积累形成的，河川则是水流聚集而成；居高象征着生，处下象征着死；丘陵代表着雄性，溪谷代表着雌性；蚌、蛤、龟、珠随日月的变化时肥时瘦。'因此坚硬土地上生长的人刚强，松软土地上生长的人柔弱，丘陵土地上生长的人高大，沙质土地上生长的人瘦小，肥沃土地上生长的人漂亮，贫瘠土地上生长的人丑陋。以水为生的动物擅长游泳又禁得住寒冷，以泥土为生的动物没有心脏也不需呼吸，以木本植物为生的动物力气很大但也难以驯服，以草为食的动物善于奔跑但也本性愚笨，以桑叶为食的动物能够吐丝并能变成飞蛾，食肉动物勇猛坚毅但性情凶悍，从大气中吸食营养的动物通神灵而且长寿，吃谷物等粮食的动物充满智慧并且灵巧，不吃东西且不会死的只有神灵。所以说，长有羽翼的动物三百六十种，而凤凰居于首位；长有皮毛的动物三百六十种，而麒麟居于首位；长有甲壳的动物三百六十种，而龟居于首位；长有鳞片的动物三百六十种，而龙居于首位；不长羽毛、鳞、甲的动物三百六十种而人居于首位。这是天地的精妙所在，也是形形色色动物的命数之所在。君王采取行动时要顺应天道，从内心和情理上顺应天理，从而遵循天地造化的本性，不妨害万物的生存规律，这是君王的仁德与圣明。"

子夏说完就出去了。子贡上前问："子夏说得怎么样？"

孔子问："你觉得如何？"

子贡回答："精妙倒是精妙，但却不是治理国家所需要的。"

孔子说："对。你们各自发挥各自的才能吧。"

本命解第二十六

鲁哀公问于孔子曰："人之命与性何谓也？"

孔子对曰："分于道谓之命，形于一谓之性。化于阴阳，象形而发谓之生，化穷数尽谓之死。故命者，性之始也；死者，生之终也。有始则必有终矣。人始生而有不具者五焉：目无见，不能食，不能行，不能言，不能化。及生三月而微煦①，然后有见；八月生齿，然后能食；三年囟合，然后能言；十有六而精通，然后能化②。阴穷反阳，故阴以阳变；阳穷反阴，故阳以阴化。是以男子八月生齿，八岁而龀③；女子七月生齿，七岁而龀，十有四而化。一阳一阴，奇偶相配，然后道合化成。性命之端，形于此也。"

公曰："男子十六精通，女子十四而化，是则可以生民矣。而礼，男子三十而有室，女子二十而有夫也，岂不晚哉？"

孔子曰："夫礼言其极，不是过也。男子二十而冠，有为人父之端；女子十五许嫁，有适人之道。于此而往，则自婚矣。群生闭藏乎阴④，而为化育之始。故圣人因时以合偶男女，穷天数也。霜降而妇功成，嫁娶者行焉；冰泮而农桑起⑤，婚礼而杀⑥于此。男子者，任天道而长万物者也。知可为，知不可为；知可言，知不可言；知可行，知不可行者。是故审其伦⑦而明其别，谓之知，所以效匹夫之德也。女子者，顺男子之教而长⑧其理⑨者也，是故无专制之义，而有三从之道：幼从父兄，既嫁从夫，夫死从子。言无再醮⑩之端，教令不出于闺门，事在供酒食而已。无阃外 [11] 之非仪也，不越境而奔丧；事无擅为，行无独成，参知而后动，可验而后言；昼不游庭，夜行以火，所以效匹妇之德也。"

孔子遂言曰："女有五不取：逆家子者，乱家子者，世有刑人子者，有恶疾子者，丧父长子者。妇有七出，三不去。七出者：不顺父母者，无子者，淫僻者，嫉妒者，恶疾者，多口舌者，窃盗者。三不去者：谓有所取无所归，与共更三年之丧，先贫贱，后富贵。凡此，圣人所以顺男女之际，重婚姻之始也。"

★ 注释

① 微煦：眼珠能微微转动。

② 化：生育。物生谓之化。

③ 龀（chèn）：指儿童换乳牙。

④ 闭藏乎阴：闭藏，储藏秋天收获的食物；阴，指冬季。

⑤ 冰泮而农桑起：指入春之后开始农耕和采桑养蚕。冰泮，指冰开始溶解。

⑥ 杀：停止。

⑦ 审其伦：洞悉事物的义理和事物的区别。审，明察。伦，区别。

⑧ 长：助长，增长。

⑨ 理：事物的规律或是非得失的标准。

⑩ 再醮（jiào）：第二次敬酒。醮，古代原系酌酒之意，指单方面的敬酒。周代作为礼俗除行于加冠礼和及笄礼外，亦为婚礼仪式之一。封建社会视寡妇再嫁为奇耻大辱，所谓"从一而终"是旧时妇女必须遵循的节操。寡妇改嫁称再醮，必经族长同意，否则不允。

⑪ 阃（kǔn）外：原指朝廷之外，或指边关。此处指家庭之外。

★ 译文

鲁哀公问孔子："人的命和性是怎么回事呢？"

孔子回答说："由天地自然之道（天地造化）中化生出来，而赋予人的就是命；与人之形体合为一体、与生俱来的独特禀赋就是性。性与命通过阴阳变化，并以某种有形的形式呈现出来，叫作生；阴阳变化穷尽之后，叫作死。所以说，命就是性的开始,死就是生的终结。有始则必有终。人刚出生时有五种能力不具备:目不能见,嘴不能食,腿不能行,口不能言,不能生育。人出生三个月以后眼珠微能转动,然后才能看清事物;八个月开始长牙,然后能咀嚼食物;三岁囟门闭合,然后才能说话;男人到十六岁精气畅通,然后能生育。阴达到极点就要返归到阳,故阴是从阳变化的;阳达到极点就要返归阴,故阳得阴才能变化。所以男子八个月长牙,八岁换牙;女子七个月长牙,七岁换牙,十四岁能够生育。一阳一阴,奇偶相配,然后阴阳交合方能生育繁衍。性命的开始,就从这里形成的。"

鲁哀公说:"男子十六岁精气通畅,女子十四岁能生育,这时就可以生小孩了。而礼制规定,男子三十岁娶妻,女子二十岁嫁人,岂不是晚了吗?"

孔子说:"礼规中说的是最大限度,不是要超过这个限度的意思。男子二十岁举行加冠之礼,这时就可以成婚做父亲了;女子十五岁就允许出嫁,符合婚育的自然之道。从这个年龄段开始,就可以结婚。众生多在冬季闭藏起来躲避寒冷,这是开始教化与生育的开始。因此圣明的君王制定了在这个时节让男女成婚,以此作为一年终结的大事。霜降后妇女该做的收获事宜都完成了,男婚女嫁的事就开始操办;冰雪融化后农耕、养蚕的事就开始了,举行婚礼的事到此停止。男人,是担当天下大任、培育万物生长的人,知道什么可做,什么不可做;知道什么可说,什么不可说;知道什么可行,什么不可行。因此,男人能洞悉事物发展的义理、明辨事物间的区别,叫作有智慧,这就是一个男人要尽力奉行的做人品德。女子,则是顺从男子的教导、帮助男人发挥其能力的人,不能凭自己的意志独断独行,只有三从的责任:年幼时服从父兄,出嫁后服从丈夫,丈夫死后服从儿子。这就是说,妇女不经允许不改嫁,在家庭内部不发号施令,做好供应饮食酒菜的事就可以了;出门在外的行为不要被人非议,不能到超过规定的地方去奔丧;遇事不擅自做主,出行不独自一人,先告知再行动,先搞清情况再说话;白天不在庭院中闲逛,夜里走路要拿灯火照明。这就是一般妇女应有的品德。"

孔子又接着说:"有五种女子不能娶:有叛逆造反者的家庭的女子,有淫秽乱伦者的家庭的女子,长辈有受过刑罚的女子,有难治疾病的女子,早年丧父的长女。妇人有七种情况可以被休弃、三种情况不可以被休弃。可以休妻的七种情况是:不孝顺父母的,不能生育儿子的,有淫乱邪僻行为的,爱嫉妒的,有难治之病的,挑拨是非的,有偷盗行为的。不能休妻的三种情况是:娶时有家、休弃后无家可归的,这是第一种；为公婆服过三年丧的，这是第二种；夫家先贫贱后富贵的，这是第三种。所有这些规定是圣人为了让男女婚配和顺，重视婚姻关系而制定的。"

★ 原文

孔子曰："礼之所以象①五行也，其义四时也，故丧礼有举焉，有恩有义，有节有权②。其恩厚者其服重，故为父母斩衰③三年，以恩制者也。门内之治恩掩义，门外之治义掩恩④。资于事父以事君而敬同⑤。尊尊贵贵⑥，义之大也。故为君亦服衰⑦三年，以义制者也。三日而食，三月而沐，期练⑧，毁不灭性，不以死伤生⑨；丧不过三年，齐衰⑩不补，坟墓不修；除服之日鼓素琴，示民有终也。凡此以节制者也。资于事父以事母而爱同。天无二日，国无二君，家无二尊，以治之⑪。故父在为母齐衰期者，见无二尊也。百官备，百物具，不言而事行者，扶而起⑫；言而后事行者，杖而起⑬；身自执事行者，面垢而已⑭。此以权制者也。亲始死，三日不怠，三月不懈，期悲号，三年忧，哀之杀也。圣人因杀以制节也。"

★ 注释

① 象：效法，犹如。

② 有节有权：节，节制。权，变通。

③ 斩衰（cuī）：亦作"斩缞（cuī）"。古代居丧，丧服有五个等级，称为"五服"。斩衰是"五服"中最重的丧服，是用最粗的生麻布制作，不缉边，表示毫不修饰以尽哀痛，服期三年。

④ 门内之治恩掩义，门外之治义掩恩：指家庭内外的治理原则的区别。掩，遮蔽，掩盖，此处指大于之意。

⑤ 资于事父以事君而敬同：资，按照。事，侍奉。敬，恭敬，敬爱。

⑥ 尊尊贵贵：尊崇位尊者，尊重高贵者。

⑦ 服衰：指服斩衰。

⑧ 期练：指丧礼服制。期丧的第十一个月祭于家庙时穿着练帛（谓煮练过的帛）。

⑨ 毁不灭性，不以死伤生：此句讲父母去世后对子女行为的要求。毁，

十分哀伤。灭性，不危害身体。生，指活着的人。

⑩ 齐（zī）衰：亦作"齐缞"。"五服"中列位二等，次于斩衰。其服以粗疏的麻布制成，衣裳分制，缘边部分缝缉整齐，故名。

⑪ 以治之：《礼记》作"以一治之"。

⑫ 百官备，百物具，不言而事行者，扶而起：指为天子、诸侯办理丧事的礼仪。

⑬ 言而后事行者，杖而起：指为卿、大夫、士办理丧事的礼仪。

⑭ 身自执事行者，面垢而已：指普通百姓办理丧事的礼仪。

★译文

孔子说："礼制的制定犹如天地有五行、五行播于四季一样。所以举行丧礼，要体现恩情和道义，既有礼仪制约又有因人而异的变通。对恩情深厚的人丧服也要重，所以为父母服丧穿重丧服（斩衰）三年，这是根据父母和子女的恩情制定的。在家族之内恩情大于道义，在家族之外道义大于恩情。按照侍奉父亲的原则用来侍奉国君，而且敬爱之心是相同的。尊崇位尊者，尊重高贵者，这是道义最重要的原则。所以为国君服丧亦穿重丧服（斩衰）三年，这些是根据道义制定的。父母双亲去世三天后可以吃饭，三个月可以沐浴，十一个月在家庙中祭祀（练祭）时要穿熟帛制成的服装（练服），服丧期间心情哀痛但不应伤及身体，不能因为哀思亲人而伤害活着的人的生命；丧期不超过三年，穿戴的丧服不缝边，坟墓也不修葺；除掉丧服时弹没有装饰的琴，向他人表示三年之丧的结束，这些都是礼制中关于丧礼的规定。按照侍奉父亲的原则侍奉母亲，而且敬爱之心是相同的。天上没有两个太阳，国中没有两个君主，家里没有两个尊长者，必须是一位主事。所以父亲健在的时候为母亲去世只能穿齐衰（逢边的丧服）服丧一年，是为了显示没有两位尊长。为天子或诸侯治理丧事时百官参与，各种物品一应俱全，官员自觉参加丧礼活动，哭丧时要由别人搀扶才能起来；为卿与大夫办丧礼需要有君王的命令，哭丧要扶丧杖站起来；庶民百姓为亲人办理丧事需要亲自组织，用蓬头垢面表达悲伤的心情；这些都是根据礼制变通的结果。父母去世，三天内悲痛不已，三个月内会持续表达悲伤的心情，周年时还会痛哭悲伤，三年之后虽经常哀思父母，但哀痛心情逐渐减弱了。圣明的君王依据哀痛减弱的期限来制定服丧的时间限制。"

论礼第二十七

★ 原文

孔子闲居，子张、子贡、言游^①侍，论及于礼。孔子曰："居，汝三人者，吾语汝，以礼周流^②，无不遍也。"

子贡越席而对曰："敢问如何？"

子曰："敬而不中礼谓之野，恭而不中礼谓之给^③，勇而不中礼谓之逆。"

子曰："给夺慈仁。"

子贡曰："敢问将何以为此中礼者？"

子曰："礼乎，夫礼所以制中也。"

子贡退，言游进曰："敢问礼也，领恶^④而全好者与？"

子曰："然。"

子贡问："何也？"

子曰："郊社之礼，所以仁鬼神也；禘尝^⑤之礼，所以仁昭穆^⑥也；馈奠^⑦之礼，所以仁死丧也；射飨^⑧之礼，所以仁乡党也；食飨之礼，所以仁宾客也。明乎郊社之义、禘尝之礼，治国其如指诸掌而已。是故，居家有礼，故长幼辨；以之闺门^⑨有礼，故三族^⑩和；以之朝廷有礼，故官爵序；以之田猎^⑪有礼，故戎事闲^⑫；以之军旅有礼，故武功成。是以宫室得其度，鼎俎^⑬得其象，物得其时，乐得其节，车得其轼，鬼神得其享，丧纪得其哀，辩说得其党，百官得其体，政事得其施。加于身而措于前，凡众之动，得其宜也。"

言游退，子张进曰："敢问礼何谓也？"

子曰："礼者，即事之治也。君子有其事，必有其治。治国而无礼，譬犹瞽⑭之无相⑮，伥伥⑯乎何所之？譬犹终夜有求于幽室之中，非烛何以见？故无礼则手足无所措，耳目无所加，进退揖让无所制。是故，以其居处，长幼失其别，闺门三族失其和，朝廷官爵失其序，田猎戎事失其策，军旅武功失其势，宫室失其度，鼎俎失其象，物失其时，乐失其节，车失其轼，鬼神失其享，丧纪失其哀，辩说失其党，百官失其体，政事失其施。加于身而措于前，凡众之动失其宜。如此，则无以祖洽⑰四海。"

子曰："慎听之，汝三人者。吾语汝，礼犹有九焉，大飨有四焉。苟知此矣，虽在畎亩⑱之中，事之，圣人矣。两君相见，揖让而入，入门而悬兴⑲。揖让而升堂，升堂而乐阕。下管《象武》，《夏籥》序兴⑳。陈其荐俎，序其礼乐，备其百官。如此而后，君子知仁焉。行中规，旋中矩，銮和中《采荠》㉑。客出以《雍》，彻以《振羽》㉒。是故，君子无物而不在于礼焉。入门而金作，示情也；升歌《清庙》㉓，示德也；下管《象武》，示事也。是故，古之君子，不必亲相与言也，以礼乐相示而已。夫礼者，理也；乐者，节也。无礼不动，无节不作。不能《诗》，于礼谬；不能乐，于礼素；薄于德，于礼虚。"

子贡作而问曰："然则夔其穷与？"

子曰："古之人与？上古之人也。达于礼而不达于乐，谓之素；达于乐而不达于礼，谓之偏。夫夔达于乐而不达于礼，是以传于此名也。古之人也，凡制度在礼，文为在礼，行之其在人乎！"

三子者，既得闻此论于夫子也，焕若发蒙焉。

★注释

① 子张、子贡、言游：子张，即颛孙师，字子张。子贡，即端木赐，字子贡。言游，即言偃，字子游。三人均为孔子弟子。

② 周流：普遍流传。

③ 给：此指言语不得体。

④ 领恶：去除恶行恶事。领，治。

⑤ 禘（dì）尝：宗庙四时祭中的两种。每年夏季举行为禘；秋季举行为尝。

⑥ 仁昭穆：古代宗法制度，宗庙或宗庙中神主的排列次序，始祖居中，以下父子（祖、父）递为昭穆，左为昭，右为穆。古代祭祀时，子孙按宗法制度的规定排列行礼。仁有爱和思念之意。仁昭穆指传承祖宗的仁德。

⑦ 馈奠：指丧中祭奠之事。

⑧ 射飨（xiǎng）：乡射礼和乡饮酒礼。射，指乡射礼，即卿大夫举士后举行的射礼。飨，以酒食款待，此处指乡饮酒礼。

⑨ 闺门：指家庭。

⑩ 三族：指父、子、孙三代。

⑪ 田猎：周代的制度为四时田猎，即春搜、夏苗、秋狝、冬狩。田猎有一定的礼规，不按礼法狩猎是暴殄天物。礼法规定，田猎不捕幼兽，不采鸟卵，不杀有孕之兽，不伤未长成的小兽，不破坏鸟巢。这些礼法对于保护野生动物资源，维持自然界生态平衡有积极意义。

⑫ 戎事闲：使军事演练娴熟。戎事，本指军事、战争，此处指军事演练。闲，通"娴"，娴熟。

⑬ 鼎俎：古代祭祀、燕飨时陈置牲体或其他食物的礼器。此处指各类祭祀活动。

⑭ 瞽：盲人。

⑮ 相：搀扶，帮助。

⑯ 怅怅：茫然的样子。

⑰ 祖洽：倡导和谐。祖，开始。洽，谐和、融洽。

⑱ 畎（quǎn）亩：田间，田地。引申为民间。

⑲ 悬兴：钟鼓等乐齐奏。悬，悬挂，指悬挂的钟磬等打击乐器。兴，作，指奏乐。

⑳ 下管《象武》，《夏籥（yuè）》序兴：下管，指堂下吹奏管乐；《象武》，舞起《象武》舞蹈，周武王时期的一种舞蹈；《夏籥》，指夏代

的一种舞蹈。序兴，指依次而舞来助兴。篪，古时的一种吹管乐器。

㉑鸾和中《采荠》：鸾，古代帝王的车驾上的铃铛。《采荠》，古乐曲名。

㉒客出以《雍》，彻以《振羽》：客人出来时奏《雍》，离去时奏《振羽》。《雍》和《振羽》，均为古乐曲名。

㉓升歌《清庙》：登堂时吟唱《清庙》之诗。《清庙》指《诗经·周颂》中的一篇。

★译文

孔子闲居在家，弟子子张、子贡、子游侍奉在他身边，他们谈到了礼。孔子说："你们三人，过来请坐。我告诉你们，礼是无处不在、无所不及的。"

子贡站起来离开座席问道："请问您为什么这么说？"

孔子说："恭敬而不讲究礼度，叫作粗野；恭维而不合礼度，叫作献媚；勇武而不知礼度，叫作鲁莽。"

孔子接着又说："献媚之辞会破坏慈悲和仁爱的施予。"

子贡说："请问怎样才能做到合乎礼度呢？"

孔子说："礼，就是用来节制人的行为从而使之适中。"

子贡退下来，子游上前说："请问，所谓礼是不是为了限制恶劣习性而保全良好品行呢？"

孔子说："是的。"

子贡问："那该怎么做呢？"

孔子说："郊祭社祭是祭天祭地的礼仪，用以表达对鬼神的崇敬；秋尝夏禘祭祀之礼，用以表达对祖先的尊敬、传承仁德；丧葬中的祭奠之礼，是用以表达对死者的哀思；举行乡射礼、乡饮酒礼，是用以传递邻里乡亲的亲情；宴会饮酒的礼仪，是用以表达对宾客的欢迎。让天下百姓明白郊祭社祭的意义，接受秋尝夏禘等祭祀的礼仪教化，那么国家治理就很容易掌控。因此，居家处事有礼，就能使得长幼有序；家族内部崇尚礼教，一家三代就能和睦相处；国家治理有礼度，官职、爵位管理就井然有序；围猎讲究礼规，同时也起到演练军事活动的作用；军队奖赏有制度，就能建立战功。正是因为有了礼制，宫室建筑才有规制，祭祀活动才有规则和意义，万物的取用才能适时且有节制，休闲娱乐才有节度，车辆使用才有规格，鬼神享祭得到保障，丧葬中适度表达悲哀，辩说能有人支持，百官能在其位谋其政，国家的治理措施才能得以施行。把礼的观念贯彻到每个人身上，并放在重要位置，人们的行为就能恰到好处、使得人人受益。"

子游退下去，子张上前问道："请问什么是礼呢？"

孔子说："所谓礼，就是对事物的处理方式。君子做事，一定会按照规则进行。治理国家假如没有礼制，就好像盲人没有扶助的人，茫然该往何处去呢？就如同通宵在暗室中找东西，没有烛光怎么能看得见呢？所以说，没有礼，遇事就会手足无措，也不知该听什么、该看什么，进退、礼让都失去了尺度。这样一来，居家处事就会长幼无别，家族中祖孙三辈之间就缺失和睦，朝廷官爵就失去了秩序，田猎练武就失去了策略，军队攻守就失去了控制，宫室建造就失去了制度，祭祀规模就失去了标准，万物的取用就失去了限度，音乐就失去了节制，车辆使用就失去了规定，鬼神就失去了祭拜供奉，丧事就不能合度表达哀伤，辩说就失去了支持者，百官就会失职渎职，政策就不能施行。不把礼的观念加在每个人身上，不把礼制放在重要位置，人们的种种行为举动都失其所宜，这样，就无法协调民众一致行动了。"

孔子说："你们三人仔细听着！我告诉你们，关于礼还有九件事，其中四件是大飨礼所特有的。如果知道了这些，哪怕是个种田人，只要依礼而行，他也会变成圣人。两位国君相见，互相作揖谦让进入大门，入门后钟鼓等乐器齐奏，两人又互相作揖谦让后登上大堂，登上大堂之后鼓乐声就停止了，这时堂下又奏起管乐，跳起舞曲《象武》，接着是《夏籥》之舞助兴。陈列好供品，按序安排礼乐，备齐各种执事人员。这样，来访的国君就感受到了主人的盛情厚意。过程中，每一样事物安排、每一步行动都符合规定，迎宾时车子的铃声合着《采荠》乐曲的节拍；客人离开时，奏起《雍》的乐章；撤去宴席时，奏起《振羽》的乐章。所以，君王的行动没有一件事不在礼节之中。客人进门时钟鼓声响起，是表示欢迎之情；登堂时吟唱《清庙》诗章，表示赞美其功德；堂下吹奏管乐、跳起《象武》舞，表示崇敬其功业。所以，古代的君王相见，不必互相交谈，只凭礼乐就可以传达情意。礼，就是理；乐，就是节。没有道理的事不做，没有节制的事不为。一个人不懂得赋《诗》言志，对礼的理解就会出差错；不能用音乐来配合，礼节就显得单调枯燥；若其道德低下，礼仪就会显得虚假。"

子贡站起来问道："按这么说，夔对礼精通吗？"

孔子说："夔不是古代的人吗？他是上古时代的人啊！一个人精通礼而不精通乐，可以叫作质朴；而精通乐而不精通礼，只能算是偏才。夔大概只精通乐而不精通礼，所以只留下精通音乐的名声。古代的人，各项制度都依据礼制定，语言和行为有礼仪来约束，无论如何，礼制的实行还是要靠人为啊！"

三个弟子听了孔子这番话，眼前豁然一亮，好像拨开了迷雾见到阳光。

★原文

子夏侍坐于孔子，曰："敢问《诗》云'恺悌君子，民之父母^①。'何如斯可谓民之父母？"

孔子曰："夫民之父母，必达于礼乐之源，以致'五至'而行'三无'，以横于天下。四方有败^②，必先知之。此之谓民之父母。

子夏曰："敢问何谓'五至'？"

孔子曰："志之所至，诗亦至焉^③；诗之所至，礼亦至焉；礼之所至，乐亦至焉；乐之所至，哀亦至焉。诗礼相成，哀乐相生，是以正明目而视之，不可得而见；倾耳而听之，不可得而闻。志气塞于天地，行之充于四海。此之谓'五至'矣。"

子夏曰："敢问何谓'三无'？"

孔子曰："无声之乐，无体之礼，无服之丧，此之谓'三无'。"

子夏曰："敢问'三无'何诗近之？"

孔子曰："'夙夜基命宥密^④'，无声之乐也；'威仪逮逮，不可选也^⑤'，无体之礼也；'凡民有丧，扶伏救之^⑥'，无服之丧也。"

子夏曰："言则美矣大矣！言尽于此而已乎？"

孔子曰："何谓其然？吾语汝，其义犹有'五起'焉。"

子夏曰："何如？"

孔子曰："无声之乐，气志不违；无体之礼，威仪迟迟^⑦；无服之丧，内恕孔悲。无声之乐，所必从；无体之礼，上下和同；无服之丧，施及万邦。既然，而又奉之以'三无私'而劳天下，此之谓'五起'。"

子夏曰："何谓'三无私'？"

孔子曰："天无私覆，地无私载，日月无私照。其在《诗》曰：'帝命不违，至于汤齐。汤降不迟，圣敬日跻。昭假迟迟，上帝是祇，帝命式于九围[⑧]。'是汤之德也。"

子夏蹶然[⑨]而起，负墙而立，曰："弟子敢不志之！"

★注释

①恺悌（kǎi tì）君子，民之父母：出自《诗经·大雅·泂酌》。恺悌，平易近人，性情随和。

②败：灾祸，灾荒。

③志之所至，诗亦至焉："在心为志，发言为诗。""有忧民之心存于内，则必有忧民之言形于外，故诗亦至焉。"

④夙夜基命宥（yòu）密：出自《诗经·周颂·昊天有成命》。朝夕谋政，宽仁民安。夙夜，日夜。基，谋划。命，政令。宥，宽仁。密，安宁，宁静。

⑤威仪逮（dì）逮，不可选（suàn）也：出自《诗经·邶风·柏舟》。意指仪表庄重、娴雅，不可侵犯。逮逮，雍容娴雅。逮，通"棣"。选，通"算"，算计，侵犯。

⑥凡民有丧，扶伏救之：出自《诗经·邶风·谷风》。遇有丧事，快去帮忙。扶伏，爬行，说明急切的情形。此处的引用与原诗句有差异，原诗句为"凡民有丧，匍匐救之"。

⑦迟迟：从容不迫貌。

⑧帝命不违……帝命式于九围：出自《诗经·商颂·长发》。商人不违天命，换得商汤大兴。汤王诞生应时，圣明威德日升。威德昭示天下，诚逢上天福佑，授命管理天下。

⑨蹶（guì）然：深受感动的样子。

★译文

子夏陪坐在孔子身边，说："请问，《诗经》说：'平易近人的君王，他是百姓的父母。'怎样才能称得上是百姓的父母呢？"

孔子说："要成为百姓的父母，必须通晓礼乐文化的本源，以做到'五至'，实行'三无'，并用以施行到全天下。任何地方发生了灾祸，必须首先知道，这样才能称得上是百姓的父母。"

子夏说："请问什么叫作'五至'？"

孔子说："内心志向达到至高的境界，赋诗言志才会达到至高境界；赋诗言志达到至高境界，礼制规范才会达到至高的境界；礼制规范达到至高的境界，用音乐表达感情才能达到至高的境界；用音乐表达感情达到至高的境界，表达哀思的方式也会达到至高的境界。诗与礼相辅相成，哀思与音乐交相呼应，因此说，'五至'是睁大眼睛看不见、竖起耳朵听不到，但却可以感受到的。有心怀天下的志气，就会有亲临四海的行动。这就叫作'五至'。"

子夏说："请问什么叫作'三无'？"

孔子说："无声音（却能起到教化作用）的音乐、无仪式（却能让人感觉到礼仪犹在）的礼仪、无丧服在身（也能表达哀悼之情）的丧礼，这就叫作'三无'。"

子夏说："请问什么诗句与'三无'的意思最接近呢？"

孔子说："'朝夕谋政，宽仁民安'，就是描述无声音的音乐；'仪重庄严、娴雅，不可侵犯'，就是描写无仪式的礼仪；'百姓有丧亡，急忙去帮助'，就是表现无丧服却能表达哀悼之情的丧礼。"

子夏说："您的话真是太美妙、太伟大了！对民之父母的解读就只有这些吗？"

孔子说："怎么能呢？我告诉你，要成为百姓之父母还有'五起'之说。"

子夏说："'五起'指的又是什么呢？"

孔子说："无声音的音乐，就是说君王的心志不违民心；无仪式的礼仪，就是态度从容不迫；无丧服在身的丧礼，就要从内心理解亡者家属的悲伤。无声音的音乐，所有治国政策就得到积极响应；无仪式的礼仪，就能使上下融洽；无丧服在身的丧礼，就能将德行广施于天下。"五至""三无"这两种境界再加上遵照'三无私'的精神来治理天下，合起来就叫作'五起'。"

子夏说："什么叫作'三无私'呢？"

255

孔子说:"上天无私覆盖大地,大地无私承载万物,日月无私照耀天下。这种三种无私精神在《诗经》里就有体现:'商人不违天命,换得商汤大兴。汤王诞生应时,圣明威德日升。威德昭示天下,诚逢上天福佑,授命管理天下。'这是商汤的圣德。"

子夏深受感动、猛然站起身来,靠墙而立,恭敬地说:"弟子一定要牢记您的这番教诲!"

观乡射第二十八

★ 原文

孔子观于乡射，喟然叹曰："射之以礼乐也，何以射？何以听？修身而发①，而不失正鹄②者，其唯贤者乎？若夫不肖之人，则将安能以求饮③？《诗》云：'发彼有的，以祈尔爵④。'祈，求也。求所中以辞爵⑤。酒者，所以养老、所以养病也。求中以辞爵，辞其养也。是故士使之射而弗能，则辞以病，悬弧⑥之义。"

于是退而与门人习射于矍相⑦之圃，盖观者如堵墙焉。试射至于司马⑧，使子路执弓矢，出列延，谓射之者曰："奔军之将，亡国之大夫，与为人后者，不得入，其余皆入。"盖去者半。

又使公罔之裘、序点⑨扬觯⑩而语曰："幼壮孝悌，耆老⑪好礼，不从流俗，修身以俟死者，在此位。"盖去者半。

序点又扬觯而语曰："好学不倦，好礼不变，旄期⑫称道而不乱者，在此位。"也盖仅有存焉。

射既阕，子路进曰："由与二三子者之为司马，何如？"

孔子曰："能用命矣。"

★ 注释

① 修身而发：指端正身体，伴着音乐的节奏射出利箭。

② 正鹄（gǔ）：均指箭靶子的靶心。画在布上的叫作正，画在皮上的叫作鹄。

③ 饮：罚别人饮酒。

④ 发彼有的，以祈尔爵：出自《诗经·小雅·宾之初筵》。一箭射中那靶心，罚你酒饮我欢心。

⑤ 辞爵：指不被罚酒。

⑥ 悬弧之义：古代风俗，家中生了男孩，便在门左首悬挂一张木弓以示庆贺。此处暗示射箭是男子应该具备的本领。

⑦ 矍（jué）相：古地名，在今山东曲阜。后借指习射的场所。

⑧ 司马：古代官名，掌管军政和军赋。此处指掌管并监督射礼的人，此即指子路。

⑨ 公罔之裘、序点：二人均为孔子弟子。

⑩ 扬觯（zhì）：举起酒器。

⑪ 耆（qí）老：六十曰耆，七十曰老，原指六七十岁的老人。此处指老年人。

⑫ 耄（mào）期：八九十岁曰耄，百岁曰期。此处指老年人。

★ 译文

孔子观看乡射礼，长叹一声说："射箭时要讲究礼仪和音乐，射箭的人怎么射？怎么合上音乐的节奏？端正身体，伴着音乐的节奏射出利箭，一箭正中靶心，这样的人不正是贤能的人才吗？如果是心有旁骛，他怎能伴着音乐射中靶心而罚别人饮酒呢？《诗经》说：'一箭射中那靶心，罚你饮酒我欢心。'祈，就是求。祈求射中就是为了不被罚酒。酒，是用来赡养老人和滋养病人的。祈求射中而不被罚酒，就是表示不需要别人的养育，可以独立。所以如果让士人射箭，假如他不能，就应当以身体有病来推辞，因为男子生来就应该具备射箭的本领。"

观礼回来后孔子和弟子们在矍相的园圃中练习射礼，围观人多得好像一堵围墙。射礼由子路负责。子路手执弓箭站出来对观看射礼的人说："除了败军之将、亡国的大夫、过继给别人作后嗣的人之外，其余的人都可以进来观看射礼。"听到这话，人走了一半。

孔子又让公罔之裘、序点举起酒杯说："幼年、壮年时能孝敬父母、友爱兄弟，到现在还爱好礼仪，不随流俗，修身以待终年的老年人，请到这边来。"结果又走掉一半。

序点又举杯说:"爱好学习从不倦怠,崇尚礼仪从不间断,直到现在还言行不乱的老人,请留在这里。"结果只有几个人留下没走。

射箭结束后,子路走上前对孔子说:"我和序点他们这些人担任射礼主持,如何?"

孔子回答说:"可以胜任了(能起到教化作用)。"

★原文

孔子曰:"吾观于乡①,而知王道之易易②也。主人亲速宾及介③,而众宾从之,至于正门之外,主人拜宾及介,而众宾自入,贵贱之义别矣。三揖至于阶,三让以宾升。拜至④,献⑤酬⑥,辞让之节繁。及介升,则省矣。至于众宾,升而受爵⑦,坐祭⑧,立饮,不酢⑨而降,隆杀⑩之义辨矣。工⑪入,升歌三终,主人献宾。笙入三终,主人又献之。间歌三终,合乐三阕,工告乐备而遂出⑫。一人扬觯,乃立司正⑬。焉知其能和乐而不流也⑭。宾酬主人,主人酬介,介酬众宾,宾少长以齿,终于沃洗⑮者。焉知其能弟长⑯而无遗矣。降,脱屦⑰,升坐,修爵⑱无算⑲。饮酒之节,旰不废朝,暮不废夕⑳。宾出,主人拜送,节文终遂㉑。焉知其能安燕㉒而不乱也。贵贱既明,降杀㉓既辨,和乐而不流,弟长而无遗,安燕而不乱。此五者,足以正身安国矣,彼国安而天下安矣。故曰:'吾观于乡,而知王道之易易也。'"

★注释

①乡:指乡射前的饮酒礼。乡长官或乡大夫以主人的身份邀请当地的卿、大夫、士和学子参加。

②易易:甚易。

③主人亲速宾及介:主人亲自邀请主宾和副宾。速,敦请,邀请。宾,主宾,正宾。介,宾的副手,副宾。

④拜至:拜谢宾客的到来。

⑤献:主人进酒于宾。

⑥酬:主人先自饮,劝宾饮酒。

⑦ 升而受爵：指众宾登上西阶接受主人献酒。

⑧ 祭：指祭酒，古时饮酒之前必先以酒敬神。

⑨ 酢（zuò）：客以酒回敬主人。

⑩ 隆杀（shài）：犹尊卑、厚薄、高下。

⑪ 工：乐正及乐手。

⑫ 工告乐备而遂出：乐工宣告音乐演奏完毕，然后退下。

⑬ 一人扬觯（zhì），乃立司正：一人举起酒器，当作监酒者。

⑭ 焉知其能和乐而不流也：焉，于是。和，和谐。乐，欢乐。流，放肆失礼。

⑮ 沃洗：指饮酒结束。沃，浇水以洗手。洗，指以水洗爵。

⑯ 弟长：指少年与长者。

⑰ 屦（jù）：鞋子，多为麻、葛做成。

⑱ 修爵：互相劝酒。

⑲ 无算：指不记杯数。

⑳ 旰（gàn）不废朝，暮不废夕：指晚上饮酒不能耽误第二天早上的事情，下午饮酒不能耽搁晚上的事情。旰，很晚。朝，早晨。

㉑ 节文终遂：礼仪结束。节文，指礼仪。终遂，结束。遂，终。

㉒ 安燕：宴请平安和谐。燕，通"宴"。

㉓ 降杀：即隆杀。

★ 译文

孔子说："我看了乡射饮酒礼，就知道王道是很容易推行的。主人亲自邀请主宾和副宾，而其他宾客相随，大家来到主人家的正门外，主人拜迎主宾和副宾进门，然后从宾自行入内，这样贵贱主次就区别开了。主人在堂阶前行三次揖手礼，主宾谦让三次，然后请主宾登上台阶。主人在厅堂前拜谢主宾的到来，酌酒献给主宾，向主宾敬酒，主宾回敬，在此过程中彼此辞谢谦让的礼节相当烦琐。待到副宾登上台阶，这些礼节就可以减省。至于其他宾客，只是登上台阶接受主人的献酒，跪坐着祭酒敬鬼神，站起来喝酒，且不必酌酒回敬主人。礼节的隆重与简单、尊卑上下分得清清楚楚。此时乐手登台，演唱三首歌后，主人献酒给宾客。

接着吹笙的乐工登台并演奏三首乐曲，主人再次献酒给宾客。然后歌唱与笙曲交替演出，各有三首。最后是歌与笙合为一体，再有三首，乐工报告音乐演出完毕，然后退下。这时主人安排人举起酒杯，作为酒监（司正），以监督乡饮酒礼能使人和谐欢乐而不出现混乱。主宾与主人对饮，主人再与副宾对饮，副宾与其他宾客对饮，宾客按年龄大小依次对饮，最后到漱口洗手结束为止，使得参加乡饮酒礼的人，不论年龄大小都不会遗漏，都有酒喝。从宾客脱掉鞋子，到厅堂就座，然后彼此敬酒，饮酒不计杯数。饮酒的限度是晚上饮酒不耽误第二天早上的事情，白天喝酒不至耽搁晚上的事情。饮酒结束，宾客离去，主人要拜送，至此礼仪就全部完成了。由此可知，乡饮酒礼能够使大家安乐而不失礼度。地位的尊贵和卑贱分明，礼节的隆重和简单有区别，和谐欢乐而不放肆，老人与少年都不遗漏，过程安乐而不失仪礼，有了这五个方面，就足以修正身心去安定国家。国家安定，天下也就安定了。因此说：'观看了乡饮酒礼，就知道王道的推行是很容易的。'"

★ 原文

子贡观于蜡①。孔子曰："赐也，乐乎？"

对曰："一国之人皆若狂②，赐未知其为乐也。"

孔子曰："百日之劳，一日之乐，一日之泽，非尔所知也③。张而不弛④，文武⑤弗能；弛而不张，文武弗为。一张一弛，文武之道也。"

★ 注释

① 蜡（zhà）：祭祀名称，周代每年十二月举行，祭百神。

② 狂：狂欢，狂饮。

③ 百日：相当多的时间，此处应是指一年。

④ 泽：意指放松。

⑤ 文武：意指文武百官或大众。

★ 译文

子贡观看年终的蜡祭活动后，孔子问道："端木赐啊，你觉得有乐趣吗？"

子贡答道："全国的人都像发了疯似的狂欢，我不理解他们为什么这么快乐。"

孔子说："他们辛苦劳作了一年，才有这么一天来享受快乐，有这么一天来放松，不是你能理解的。总是紧张劳作而没有时间放松，从官员到百姓都难以做到；而放松时间过多而不能专注于劳作，那就会无所作为。宽严结合，这是周文王、周武王治理天下的方法啊！"

郊问第二十九

★ 原文

定公问于孔子曰："古之帝王必郊祀①其祖以配天，何也？"

孔子对曰："万物本于天，人本乎祖。郊之祭也，大报本反始②也，故以配上帝。天垂象③，圣人则之，郊所以明天道也。"

公曰："寡人闻郊而莫同，何也？"

孔子曰："郊之祭也，迎长日④之至也，大报天而主日⑤，配以月。故周之始郊，其月以日至，其日用上辛⑥；至于启蛰之月，则又祈谷于上帝。此二者，天子之礼也。鲁无冬至大郊之事，降杀⑦于天子，是以不同也。"

公曰："其言郊，何也？"

孔子曰："兆丘于南⑧，所以就阳位也，于郊，故谓之郊焉。"

曰："其牲器⑨何如？"

孔子曰："上帝之牛角茧栗⑩，必在涤⑪三月，后稷之牛唯具⑫，所以别事天神与人鬼也。牲用骍⑬，尚赤也；用犊，贵诚也；扫地而祭，贵其质也；器用陶匏⑭，以象天地之性也。万物无可称之者，故因其自然之体也。"

★ 注释

① 郊祀：即郊祭，指郊外祭天之礼，是周代最为隆重的祭典。

② 大报本反始：用宏大的祭礼报答上天的恩惠。

③ 天垂象：指日月星辰的运行所出现的天象和气象，预示着人间的祸福吉凶。

④ 长日：指冬至。从冬至日开始白昼时间变长。

⑤ 主日：以日神为主。

⑥ 上辛：农历每月上旬的辛日。

⑦ 降杀：意为减少。

⑧ 兆丘于南：指在南郊堆土成丘，设置祭祀地点。

⑨ 牲器：祭祀用的牺牲和器具。

⑩ 茧栗：指小牛的角状如蚕茧或栗子。茧栗之牛是祭祀昊天上帝用牲的标准。

⑪ 涤：古义中指养祭牲的房子。

⑫ 后稷之牛唯具：此处指祭祀周先祖后稷所用的牛为成年之牛。后稷，周人的始祖，名弃。具，长成。

⑬ 骍（xīn）：此处指赤色牛。

⑭ 陶匏（páo）：指陶制的器皿和天然的葫芦制成的器皿。陶，陶器。匏，葫芦的一种。

★译文

鲁定公向孔子询问道："古时的帝王一定要在郊祭祖先的同时祭祀上天，这是为什么？"

孔子回答说："万物均本源于上天，而人都是从祖先繁衍而来。郊祭就是盛大的报恩祖先、意为不忘本源的活动，所以郊祭也要祭祀上天。日月星辰的运行所出现的天象，预示着人间的祸福吉凶。圣明的君王尊崇这些天象，其郊祭活动就是为了彰显天道。"

鲁定公又问："我听说古代帝王的郊祭形式和规格与现在有很多不同，这是什么原因呢？"

孔子回答说："郊外祭天在冬至时节进行是为了迎接白昼时间增长，这个祭祀活动是为了感恩上天的恩赐，因此把太阳作为祭祀的主神，以月神作为辅助，一并享受祭享。所以从周代开始的郊祭选择了冬至日所在月份，具体日期定在此月上旬的辛日；在惊蛰所在的月份所进行的郊祭，是祈求上天保佑五谷丰收。这两种郊祭都是天子参加的仪式。鲁国没有冬至日进行的盛大郊祭活动，是因为鲁国为周王朝的诸侯国，在郊祭规模和形式上要逊于周天子，所以才出现了不同。"

定公问："把它称作郊祭，这是为什么呢？"

孔子回答说："在都城南郊堆土成丘设坛祭天，是为了更接近太阳，因为是在郊外举行，所以称为郊祭。"

定公又问："郊祭用的牺牲和器具又是怎样的？"

孔子回答说："祭祀天帝要用小牛，其牛角刚有蚕茧或栗子一样大小，必须在清洁的牛棚里饲养三个月；祭祀周先祖后稷所用的牛是成年的牛，这是为了区别祭祀天神和人鬼的不同。祭祀用的牲畜用赤色牛，这是因为周代崇尚赤色；用牛犊，这是要以此表达纯真与诚心；举行祭祀时要清扫地面，是因为崇尚土地的质朴；器具用陶制品和葫芦做成的器皿，以符合天地纯朴的自然本性。世间万物可以用作郊祭牺牲和器皿的，都是缘于它们质朴的自然本性。"

★原文

公曰："天子之郊，其礼仪可得闻乎？"

孔子对曰："臣闻天子卜郊①，则受命于祖庙，而作龟②于祢宫③，尊祖亲考之义也。卜之日，王亲立于泽宫④，以听誓命⑤，受教谏⑥之义也。既卜，献命库门⑦之内，所以诫百官也。将郊，则天子皮弁以听报，示民严上也。郊之日，丧者不敢哭，凶服者不敢入国门，氾扫清路，行者必止，弗命而民听，敬之至也。天子大裘⑧以黼之，被裘象天；乘素车，贵其质也。旂⑨十有二旒⑩，龙章⑪而设以日月，所以法天也。既至泰坛⑫，王脱裘矣，服衮以临燔柴⑬，戴冕，璪⑭十有二旒，则天数也。臣闻之，诵《诗》三百，不足以一献⑮；一献之礼，不足以大飨⑯；大飨之礼，不足以大旅⑰；大旅具矣，不足以飨帝⑱。是以君子无敢轻议于礼者也。"

★注释

①卜郊：用占卜的方式确定郊祭的具体时间。

②作龟：用火灼烧龟甲，依据龟甲裂纹，以卜吉凶。

③祢宫：指祭祀父亲的宗庙。生称父，死称考，入庙称祢。

④泽宫：古习射选士之所。

⑤ 誓命：祭天所行之严谨的礼仪。

⑥ 教谏：教导劝谏。

⑦ 库门：古传天子宫室有五门，分别为皋、库、雉、应、路。库门为第三门。

⑧ 大裘：天子去祭天所穿之皮装，由黑羊羔皮制成。

⑨ 旂（qí）：古代旗帜的一种，旗上画有龙形，竿头系有铜铃。

⑩ 旒（liú）：旌旗下面悬垂的饰物。

⑪ 龙章：旌旗上绘有龙形的图案。

⑫ 泰坛：古时祭天之坛，此处指郊祭的祭坛。

⑬ 燔（fán）柴：古时祭祀仪式之一，把玉帛、牺牲同置于积柴之上，焚之以祭天。

⑭ 璪（zǎo）：古代冕饰，贯玉的彩色丝绦。

⑮ 一献：指祭祀中的一道礼仪。天子大型祭祀有十二献之礼仪，其他祭祀只有九献。

⑯ 大飨：祭礼名，合祀先王的祭礼。

⑰ 大旅：祭礼名，祭五帝的祭礼。

⑱ 飨帝：祭天帝。

★ 译文

定公问："天子郊外祭天的礼仪，可以说来听听吗？"

孔子回答说："据我所知，天子通过占卜确定郊祭的具体时间。天子先到祖庙祭拜先祖，征得先祖同意郊祭，后到祭祀父亲的宗庙占龟问卜，这样做就是表达对先祖和已故父亲的尊重。占卜当天，天子还要亲自到泽宫，聆听祭天的礼仪礼规，这表示接受教导劝谏的意思。占卜以后，把举办郊祭的命令张榜在库门，昭告百官要抓紧时间准备。临近郊祭日期，天子身穿白色的朝服（皮弁服）听取有关郊祭准备情况的汇报，昭告百姓要严格遵守上面的命令。郊祭的当天，有丧事的人家不能哭泣，身穿丧服的人不能进入城门，通往祭坛的路面打扫干净，禁止行人通行，以上种种规定，不用命令而百姓都能自觉遵守，这是因为人人对祀天的恭敬态度已经到了极致。天子穿戴有纹饰的衮服出行，礼服的纹饰象征上天的形象；天子乘坐的木车不用华丽的装饰，这是凸显用车的质朴；仪仗用的旌旗都悬垂着十二条飘带，代表天子出行的龙旗上面绘有日月的图案，这也是上天的象征。到达祭坛以后，天子脱去裘服、换上衮服，亲临燔柴仪式现场。天子戴上王冠开始祭礼，冠冕上面悬垂着以五彩丝绦串制的十二条玉串，象征着天时十二个月。我听说，即使能够诵读整部《诗经》的人，也不一定能做好一道祭礼；仅仅学会了一道祭礼，还不足以胜任祭祀祖先之祭礼；学得了祭祀祖先之祭礼，还不足以承担祭五帝之祭礼；祭五帝的全部祭礼都已经精通了，还不足以承担祭祀天帝的祭天的祭礼。可见仪礼是博大精深的，所以君子不敢轻率地评论郊祭全部的礼仪过程。"

五刑解第三十

★原文

冉有问于孔子曰："古者三皇五帝不用五刑①，信乎？"

孔子曰："圣人之设防，贵其不犯也。制五刑而不用，所以为至治也。

"凡夫之为奸邪窃盗、靡法妄行②者，生于不足。不足生于无度，无度则小者偷盗，大者侈靡，各不知节。是以上有制度，则民知所止，民知所止则不犯。故虽有奸邪贼盗、靡法妄行之狱，而无陷刑之民。

"不孝者生于不仁，不仁者生于丧祭之无礼。明丧祭之礼，所以教仁爱也。能教仁爱，则服丧思慕③，祭祀不解④，人子馈养之道。丧祭之礼明，则民孝矣。故虽有不孝之狱，而无陷刑之民。

"弑上⑤者生于不义。义，所以别贵贱、明尊卑也。贵贱有别，尊卑有序，则民莫不尊上而敬长。朝聘之礼者，所以明义也。义必明，则民不犯。故虽有弑上之狱，而无陷刑之民。

"斗变者生于相陵⑥，相陵者生于长幼无序而遗敬让。乡饮酒之礼者，所以明长幼之序而崇敬让也。长幼必序，民怀敬让，故虽有斗变之狱，而无陷刑之民。

"淫乱者生于男女无别，男女无别则夫妇失义。礼聘享⑦者，所以别男女、明夫妇之义也。男女既别，夫妇既明，故虽有淫乱之狱，而无陷刑之民。

"此五者，刑罚之所以生，各有源焉。不豫塞其源⑧，而辄⑨绳之以刑，是谓为民设阱而陷之。刑罚之源，生于嗜欲不节。夫礼度者，所以

269

御民之嗜欲，而明好恶，顺天之道。礼度既陈，五教毕修，而民犹或未化，尚必明其法典，以申固之。其犯奸邪贼盗、靡法妄行之狱者，则饬^⑩制量之度；有犯不孝之狱者，则饬丧祭之礼；有犯杀上之狱者，则饬朝觐之礼；有犯斗变之狱者，则饬乡饮酒之礼；有犯淫乱之狱者，则饬婚聘之礼。三皇五帝之所化民者如此，虽有五刑之用，不亦可乎？"

孔子曰："大罪有五，而杀人为下。逆天地者罪及五世，诬文武者罪及四世，逆人伦者罪及三世，谋鬼神者罪及二世，手杀人者罪及其身。故曰大罪有五，而杀人为下矣。"

★ 注释

①五刑：古代的五种刑罚：墨，面上刺字；劓，割掉鼻子；剕，断足；宫，割去生殖器；大辟，砍头。

②靡法妄行：指生活奢靡任意妄为。

③思慕：思念哀悼。

④不解：不懈，不怠慢。解，通"懈"。

⑤弑上：指以下杀上。

⑥相陵：相互侵辱，相互侵扰。

⑦聘享：聘礼和享礼。指订婚时男方给女方的定礼和聘礼。

⑧豫塞其源：堵住犯罪源头。"豫"通"预"。

⑨辄：总是。

⑩饬：整顿。

★ 译文

冉有向孔子问道："古代的三皇五帝不用五刑，这是真的吗？"

孔子说："圣人设置刑法防范措施，贵在让人不触犯。制定了五刑而不使用，是因为百姓治理达到了最高的境界。

"凡是奸邪盗窃、奢侈妄为的人，都源于其内心的不满足。不满足就导致行为没有节制。行为不受自我节制，小的就会盗窃，大的则奢侈妄为，这都是不知节制的结果。因此君王制订制度，是让民众知道规则、懂得节制，懂得节制就不会犯法。所以虽然制定了奸邪盗窃、奢侈妄为的罪名，却没有人因此获刑罚。

"不孝的行为源于缺乏仁爱之心，缺乏仁爱之心又是源自居丧、祭祀等礼教没有落实到位。所以明确规定居丧、祭祀之礼，是为了使人受到教化、懂得仁爱。教化百姓懂得仁爱，为亲人服丧就能真诚地表达哀思，参加各种祭礼就不会懈怠，作为子女就会尽到孝敬赡养父母的孝道。所以，居丧、祭祀的礼仪与教化明确，民众自然就会遵守孝道。所以虽然制定了不孝的罪名，却没有人因此受刑罚。

"以下杀上的行为产生于不讲道义。道义是用来区别贵贱、表明尊卑关系的。只有懂得贵贱有别、尊卑有序，那么民众才没有不尊敬上级和长辈的现象。朝聘（下级对上级的问候与觐见）之礼仪，就是用来显明道义的。对道义的认知明确，那么民众就不会犯上。所以，虽然制订了犯上作乱的罪名，也没有人触犯。"

"打架斗殴的行为产生于相互欺压或侵扰环境中。欺压或侵扰他人者，生活在一个长幼无序、缺少尊敬和谦让的环境。乡饮酒礼，就是用来显明长幼之序和尊敬谦让的礼制教化。只有长幼有序，民众怀有尊敬谦让之心，即使设立了打架斗殴的罪名，也没有人违犯而陷入刑罚。

"淫乱的行为产生于男女关系混乱，男女关系混乱就造成夫妻间感情、义务和责任淡化。婚礼和聘礼等婚姻礼仪，就是用来区别男女间的关系和显明夫妇义务和责任。男女有别，夫妇义务和责任显明，所以，即使制定了有关淫乱的罪名，而民众也没有人受到此项罪名的刑罚。

"以上这五种情况，是罪行产生的原因，各有其根源。不预先堵住其根源，而动辄就使用刑罚，这叫作给民设下陷阱等人自投罗网。各种罪行产生的原因，在于人们的喜好和欲望无所节制，礼仪和法度就是用来控制人们的喜好和欲望，使人分清善恶好坏，顺应社会道德。如果礼仪规则都广泛宣传了，五种教化也都推行了，如果还有人顽固不化，那就必须要以严明的法典来加以制裁，强化法制的教化作用。若有犯奸邪盗窃、奢侈妄为罪行之人，就用制度标准方面的规定来整顿；有犯不孝的罪行的，就用丧葬祭祀的礼仪来规范；有犯上罪行的，就严格执行朝拜觐见的礼仪；有犯斗殴的罪行的，就用乡饮酒礼来整治；有犯淫乱的罪行的，就严肃婚聘宴享的礼仪。三皇五帝这样教化百姓，所以才有即使制定了五刑之法律，却无人犯科，这是很合理的啊？"

孔子说："重罪有五种，杀人罪算是最轻的。对违背天地道义的罪行惩罚要牵连五代人，对诬蔑周文王、周武王的罪行的惩罚牵连四代人，对违背人伦道义的罪行的惩罚要牵连三代，对利用鬼神惑众的罪行的惩罚牵连两代人，杀人的罪行只牵涉杀人者自身。所以说，重大的罪行有五种，而杀人罪是最轻的。"

★ 原文

冉有问于孔子曰："先王制法，使刑不上于大夫，礼不下于庶人。然则大夫犯罪，不可以加刑；庶人之行事，不可以治于礼乎？"

孔子曰："不然。凡治君子，以礼御其心，所以属①之以廉耻之节也。故古之大夫，其有坐②不廉污秽③而退放④之者，不谓之不廉污秽而退放，则曰'簠簋不饬⑤'；有坐淫乱男女无别者，不谓之淫乱男女无别，则曰'帷幕不修⑥'也；有坐罔上不忠者，不谓之罔上⑦不忠，则曰'臣节未著⑧'；有坐罢软⑨不胜任者，不谓之罢软不胜任，则曰'下官不职⑩'；有坐干⑪国之纪者，不谓之干国之纪，则曰'行事不请⑫'。此五者，大夫既自定有罪名矣，而犹不忍斥然正以呼之也。既而为之讳，所以愧耻之。是故大夫之罪，其在五刑之域者，闻而谴发⑬，则白冠厘缨⑭，盘水加剑⑮，造乎阙而自请罪。君不使有司执缚牵掣⑯而加之也。其有大罪者，闻命则北面再拜，跪而自裁。君不使人捽引⑰而刑杀之也，曰：'子大夫自取之耳，吾遇子有礼矣。'以刑不上大夫，而大夫亦不失其罪者，教使然也。所谓礼不下庶人者，以庶人遽其事而不能充礼⑱，故不责之以备礼也。"

冉有跪然⑲免席⑳，曰："言则美矣！求未之闻。"退而记之。

★ 注释

① 属（zhǔ）：通"嘱"，托付，请托。

② 坐：犯罪。

③ 污秽：指贪污受贿。

④ 退放：指罢官流放。

⑤ 簠簋不饬（fǔ guǐ bù chì）：意思是没有遵守法纪约束而犯下贪污受贿的罪行。古代常用"簠簋不饬"作为弹劾贪官的用语。簠、簋，二者均为

古代装粮食的器皿，主要用作礼器。饬，坚固。

⑥ 帷幕不修：借指男女淫乱。帷幕，在旁边的称"帷"，在正面的称"幕"。

⑦ 罔上：欺骗君上。

⑧ 臣节未著：借指为臣不忠，欺君罔上。

⑨ 罢（pí）软：软弱无能。罢，通"疲"。

⑩ 下官不职：为官不称职。

⑪ 干：犯，违犯。

⑫ 行事不请：不请示而擅自行事。

⑬ 谴发：罪行暴露。谴，罪责，罪过。发，揭露，暴露。

⑭ 白冠厘缨：用兽尾作缨的白帽。

⑮ 盘水加剑：手托一盘，盘内有水（喻示公平），盘上放剑（喻示愿受法律制裁）。即请天子公平裁决。

⑯ 执缚牵掣（chè）：捆绑和拖拽。执缚，捆绑。牵掣，拖拽，牵引。

⑰ 捽（zuó）引：这里是揪、扭的意思。捽，抓住头发，按头。

⑱ 以庶人遽（jù）其事而不能充礼：庶人，平民。遽其事，忙于事务。遽，惶恐，窘急。充礼，充分地遵行礼仪。

⑲ 跪然：崇拜的样子。

⑳ 免席，离开座席。

★ 译文

冉有问孔子："先王制定法令，有'刑罚不加于大夫之身，礼仪不强加于平民'之说。既然这样，那么大夫犯了罪难道就不加以刑罚吗？平民百姓为人处世就不用礼仪约束吗？"

孔子说："不是这样的。一般对君子的管理，是用礼制来驾驭他们的内心，使他们懂得礼义廉耻的节操。所以古代的大夫，如果有人犯了不廉洁罪，并因此而被罢官流放的，不说他们因不廉洁而被罢官流放，而说是'簠簋不饬'（贪赃）；若有人犯了淫乱罪行的，不说他们淫乱或男女关系混乱，而说是'帷幕不修'（男女淫乱）；有人犯了欺君罔上、对上不忠的罪行，不说他们欺君罔上、对上不忠，而说'臣节未著'（为臣不忠，欺君罔上）；有人犯了软弱无能、不胜任工作的罪行，不说他们软弱无能、不胜任工作，而说'下官不职'（为官不称职）；有人犯了违反国家纲纪的罪行，不说他们违反了国家纲纪，而说'行事不请'（独断专行，擅自行事）。这五个方面，已经对大夫确定了罪名，只是不忍心直言其罪名而已。使用这些避讳之辞，也是为了使他们感到羞愧和耻辱。因此大夫犯罪，如果属于五刑之一的，在罪行暴露后，他们便戴着用兽毛做缨的白帽子，托盘盛水，上面放一把剑，亲自前往王宫请罪。君主也不让其受捆绑和拖拽之苦来凌辱他们。其中罪行重大的，接受君主裁决后，向君王跪拜两次，然后持剑自杀。君主也不派人揪按而加以刑杀，只是说：'你是咎由自取啊，我待你也算是有礼了。'虽有刑罚不施于大夫之说，但大夫却也逃脱不了罪责，这是政治教化的方式使然。所谓的礼仪不用于平民之说，是由于平民忙于劳作，不可能完整地行礼，所以不要求他们每项礼仪都要履行到位。"

冉有听了这番话，激动地离开座席，恭敬地说："先生讲得真好啊！我从来没听说过。"回去后便立即把孔子的这番话记录下来。

刑政第三十一

★ 原文

仲弓①问于孔子曰："雍闻至刑②无所用政，至政③无所用刑。至刑无所用政，桀、纣之世是也；至政无所用刑，成、康之世④是也。信乎？"

孔子曰："圣人之治化也，必刑政相参⑤焉。太上⑥以德教民，而以礼齐之；其次以政焉导民。以刑禁之，刑不刑也。化之弗变，导之弗从，伤义以败俗，于是乎用刑矣。颛⑦五刑必即天伦⑧，行刑罚则轻无赦。刑，侀⑨也；侀，成也。壹成而不可更，故君子尽心焉。"

★ 注释

① 仲弓：姓冉名雍，字仲弓，孔子弟子。

② 至刑：最严酷的刑罚。

③ 至政：最完美的政治。

④ 成、康之世：周成王、周康王的时代。史家称："成康之际，天下安宁，刑措四十余年不用。"

⑤ 相参：相互配合。

⑥ 太上：最好，最上等。

⑦ 颛：通"专"。

⑧ 即天伦：合乎天意。

⑨ 侀（xíng）：通"型"，已定型之物，引申为形成的规则不可改变。

★ 译文

仲弓问孔子说："我听说，实施严酷的刑罚就无须实施政治教化，成功的政治教化就用不着刑罚。实行严酷的刑罚不考虑政治教化，夏桀、商纣王的时代就是这样；有成功的政治教化而不用刑罚，周成王、周康王的时代就是这样。这是真的吗？"

孔子说："圣人治理国家达到出神入化，必是刑罚和政治教化相互配合使用。最好的办法是用仁义道德来教化民众，并用礼制来加以约束；其次是用政治教化疏导。用刑罚来阻止民众违反规则，刑罚的最终目的是为了民众不触犯刑罚。对经过教化还不思改变、经过教导又不听从、损害道义有伤风化的人，那么只好用刑罚来惩处。使用五种最重的刑罚必须符合天道，执行刑罚时对罪行轻的人也不能随意赦免。刑罚是有严格规定的，刑罚一旦施行就不能随意变更。所以国君治国要尽心，不能朝令夕改。"

★ 原文

仲弓曰："古之听讼^①，尤罚丽于事^②，不以其心，可得闻乎？"

孔子曰："凡听五刑之讼，必原父子之情，立君臣之义，以权之；意论轻重之序，慎测浅深之量，以别之；悉其聪明，正其忠爱，以尽之。大司寇正刑明辟以察狱^③，狱必三讯焉。有指无简^④，则不听也。附从轻，赦从重；疑狱^⑤则泛与众共之^⑥，疑则赦之，皆以小大之比成也。是故爵人必于朝，与众共之也；刑人必于市，与众弃之也。古者公家不畜刑人，大夫弗养也，士遇之涂，以弗与之言。屏诸四方，唯其所之，不及与政，弗欲生之也。"

仲弓曰："听狱，狱之成，成何官？"

孔子曰："成狱成于吏，吏以狱成告于正。正既听之，乃告大司寇。听之，乃奉于王。王命三公卿士参听棘木之下^⑦，然后乃以狱之成疑^⑧于王。王三宥之，以听命而制刑焉，所以重之也。"

仲弓曰："其禁何禁^⑨？"

孔子曰："巧言破律，遁名改作^⑩，执左道与乱政者，杀；作淫声^⑪，造异服，设伎奇器以荡上心者，杀；行伪而坚^⑫，言诈而辩，学非而博，顺非而泽，以惑众者，杀；假于鬼神，时日卜筮，以疑众者，杀。此四诛者不以听。"

仲弓曰："其禁尽于此而已？"

孔子曰："此其急者，其余禁者十有四焉：命服命车不粥于市^⑬；圭璋璧琮不粥于市；宗庙之器不粥于市；兵车旍旗不粥于市；牺牲柜鬯不粥于市；戎器兵甲不粥于市；用器不中度不粥于市；布帛精粗不中数、广狭不中量不粥于市；奸色乱正色不粥于市；文锦珠玉之器雕饰靡丽不粥于市；衣服饮食不粥于市；果实不时不粥于市；五木不中伐不粥于市；鸟兽鱼鳖不中杀不粥于市。凡执此禁以齐众者，不赦过也。"

★ 注释

① 听讼：审理案件。

② 罚丽于事：刑罚依据犯罪事实判定。丽，依附、依据。

③ 正刑明辟以察狱：正刑，正定刑法。明辟，辨明法令。察狱，审理案件。

④ 有指无简：有犯罪动机但不能确定犯罪事实。指，犯罪意向。简，犯罪事实。

⑤ 疑狱：疑难案件。

⑥ 泛与众共之：广泛征求意见，共同审理。

⑦ 三公卿士参听棘木之下：三公，指辅助国君的最高官员，周朝为太师、太傅、太保。卿士，官名。参听，参与审理。棘木之下，古代判案的处所。

⑧ 疑：通"凝"，汇集。

⑨ 其禁何禁：前一个"禁"指禁令的条款；后一个"禁"指禁止的事。

⑩ 遁名改作：假冒名义，改变法则。

⑪ 作淫声：制造淫靡之音。

⑫ 行伪而坚：行为奸诈虚伪而顽固不化。

⑬ 衣服饮食不粥于市：缝制好的服装和做好的食品不能拿来买卖。倡导衣食要自力更生。

★ 译文

仲弓说："古代审理案件，特别注重判罚要根据事实，不能只考虑犯罪动机，请您谈谈这方面的情况好吗？"

孔子说："凡是审理判决五种重罪的案子，必须要体谅父子之情，保全君臣之义，权衡判罚的利弊；要考虑犯罪情节的轻重程度，谨慎地衡量罪行的影响大小，以便区别对待；要明察犯罪之人的聪明才智，考虑其是否有忠君爱民之心，探明全部的案由案情。大司寇严格执行法律，明辨犯罪事实，正确审理案件，每一案件必须施行'三讯'制度。有犯罪动机而核实不了犯罪事实的，就不治罪。量刑可重可轻的就从轻判决，赦免时先依据从重的原则审理。疑案则要广泛地征求意见或共同审理，如果还有疑问无法裁决，就先赦免，一切案件一定要根据罪行大小比照法律条文来定案。所以，赏赐官爵一定要在朝堂上进行，让众人共同明晰褒奖缘由；行刑一定要在闹市中进行，让众人共同唾弃犯罪行为。古时公侯家不收留受过刑罚的人，大夫官员也不供养犯过罪的人，士人在路上遇到他们也不和他们交谈。把罪犯放逐在外，无论他们到什么地方，也不让他们参与政事，让犯罪者难以在世上立足。"

仲弓问："受理案件、审理案件、审判案件是如何管理的呢？"

孔子说："受理审理判决案件首先由普通官吏来完成，然后把审理情况报告给地方长官，地方长官审查之后，（把重要的案件）再报告给大司寇。大司寇审查之后，再（把重要的案件）报告君王。君王命令三公卿士共同参与重大案件的审查，然后把审理结果回呈给君王。君王根据案情是否符合减刑的三种情况，依据审查意见来定刑。刑罚审定的程序是很慎重的。"

仲弓又问："法律中严令禁止的都有哪些条款呢？"

孔子说："凡是用巧言破坏法律，假借名义擅改法度，利用邪道扰乱国政者，杀。凡是制作淫邪的声乐，制作奇装异服，设计奇巧怪异的器物来扰乱君心的，杀。凡是行为诡诈又顽固不化，言辞虚伪又巧言诡辩，学习歪门邪道而又广泛传播，教人不走正道而又推波助澜，所有这些惑乱民众者，杀。凡利用鬼神之名、时日之说、占卜之行谈论祸福吉凶和前途未来，并蛊惑民众者，杀。犯此四类该杀罪行的不需经过最后的审查。"

仲弓又问："严格的法令所禁止的行为就只有这些吗？"

　　孔子说："这四种罪行是需要紧急处理的。其余的还有十四项：天子赐予的官服、官车不准在集市上出卖，圭、璋、璧、琮等贵重玉质礼器不准在集市上出卖，宗庙祭祀中用的礼器不准在集市上出卖，兵车、旌旗不准在集市上出卖，祭祀用的牲畜和祭酒不准在集市上出卖，作战用的兵器、铠甲不准在集市上出卖，各种器具不合规格不准在集市上出卖，麻布丝绸精粗不合乎规定、宽窄不合规定的不准在集市上出卖，色泽不正的物品不准在集市上出卖，锦缎、珍珠、玉石做成的器物如果雕刻和装饰过于华丽的不准在集市上出卖，现成的衣服和食品不准在集市上出卖，果实还未成熟不准在集市上出卖，生火用的木柴未到砍伐时节不准在集市上出卖，鸟、兽、鱼、鳖不合宰杀标准的不准在集市上出卖。执行这些禁令都是为了让民众遵守规矩，对明知故犯者一定要惩戒不赦。"

礼运第三十二

★ 原文

孔子为鲁司寇，与于蜡①。既宾事毕②，乃出游于观③之上，喟然而叹。

言偃侍，曰："夫子何叹也？"

孔子曰："昔大道④之行，与三代之英⑤，吾未之逮⑥也，而有记焉。大道之行，天下为公，选贤与能，讲信修睦。故人不独亲其亲，不独子其子，老有所终，壮有所用，矜寡孤疾⑦皆有所养。货恶其弃于地，不必藏于己⑧；力恶其不出于身，不必为人⑨。是以奸谋闭而不兴，盗窃乱贼不作，故外户而不闭。谓之大同⑩。

★ 注释

① 与于蜡：参与蜡祭。

② 既宾事毕：相礼结束之后。既，已经。宾，陪祭者。毕，完成。

③ 观：宫门或城门外两侧的双阙。

④ 大道：指古代所遵循的优秀的社会道德和治国策略。

⑤ 与三代之英：指夏、商、周三代中精英治国时代。与，指，谓，说的是。

⑥ 未之逮：没赶上。

⑦ 矜寡孤疾：指鳏夫、寡妇、孤儿、残疾人。

⑧ 货恶其弃于地，不必藏于己：货，指财物；恶，痛恨；弃于地，指浪费；不必，同"必不"；藏于己，指自己独占或据为己有。

⑨ 力恶其不出于身，不必为人：力，智力体力；不必，同"必不"；恶，

唯恐，恐怕。为人，为自己个人。

⑩ 大同：儒家的理想社会。即人人友爱互助，家家安居乐业，没有差异，没有战争。

★ 译文

孔子担任鲁国司寇时，曾参与过一次年终腊月举行的大型祭祀活动（蜡祭）。相礼结束以后，他来到宫门外的观楼上观览，感慨地叹了口气。

言偃当时跟随在孔子身边，问道："老师为什么叹气呢？"

孔子说："古时优秀的社会道德准则盛行的时代，指夏、商、周三代精英当政的时代，可惜我都没有赶上，但这些内容还是有文字记载的。在那个优秀的道德文化畅行的时代，天下是大家所公有，选举贤能的人从政，人人讲求诚信，和睦相处。所以人们不只敬爱自己的双亲，不只疼爱自己的子女，老人都能安度终生，成年人都能发挥自己的才能，鳏夫、寡妇、孤儿和残疾人都能得到供养。人们厌恶把财物浪费不用，但绝不私自囤积财物；人们唯恐自己的智力体力得不到发挥，但出力也绝不是为了个人的利益。因此奸诈阴谋没有用武之地，盗窃财物、扰乱社会的事情不会出现，所以外出也不必给家门上锁。这就是'大同世界'。

★ 原文

"今大道既隐①，天下为家②，各亲其亲，各子其子。货则为己，力则为人。大人世及以为常③，城郭沟池以为固。禹汤文武，成王周公，由此而选④，未有不谨于礼⑤。礼之所兴，与天地并。如有不由礼而在位者，则以为殃⑥。"

★ 注释

① 既隐：已经隐没、消失。

② 天下为家：天下成为一家一姓之天下。

③ 大人世及：指天子、诸侯世袭相传。

④ 由此而选：指选择了礼义所选。选，选拔。

⑤ 谨于礼：谨慎地遵守礼法。

⑥ 殃：灾祸。

★ 译文

"这种美好的道德与社会规则到如今已经被遗忘殆尽，天下为一个家族所私有，人们只敬爱自己的亲人，只疼爱自己的子女，想把所有财物都据为己有，出力也是为了自己个人利益。王位和爵位的世袭制度已成常态，建筑城郭、护城河作为个人领地的防御工事。夏禹、商汤、周文王、周武王、周成王、周公都选择使用礼制来治理国家，他们没有一个不是谨慎地尊崇、践行礼法的。礼制盛行，与天地并存。如果在位的国君不遵循礼，民众把他视为灾祸。"

★ 原文

言偃复问曰："如此乎，礼之急①也。"

孔子曰："夫礼，先王所以承天之道，以治人之情。列其鬼神②，达于丧、祭、乡射、冠、婚、朝聘。故圣人以礼示之，则天下国家可得以礼正矣。"

言偃曰："今之在位，莫知由礼，何也？"

孔子曰："呜呼，哀哉！我观周道，幽厉③伤也④。吾舍鲁何适？夫鲁之郊及禘⑤皆非礼，周公其已衰矣⑥。杞之郊也禹⑦，宋之郊也契⑧，是天子之事守⑨也，天子以杞、宋二王之后。周公摄政致太平，而与天子同是礼也。诸侯祭社稷宗庙，上下皆奉其典，而祝嘏⑩莫敢易其常法，是谓大嘉。"

★ 注释

① 急：急需，紧要。

② 列其鬼神：参验于鬼神。

③ 幽厉：指周幽王、周厉王，二人均是昏庸残暴之君。

④ 伤：败坏，损坏。

⑤ 郊及禘：郊，即郊祭，在郊外祭天。禘，即禘祭，天子诸侯的宗庙五年祭祀一次称禘。一般而言，郊祭和禘祭是天子才有的祭祀仪式。

⑥ 周公其已衰矣：指周公制定的礼制已经衰微。因周公封于鲁，鲁国的后人也没有很好地遵从周公制定的礼制。

⑦ 杞之郊也禹：杞国的郊祭是祭祀夏王朝的先祖禹。

⑧ 契：帝喾之子，母为简狄，商汤的祖先。

⑨ 守：保留。

⑩ 祝嘏（gǔ）：祭祀时致祝祷之辞和传达神言的执事人。

★ 译文

言偃又问："这样说来，礼制的恢复与实践就是很紧迫的事了？"

孔子说："礼制是先代圣王顺应自然规律，用以治理民众精神的方式。从祭祀鬼神开始，贯穿于丧、祭、乡射、冠、婚、朝聘等礼仪之中。因此，圣明的先王通过这些仪式的引领示范作用将礼制教化贯彻道民众之中，这样使得国家的礼制教化到位。"

言偃又问："现在在位当权的人不知道用礼制来治理国家，这是为什么呢？"

孔子说："唉，可悲呀！我考察了周代的礼制，自从周幽王和周厉王时代起就败坏了。除了鲁国我又能到哪里去找到遵循礼制的国家呢？鲁国的郊祭（祭祀天、地、日、月和先祖的活动）、禘祭（古代对天神、祖先的大祭）已不合乎周礼，说明周公定的礼制已经衰微了。杞国人举行的郊祭是祭祀夏的始祖禹，宋国人的郊祭是祭祀商的先祖契，因为他们是夏、商的后裔，周天子特许他们用天子之礼乐祭祀先祖。周公代理执政期间实现了天下太平，所以周公的封地鲁国用天子的礼仪祭祀。至于其他诸侯只能祭祀社稷和在宗庙祭祖先。国家从上至下都把礼制尊奉为宝典，祭祀时致祝祷之辞和传达神言都有固有的礼制规定，执事人不能改变，这才能算作至美的礼仪。"

★ 原文

"今使祝嘏辞说①，徒藏于宗祝②巫史③，非礼也，是谓幽国。醆斚④及尸君，非礼也，是谓僭君⑤。冕弁⑥兵车，藏于私家，非礼也，是谓胁君。大夫具官，祭器不假，声乐皆具，非礼也，是为乱国。故仕于公曰臣，仕于家曰仆。三年之丧与新有婚者，期不使也。以衰裳⑦入朝，与家仆杂居齐齿，非礼也，是谓臣与君共国。天子有田以处其子孙，诸侯有国以处其子孙，大夫有采以处其子孙，是谓制度。天子适诸侯，必舍其宗庙，而不以礼籍入，是谓天子坏法乱纪。诸侯非问疾吊丧而入诸臣之家，是谓君臣为谑。夫礼者，君之柄，所以别嫌明微，傧鬼神，考制度，列仁义，立政教，安君臣上下也。故政不正则君位危，君位危则大臣倍、小臣窃，刑肃而俗弊则法无常，法无常则礼无别，礼无别则士不仕、民不归，是谓疵国。

★ 注释

① 祝嘏辞说：通过祭祀活动主持者传达出来的祈福、祝愿的言辞，以及假借祖先神灵或鬼神所表达的教化言辞。

② 宗祝：主祭祀之官。

③ 巫史：古代从事求神占卜等活动的人叫"巫"，掌管天文、星象、历数、史册的人叫"史"。二者最初往往由一人兼任，统称"巫史"。

④ 醆斝（jiǎ）：古时天子用的酒杯。诸侯则用角。此处指天子御用祭器。

⑤ 僭（jiàn）君：超越君王，僭越君王。

⑥ 冕弁：冕和弁均为古代帝王、诸侯的礼帽。

⑦ 衰裳：居丧所服衣裳。

★ 译文

"现如今，国家的祭祀活动的礼仪礼规和辞令，被掌管祭祀的官员或主管占卜与天文的官吏束之高阁，没有起到教化民众的作用，造成祭祀程序不合礼制，这种情况就是国家政治昏暗的表现。诸侯用天子的礼器来祭祀先祖，是不合礼制的，这种情况叫作僭越君主。冕弁与兵车藏于大夫家中，是不合礼制的，这种情况就是威胁君王。大夫等官员私自设置下属执事官，置备多余的祭器，举办活动配以齐备的礼乐，是不合礼制的，这种情况叫作扰乱国政。由君王任命的官员要称臣，官员私聘的家臣被称作仆人。对为父母守孝三年期未满和新婚期内的人，不应给他们安排工作。官员穿着丧服入朝，或与家仆并列不分上下，是不合礼制的，这种情况叫作不分君臣。天子分封田地给王子王孙使其在封地上繁衍生息，诸侯则在诸侯国内安置其子孙，大夫等官员则在各自的食邑中安置子孙，这是制度。天子到诸侯国去必定要去诸侯的宗庙里住，如果不按礼制规定进入，就是天子败坏法纪。诸侯国君除探视病人或吊丧之外，不能随便进入大臣的家门，否则就是君臣相戏。所以说，礼制是君王治国的根本，用以辨别是非善恶，敬事鬼神，形成制度，传播仁义道德，树立政治教化，让君臣上下都各安其分。如果治国政策不正确就会危及君主的地位，君王的地位不稳定就会让大臣离心离德、小官使奸耍滑，法令虽严但民风日下，法令也就失去作用，礼制也就没有了区分高低贵贱等作用，从而导致有抱负的士人不愿尽心从政，民众不愿臣服国家的统治，这样的国家就是有问题的。

★ 原文

"是故夫政者，君之所以藏身①也，必本之天，效以降命②。命，降于社③之谓效地，降于祖庙之谓仁义，降于山川之谓兴作，降于五祀之谓制度。此圣人所以藏身之固也。圣人参于天地，并于鬼神，以治政也。处其所存，礼之序也；玩其所乐，民之治也。天生时，地生财，人其父生而师教之。四者君以政用之，所以立于无过之地。

"君者，人所明，非明人者也；人所养，非养人者也；人所事，非事人者也。夫君者，明人则有过，养人则不足，事人则失位。故百姓明君以自治，养君以自安，事君以自显，是以礼达而分定。人皆爱其死而患其生，是故用人之智去其诈，用人之勇去其怒，用人之仁去其贪。国有患，君死社稷，为之义；大夫死宗庙，为之变④。凡圣人能以天下为一家，以中国为一人，非意之，必知其情，从于其义，明于其利，达于其患，然后为之。

★ 注释

① 藏身：安身立命，地位稳固。
② 效以降命：效法自然，颁布政令。
③ 社：祭祀土地神的场所，同时也是公众聚会的地方。
④ 变：通"辩"，正当。

★ 译文

"因此，实施政治教化是国君安身立命的基本保障，必须遵循天道（自然界规律），依据自然规律下达政令。政令体现在民间社祭中就是效法大地，在祖庙的祭祀祖先活动中就是传播仁义道德，在对山川的祭拜中就是祈求风调雨顺以利农事，在居家的五祀祭拜中就是建构行为规则。这就是圣人之所以能安身立命原因。圣人参悟天地之规律，并和鬼神之道融合在一起，来处理政事。设身处地考虑民众，用礼制和秩序约束民众；把教化融入民众所喜闻乐见之事，从而达到民众治理。上天决定着时令变化，大地赋予人类财物，人则由父母所生，再由老师教育成长。君王充分利用这四者开展政治教化，就会因此而立于没有过错的境地。

"君王应该是人人效仿的榜样，而不是效仿他人者；君王由民众所供养，而不是他供养了民众；君王是被人服务者，而不是服务他人者。作为君王，如果把自己看作是效仿者就是观念错误，如果把自己当作供养者就会耗费国家财产，如果把自己看作是服务他人者就会失去应有的地位。而作为百姓，通过效仿君王来管理好自己的事务，通过供养君王而使自身过上安定的生活，通过为君王服务来彰显自己的身份和能力，这些都是通过礼制规定来明确并让人人遵守。人人都爱惜自己的死节，对人生有忧患意识，所以在用人方面要充分发挥人的聪明才智，避免其奸诈行为，激励其勇敢克制其戾气，彰显其仁义道德压制其贪婪的欲望。国家遇到危难，君王为国家社稷利益而死，叫作大义；大夫为宗庙而死称之为正义之举。凡是圣人，能把天下当作一个大家庭来治理，使国家民众达到万众一心，这不是一种臆想，只要了解国情民情，从正义的角度实施治理举措，明悉民众利益，解决民众的忧患，最后就可以达到这一境界。

★ 原文

"何谓人情？喜、怒、哀、惧、爱、恶、欲七者，弗学而能。何谓人义？父慈、子孝、兄良、弟悌、夫义、妇听、长惠、幼顺、君仁、臣忠十者，谓之人义；讲信修睦，谓之人利；争夺相杀，谓之人患。圣人之所以治人七情，修十义，讲信修睦，尚辞让，去争夺，舍礼何以治之？饮食男女，人之大欲存焉；死亡贫苦，人之大恶存焉。欲、恶者，人之大端。人藏其心，不可测度，美、恶皆在其心，不见其色。欲一以穷之，舍礼何以治之？

★译文

　　"什么是人情呢？就是指喜、怒、哀、惧、爱、恶、欲这七种情感，人不学就会。什么是人义呢？父亲慈爱、儿女孝顺、兄长善良、兄弟尊敬、丈夫仁义、妻子随顺、长者仁惠、幼者顺从、君主仁德、臣子忠诚，这十项就是人义（做人的道义）；人与人之间讲诚信求和睦，就叫作人利（人与人互惠互利）；互相争强好胜、你争我夺、互相杀戮，就是人患（人间灾祸）。圣明的君王要陶冶人的七情，培养人的十义，让人讲求诚信、追求和睦、崇尚谦让、避免争夺，除了依靠礼制还有其他方法吗？衣食住行、男欢女爱，是人的欲望的根源；死亡威胁和贫苦人生，是人人所憎恶的事情。欲望也好，憎恶也罢，这都是人的本性。人人都有一颗心，其内心活动难以揣度；善恶之念藏在心中，外表是看不出来的。若要用一种规则起到弃恶扬善的作用，除了礼制还能有他法吗？

★原文

　　"故人者，天地之德，阴阳之交，鬼神之会，五行之秀。天秉阳，垂日星；地秉阴，载山川。播五行于四时，和四气而后月生。是以三五而盈，三五而缺。五行之动，共相竭也。五行、四气①、十二月，还相为本；五声②、六律③、十二管④，还相⑤为宫；五味⑥、六和⑦、十二食⑧，还相为质；五色⑨、六章⑩、十二衣⑪，还相为主。故人者，天地之心而五行之端，食味、别声、被色而生者。

★注释

　　①四气：指温、冷、湿、寒。

　　②五声：指宫、商、角、徵、羽五个音阶。

　　③六律：古代的六个音律。通指黄钟、太簇、姑洗、蕤宾、夷则、无射六阳律与大吕、夹钟、仲吕、林钟、南吕、应钟六阴律。

　　④十二管：十二种音乐，每月对应一种。

　　⑤还相（hái xiāng）：轮流交替。

287

⑥ 五味：指酸、甘、苦、辛、咸五种味道。

⑦ 六和：六种调和方式。

⑧ 十二食：指人在一年十二个月中所吃的不同食物。

⑨ 五色：指青、黄、赤、白、黑五色，古代以此五者为正色。

⑩ 六章：指青、赤、黄、白、黑、玄六色。

⑪ 十二衣：十二个月里所穿的不同衣服。

★ 译文

"所以说人是天地造就的生灵，是阴阳交合的产物，是鬼神精灵荟萃的集合，是五行产生的万物中的精华。天属阳，使得日月星辰普照人间；地属阴，负载着山峦河川。五行蕴藏于一年四季之中，结合四气构成十二个月。每月都有十五天的月盈和十五天的月亏。五行运转，互为更始，交替不竭。五行、四气、十二月，周而复始；五个音阶、六种音律、十二种音乐，从宫调开始轮换；五种味道、六种调和方式、十二种食品，随时令变换；五色、六彩、十二衣，随时节而改变。所以说人就是天地万物的核心，五行之首，是可以品味食物、聆听辨别声音、穿衣戴帽的生命。

★ 原文

"圣人作则，必以天地为本，以阴阳为端，以四时为柄，以日星为纪，月以为量，鬼神以为徒①，五行以为质，礼义以为器，人情以为田，四灵以为畜。以天地为本，故物可举；以阴阳为端，故情可睹；以四时为柄，故事可劝②；以日星为纪，故业可别；月以为量，故功有艺；鬼神以为徒，故事有守；五行以为质，故事可复也；礼义以为器，故事行有考；人情以为田，故人以为奥③也；四灵以为畜，故饮食有由也。何谓四灵？麟、凤、龟、龙谓之四灵。故龙以为畜，而鱼鲔④不谂⑤；凤以为畜，而鸟不狖⑥；麟以为畜，而兽不狘⑦；龟以为畜，而人情不失。

★ 注释

① 徒：同一派系或同一信仰的人。

② 劝：劝督。

③ 奥（yù）：通"燠"，暖。

④ 鱼鲔（wěi）：指鱼类。

⑤ 谂（shěn）：通"淰"，躲闪，惊走。

⑥ 跂（chì）：通"翅"，飞跑。

⑦ 狘（xuè）：惊跑。

★译文

"圣人制定规则，必定是以天地法则为本，以阴阳变换作为起点，以时令轮转作为抓手，以日星为纲纪，以月为时间单位，以鬼神为同伴，以五行为本体，以礼义为尺度，以人情为基础，以对待四灵的态度饲养牲畜。以天地法则为本，可以让万物生生不息；以阴阳变换为起点，可以洞察人情世情；以时令轮转为抓手，可以使政令符合时令变换；以日星为纲纪，可以使各行各业区别对待；以月为时间单位，可以使种植农作物取得成效；以鬼神为同伴，可以使人人有所敬畏；以五行为本体，可以使人通晓周而复始的变化；以礼义为尺度，可以使人做事有标准；以人情为基础，可以使人感到温暖；以对待四灵的态度饲养牲畜，可以让人衣食无忧。什么是四灵呢？就是麟、凤、龟、龙四种神灵般的吉祥动物。若以对待龙的态度蓄养水生动物，就不必担心网不到鱼虾；若以对凤凰的态度养育飞禽，就不用担心捕不到飞禽；若以对麒麟的态度对待陆地动物，就不用担心捕不到猎物；若以对待神龟的态度蓄养龟类，人情就不会丧失。

★原文

"先王秉蓍龟①，列祭祀，瘗缯②，宣祝嘏，设制度。故国有礼，官有御，职有序。先王患礼之不达于下，故飨帝于郊③，所以定天位也；祀社于国④，所以别地利也；禘⑤祖庙，所以本仁也；旅山川，所以傧⑥鬼神也；祭五祀⑦，所以本事也。故宗祝⑧在庙，三公在朝，三老在学，王前巫而后史，卜筮瞽侑⑨皆在左右。王中心无为也，以守至正。是以

289

礼行于郊，而百神受职；礼行于社，而百货可极；礼行于祖庙，而孝慈服焉；礼行于五祀，而正法则焉。故郊社、宗庙、五祀，义之修而礼之藏。

★ 注释

① 蓍（shī）龟：古人以蓍草、龟甲占卜吉凶，因此用"蓍龟"来指代占卜。蓍，指蓍草，古代常以其茎作占卜用。

② 瘗缯（yì zēng）：古代埋丝帛以祭地。瘗，掩埋，埋物祭地。缯，古代对丝织物的总称。

③ 飨（xiǎng）帝于郊：指郊祭祭祀天帝。

④ 祀社于国：社祭是中国古代贯穿于上下各社会阶层的重要祭祀，社祭的对象就是神灵。

⑤ 禘（dì）：祭祀。

⑥ 傧：通"宾"，敬畏。

⑦ 五祀：祭祀五行之神。

⑧ 宗祝：主管祭祀的官员。

⑨ 卜蓍瞽侑（yòu）：指占卜者、盲人乐师和助手。

★ 译文

"古代君王利用占卜，设置了各种规格的祭祀形式，埋下丝帛祭地，向祖先和鬼神宣读祝词，并固定下来形成制度和仪式范式。因此，国家有礼仪规范，官吏各司其职，所有参与者秩序井然。古代君王担忧这些祭祀礼仪不能通达于天下，所以利用郊祭祭祀天帝，以此来确立并崇拜天帝对世间万物的统治地位；在国家不同层面设立社祭，以此来向神灵致以敬意并祈求保佑物产丰硕；在祖庙中祭祀祖先，追根求源并传承祖宗留下的仁义道德；祭祀山川，以此来表达对鬼神的敬畏；祭祀五行之神，以此来福佑农业生产风调雨顺。主管祭祀的官员主持祭祀活动，在朝廷主政的三公、负责教化的三老均参与其中。祭祀活动中君王前面是求神的巫师、后边是掌管天文历法的史吏，占卜者、盲人乐师和助手分列在左右。君王心无旁骛，坚守正确的礼仪规范。因此，通过郊祭的祭祀大礼而让百神福佑万民；通过社祭的礼仪而求得百货供应丰足；通过祖庙的祭祀活动而让上慈下孝的仁德得以传承；通过对五行的祭拜而使得各种法则制度合乎规律。所以说郊祭、社祭、宗祭、五行祭祀，是修养道义、传承礼制的最好方式。

★原文

"夫礼必本于太一①，分而为天地，转而为阴阳，变而为四时，列而为鬼神。其降曰命，其官于天也，协于分艺。其居于人也曰养，所以讲信修睦，而固人之肌肤之会、筋骸之束者；所以养生送死、事鬼神之大端②；所以达天道、顺人情之大窦③。唯圣人为知礼之不可以已也，故破国、丧家、亡人，必先去其礼。礼之于人，犹酒之有糵④也，君子以厚，小人以薄。圣人修义之柄、礼之序，以治人情。人情者，圣王之田也，修礼以耕之，陈义以种之，讲学以耨之，本仁以聚之，播乐以安之。故礼者，义之实也，协诸义而协则礼，虽先王未有，可以义起焉。义者，艺之分，仁之节。协于义，讲于仁，得之者强，失之者丧。仁者，义之本，顺之体，得之者尊。

★注释

① 太一：古指宇宙万物的本原、本体，即道家所称的"道"。

② 大端：主要的部分。

③ 大窦：大孔穴，比喻命门、关键。

④ 糵（niè）：酿酒的曲。

★译文

"礼制的制定与使用必须符合宇宙的自然规律，要能体现天和地的分别，体现四时的季节变换，体现对鬼和神的敬畏与崇拜。礼制是以行政命令的形式下达下来，是效法自然、协调各种关系的。礼制落实到每个人身上称之为修养自身，使人们讲求诚信、追求和睦，从而加强人际关系的亲善，如同肌肤相亲、筋骨相连；是人们按照规矩去养生送死、祭祀鬼神的大事；是让天理通达、人情合顺的关键。只有圣人才知道礼制是不可以弃之不用的，所谓的国破、家败、人亡都是因败坏礼制引发的结果。礼制对于每个人来说，就好比是酿酒必须有酒曲。君子因为崇尚礼制而使其秉性敦厚，小人鄙视礼制而使其行为浅薄（君子重视酒曲的作用，酿成的酒也便醇厚；小人忽视酒曲的效用，酿成的酒也便寡味）。圣明的君主重视并抓住仁义的关键、礼制对社会的秩序作用，用以治理人情社会。人情就好比是圣明君主的田地，完善礼制教化如同耕地，宣扬道义如同播撒种子，学习贯彻礼制如同除草，以仁德为本来凝聚人心，以乐教化来安定人心。所以，礼制是仁德的实际载体，要让各项仁义道德协调发挥作用就必须使用相辅相成的礼制，即便是先王时期未有的礼制细节，也可以依据道义来创建。道义，是分辨各种行为的准则，是播撒仁德的关键。礼制细则必须与道义相吻合一致，通过仁德教化来表达，推行并加强礼制，就会让国家昌盛；反之，则会衰亡。仁德，是道义的根本，是国家和顺的基础，具备了仁德的国家就会强盛。

★ 原文

"故治国不以礼，犹无耜①而耕；为礼而不本于义，犹耕之而弗种；为义而不讲于学，犹种而弗耨②；讲之以学而不合之以仁，犹耨而不获；合之以仁而不安之以乐，犹获而弗食；安之以乐而不达于顺，犹食而不肥③。四体既正，肤革充盈，人之肥也；父子笃，兄弟睦，夫妇和，家之肥也；大臣法，小臣廉，官职相序，君臣相正，国之肥也；天子以德为车，以乐为御，诸侯以礼相与，大夫以法相序，士以信相考，百姓以睦相守，天下之肥也。是谓大顺。顺者，所以养生送死，事鬼神之常也。故事大积④焉而不苑⑤，并行而不谬，细行而不失。深而通，茂而有间，连而不相及，动而不相害，此顺之至也。明于顺，然后乃能守危。夫礼之不同，不丰不杀，所以持情而合危也。山者不使居川，渚者不使居原；用水、火、金、木，饮食必时。冬合男女，春颁爵位，必当年德，皆所顺也，用民必顺。故无水旱昆虫之灾，民无凶饥妖孽之疾，天不爱⑥其道，地不爱其宝，人不爱其情。是以天降甘露，地出醴泉，山出器车⑦，河出马图⑧，凤凰、麒麟皆在郊棷，龟龙在宫沼，其余鸟兽及卵胎，皆可俯而窥也。则是无故，先王能循礼以达义，体信以达顺。此顺之实也。"

★ 注释

① 耜（sì）：农具，指犁。

② 耨（nòu）：古代锄草的农具，类似锄头。

③ 肥：指壮大、增强、使之兴旺之意。

④ 积：聚集，逐渐增多。

⑤ 苑：积压，滞塞。

⑥ 爱：吝惜。

⑦ 器车：古代认为是盛世出现的祥瑞之物。

⑧ 马图：即河图，为祥瑞之物。

★ 译文

"所以，治理国家不实施礼制，就如同耕地不装犁头；推行礼制若不注重弘扬道义，就如同只耕地而不播种；注重弘扬道义若不重视教育和学习，就如同作物生长过程中不注重除草；注重了教育和学习若不重视仁德的养成，就如同只进行耕作过程而没有注重收获；注重仁德养成而不重视以乐安定人心，就如同收获之后没有让大家分享收获成果；用乐安定人心若不能达到社会和顺的目的，就如同分享了收获成果却没有让国家实力增强。四肢健全、肌体丰满，这是个人身体强健的表现；父子情深，兄弟和睦，夫妻和美，这是家庭兴旺的象征；大臣守法，小臣廉洁，官员之间分工合作秩序井然，君臣相互勉励扶持，这是诸侯国家强盛的迹象；天子以仁德为车，以礼乐作为驾驭措施，诸侯国之间以礼相待，各级官员以法律法规有条不紊地处理政事，士人以诚信相互监督激励，百姓以和睦相处作为交往原则，这是天下昌盛的态势。所有这些加起来就是大顺。国家和顺是人们养生送死、祭祀鬼神的基本诉求。所以，礼制的有效推行，即便事情再多也不会积压搁置，两件事同时进行不会出现差错，细小的事情也不会被遗漏。国事深奥但却能让事事通达，事虽多却能有条理，人与人、事与事相互关联却又彼此独立，自成一体又不相互排斥或相互侵害，这就是和顺的最高境界。明悉了和顺的重要性，即便是出现危机也会临危不乱，守住秩序。礼制的最大特点就是讲究区别，该少的就不能增加，该多的也不能减少，因此用来维系人情社会，才能让上下各安其位。不逼迫靠山打猎为生之人迁居河川之地，不让居住在岛屿、惯于以渔为生者迁居平原之地，人们就会安居乐业。合理使用水、火、金、木等生活资源，调节饮食作息，都要因时制宜。冬天适宜男婚女嫁、繁衍生息，春天适宜颁授爵位和晋升官员，应当依据年龄和德行，顺应天时和民心，使治理百姓顺达。这样天下没有水灾、旱灾、蝗螟之灾，百姓不受灾荒、饥饿、妖孽作祟的痛苦。上天不吝惜对万民的养育之道，大地不吝惜其物产和宝藏，人人不吝惜情感付出。于是天降甘露，地涌甘泉，山中出现器车，黄河中出现龙马负图，凤凰、麒麟在郊外的草泽中栖息，神龟、蛟龙在宫中的池塘里现身，其他鸟兽更是遍地作巢，与人类友好相处，处处可见其繁衍的迹象。这些没有别的原因，古代圣明君王通过礼制规范的教化使得道义得以推广，再通过诚信理政以达到顺应天理人情，实现国家和顺。这就是和顺的实质内涵。"

冠颂第三十三

邾隐公^①既即位，将冠^②，使大夫因^③孟懿子^④问礼于孔子。

子曰：“其礼如世子^⑤之冠。冠于阼^⑥者，以著代^⑦也。醮^⑧于客位，加其有成^⑨，三加^⑩弥^⑪尊，导喻其志。冠而字之，敬其名也。虽天子之元子^⑫，犹士也，其礼无变。天下无生而贵者，故也。行冠事必于祖庙，以裸享^⑬之礼以将之，以金石之乐以节之。所以自卑而尊先祖，示不敢擅。”

懿子曰：“天子未冠即位，长亦冠也？”

孔子曰：“古者王世子虽幼，其即位则尊为人君，人君治成人之事者，何冠之有？”

懿子曰：“然则诸侯之冠，异天子与？”

孔子曰：“君薨而世子主丧，是亦冠也已，人君无所殊也。”

懿子曰：“今邾君之冠，非礼也？”

孔子曰：“诸侯之有冠礼也，夏之末造也，有自来矣，今无讥焉。天子冠者，武王崩，成王年十有三而嗣立；周公居冢宰，摄政以治天下。明年夏六月，既葬，冠成王而朝于祖，以见诸侯，亦有君也。周公命祝雍作颂曰：‘祝王达而未幼。’祝雍辞曰：‘使王近于民，远于年，啬于时，惠于财，亲贤而任能。’其颂曰：‘令月吉日，王始加元服。去王幼志，服衮职，钦若昊天，六合是式。率尔祖考，永永无极。’此周公之制也。”

懿子曰：“诸侯之冠，其所以为宾主，何也？”

孔子曰：“公冠则以卿为宾，无介。公自为主，迎宾揖，升自阼，立于席北，其醴也，则如士，飨之以三献之礼。既醴，降自阼阶。诸侯非公而自为主者，其所以异，皆降自西阶。玄端与皮弁异。朝服素毕，公冠四，加玄冕祭。其酬币于宾，则束帛乘马。王太子、庶子之冠拟焉，皆天子自为主。其礼与士无变，飨食宾也，皆同。”

懿子曰：“始冠必加缁布之冠，何也？”

孔子曰：“示不忘古。太古冠布，斋则缁之。其緌也，吾未之闻。今则冠而币之，可也。”

懿子曰：“三王之冠，其异何也？”

孔子曰：“周弁，殷冔，夏收，一也。三王共皮弁、素緌，委貌，周道也；章甫，殷道也；毋追，夏后氏之道也。”

★ 注释

① 邾隐公：曹姓，名益，春秋时邾国第十七代国君。

② 冠：古代的一种礼仪，男子二十岁举行冠礼，表示已经成人。

③ 因：依靠，通过。

④ 孟懿子：姓仲，名何忌，春秋时鲁国贵族，孔子弟子。

⑤ 世子：诸侯的嫡长子。

⑥ 阼（zuò）：大堂前东面的台阶。古代接待宾客，主人走东面的台阶，客人走西面的台阶。

⑦ 以著代：表明代表父亲。

⑧ 醴：举行冠礼时的一个仪节，即尊者对卑者酌酒，卑者接受敬酒后饮尽，不需回敬。

⑨ 加其有成：加礼于有成之人。

⑩ 三加：三次加冠。始加缁布冠，次加皮弁冠，再次加爵弁冠。

⑪ 弥：更加。

⑫ 元子：长子。

⑬裸享：灌香酒于地以求神降临。裸，灌。

★译文

邾隐公即位后，将要举行成年冠礼，特派大夫通过孟懿子向孔子询问举行冠礼的有关礼仪。

孔子说："这个礼仪应该和世子的冠礼相同。世子在冠礼仪式中要从在大堂前东边的台阶走上来接受冠礼，以表示他将以继承人的身份代父成为家长。然后主持者站在西边的客位向其敬酒，嘉勉其将来有所成就。共有三次戴冠仪式，一次比一次尊严，以教导他要有志向。加冠礼之后，人们就可以用他的字来称呼他，这是尊重他的名。即使是天子的长子，与一般士人没有什么两样，冠礼仪式是相同的，因为天下没有人一生下来就是高贵的。冠礼一定要在祖庙里举行，用裸享的仪节开始，用钟磬之音乐控制仪式的节奏，这样可以使加冠者以谦恭的态度尊敬自己的祖先，表示自己不敢擅越祖先的礼制。"

孟懿子问道："天子未到加冠的年龄就即位，长大后还要举行冠礼吗？"

孔子说："古时如果世子即位时虽然年幼，但一旦即位就成为天下百姓的君主，所做的事是成人做的国家大事，哪里还需要再用冠礼呢？"

孟懿子问："那么诸侯的冠礼与天子的冠礼有区别吗？"

孔子说："诸侯国君去世，世子要主持葬礼，这就算是已经加冠了。从这方面说诸侯与天子是没有区别的。"

孟懿子问："这么说邾隐公要举行冠礼是不合礼制的啦？"

孔子说："诸侯举行冠礼开始于夏代末年，是有渊源的，没有必要说这不对。为刚成年的天子举行冠礼始于周成王，当时武王去世，成王只有十三岁就即位天子，周公以冢宰的职位代为摄政。到第二年夏六月，安葬完武王之后，便为成王举行冠礼，并让他在祖庙接受诸侯国国君的朝拜，向诸侯宣告新的君王。周公让祝雍（冠礼主持者）作颂词，说：'祝愿我王顺达而逐渐长大成人。'祝雍在祝词中说：'希望我王亲近百姓，健康长寿，珍惜农时，惠赐财物，亲近贤人而任用有才能之人。'他作的颂词说：'今天是大吉大利的日子，为我王举行冠礼。从此我王将摆脱幼稚，他将穿帝王服，顺应天命，为天下四方制定法式。他将继承祖先的事业，世世代代直到永远。'这就是周公制定的冠礼礼制。

孟懿子问："诸侯的冠礼要分宾主，为什么？"

孔子说："具有公爵爵位的诸侯的冠礼中以六卿为宾，没有中间人。公侯自为主人，对宾作揖行礼，然后从东阶走上台，立于座席北，用美酒敬酒的礼节与士人一样，要敬献三次酒。敬酒过后再从东阶下来。没有公爵爵位的诸侯自为主人，其不同之处在于，那就是下来时要从西阶下来，所用的玄端（礼服）和皮弁（礼帽）也有所区别。二者都要穿素色朝服完成仪式，但公侯加冠有四道程序，增加的一道是身着玄冕的祭祀。对宾客的酬谢礼是赠予锦帛和驷马。王太子和庶子的冠礼与此一样，招待宾客的形式也相同。"

孟懿子问："冠礼的第一次加冠一定是用缁布冠，为的是什么？"

孔子说："表示不忘本。太古时期做冠所用的布是古人恭敬地染成黑色的，冠上有没有冠缨子我不知道。现在举行冠礼用的缁布冠可用做衣服剩余的布料制成。"

孟懿子说："夏、商、周三代的君王的冠礼有什么不同呢？"

孔子说："从名称上来说，周王冠称弁冠，商王冠称冔冠，夏王冠称收冠，这是其一。三代君王的共同之处是都用皮冠加素色的冠缨。委貌，是周代用的一种礼帽；章甫，是商王朝用的礼帽；毋追，是夏王朝后世子孙用的礼帽。"

庙制第三十四

★ 原文

卫将军文子[①]将立先君之庙于其家，使子羔[②]访于孔子。

子曰："公庙设于私家，非古礼之所及，吾弗知。"

子羔曰："敢问尊卑上下立庙之制，可得而闻乎？"

孔子曰："天下有王，分地建国，设祖宗[③]，乃为亲疏贵贱多少之数。是故天子立七庙，三昭三穆[④]，与太祖之庙七。太祖近庙，皆月祭之。远庙为祧[⑤]，有二祧[⑥]焉，享尝乃止[⑦]。诸侯立五庙，二昭二穆，与太祖之庙而五，曰祖考庙[⑧]，享尝乃止。大夫立三庙，一昭一穆，与太庙[⑨]而三，曰皇考[⑩]庙，享尝乃止。士立一庙，曰考庙，王考无庙，合而享尝乃止。庶人无庙，四时祭于寝。此自有虞以至于周之所不变也。凡四代帝王之所谓郊者，皆以配天。其所谓禘者，皆五年大祭之所及也。应为太祖者，则其庙不毁。不及太祖，虽在禘郊，其庙则毁矣。古者祖有功而宗有德，谓之祖宗者，其庙皆不毁。"

★ 注释

①文子：即公孙弥牟，名弥牟，字子之，谥文，又称子南弥牟（卫灵公幼子卫公子郢字子南，他的儿子公孙弥牟就以子南为氏）。文子曾担任卫国的将军，在卫悼公时担任国相。

②子羔：姓高，名柴，字子羔，孔子弟子。

③祖宗：指祖庙和宗庙。

④ 三昭三穆：古代庙制规定，天子立七庙，诸侯立五庙，大夫立三庙，士立一庙，庶人无庙，以此区分亲疏贵贱。其次序：始祖居中，左昭右穆。一世为昭，二世为穆，三世为昭，四世为穆，五世为昭，六世为穆。

⑤ 祧（tiāo）：远祖的庙。

⑥ 二祧：指古代帝王七庙中两位功德杰出而保留不迁的远祖庙。

⑦ 享尝乃止：按四时季节祭祀就可以了。

⑧ 祖考庙：始祖庙。

⑨ 太庙：太祖庙。

⑩ 皇考：对曾祖父的尊称。

★译文

卫国将军文子想在他的封地上为先代君王建立庙宇，派子羔向孔子征询意见。

孔子说："将君王的庙宇建立在私人的封地上，这在古代的礼制中没有涉及，所以我不知道。"

子羔说："请问建立庙宇在礼制中有等级和尊卑次第的详细规定，您能讲给我听一听吗？"

孔子说："自从天下有了君王，就有分封土地、建立诸侯国的制度，分别为各自的祖宗立庙，但有亲与疏、贵与贱、多与少的区别。一般来说，天子可建七庙，包括三座昭庙和三座穆庙，连同太祖庙一共是七庙。太祖庙为属于近亲的庙，每月都要祭祀。远祖的庙叫祧，即始祖和宗祖二祧，需要每季度祭祀一次。诸侯建五庙，两座昭庙，两座穆庙，连同太祖庙一共是五庙，合称叫作祖考庙，每季祭祀一次。大夫建三庙，一座昭庙，一座穆庙，连同太祖的庙一共是三庙，合称叫作皇考庙，每季度祭祀一次。士人建立一庙，叫作考庙，没有祖庙，祖先合在一起祭祀，每季度一次。平民百姓则不立庙，四季就在家中祭祀祖先。这种制度从夏代的有虞氏创建，一直延续到周代都没有改变。四代帝王都进行所谓的郊祭，都祭祖和祭天一起进行。所谓的禘祭，是五年一次的盛大祭祀。身为太祖的先辈，其庙不毁，其他的先辈，即使在禘祭、郊祭中受到祭祀，但他们的庙要废除。古代把祖有功而宗有德的先辈尊称为祖宗，他们的庙都不能毁。"

301

★ 原文

子羔问曰：“祭典^①云：‘昔有虞氏祖颛顼而宗尧，夏后氏亦祖颛顼而宗禹，殷人祖契而宗汤，周人祖文王而宗武王。’此四祖四宗，或乃异代，或其考祖之有功德，其庙可也。若有虞宗尧，夏祖颛顼，皆异代之有功德者也，亦可以存其庙乎？”

孔子曰：“善！如汝所闻也。如殷周之祖宗，其庙可以不毁，其他祖宗者，功德不殊，虽在殊代，亦可以无疑矣。《诗》云：‘蔽芾甘棠，勿翦勿伐，邵伯所憩^②。’周人之于邵公也，爱其人，犹敬其所舍之树，况祖宗其功德而可以不尊奉其庙焉？”

★ 注释

① 祭典：有关祭祀礼仪的典籍。

② 蔽芾（fèi）甘棠，勿翦勿伐，邵伯所憩：出自《诗经·召南·甘棠》。蔽芾，树木茂盛的样子。邵伯，指姬奭（shì），又称召公、邵公、召伯，西周宗室、大臣，与周武王、周公旦同辈。邵伯辅佐周武王灭商后，受封于蓟（今北京），建立诸侯国燕国。但他派长子姬克管理燕国，自己仍留在镐京（今陕西省西安市长安区）任职，辅佐朝廷。周武王死后，其子周成王继位，姬奭担任太保。姬奭执政政通人和，贵族和平民都各得其所，因此深受爱戴。他曾在一棵棠梨树下办公，后人为纪念他，舍不得砍伐此树。周成王死后，姬奭辅佐周康王，开创“四十年刑措不用”的“成康之治”。

★ 译文

子羔问道：“祭典上说：‘以前有虞氏后裔（陈国）的庙祭中把颛顼尊为始祖，把尧帝尊为宗祖。夏后氏的后裔（如夏朝、杞国）也把颛顼尊为始祖，却把开国的禹帝尊为宗祖。商朝及其后裔（如商朝、宋国）把契（帝喾之子）尊为始祖，把商汤（商朝开国皇帝，契的第十四代孙）作为宗祖。周朝王族则以文王为始祖，以武王为宗祖。’这四祖四宗，有的始祖与宗祖是相隔数代的，有的始祖与宗祖是先后相接但都有功德的祖先，后一种情况下立庙祭祀是很容易理解。但有虞氏把尧帝列为宗祖（尧帝不是颛顼的嫡孙，是叔孙），夏朝把颛顼作为始祖，虽然都是相隔数代的有功德的君主，也可以保留对他们的庙祭吗？"

　　孔子回答说："问得好！事实确实如同你说的那样。像商朝后裔、周朝后裔为其所尊崇的始祖和宗祖立庙祭祀合乎常理，不应被毁；而你所说的其他两种对祖和宗的庙祭，祭祀的对象都是功德无量的祖先，虽然相隔数代，但让他们享受庙祭也没有什么值得犹豫的。《诗经》中说："可爱的甘棠树，不要砍伐它，邵伯曾在这里露宿过。'周朝后裔对待邵公有特殊的感情，因为爱邵公此人，所以对邵公所依之树也敬重有加，更何况祖宗有功有德，又怎么不去尊重而保留其享受庙祭呢？"

辩乐解第三十五

★ 原文

孔子学琴于师襄子①。襄子曰："吾虽以击磬为官，然能于琴。今子于琴已习，可以益矣。"

孔子曰："丘未得其数也。"

有间②，曰："已习其数，可以益矣。"

孔子曰："丘未得其志也。"

有间，曰："已习其志，可以益矣。"

孔子曰："丘未得其为人也。"

有间，孔子有所缪然③思焉，有所睪然④高望而远眺。曰："丘迨得其为人矣，黮⑤而黑，颀然长，旷⑥如望羊⑦，奄有四方。非文王其孰能为此？"

师襄子避席叶拱⑧而对曰："君子圣人也，其传曰《文王操》⑨。"

★ 注释

① 师襄子：春秋时卫国乐官。

② 有间：过了一段时间。

③ 缪然：穆然，静思貌。缪，通"穆"。

④ 睪（gāo）然：高远的样子。

⑤ 黮（dàn）：黑的样子。

⑥ 旷：用志广远。

⑦ 望羊，远视的样子。

⑧ 叶拱：以两手抚于胸前为礼。

⑨《文王操》：用来歌颂周文王的琴曲，后失传。

★ 译文

孔子跟师襄子学习弹琴。师襄子说："我虽然因磬击得好而被委以官职，但我最擅长的还是弹琴。依我看，现在你弹的这首曲子已经弹得不错了，可以学新的东西了。"

孔子说："我还没有掌握好弹奏这首曲目的所有技巧呢。"

过了一段时间，师襄子说："你已经掌握好这首曲目的技巧，可以学新的东西了。"

孔子说："我还没有理解这首琴曲的内涵。"

又过了一段时间，师襄子说："你已经完全理解了琴曲的内涵，可以学新的东西了。"

孔子说："我还没有领悟到这首琴曲歌颂的对象是什么人。"

又过了一段时间，孔子穆然深思，一副志向高远的样子，眺望远方。孔子说："我知道琴曲歌颂的是什么人了。他皮肤黝黑，身体修长，胸襟广阔，高瞻远瞩，心怀天下四方。这个人除了周文王还有谁能达到这样的境界呢？"

师襄子听到此处，赶紧离开座席向孔子拱手行礼，并对孔子说："您真是圣人啊，这首传世琴曲就是《文王操》。"

★ 原文

子路鼓琴，孔子闻之，谓冉有曰："甚矣，由之不才也！夫先王之制音也，奏中声以为节，入于南，不归于北。夫南者，生育之乡；北者，杀伐之域。故君子之音温柔居中，以养生育之气。忧愁之感不加于心也，暴厉之动不在于体也。夫然者，乃所谓治安之风也。小人之音则不然，亢厉微末以象杀伐之气，中和之感不载于心，温和之动不存于体。夫然者，乃所以为乱之风。昔者舜弹五弦之琴，造《南风》①之诗，其诗曰：'南风之熏兮，可以解吾民之愠兮；南风之时兮，可以阜吾民之财兮。'

唯修此化，故其兴也勃焉，德如泉流，至于今，王公大人述而弗忘。殷纣好为北鄙之声，其废也忽焉，至于今，王公大人举以为诫。夫舜起布衣，积德含和而终以帝；纣为天子，荒淫暴乱而终以亡，非各所修之致乎？由，今也匹夫之徒，曾无意于先王之制，而习亡国之声，岂能保其六七尺之体哉？"

冉有以告子路，子路惧而自悔，静思不食，以至骨立。

夫子曰："过而能改，其进矣乎。"

★ 注释

①《南风》：古代乐曲《南风》，相传为舜所作。

★ 译文

子路弹琴，孔子听后对冉有说："子路这个人真是太不成器了！先王倡导的音乐，主张'中和'之声，使人心平静，节制欲望，这种音乐风格在南派演奏风格中体现较多，在北派演奏风格中体现很少。这是因为南方具有利于繁衍生息的地方特征，北方则具有征战杀戮频繁的地域特色。因此，君子所弹奏的音乐应该是温顺柔和、节奏中庸，具有修身养性之功用。弹奏过程中，心中没有忧愁的情绪流露，身体语言也没有粗暴的表现。这样的音乐表达一种社会和谐、人心安定之风。小人弹奏的音乐则不是这样，而是用刚劲激烈来表现征伐杀戮，心中没有中和的情感，身体没有柔和温馨的举动。这样的音乐表达一种搅乱人心平和之风。远古时代的舜帝喜爱弹奏五弦琴，并创作出《南风》这首配诗的乐曲。诗中说道：'南风是那么柔和，可以消除百姓心中的怨怒；南风是那么及时，可以增强百姓的财富。'正是实施了这种音乐教化，所以国家能迅速兴旺发达，这类音乐与舜帝的德行一样，如甘泉长流不息，流传后世，是让现今的王公大臣们推崇乐道、难以忘怀的音乐。商纣王喜欢淫乱放荡的音乐，所以他的政权不能长久，顷刻间就倒塌灭亡，至今仍让王公大臣们引以为戒。舜虽是平民百姓出身，因为道德醇厚，中和而孝悌，最终被尊奉为帝王。商纣王贵为天子，但是他荒淫暴虐，最终导致国破人亡。这两个例子不正是个人的修为不同所导致的结果相异的例证吗？子路只是一个平民百姓，不注重先王崇尚的音乐风格，却只依据个人喜好弹奏亡国之音，其后果怎么能保全其性命无忧呢？"

冉有把孔子的话告诉了子路，子路听后对自己的行为后果感到非常害怕，他深刻反省，静坐反思，常常忘记进食，以至于变得瘦骨嶙峋。

孔子说道："知道了过错能改正，这就会进步啊！"

★ 原文

周宾牟贾①侍坐于孔子，孔子与之言，及乐，曰："夫《武》②之备诫③之以久，何也？"

对曰："病④疾不得其众。"

"咏叹之，淫液⑤之，何也？"

对曰："恐不逮事。"

"发扬蹈厉之已蚤⑥，何也？"

对曰："及时事。"

"《武》坐致右而轩左⑦，何也？"

对曰："非《武》坐。"

"声淫及商，何也？"

对曰："非《武》音也。"

孔子曰："若非《武》音，则何音也？"

对曰："有司失其传也。"

孔子曰："唯，丘闻诸苌弘，亦若吾子之言是也。若非有司失其传，则武王之志荒矣。"

宾牟贾起，免席而请曰："夫《武》之备诫之以久，则既闻命矣。敢问迟矣而又久立于缀⑧，何也？"

子曰："居，吾语尔。夫乐者，象成者也。总干而山立⑨，武王之事也。发扬蹈厉，太公之志也。《武》乱⑩皆坐，周、邵⑪之治也。且夫《武》，始成⑫而北出，再成而灭商，三成而南反，四成而南国是疆，五成而分陕⑬，周公左，邵公右，六成而复缀，以崇其天子焉。众夹振焉而四伐⑭，所以盛威于中国；分陕而进，所以事蚤济；久立于缀，所以待诸侯之至也。

"今汝独未闻牧野^⑮之语乎？武王克殷而反商之政，未及下车，则封黄帝之后于蓟，封帝尧之后于祝，封帝舜之后于陈。下车又封夏后氏之后于杞，封殷之后于宋，封王子比干之墓，释箕子之囚，使人行商容^⑯之旧，以复其位，庶民弛政，庶士倍禄。既济河西，马散之华山之阳而弗复乘，牛散之桃林之野而弗复服，车甲则衅之而藏之诸府库，以示弗复用。倒载干戈而包之以虎皮，将率之士，使为诸侯，命之曰"鞬櫜^⑰"，然后天下知武王之不复用兵也。散军而修郊射，左射以《狸首》^⑱，右射以《驺虞》^⑲，而贯革之射息也；裨冕^⑳搢笏^㉑，而虎贲之士脱剑；郊祀后稷，而民知尊父焉；配明堂^㉒而民知孝焉；朝觐，诸侯知所以臣；耕籍^㉓，然后民知所以敬亲。六者，天下之大教也。食三老五更于太学，天子袒而割牲，执酱而馈，执爵而酳，冕而总干，所以教诸侯之弟也。如此，则周道四达，礼乐交通。夫《武》之迟久，不亦宜乎？"

★ 注释

① 宾牟贾：孔子弟子，精通音乐。我国最早的音乐专著《乐记》中就有《宾牟贾》一篇。

②《武》：又叫作《大武》，是周朝的一种音乐舞蹈，依据武王伐纣的故事而作。

③ 备诫：用鼓声表达警醒众人之意。

④ 病：忧，担心。

⑤ 淫液：乐声绵延不断。

⑥ 发扬蹈厉之已蚤：舞蹈从舒缓发展到雄壮有力，过程很短暂。蹈厉，形容舞蹈时动作威武。蚤，通"早"。

⑦《武》坐致右而轩左：《武》的舞者腿跪地、左脚抬起。坐，跪地。轩，抬起。

⑧ 迟（zhì）矣而又久立于缀：舞者站立在舞台上长时间静止不动。迟，

站立。缀，指舞者在舞台上的位置。

⑨ 总干而山立：舞者聚在一起持盾站立，如山耸立。总，舞者汇集在一起。干，盾牌。

⑩ 乱：舞曲结束时。

⑪ 周、邵：周公姬旦和邵公姬奭，二人与周武王同辈。邵公又称召公、召伯，西周宗室、大臣，先后辅佐周武王、周成王、周康王。

⑫ 始成：第一乐章。成，相当于乐章。

⑬ 分陕：以陕为界、将国家分而治之。周公负责治理东方，邵公负责治理西方。

⑭ 众夹振焉而四伐：表演过程中，两侧有摇铜铃的乐手，舞者则挥动矛戈随着铃声有节奏地向四方刺击，表示征伐助纣为虐的四方诸侯。

⑮ 牧野：古地名。周武王兴师伐纣，与商军大战于牧野。战争最后以商军倒戈、纣王自杀而结束。

⑯ 商容：商纣王时期曾任掌管礼乐的官员，后被纣王罢官。

⑰ 鞬櫜（tuò jiān）：原意是装箭的容器，此处表示刀枪入库甲、解兵释甲。

⑱ 《狸首》：《狸首》是逸诗篇名。上古行射礼时，诸侯歌《狸首》为发矢的节度。诗歌内容："曾孙侯氏，四正具举。大夫君子，凡以庶士。小大莫处，御于君所。以燕以射，则燕则誉。"

⑲ 《驺虞（zōu yú）》：指《诗经·召南·驺虞》。

⑳ 裸冕：古代朝觐或祭祀时所穿冕服的通称。

㉑ 搢（jìn）笏：腰插笏板。

㉒ 明堂：是古代帝王所建的最隆重的建筑物，用作朝会诸侯、发布政令、秋季大享祭天，并祭祀祖宗。

㉓ 耕籍：亦作"耕藉""耕耤"。古时每年春耕前，天子、诸侯举行仪式，亲耕籍田（古代天子、诸侯之田，平时雇人耕作），种植供祭祀用的谷物，以示劝农。

★ 译文

周人宾牟贾陪孔子坐着聊天，两人谈起了现今的音乐舞蹈，孔子说："周朝歌舞《武》的起始部分有一段长时间的鼓乐，具有准备和警戒意味，这是为什么呢？"

宾牟贾回答："这是表达周武王出征之前担心得不到士众的广泛支持，需要长时间的准备激发士气。"

孔子问："鼓声悠长，绵延不绝，这又是表现什么呢？"

宾牟贾回答："这是表现周武王担心自己不能完成伐纣大事。"

孔子问："舞蹈起始部分舞者意气风发、斗志昂扬，又是表达什么意境？"

宾牟贾回答："这是表现周武王在寻找最佳的征伐时机。"

孔子问："《武》的舞者有右膝跪地、左脚抬起的舞蹈动作，这是表达什么？"

宾牟贾回答："这好像不是原有的乐舞《武》的跪姿表现手法。"

孔子问："乐曲过多地应用了商纣时期具有杀伐气息的表现形式，又是怎么回事？"

宾牟贾回答："这也不是《武》原本的曲调。"

孔子问："如果不是《武》原本的曲调，又是什么造成的呢？"

宾牟贾回答："这应该是乐官在传授中出现的失误造成的。"

孔子说："是的，我以前从周国大夫苌弘那里听说过，与你说的一致。如果不是乐官传授失误，这乐曲真是不能表达武王的心志。"

宾牟贾起身离开座席，向孔子请教说："乐舞《武》开始部分的长时段的鼓舞，具有警醒万众、振奋士气、等待出征命令的象征意义，我已经知道了。请问舞蹈的表演者起初站在舞台上有一段长时间的等待，这是为了表现什么？"

孔子说："请坐，我来告诉你。这个乐舞是来表现事业成功的经历。舞者手持盾牌如山般站立，象征武王稳重的做事风格。舞者精神奋发、意志昂扬地劲舞起来，象征姜太公征伐商纣的雄心壮志。《武》末章的舞蹈者集体跪坐，象征周公姬旦和邵公姬奭辅佐武王统治天下大功告成。再说《武》的乐章；第一章表现武王出征北上；第二章表现武王灭商；第三章表现灭商之后挥师南下；第四章表现征服南方诸国；第五章表现以陕为界、将国家分而治之，周公负责治理东方，邵公负责治理西方；第六章通过舞者恢复到原位，表现天下诸侯朝拜尊崇周天子。表演过程中，两侧有摇金铎（古乐器，类似铜铃）的乐手，舞者则挥动矛戈随着铃声有节奏地向四方做刺杀动作，表示征伐助纣为虐的诸侯，从而显示武王之师威震天下。舞者后来又分成两列前进，象征周朝分陕而治，也表示征战已经成功。至于舞蹈刚开始的那一段长时间静立，表示军队在等待其他诸侯前来会师、等待出征命令。

　　"你有没有听说过有关牧野的传说？周武王率师攻克商都，推翻商朝统治，未下战车，就封黄帝后裔在蓟地建国，封尧帝后裔在祝地建国，封舜帝后裔在陈地建国。征伐结束后，又封夏后氏的后裔在杞地建国；封殷商后裔在宋地建国；重修了王子比干之墓；释放了被纣王囚禁的箕子（纣王之叔）；命人去找商容，预恢复其官职掌管礼乐教化；解除百姓在商纣时期所担负的苛捐杂税，成倍增加普通官吏的俸禄。后来周武王率兵渡过黄河西行，把兵马散养在华山南坡不再骑乘；把军队征用的牛返还给百姓不再征用；兵车甲胄则涂上牲血，并收藏到库府之中，以示不再使用；将盾牌矛戈倒置并用虎皮包装起来，把将士分封到各个诸侯国。这一系列措施称之为"韅櫜"，让天下人都明白，周武王从此之后不再用兵征战。遣散军队、修建郊学，在郊学中学习射礼，在东郊学官用《狸首》作为射礼的礼仪诗歌，在西郊学官则以《驺虞》作为礼仪诗歌，射礼不以贯穿铠甲、具备杀戮性质的骑射为目标；文武官员身穿礼服、戴礼帽、腰插笏板，守卫勇士也不再携带佩剑；利用郊祭祭祀后稷的活动，让百姓懂得尊重父辈及先人；在明堂举办祭祀活动，让人人懂得孝道；规定朝见天子的礼仪，让各个诸侯国明晓臣属地位、尊崇天子统治；天子亲自到籍田参与耕作，让百姓重视农业发展供养亲人。这六个方面是周武王实施的最重要的政治教化。在太学中宴请三老五更（令人尊重的长者），天子袒露左臂亲自切割肉食、端着肉酱向他们献食，待他们用餐完毕后再亲自端漱口水请他们净口，而后天子再穿戴好王服王冠。此举是让诸侯及其子弟尊重兄长、尊重长辈。这样一来，周朝的政教就畅达四方，礼乐制度处处通行。因此，《武》得以经久流传，不是理所当然吗？"

问玉第三十六

★ 原文

子贡问于孔子曰："敢问君子贵玉而贱珉^①？何也？为玉之寡而珉多欤？"

孔子曰："非为玉之寡故贵之，珉之多故贱之。夫昔者君子比德于玉：温润而泽，仁也；缜密以栗^②，智也；廉而不刿^③，义也；垂之如坠^④，礼也；叩之，其声清越^⑤而长，其终则诎然^⑥，乐矣；瑕不掩瑜，瑜不掩瑕，忠也；孚尹^⑦旁达^⑧，信也；气如白虹，天也；精神见于山川，地也；珪璋^⑨特达^⑩，德也；天下莫不贵者，道也。《诗》云：'言念君子，温其如玉^⑪。'故君子贵之也。"

★ 注释

① 珉（mín）：似玉的石头。

② 缜密以栗：指玉质细致紧密且坚硬。栗，坚实。

③ 廉而不刿（guì）：指玉器棱角分明但不锋利。廉，棱角。刿，锋利。

④ 垂之如坠：指玉做的坠饰悬垂适度。

⑤ 清越：声音清脆悠扬。

⑥ 诎（qū）然：指声音戛然而止。

⑦ 孚尹：指玉的晶莹色彩。

⑧ 旁达：发散到四方。

⑨ 珪璋（guī zhāng）：二者皆为朝会时所执的玉器。

⑩ 特达：突出、显达。

⑪ 言念君子，温其如玉：出自《诗经·秦风·小戎》。言念，想念。言为助词。

★ 译文

子贡问孔子："请问君子总把玉看得很珍贵，而珉石和玉石类似但却得不到重视，这是为什么呢？是因为玉石少而珉石多吗？"

孔子说："并不是因为玉石少就认为它贵重，也不是因为珉石多就轻视它，是与它们的质地有关系。从前，君子常将玉的品质与人的美德相比。玉温润而有光泽，就像人的仁德；玉的质地细密而又坚实，就像人的才智；玉有棱角但不锋利伤人，就像人的仁义；玉制的坠饰悬垂有度，就像人懂得礼度；敲击玉石发出的声音清脆悠扬，最后戛然而止，像人在奏乐；玉石上的瑕疵更能衬托出玉的美妙，玉的美妙也不必掩饰其中的瑕疵，像人的忠诚；玉的色泽晶莹剔透，在光的照耀下光彩四溢，像人的诚信；玉的气质如同日月般靓丽，像人崇尚天道；玉的精气连接着山川，像人尊重地道；官员佩戴玉制的珪璋等玉制礼器参与理政，使政令上通下达，就像实施德政；玉是天下人所珍视的物品，就像尊重道义。《诗经》说：'让人怀念之君子，温和善良如美玉。'所以君子都以玉为贵。"

★ 原文

孔子曰："入其国，其教可知也。其为人也，温柔敦厚，《诗》教也；疏通知远，《书》教也；广博易良，《乐》教也；洁静精微，《易》教也；恭俭庄敬，《礼》教也；属辞比事，《春秋》教也。故《诗》之失，愚①；《书》之失，诬②；《乐》之失，奢；《易》之失，贼③；《礼》之失，烦；《春秋》之失，乱④。其为人也，温柔敦厚而不愚，则深于《诗》者矣；疏通知远而不诬，则深于《书》者矣；广博易良而不奢，则深于《乐》者矣；洁静精微而不贼，则深于《易》者矣；恭俭庄敬而不烦，则深于《礼》者矣；属辞比事而不乱，则深于《春秋》者矣。

★ 注释

① 愚：迂腐，不灵活。

② 诬：言过其实。这里指过于强调历史对当下的指导作用了。

③贼：意指思考问题过分的精微细密。

④乱：乱加褒贬，意指褒贬失当。

★译文

孔子说："进入一个国家亲身体验一下，就可以了解其教化程度。如果人们行为温柔、秉性敦厚，那就是用《诗经》教化的结果；如果人们知晓时政、了解历史，那就是《尚书》教化的结果；如果人们心胸宽广、平易善良，那就是《乐经》教化的结果；如果人们心绪沉静、思维缜密，那就是《易经》教化的结果；如果人们谦恭节俭、庄重诚敬，那就是《礼记》教化的结果；如果人们善于文辞、贯通古今，那就是《春秋》教化的结果。但是，《诗经》教化的不足在于导致迂腐，《尚书》教化的不足在于不切实际，《乐经》教化的不足在于奢侈铺张，《易经》教化的不足在于过分细致，《礼记》教化的不足在于琐碎繁杂，《春秋》教化的不足在于乱加褒贬。如果能做到温柔敦厚又不迂腐，那就是深刻理解《诗经》教的人；如果能做到博古通今又不言过其实，那就是深刻理解《尚书》的人；如果能做到豁达善良又不奢侈铺张，那就是深刻理解《乐经》的人；如果能做到沉稳且思维缜密又不过分追求细枝末节，那就是深刻理解《易经》的人；如果能做到恭俭庄敬又不苛求烦琐细致，那就是深刻理解《礼记》的人；如果能做到善于文辞评说史实又不乱加褒贬，那就是深刻理解《春秋》的人。

★原文

"天有四时者，春夏秋冬，风雨霜露，无非教也。地载神气①，吐纳雷霆②，流形③庶物④，无非教也。清明在躬⑤，气志如神，有物将至，其兆必先。是故天地之教，与圣人相参。其在《诗》曰：'嵩高惟岳，峻极于天。惟岳降神，生甫及申。惟申及甫，惟周之翰。四国于蕃，四方于宣⑥。'此文武之德。'矢其文德，协此四国⑦。'此文王之德也。凡三代⑧之王，必先其令问⑨。《诗》云：'明明天子，令问不已⑩。'三代之德也。"

★注释

①神气：五行之气。

②吐纳雷霆：新陈代谢变化多端。吐纳，新陈代谢。雷霆，指变化。

③ 流行：天然的地理环境。

④ 庶物：万物。

⑤ 清明在躬：指人心地光明正大，头脑清晰明辨。

⑥ 嵩高惟岳……四方于宣：出自《诗经·大雅·嵩高》。甫及申，指申侯和甫侯。申侯，是指周幽王和周平王时期的申国国君，协助建立东周。甫侯，周穆王大臣。其时周王室开始衰微，诸侯有的不遵王命，社会秩序不安，他建议周穆王，加强刑法，于是作五刑三千条。蕃：通"藩"，屏障。

⑦ 矢其文德，协此四国：出自《诗经·大雅·江汉》。

⑧ 三代：指夏、商、周三代。

⑨ 令问：美誉。

⑩ 明明天子，令问不已：出自《诗经·大雅·江汉》。

★ 译文

"天有四个季节之分，即春、夏、秋、冬四季，还有风、霜、雨、露，这一切无非都是天体运行的自然规律。大地承载着五行之气，新陈代谢变化多端，天然的地理环境滋润着万物生长，这是大地的自然规律。圣人心地光明正大，头脑清晰明辨，精神意志犹如有神明相助，对将要发生什么事情或将要出现的变化，必定能发现其征兆。所以说天地的变化规律与圣人的教化之举是相辅相成的。正如《诗经》所说：'高大耸立之山岳，直入云天势巍峨。神灵降临于山岳，申侯甫侯生人间。二侯当政施策略，捍卫周室护稳定。四方诸侯齐臣服，王命通达于天下。'这就是周朝文功武德的教化结果。'广施文德于天下，各路诸侯来协恰。'指的就是文王的德政教化的结果。夏、商、周三代的君王，称王之前都有很高的美誉。《诗经》中说：'勤勉贤明之天子，美誉不断地位稳。'这就是对三代圣王美德的赞美。"

★ 原文

子张问圣人之所以教，孔子曰："师①乎，吾语汝。圣人明于礼乐，举而措之而已。"

子张又问，孔子曰："师，尔以为必布几筵，揖让升降②，酌献酬酢③，然后谓之礼乎？尔以为必行缀兆④，执羽籥⑤，作钟鼓，然后谓之乐乎？

言而可履⑥，礼也；行而可乐，乐也。圣人力此二者，以躬己南面⑦，是故天下太平，万民顺伏，百官承事，上下有礼也。夫礼之所以兴，众之所以治也；礼之所以废，众之所以乱也。目巧之室则有隩阼⑧，席则有上下，车则有左右，行则并随，立则有列序，古之义也。室而无隩阼，则乱于堂室矣；席而无上下，则乱于席次矣；车而无左右，则乱于车上矣；行而无并随⑨，则乱于阶涂⑩矣；列而无次序，则乱于著矣。昔者明王圣人，辩贵贱长幼，正男女内外，序亲疏远近，而莫敢相逾越者，皆由此涂出也。"

★ 注释

① 师：即颛孙师，字子张，孔子弟子。

② 升降：分出先后次序。

③ 酌献酬酢（chóu zuò）：酌酒献客，宾主互相敬酒。

④ 缀兆：古代乐舞中舞者的行列位置。

⑤ 羽籥（yuè）：古代祭祀或宴飨时舞者所持的舞具和乐器。

⑥ 言而可履（lǚ）：言出必行，言而有信。

⑦ 躬己南面：意指圣人亲力亲为，率先垂范，为他人做表率。躬己，亲力亲为。

⑧ 隩阼（yù zuò）：指内室外室有分别，或卧室与厅堂分别开来。

⑨ 并随：先后，前后。

⑩ 阶涂：台阶与道路。涂，通"途"。

★ 译文

子张向孔子请教圣明的君王是如何实施教化的。孔子说："颛孙师（子张）啊，我来告诉你。圣明的君王精通礼和乐的效用，他们把礼乐都具体化并落实到个人行动和教化过程之中。"

子张请求详加解释，孔子说："颛孙师啊，你以为必须摆好筵席，作揖谦让后分别入座，酌酒献客，宾主相互敬酒，这就是礼吗？你以为必须是编排好的舞蹈、器乐表演、钟鼓演奏，这才叫作乐吗？说话言而有信，言出必行，这也是礼；

做事能使他人感受到快乐，这也是乐。圣人对这两个方面极力推崇，亲力亲为，率先垂范，从而使得天下太平，万民顺应臣服，百官尽职处理政事，上上下下以礼相待。所以，礼制的兴盛，就迎来百姓的大治；礼制的衰败，就会发生天下大乱。完美的居室必定有内外室之分别，座席的位置必有尊卑上下之分，乘车出行也有左右通行的规则，走在路上也有先后次序，站在一起也讲究位置关系，这是自古至今的规则。居室若没有内外之分，则造成居室的起居混乱；座席不分上下，就会产生尊卑混乱；乘车不分左右，就会出现通行混乱；走路不分前后，就会在台阶和道路上拥堵；列队不讲次序，就会出现位置混乱。以前圣明的君王和圣人区分贵贱、长幼，端正男女、内外之别，排定亲疏、远近之关系，没有人逾越或违背这些规则，都是根据这个道理来行事。"

屈节解第三十七

★ **原文**

子路问于孔子曰："由闻丈夫①居世，富贵不能有益于物，处贫贱之地而不能屈节以求伸，则不足以论乎人之域②矣。"

孔子曰："君子之行己，期于必达于己。可以屈则屈，可以伸则伸。故屈节者，所以有待③；求伸者，所以及时④。是以虽受屈而不毁其节，志达而不犯于义。"

★ **注释**

① 丈夫：大丈夫，指有作为的人。

② 域：境界。

③ 待：等待有人了解和任用。

④ 时：良时，好时机。

★ **译文**

子路问孔子说："我听说，大丈夫活在世间，身居富贵时不能有利于世人；处于贫贱之地不能暂时忍受委屈以求得将来的发展，就是没有达到人们所说的大丈夫的境界。"

孔子说："君子立身行事，期望一定要达到自己的目标。需要屈节的时候就屈节，需要伸展的时候就伸展。委屈自己是因为有所期待，为求得伸展等待时机。所以君子身受委屈时不能失掉气节，志向通达时也不能违背道义。"

孔子在卫，闻齐国田常①将欲为乱②，而惮鲍、晏③，因欲移其兵以伐鲁。孔子会诸弟子而告之曰："鲁，父母之国，不可不救，不忍视其受敌。今吾欲屈节于田常以救鲁，二三子谁为使？"

于是子路曰："请往齐。"孔子弗许。子张请往，又弗许。子石④请往，又弗许。

三子退，谓子贡曰："今夫子欲屈节以救父母之国，吾三人请使而不获往。此则吾子用辩之时也，吾子盍请行焉？"子贡请使，夫子许之。

遂如齐，说田常曰："今子欲收功于鲁实难，不若移兵于吴则易。"

田常不悦，子贡曰："夫忧在内者攻强，忧在外者攻弱。吾闻子三封而三不成⑤，是则大臣不听令。战胜以骄主，破国以尊臣⑥，而子之功不与焉，则交日疏于主，而与大臣争。如此则子之位危矣。"

田常曰："善，然兵甲已加鲁矣，不可更，如何？"

子贡曰："缓师，吾请于吴，令救鲁而伐齐，子因以兵迎之。"田常许诺。

子贡遂南，说吴王曰："王者不灭国，霸者无强敌。千钧之重，加铢两而移⑦。今以齐国而私⑧千乘⑨之鲁，与吾争强，甚为王患之。且夫救鲁以显名，以抚泗上诸侯⑩，诛暴齐以服晋，利莫大焉。名存亡鲁，实困强齐，智者不疑。"

吴王曰："善，然吴常困越，越王今苦身养士，有报吴之心，子待我先越，然后乃可。"

子贡曰："越之劲不过鲁，吴之强不过齐，而王置齐而伐越，则齐必私鲁矣。王方以存亡继绝⑪之名，弃齐而伐小越，非勇也。勇而不计难，仁者不穷约，智者不失时，义者不绝世。今存越，示天下以仁，救鲁伐齐，威加晋国，诸侯必相率而朝，霸业盛矣。且王必恶越，臣请见越君，令出兵以从，此则实害越而名从诸侯以伐齐。"吴王悦，乃遣子贡之越。

越王郊迎，而自为子贡御，曰："此蛮夷之国，大夫何足俨然辱而临之？"

子贡曰："今者吾说吴王以救鲁伐齐，其志欲之，而心畏越，曰：'待我伐越而后可。'则破越必矣。且无报人之志，而令人疑之，拙矣；有报人之意，而使人知之，殆矣；事未发而先闻者，危矣。三者，举事之患矣。"

勾践顿首曰："孤尝不料力而兴吴难，受困会稽。痛于骨髓，日夜焦唇干舌⑫，徒欲与吴王接踵而死，孤之愿也。今大夫幸告以利害。"

子贡曰："吴王为人猛暴，群臣不堪，国家疲弊，百姓怨上，大臣内变，申胥以谏死，大宰嚭用事⑬，此则报吴之时也。王诚能发卒佐之，以邀射⑭其志，而重宝以悦其心，卑辞以尊其礼，则其伐齐必矣。此圣人所谓屈节求其达者也。彼战不胜，王之福；若胜，则必以兵临晋。臣还北请见晋君共攻之，其弱吴必矣。锐兵尽于齐，重甲困于晋，而王制其弊焉。"越王顿首许诺。

子贡返五日，越使大夫文种顿首言于吴王曰："越悉境内之士三千人以事吴。"

吴王告子贡曰："越王欲身从寡人，可乎？"

子贡曰："悉人之众，又从其君，非义也。"吴王乃受越王卒，谢留勾践。遂自发国内之兵以伐齐，败之。子贡遂北见晋君，令承其弊⑮。吴、晋遂遇于黄池⑯，越王袭吴之国，吴王归与越战，灭焉。

孔子曰："夫其乱齐存鲁，吾之始愿。若能强晋以弊吴，使吴亡而越霸者⑰，赐之说之也。美言伤信，慎言哉。"

★注释

① 田常：即田成子，原名为田恒，是齐国田氏家族第八任首领。

② 为乱：意指制造国内动乱。

③ 鲍、晏：指鲍氏、晏氏家族，齐国的卿大夫家族。

④ 子路、子张、子石：三人都是孔子弟子。

⑤ 三封：多次受封。三，多次。封，帝王以爵位、土地、名号等赐人，

这里指受封。

⑥破国以尊臣：若攻破鲁国，则带兵大臣的声誉增大。

⑦千钧之重，加铢两而移：此句意指有吴、晋、齐等强国构成的平衡，在任何一方增加一点力量，都会破坏这个平衡。钧、两、铢，古代重量单位，二十四铢为一两，十六两为一斤，三十斤为一钧，四钧为一石。铢、两，常用来表示极轻的重量。

⑧私：把……据为私有，侵吞的意思。

⑨千乘，指小诸侯国。按周制，天子可以拥有兵车万乘；诸侯可拥有兵车千乘。

⑩泗上诸侯：意指泗水之滨的鲁国。泗上，泛指泗水北岸的广大地域。泗，指泗水。

⑪存亡继绝：使濒临灭亡者得以延续。

⑫焦唇干舌：意指忧心如焚。

⑬申胥以谏死，太宰嚭用事：申胥，指伍子胥。太宰嚭，太宰伯嚭。伍子胥曾多次劝谏吴王夫差杀勾践，夫差不听。夫差急于进图中原，率大军攻齐，伍子胥再度劝谏夫差暂不攻齐而先灭越，遭拒。夫差听信太宰伯嚭谗言，称伍子胥阴谋倚托齐国反吴，派人送一把宝剑给伍子胥，令其自杀。

⑭邀射：追求、谋取。

⑮令承其弊：巧言陈述形势利弊。

⑯吴、晋遂遇于黄池：指黄池之战。黄池之会是春秋末年吴国倾全国之兵与晋国大战的一次历史事件。

⑰若能强晋以弊吴，使吴亡而越霸者：而让强大的晋国加入对吴国的战争之中，最后消灭吴国、越国成就了霸业。

★译文

孔子在卫国期间，听说齐国的宰相田常想要专权作乱，却害怕鲍氏和晏氏两个家族的势力，因此为了转移国内矛盾，他想派齐国军队去攻打鲁国。孔子召集身边的弟子，告诉他们说："鲁国是我的祖国，不能不救，我不忍心看到它被侵犯。现在我想放下个人的清高，委曲求全，向田常求情来拯救鲁国，你们谁愿出使齐国？”

于是子路说："我请求前往齐国。"孔子没有答应。子张请求去，孔子也没有答应。子石又请求去，孔子还是没答应。

三个人出去对子贡说："现在先生要屈节来拯救自己的祖国，我们三人都请求出使，却没获准前往。这正是你施展辩才的机会，你何不去请求一下？"子贡请求出使，孔子答应了。

于是子贡前往齐国，劝说田常："现在你想要通过攻打鲁国来获取相应政治资本，缓解国内矛盾，估计收效不大；不如转移军队对吴国作战，其功效很容易显现出来。"

田常听后不高兴。子贡又说："忧患在国家内部时，就攻打强国；忧患在国家外部时，就攻打弱者。我听说你有多次受封机会都没能成功，这是大臣们从中作梗、不听令的结果。攻打鲁国这样一个弱国，打了胜仗会使君主骄狂，消灭这个国家会使带兵大臣声名显贵，而这其中好像没有你的功劳，那么你与君主的交情就会一天天地疏远，而且还要与大臣们争功。这样的话，你的处境就危险了。"

田常说："对啊！可军队已经向鲁国边境集结，军令是不能随意更改的，这可怎么办？"

子贡说："你先延缓进军时间，我去劝说吴国，让他们以救援鲁国的旗号攻打齐国，这样你就可以派兵迎击。"田常答应了。

子贡于是南下劝说吴王："有王者风范的国君不会灭绝别国，欲成为霸者绝不能让强敌更强。各国之间的平衡，一国即使增加看似微不足道的重量，也会打破这一平衡。现在齐国攻打并吞并鲁国这个小诸侯国，那么齐国使国力增强，就会具备与吴国争强的实力，我很替吴王您担忧啊。如果大王您出兵救援鲁国，就可以显扬名声，既能安抚泗水北岸的各国诸侯，又能讨伐强暴的齐国，并能震慑强大的晋国，这样做获取的利益可以说是再大不过了。名义上保全了危亡的鲁国，实际上遏制了强齐的扩张，这个道理，聪明的人是不会怀疑的。"

吴王说："说得好！可是，吴国曾经打败越国，越王现在正自我励志，养兵蓄锐，有报复我们的打算。你等我先征服越国，然后我才能安心去救鲁制齐。"

子贡说："越国的力量强不过鲁国，吴国的强盛超不过齐国，大王把齐国搁置在旁，却去讨伐越国，那么齐国一定会很快吞并鲁国。大王在鲁国于存亡继绝之际，不去直面齐国却转而先去攻打弱小的越国，这不是勇敢。勇敢的人不回避困难，仁德的人不使别人陷入困境，聪明的人不会失掉时机，仁义的人不断人后嗣。大王现在保存越国可以向天下显示您的仁义，救援鲁国，讨伐齐国，吴国威名就会震慑晋国，各国诸侯一定会竞相与吴国结盟，称霸的大业就指日可待了。如果大王畏忌越国，我请求去见越王，让他派出军队协助您救鲁伐齐，这样做实际上是把越国变成了臣服于吴国的诸侯国，追随吴国讨伐齐国。"吴王很高兴，就派子贡到越国去。

越王到郊外迎接，并亲自为子贡驾车。越王说："我们越国是个偏远的小国，您怎么会屈尊光临呢？"

子贡回答："现在我劝说吴王讨伐齐国以拯救鲁国危机，吴王他心里想这样做，但又忧虑越国乘机攻打吴国，他说：'等我攻下越国才可以去救鲁国。'那么他攻打越国是一定的了。如果没有报复人的心志，却让人怀疑他有，这是行为拙劣造成的；有报复人的心思，却让人知道了，那就不能成功；报复尚未开始，却让人先行动了，危险也就来了。这三种情况是成事的最大祸患。"

勾践听罢，叩头而拜说："我曾经不自量力，对吴国发难，最后兵败于会稽。我对吴国恨入骨髓，日夜唇焦舌干，只想着和吴王决一死战拼个你死我活，这是我的愿望。现在幸亏您把利害关系告诉了我。"

子贡说："吴王为人凶猛残暴，大臣们都难以忍受，国家也疲惫衰败，百姓怨恨国家政策，大臣内部也不团结，伍子胥因谏诤而死，太宰嚭执政当权，这正是报复吴国的最好时机。大王果真能派兵协助吴王，来激励他的称霸欲望，再用贵重的宝物来讨他的欢心，用谦卑的言辞对他礼敬有加，那他一定会起兵讨伐齐国。这就是圣人所说的降低身份以暂时的屈从来求得日后的通达。如果伐齐之战不胜，这是大王的福分（大王可以乘机向吴国报仇）；如果他胜了，他一定会率兵逼近晋国。这时，请让我北上去拜见晋国国君，请他与越国同时攻打吴国，打败并削弱吴国一定是顺理成章之事。吴国的精锐部队都消耗在齐国，重兵又被晋国困住，而大王就派兵攻克吴国于内外交困之时。"越王叩首再拜，答应了子贡的计划。

子贡返回吴国后五天，越国派大夫文种出使吴国，他对吴王行过跪拜之礼后说："越国愿意派出国内所有的军队三千人听从吴王调遣。"

吴王对子贡说："越王要亲自跟随我去，可以吗？"

子贡说："越王已经派出军队听从您的指挥，您若再胁迫越王跟从，不合道义。"吴王就接受了越王的军队，辞谢勾践并让他留了下来。于是自己命令国内的士兵来讨伐齐国，打败了齐国。子贡就此时北去，拜见了晋国国君，巧言陈述形势利弊，请他出兵迎击战马劳顿的吴国军队。吴、晋两国的军队在黄池相遇大战在一起。越王趁势袭击吴国本土，吴王回国与越国作战，最后结果是吴国被越国消灭。

孔子说："扰乱齐国以保全鲁国，是我开始的心愿。而让强大的晋国加入对吴国的战争之中，最后消灭吴国，越国成就了霸业，这都是子贡游说的结果。冠冕堂皇的好话对诚信有害，所以说话要谨慎啊！"

★原文

孔子弟子有宓子贱者，仕于鲁为单父宰，恐鲁君听谗言，使己不得行其政，于是辞行，故请君之近史①二人与之俱至官。宓子戒其邑吏，令二史书。方书辄掣其肘②，书不善，则从而怒之，二史患之，辞请归鲁。

宓子曰："子之书甚不善，子勉而归矣。"

二史归报于君曰："宓子使臣书而掣肘，书恶而又怒臣，邑吏皆笑之，此臣所以去之而来也。"

鲁君以问孔子。子曰："宓不齐，君子也，其才任霸王之佐。屈节治单父，将以自试也。意者以此为谏乎？"

公寤，太息而叹曰："此寡人之不肖，寡人乱宓子之政，而责其善者，非③矣。微④二史，寡人无以知其过，微夫子，寡人无以自寤。"

遽发所爱之使，告宓子曰："自今已往，单父非吾有也，从子之制，有便于民者，子决为之，五年一言其要。"

宓子敬奉诏，遂得行其政，于是单父治焉。躬敦厚，明亲亲，尚笃敬，施至仁，加恳诚，致忠信，百姓化之。

齐人攻鲁，道由单父。单父之老请曰："麦已熟矣，今齐寇至，不及人人自收其麦，请放民出，皆获傅郭⑤之麦，可以益粮，且不资于寇。"三请而宓子不听。

俄而齐寇逮于麦，季孙闻之怒，使人以让⑥宓子曰："民寒耕热耘，曾不得食，岂不哀哉？不知犹可，以告者而子不听，非所以为民也。"

宓子蹴然⑦曰："今兹⑧无麦，明年可树，若使不耕者获，是使民乐有寇。且得单父一岁之麦，于鲁不加强，丧之不加弱，若使民有自取之心，其创⑨必数世不息。"

季孙闻之，赧然⑩而愧曰："地若可入，吾岂忍见宓子哉。"

三年，孔子使巫马期⑪往观政焉。巫马期阴免衣，衣弊裘⑫，入单父界，见夜渔者得鱼辄舍之。巫马期问焉，曰："凡渔者为得，何以得鱼即舍之？"

渔者曰："鱼之大者名为鱏⑬，吾大夫爱之，其小者名为鲕⑭，吾大夫欲长之，是以得二者，辄舍之。"巫马期返，以告孔子曰："宓子之德，至使民暗行，若有严刑于旁。敢问宓子何行而得于是？"孔子曰："吾尝与之言曰：'诚于此者刑乎彼。'宓子行此术于单父也。"

★ 注释

① 近史：指鲁君身边负责文书的官吏。

② 辄（zhé）掣（chè）其肘：不断牵拽其胳膊肘。辄，总是。掣，拉，拽。

③ 非：错误。

④ 微：无，没有。

⑤ 傅郭：靠近外城。傅，近，靠近。郭，外城，古代在城的外围加筑的一道城墙。

⑥ 让：责备，埋怨。

⑦ 蹴（cù）然：恭敬的样子。

⑧ 兹：年，岁。

⑨ 创：此处意指不劳而获造成的后果。

⑩ 赧（nǎn）然：形容因难为情或羞愧而脸红的样子。

⑪ 巫马期：孔子弟子，姓巫马，名施，字子期，也称子旗，陈国人。

⑫ 阴免（wèn）衣，衣弊裘：偷偷地用布缠起头来，披着破旧的皮衣。阴，

暗暗地、偷偷地。免衣，去冠括发、用布缠头。弊，通"敝"。敝裘，破旧的皮衣。

⑬鲸（chóu）：特别大的鱼。

⑭鲭（yìng）：尚未长大的小鱼。

★译文

孔子弟子中有个叫宓子贱的，在鲁国担任单父的地方长官。他担心鲁国国君听信谗言，使自己无法推行政令，于是在就任前向鲁君辞行时，特意申请让鲁君身边的两位佐吏与自己一同去赴任。到任后，宓子贱在训诫单父邑的官吏时，命令两位佐吏做记录。他们刚开始写，宓子贱就不断牵拽他们的胳膊肘，致使他们写不好，并因此责备他们。二位佐吏很是担心，便请求辞职回鲁国国都。宓子贱说："你们写得很不好，回去后要好好努力。"

二位佐吏回到国都后，报告鲁君说："宓子贱让我们做记录，却在一旁牵拽我们的胳膊，我们写得不好又责备我们，搞得当地的官吏发笑，我们不得不离开他回来。"

鲁国国君就此事请教孔子。孔子说："宓子贱是位君子，论他的才能，足以担当国家大任。此次他屈节去治理单父这个小地方，目的是试试自己的能力。我猜想他是用这件事来向您进谏吧？"

鲁国国君猛然醒悟过来，深深地叹息说："这是我做得不好。宓子贱是担心我干扰他推行自己的治理措施而又要求他取得成绩，这是不应该的。如果没有这二位佐吏，我无法知道自己的过失；没有先生您，我也无法领悟。"

于是，鲁君立刻派自己的宠臣为使，去对宓子贱说："自今以后，单父的治理我不插手，你可以完全按照你的规划进行治理。只要是对百姓有利的事情，你可以自行决定，我只需你五年汇报一次工作就行。"

宓子贱恭敬地接受了诏令，从此得以顺利地推行自己的政令，于是单父境内治理得非常好。他亲力亲为倡导淳朴敦厚的行为，阐明尊亲的道理，推崇诚笃恭敬的品行，施行至仁至义的政策，教导人们恳切诚实，达到忠诚守信，致使百姓都得到了教化。

齐国军队攻打鲁国，军队要途经单父。单父的老者向宓子贱请求说："地里的麦子已经熟了。现在齐军前来侵略，麦田的主人肯定来不及找人收割麦子。请您放百姓出城，让他们都去收获靠近外城的麦子，这样可以让城中的人借此增加粮食，而且不会落入敌人手中为敌所用。"请求了三次，但宓子贱没有听从。不久，齐国军队来到并收获了麦子。

季孙氏听说了这件事，大为恼怒，派人斥责宓子贱说："百姓不畏寒冬酷暑辛勤耕耘，竟然无法吃上自己种的粮食，难道不使人伤心吗？不知道还可以原谅，但有人告诉你，你却不听，这不是在为百姓着想。"

宓子贱恭恭敬敬地说："今年没有收获麦子，明年可以再种。但是在大敌来临之际让不耕种的人去收获别人种的麦子，这是让百姓喜欢有敌人入侵。况且收获单父一年的麦子，鲁国也不会因此强盛；而丢了它，鲁国也不会因此变弱。但如果让百姓产生不劳而获的念头，由此造成的道德沦丧一定几代人也平息不了。"

季孙氏听说后，惭愧不已，说："如果地上有缝我就钻进去了。我哪里还好意思再见宓子呢！"

过了三年，孔子派巫马期去察看宓子贱的为政情况。巫马期用布缠起头来，披上件破旧的皮衣，悄悄进入单父地界。他发现有人在夜间捕鱼，捕到鱼后总是再放走。巫马期上前问道："凡是捕鱼都是为了捕到鱼，你为什么捕到再放走呢？"打鱼的人回答："鱼中有种很大的鱼被称为鲦，我们的长官说要爱护它；比较小的、尚未长成的鱼被称鲵，我们的长官想让它长大。因此捕得这两种鱼，我们就要放走。"

巫马期回来告诉孔子说："宓子贱的德政达到了至高无上的地步，使得百姓私下做事也好像身旁有严刑峻法监督着。请问宓子贱是怎样达到这种境界的？"孔子说："我曾经对他说：'使人讲求诚信，刑罚只能作为辅助措施。'宓子贱在单父贯彻了这一原则。"

★ 原文

孔子之旧曰原壤①，其母死，夫子将助之以沐椁②。

子路曰："由也昔者闻诸夫子曰：'无友不如己者，过则勿惮改③。'夫子惮矣，姑已④若何？"

孔子曰："'凡民有丧，匍匐救之⑤。'况故旧乎？非友也，吾其往。"

及为椁，原壤登木⑥曰："久矣，予之不托于音也。"遂歌曰："狸首之班⑦然，执女⑧手之卷然⑨。"夫子为之隐，佯不闻以过之。

子路曰：“夫子屈节而极于此，失其与矣，岂未可以已乎？”

孔子曰：“吾闻之，亲者不失其为亲也，故者不失其为故也。”

★ 注释

① 原壤：姓原，名壤，春秋时鲁国人，是孔子的老相识。在孔子看来，他是个不重礼仪、碌碌无为、不懂事的人。

② 沐椁：整修棺材。

③ 无友不如己者，过则勿惮改：不和志趣不投的人交朋友，有了过错不要怕改正。

④ 姑已：暂时中止。

⑤ 凡民有丧，匍匐救之：出自《诗经·邶风·谷风》。匍匐，意指尽力而为。

⑥ 登木：敲打棺木。

⑦ 班：通“斑”。

⑧ 女：通“汝”。

⑨ 卷然：柔弱的样子。

★ 译文

孔子有一个旧相识名叫原壤，他的母亲去世时，孔子准备去帮助他为其母打造棺材。

子路说：“我听先生您说过：‘不和志趣不同的人交朋友，有了过错就不要怕改正。’先生在忌惮什么，为何不和他停止交往呢？”

孔子说：“‘凡是百姓有丧亡，尽心竭力去帮助。’何况我们是旧相识呢？我和他不是朋友，但我还是要去。”

做好棺椁以后，原壤敲打着棺木说：“我好久都没有用歌声来抒发感情了。”于是唱道：“棺木的纹理如狐狸头上的花纹一样斑斓，握着你的手啊感觉是那么柔弱。”孔子隐忍着，装作没听见，这事也就过去了。

子路问：“先生忍气吞声到这种地步，已经失去了和他继续交往的理由，您难道还不与他绝交吗？”

孔子说：“人常说，亲人不失去联系才能表达亲缘关系，老相识不断绝来往才是老相识关系。”

卷第九

孔子家语新译

KONGZI JIAYU
XINYI

七十二弟子简介第三十八

★ 原文

颜回，鲁人，字子渊，少孔子三十岁。年二十九而发白，三十一早死。孔子曰："自吾有回，门人日益亲。"回以德行著名，孔子称其仁焉。

★ 译文

颜回，鲁国人，字子渊，比孔子小三十岁。二十九岁时头发就白了，三十一岁早逝。孔子说："自从我有了颜回这个学生，我的弟子们关系日益亲密。"颜回以品德操守高尚闻名，孔子称赞其仁德。

★ 原文

闵损，鲁人，字子骞，少孔子五十岁，以德行著名，孔子称其孝焉。

★ 译文

闵损，鲁国人，字子骞，比孔子小五十岁，以德行著名，孔子称赞其孝行。

★ 原文

冉耕，鲁人，字伯牛。以德著名。有恶疾。孔子曰："命也夫！"

★ 译文

冉耕，鲁国人，字伯牛，以德行著名。患有难以治愈的疾病。孔子说："这就是命啊！"

★原文

冉雍，字仲弓，伯牛之宗族。生于不肖之父，以德行著名。

★译文

冉雍，字仲弓，伯牛（冉耕）的同族兄弟。其父没有什么出息，但他以德行著名。

★原文

宰予，字子我，鲁人，有口才，以语言著名。

★译文

宰予，字子我，鲁国人，有口才，以能言善辩著名。

★原文

端木赐，字子贡，卫人，少孔子三十一岁。有口才著名。

★译文

端木赐，字子贡，卫国人，比孔子小三十一岁，其口才很著名。

★原文

冉求，字子有，仲弓之宗族，少孔子二十九岁。有才艺，以政事著名。

★译文

冉求，字子有，和冉雍是同族兄弟，比孔子小二十九岁。有才有艺，以会处理政事著名。

★原文

仲由，卞人，字子路，一字季路，少孔子九岁。有勇力才艺，以政事著名。

★译文

仲由，卞地人，字子路，或字季路，比孔子小九岁。有勇力有才艺，以处理政事著名。

331

★原文

言偃，鲁人，字子游，少孔子三十五岁。时习于礼，以文学著名。

★译文

言偃，鲁国人，字子游，比孔子小三十五岁。经常学习演练各种礼仪，以精通文献著名。

★原文

卜商，卫人，字子夏，少孔子四十四岁。习于《诗》[1]，能通其义，以文学著名。为人性不弘，好论精微，时人无以尚[2]之。尝返卫，见读史志者云："晋师伐秦，三豕渡河。"子夏曰："非也，己亥耳。"读史志者问诸晋史，果曰"己亥"。于是卫以子夏为圣。孔子卒后，教于西河[3]之上。魏文侯师事之，而谘[4]国政焉。

★注释

①习于《诗》：研读《诗经》。据传子夏精通《诗经》，《毛诗·序》就是他写的。

②尚：超过。

③西河：地名，今陕西东部黄河西岸地区。子夏曾居于此，并在此讲学。

④谘：商量，征询。

★译文

卜商，卫国人，字子夏，比孔子小四十四岁。他研读《诗经》，能通解其意，以擅长文献著称。但为人胸襟不够宏大，特别注重细节问题，当时没有人心思细密能超过他的。有一次他返回卫国，听到一个读史书的人读到："晋军征伐秦国，是在三豕时渡黄河。"子夏说："不对，不是三豕，是己亥。"读史书的人请教晋国的史官，答案果然是"己亥"。此后卫国人都把子夏当作圣人。孔子去世以后，子夏在魏国西河地区讲学，魏文侯把他当作老师，常向他咨询治理国家的方法。

颛孙师，陈人，字子张，少孔子四十八岁。为人有容貌资质，宽冲博接，从容自务，居不务立于仁义之行。孔子门人友之而弗敬。

颛孙师，陈国人，字子张，比孔子小四十八岁。有容貌有资质，待人宽厚，结交广泛，对自己的事业从容不迫，但平时对仁义之行并不十分追求。孔子弟子们虽和他交友，但却并不尊重他。

曾参，南武城人，字子舆，少孔子四十六岁。志存孝道，故孔子因之以作《孝经》。齐尝聘，欲与为卿而不就，曰："吾父母老，食人之禄则忧人之事，故吾不忍远亲而为人役。"参后母遇之无恩，而供养不衰。及其妻以藜①烝②不熟，因出之。人曰："非七出也。"参曰："藜烝，小物耳；吾欲使熟，而不用吾命，况大事乎？"遂出之，终身不取妻。其子元请焉，告其子曰："高宗③以后妻杀孝己④，尹吉甫⑤以后妻放伯奇⑥。吾上不及高宗，中不比吉甫，庸知其得免于非乎？"

① 藜：藜羹，用嫩藜做的羹。

② 烝：通"蒸"。

③ 高宗：即商高宗武丁，姓子，名昭，是商朝第二十三位王。

④ 孝己：商高宗子，因遭后母谗言，被高宗放逐，忧苦而死。

⑤ 尹吉甫：周宣王时贤臣。

⑥ 伯奇：尹吉甫之子。因遭后母谗言，被其父放逐。

曾参，鲁国南武城人，字子舆，比孔子小四十六岁。以践行孝道为志向，所以孔子因他而作《孝经》。齐国曾聘请他，想让他担任卿大夫，他拒绝说："我父母年事已高，拿人俸禄就要替人操心，所以我不忍心远离亲人而受别人差遣。"他的后母虽然对他很不好，但他仍供养孝敬她，从不懈怠。他的妻子因藜菜羹没有蒸熟，曾参为此要休她。有人劝说："你妻子没有犯休妻的七个条款啊！"曾参说："蒸藜羹虽是小事，但我让她蒸熟她却不听我的话，如果是大事会怎么样呢？"最终还是休了妻子，终身不再娶妻。他的儿子曾元劝他再娶，他对儿子说："商高宗武丁因为后妻害死了儿子孝己，尹吉甫因为后妻而把儿子伯奇放逐。我上不及高宗贤能，中不比尹吉甫能干，如果娶了后妻怎能避免不做错事呢？"

★ 原文

澹台灭明，武城人，字子羽，少孔子四十九岁。有君子之姿。孔子尝以容貌望其才，其才不充孔子之望。然其为人公正无私，以取与去就以诺为名，仕鲁为大夫也。

★ 译文

澹台灭明，鲁国武城人，字子羽，比孔子小四十九岁。他有君子的姿容。孔子曾因他的容貌期望他的才能可以和容貌相称，可是他的才能没能达到孔子的期望。然而他为人公正无私，无论是获取还是给予，离去还是接受，都能遵守诺言保持诚信，并因此出名。曾在鲁国做官，官职为大夫。

★ 原文

高柴，齐人，高氏之别族，字子羔，少孔子四十岁。长不过六尺，状貌甚恶。为人笃孝而有法正①。少居鲁，知名于孔子之门。仕为武城②宰。

★ 注释

① 法正：礼法规矩。
② 武城：地名。故址在今山东费县西南。

★ 译文

高柴，齐国人，属高氏家族的分支，字子羔，比孔子小四十岁。他身高不到六尺，相貌很丑。为人特别注重孝道而又遵守礼仪法度。小时候居住在鲁国，在孔子的弟子中有一定名声。官为武城宰。

★原文

宓不齐，鲁人，字子贱，少孔子四十九岁。仕为单父宰，有才智，仁爱，百姓不忍欺。孔子大①之。

★注释

①大：看重。

★译文

宓不齐，鲁国人，字子贱，比孔子小四十九岁。担任单父宰，有才智，有仁爱，百姓都不忍心欺骗他。孔子很看重他。

★原文

樊须，鲁人，字子迟，少孔子四十六岁。弱仕于季氏。

★译文

樊须，鲁国人，字子迟，比孔子小四十六岁。弱冠时（二十岁）就做了季氏的家臣。

★原文

有若，鲁人，字子有，少孔子三十六岁。为人强识，好古道。

★译文

有若，鲁国人，字子有，比孔子小三十六岁。记忆力好，爱好古代的道义。

★原文

公西赤，鲁人，字子华，少孔子四十二岁。束带立于朝，闲宾主之仪。

★译文

公西赤，鲁国人，字子华，比孔子小四十二岁。担任国家使臣（束带立于朝），精通宾主之间的各种礼节。

★原文

原宪，宋人，字子思，少孔子三十六岁。清净守节，贫而乐道。孔子为鲁司寇，原宪尝为孔子宰。孔子卒后，原宪退隐，居于卫。

★译文

原宪，宋国人，字子思，比孔子小三十六岁。心态平和，遵守节操；生活贫困，但安于学习儒学学说。孔子担任鲁国司寇一职时，原宪曾做孔子的管家。孔子去世后，原宪退隐，居住在卫国。

★原文

公冶长，鲁人，字子长。为人能忍耻，孔子以女妻之。

★译文

公冶长，鲁国人，字子长。为人能忍受耻辱，孔子把女儿许配给他做妻子。

★原文

南宫韬，鲁人，字子容。以智自将①，世清不废，世浊不洿②。孔子以兄子妻之。

★注释

① 自将：自己保全。

② 不洿：不污。

★译文

南宫韬，鲁国人，字子容。能以自己的聪明才智保全自己，世道清平会有所作为，世道污浊也不会同流合污。孔子把自己哥哥的女儿嫁给了他。

★原文

公析哀，齐人，字季沉。鄙天下多仕于大夫家者，是故未尝屈节人臣。孔子特叹贵之。

★ 译文

公析哀，齐国人，字季沉。鄙视天下的很多人到大夫家去做家臣，因此他没有屈节去做别人的家臣。孔子特别赞赏他。

★ 原文

曾点 ①，曾参父，字子皙。疾 ② 时礼教不行，欲修之，孔子善焉。《论语》所谓"浴乎沂，风乎舞雩之下 ③"。

★ 注释

① 曾点：即曾皙。

② 疾：痛心，痛恨。

③ 浴乎沂（yí），风乎舞雩（yú）之下：此为《论语·先进》文，今本《论语》无"之下"二字。沂，古时指沂水河，现为曲阜的大沂河。舞雩，古代鲁国求雨祭天的坛，命女巫为舞，故名舞雩坛。这是曾点回答孔子的话。意为在沂水河中沐浴，到舞雩坛下乘凉。

★ 译文

曾点，曾参的父亲，字子皙。他痛心于时局不施行礼教，想改变这种情况。孔子很赞同他的想法。《论语》中的"在沂水河中沐浴，到舞雩坛下乘凉"就是他对清平世界的描述。

★ 原文

颜由，颜回父，字季路。孔子始教学于阙里，而受学。少孔子六岁。

★ 译文

颜由，颜回之父，字季路。孔子在曲阜阙里设立学堂时，他便跟随孔子学习。他比孔子小六岁。

★ 原文

商瞿，鲁人，字子木，少孔子二十九岁。特好《易》，孔子传之，志焉。

337

★译文

商瞿，鲁国人，字子木。比孔子小二十九岁。特别爱好《易经》，孔子传给他的学问，他全部记录下来。

★原文

漆雕开，蔡人，字子若，少孔子十一岁。习《尚书》，不乐仕。孔子曰："子之齿可以仕矣，时将过。"子若报其书曰："吾斯之未能信。"孔子悦焉。

★译文

漆雕开，蔡国人，字子若，比孔子小十一岁。他喜欢研习《尚书》，不愿做官。孔子说："按你的年龄可以去做官了，不然就错过时机了。"子若抱着书回答说："我对书中的内容还没搞清楚呢。"孔子对他这种专心求学的做法很赞赏。

★原文

公良孺，陈人，字子正。贤而有勇。孔子周行，常以家车五乘从。

★译文

公良孺，陈国人，字子正。贤能而又勇敢。孔子周游列国时，他曾经从家里带来五辆车同行。

★原文

秦商，鲁人，字不慈，少孔子四岁。其父董父，与孔子父叔梁纥俱以力闻。

★译文

秦商，鲁国人，字不慈，比孔子小四岁。其父名叫董父，与孔子父亲叔梁纥都以勇力闻名。

★原文

颜刻，鲁人，字子骄，少孔子五十岁。孔子适卫，子骄为仆。卫灵公与夫人南子同车出，而令宦者雍渠参乘①，使孔子为次乘②，游过市，孔子耻之。颜刻曰：“夫子何耻之？”孔子曰：“《诗》云：‘觏尔新婚，以慰我心③。’”乃叹曰：“吾未见好德如好色者也。”

★ 注释

① 参乘：又作"骖乘"，陪乘或陪乘的人。古时乘车，尊者在左；御者在中；又一人在右，称车右或骖乘，由武士充任，负责警卫。

② 次乘：从车。

③ 觏（gòu）尔新婚，以慰我心：出自《诗经·小雅·车辖》。和你相遇结良缘，满怀欣慰心欢欣。觏，遇见。

★ 译文

颜刻，鲁国人，字子骄，比孔子小五十岁。孔子到卫国去，子骄为仆从。卫灵公和夫人南子出游，让宦官雍渠同车陪乘，却让孔子乘坐从车，经过闹市，孔子感到很耻辱。颜刻说：“先生您为何感到耻辱呢？”孔子说：“《诗经》有句诗说：‘和你相遇结良缘，满怀欣慰心欢欣。’”紧接着孔子又叹息说：“我怎么没有见到喜好仁德如同喜欢美色一样的人啊！”

★ 原文

司马耕，宋人，字子牛。牛为性躁，好言语。见兄桓魋①行恶，牛常忧之。

★ 注释

① 桓魋（tuí）：又称向魋，春秋时宋国人，任宋国司马，掌控宋国兵权。他的弟弟司马牛是孔子的弟子。

★ 译文

司马耕，宋国人，字子牛。司马耕为人性情急躁，好说话。见其兄桓魋做坏事，司马耕常常为此担忧。

339

★原文

巫马施，陈人，字子期，少孔子三十岁。孔子将近行，命从者皆持盖。已而，果雨。巫马期问曰："且无云，既日出，而夫子命持雨具。敢问何以知之？"孔子曰："昨暮月宿于毕①。《诗》不云乎：'月离于毕，俾滂沱矣②。'以此知之。"

★注释

① 毕：毕宿，二十八星宿之一，西方白虎七宿的第五宿，共有八颗星。

② 月离于毕，俾滂沱矣：出自《诗经·小雅·渐渐之石》。月儿投入毕宿座，预示大雨将来至。离，通"丽"，附着，靠近。俾，使。滂沱，指大雨。

★译文

巫马施，陈国人，字子期，比孔子小三十岁。孔子准备到附近外出，临行前让随行弟子都带上雨伞。不久，果然下起雨来。巫马期问孔子说："早上天空无云，太阳高照，但先生您却让我们带好雨具。请问您怎么知道有雨呢？"孔子说："昨晚的月亮位于毕宿星座之中。《诗经》中不是说：'月儿投入毕宿座，预示大雨将来至。'我就是依据这些判断的。"

★原文

梁鳣，齐人，字叔鱼，少孔子三十九岁。年三十未有子，欲出其妻。商瞿①谓曰："子未也。昔吾年三十八无子，吾母为吾更取室。夫子使吾之齐，母欲请留吾。夫子曰：'无忧也，瞿过四十，当有五丈夫②。'今果然。吾恐子自晚生耳，未必妻之过。"从之，二年而有子。

★注释

① 商瞿：字子木，孔子弟子，春秋时鲁国人。

② 丈夫：指男孩。

★译文

梁鳣，齐国人，字叔鱼，比孔子小三十九岁。到了三十岁还没有儿子，想休了他的妻子。商瞿对他说："你先不要这样做。从前我三十八岁还没有儿子，我母亲想要给我另娶一房妻子。此时先生（孔子）欲派我到齐国去，母亲请求让我留下来。先生对她说：'不要担忧，商瞿四十岁以后，会有五个儿子。'现在果然如此。我估计你也是属于晚生之列，未必是你妻子的过错。"梁鳣听从了商瞿的话，过了两年就有了儿子。

★原文

琴牢，卫人，字子开，一字张。与宗鲁^①友，闻宗鲁死，欲往吊焉。孔子弗许，曰："非义也。"

★注释

①宗鲁：卫灵公兄长公孟絷的骖乘（古时乘车，坐在车右担任警卫的人），春秋时卫国人。公孟絷为人不善，宗鲁为保护公孟而死。周景王二十三年（前522年），公孟絷谋夺了齐豹的司寇官职，因此齐豹忿埋不平，准备暗杀公孟絷，并提前警告宗鲁不要与公孟絷在一起。宗鲁则表示，自己既然是公孟絷的骖乘，则必须忠于他，同时自己又是齐豹的朋友，也不能向公孟絷告发。他对齐豹说"公孟虽非善，然吾需守义也。"于是，宗鲁还是保护着公孟絷一同前往。结果，宗鲁连同公孟一起被齐豹所杀。事后孔子认为，宗鲁此举"非义也"，并阻止弟子琴张前去吊亡。宗鲁将"义"简单理解为对主子的忠诚，而孔子则认为"义"必须首先以是非善恶为标准，公孟絷非善者，故而批评宗鲁之举"非义也"。

★译文

琴牢，卫国人，字子开，又字张。琴牢和宗鲁是好朋友，听到宗鲁去世后，想去悼念他。孔子不让他去，说："宗鲁的行为不符合道义。"

341

★原文

冉孺，鲁人，字子鱼，少孔子五十岁。

★译文

冉孺，鲁国人，字子鱼，比孔子小五十岁。

★**原文**

颜幸，鲁人，字子柳，少孔子四十六岁。

★**译文**

颜幸，鲁人，字子柳，比孔子小四十六岁。

★**原文**

伯虔，字楷，少孔子五十岁。

★**译文**

伯虔，字楷，比孔子小五十岁。

★**原文**

公孙龙，卫人，字子石，少孔子五十三岁。

★**译文**

公孙龙，卫国人，字子石，比孔子小五十三岁。

★**原文**

曹卹，少孔子五十岁。

★**译文**

曹卹，比孔子小五十岁。

★**原文**

陈亢，陈人，字子元，一字子禽，少孔子四十岁。

★**译文**

陈亢，陈国人，字子元，又字子禽，比孔子小四十岁。

★**原文**

叔仲会，鲁人，字子期，少孔子五十岁，与孔璇年相比。每孺子之执笔记事于夫子，二人迭侍左右。孟武伯见孔子而问曰："此二孺子之幼也于学，岂能识于壮哉？"孔子曰："然。少成则若性也，习惯若自然也。"

★译文

叔仲会，鲁国人，字子期，比孔子小五十岁，与孔璇年龄相近。每当孔子需要书童在身边执笔记事时，总是叔仲会和孔璇轮流出现在孔子身边。孟武伯见到孔子问道："这两个书童这么小就跟随先生学习，不知道他们长大后会是什么样呢？"孔子曰："不必担心。从小培养就会养成天性，习惯成自然啊。"

★原文

秦祖，字子南。

奚蒧，字子楷。

公祖兹，字子之。

廉洁，字子曹。

公西与，字子上。

宰父黑，字子索。

★译文

秦祖，字子南。

奚蒧，字子楷。

公祖兹，字子之。

廉洁，字子曹。

公西与，字子上。

宰父黑，字子索。

★原文

公西减，字子尚。

穰驷赤，字子从。

冉季，字子产。

薛邦，字子从。

石处，字子里。

悬亶，字子象。

★ 译文

公西减，字子尚。

穰驷赤，字子从。

冉季，字子产。

薛邦，字子从。

石处，字子里。

悬亶，字子象。

★ 原文

左郢，字子行。

狄黑，字哲之。

商泽，字子秀。

任不齐，字子选。

荣祈，字子祺。

颜哙，字子声。

★ 译文

左郢，字子行。

狄黑，字哲之。

商泽，字子秀。

任不齐，字子选。

荣祈，字子祺。

颜哙，字子声。

★ 原文

原忼，字子藉。

公肩定，字子仲。

秦非，字子之。

漆雕从，字子文。

燕伋，字子思。

公夏守，字子乘。

★译文

原忼，字子藉。

公肩定，字子仲。

秦非，字子之。

漆雕从，字子文。

燕伋，字子思。

公夏守，字子乘。

★原文

勾井疆，字子疆。

步叔乘，字子车。

石子蜀，字子明。

邽选，字子饮。

施之常，字子常。

申绩，字子周。

★译文

勾井疆，字子疆。

步叔乘，字子车。

石子蜀，字子明。

邽选，字子饮。

施之常，字子常。

申绩，字子周。

345

★ 原文

乐欣，字子声。

颜之仆，字子叔。

孔弗，字子蔑。

漆雕侈，字子敛。

悬成，字子横。

颜相，字子襄。

★ 译文

乐欣，字子声。

颜之仆，字子叔。

孔弗，字子蔑。

漆雕侈，字子敛。

悬成，字子横。

颜相，字子襄。

本姓解第三十九

★原文

孔子之先，宋之后也。微子启[1]，帝乙之元子，纣之庶兄。以圻内[2]诸侯，入为王卿士。微，国名，子爵。初，武王克殷，封纣之子武庚[3]于朝歌，使奉汤祀。武王崩，而与管[4]、蔡、霍三叔作难，周公相成王东征之。二年，罪人斯得，乃命微子代殷后，作《微子之命》[5]申之，与国于宋，徙殷之子孙。唯微子先往仕周，故封之贤。其弟曰仲思，名衍，或名泄，嗣微子之后，故号微仲，生宋公稽。胄子[6]虽迁爵易位，而班级[7]不及其故者，得以故官为称。故二微虽为宋公，而犹以微之号自终，至于稽乃称公焉。

★注释

①微子启：帝乙（商朝第三十任帝王）的长子。帝乙次子是微仲衍，少子是帝辛（商纣王）。

②圻内：即京畿，古代天子都城周围直接管辖之地叫圻。此指都城千里之内的地方。

③武庚：商纣王之子，名禄父。周武王灭纣，封武庚以续殷祀，管理商朝的旧都殷（即朝歌）。武王为防武庚叛乱，又在朝歌周围设邶、墉、卫三国，共同监视武庚，号称"三监"。朝歌以东设卫国，由管叔管理；朝歌西与南为墉国，由蔡叔管理；朝歌以北为邶国，由霍叔管理。后武庚叛乱，被周公所杀。

④ 管、蔡、霍三叔：均为周文王之子，周武王和周公的兄弟。商亡后第四年（前1043年），周武王姬发驾崩，儿子周成王姬诵年幼登基，武王之弟周公旦代成王掌管国事（摄政）。对此，管叔、蔡叔、霍叔皆不满，散布周公想篡位之谣言，并撺掇武庚起兵反叛。周公以成王命率军东征，伐朝歌叛军，武庚兵败被诛，周公又杀管叔、放蔡叔、贬霍叔。

⑤《微子之命》：武庚被杀后，微子启代替武庚为殷之后裔，被封于宋国。史官记录成王封微子的诰命，叫《微子之命》。

⑥ 胄子：对古帝王或贵族长子的称谓，这里的后辈的继承者。

⑦ 班级：爵位等级。

★译文

孔子的祖先，是宋国的后裔。微子启，是商代殷王帝乙的长子，商纣王的庶兄。他以商都城千里之内诸侯的身份，进入朝廷为商纣王的卿士。微子的'微'字是其诸侯国名，"子"字是指其子爵爵位。当初，周武王推翻了商王朝统治，封商纣王的儿子武庚管理殷商都城朝歌，让他承继商汤族脉、祭祀祖先。武王死后，武庚与管叔、蔡叔、霍叔共同谋反，周公辅佐年幼的周成王东征讨伐他们。第二年就平息了叛乱，处置了发动叛乱之人，然后又封微子启代替武庚统领商朝的后裔，并作《微子之命》昭告天下，建立宋国，封微子启为国君，把商人的子孙迁徙到此地。因为微子启很早就投靠了周朝，所以受到的封赏很厚重。后来微子启的弟弟仲思，名衍，又名泄，继承了微子启之位做了宋国国君，因此又被称为微仲。仲思生宋公稽。作为微子的后辈继承者，其爵位或职位历经变迁，但等级都没有祖辈高，所以仍然以旧的爵位称呼。这就是微子启和微仲虽然都是宋国国君，但始终都沿用了微子的称谓的原因。到了宋公稽即位，才开始称公。

★原文

宋公生丁公申，申生缗公共及襄公熙，熙生弗父何及厉公方祀。方祀以下，世为宋卿。弗父何生宋父周，周生世子胜，胜生正考甫，考甫生孔父嘉。五世亲尽，别为公族，故后以孔为氏焉。

★ 译文

宋公稽生宋丁公申，宋丁公申生宋緡公共和宋襄公熙，宋襄公熙生弗父何及宋厉公方祀。从宋厉公方祀以后，弗父何这一支系世代为宋国的卿。弗父何生宋父周，宋父周生世子胜，世子胜生正考甫，正考甫生孔父嘉。弗父何这一支系传到第五代（出了五服）以后，就从宋国国君家族中分离出来另立为族，所以以后以孔作为族姓。

★ 原文

一曰孔父者，生时所赐号也，是以子孙遂以氏族。孔父生子木金父，金父生睪夷，睪夷生防叔，避华氏之祸①而奔鲁。防叔生伯夏，伯夏生叔梁纥。曰："虽有九女，是无子。"其妾生孟皮，孟皮一字伯尼，有足病。于是乃求婚于颜氏。颜氏有三女，其小曰徵在。颜父问三女曰："陬②大夫虽父祖为士，然其先圣王之裔。今其人身长十尺，武力绝伦，吾甚贪③之。虽年长性严，不足为疑。三子孰能为之妻？"二女莫对，徵在进曰："从父所制，将何问焉？"父曰："即尔能矣。"遂以妻之。徵在既往，庙见，以夫之年大，惧不时④有男，而私祷尼丘之山以祈焉。生孔子，故名丘而字仲尼。

孔子三岁而叔梁纥卒，葬于防。至十九，娶于宋之并官氏，一岁而生伯鱼。鱼之生也，鲁昭公以鲤鱼赐孔子。荣君之贶⑤，故因以名曰鲤，而字伯鱼。鱼年五十，先孔子卒。

★ 注释

①华氏之祸：指宋国太宰华督发起的政变。据传宋宣公将死，让位于其弟穆公。宋穆公在位九年将死，嘱孔父嘉（时任宋国大司马）将君位还给宋宣公太子与夷，并使其子冯出居于郑。孔父嘉受嘱拥立并辅佐与夷，即宋殇公。宋殇公在位十年就有十一次战争，民不堪命。太宰华督见孔父嘉妻"美而艳"，遂借安民为名，将他杀死，而娶其妻。后华督又杀殇公，迎公子冯于郑，是为宋庄公。孔父嘉死后，其后代为避免遭受迫害逃离宋国来到鲁国。

②郰（zōu）：春秋时鲁地邑名，故址在今山东曲阜东南，孔子出生于此。

③贪：舍不得。

④不时：不及时。

⑤贶（kuàng）：赐予，加惠。

★ 译文

一说孔父嘉的孔父这个字号，是其出生时君王所赐，所以其子孙就以孔作为姓氏。孔父嘉生子木金父，金父生睪夷，睪夷生防叔，防叔为了躲避太宰华督（华氏政变的主谋）的迫害逃到鲁国。防叔生伯夏，伯夏生叔梁纥。叔梁纥说："我有九个女儿却无儿子。"后来叔梁纥的妾生了个儿子叫孟皮，字伯尼，但腿脚有毛病。于是叔梁纥向颜氏求婚。颜氏有三个女儿，小女儿叫徵在。颜父问他的三个女儿："郰邑大夫叔梁讫的父辈和祖辈虽是士人，但他们的祖先是先古圣王成汤。叔梁纥身高十尺，武力绝伦，我很看重他。虽然年龄有点偏大，性子又有点急躁，但这些并不值得多虑。你们三人谁愿意做他的妻子？"大女儿和二女儿都不说话，徵在走上前说："听从父亲的安排就是，父亲还要问什么呢？"她父亲说："就是你吧，你去做他的妻子。"于是就把徵在许给叔梁纥做妻子。徵在嫁到叔梁纥家后，到祖庙中祭拜祖先。因为丈夫的年龄大，担心不能及时生儿子，所以在祭拜之时私下向尼丘山（今山东曲阜尼山）神灵祈祷保佑生子。后来生下孔子，所以取名丘，字仲尼。

孔子三岁时叔梁纥去世，葬在防山。孔子十九岁时娶了宋国并官氏的女儿为妻，一年后生下伯鱼。伯鱼出生时，鲁昭公送给孔子一条鲤鱼。孔子得到国君的赏赐感到很荣耀，所以给儿子取名鲤，字伯鱼。伯鱼活到五十岁，比孔子先去世。

★ 原文

齐太史子与适鲁，见孔子，孔子与之言道。子与悦，曰："吾鄙人也，闻子之名，不睹子之形久矣，而求知宝贵也。乃今而后知泰山之为高，渊海之为大。惜乎，夫子之不逢明王，道德不加于民，而将垂宝以贻后世。"

遂退而谓南宫敬叔曰："今孔子先圣之嗣，自弗父何以来，世有德让，天所祚也。成汤以武德王天下，其配在文。殷宗以下，未始有也。孔子生于衰周，先王典籍，错乱无纪，而乃论百家之遗记，考正其义，祖述①尧舜，宪章②文武，删《诗》述《书》，定《礼》理《乐》，制作《春秋》，赞明《易》道，垂训后嗣，以为法式，其文德著矣。然凡所教诲，束脩③已上三千余人。或者天将欲与素王④之乎？夫何其盛也！"

敬叔曰："殆如吾子之言，夫物莫能两大。吾闻圣人之后，而非继世之统，其必有兴者焉。今夫子之道至矣，乃将施之无穷。虽欲辞天之祚，故未得耳。"

子贡闻之，以二子之言告孔子。子曰："岂若是哉？乱而治之，滞而起之，自吾志，天何与焉？"

★ 注释

① 祖述：加以陈说。

② 宪章：效法。

③ 束脩（xiū）：十条干肉称束脩，为学生家长送教师的酬劳。

④ 素王：有帝王之德而未居其位的人。后来儒家专以素王称孔子。

★ 译文

齐国太史子与来到鲁国，拜见孔子，孔子和他谈论儒家学说。子与很高兴，说："我是浅陋无知的人，久闻您的大名，却未曾谋面，这次向您求教的机会是很宝贵的。从今以后我知道了泰山的高大、大海的广阔。只可惜啊，先生没有遇到圣明的君主。您的道德教化不能在百姓中推行，但必将作为珍宝流传于后世。"

子与辞别孔子后对南宫敬叔说："现今的孔子是古代圣王成汤的后代，从弗父何以来，世代都有仁德谦让的行为，这是上天所赐的福分啊。成汤以武德称王天下，与此相配的只能是文德。自商以来，还没有出现与成汤之武德相媲美的具备文德的圣贤之人。孔子生在周朝衰败的时代，先王的典籍错乱无序，于是孔子就整理、著述各家遗留的记录，并进行分析考证。阐述尧帝、舜帝的盛德，效法周文王、周武王的文治武功，删定《诗经》，整理《尚书》，确定《礼记》，整理《乐记》，撰写《春秋》，阐释《易经》，给后世留下训诫，作为准则，孔子的文德是何等显著啊！他所教诲的弟子，行过正式拜师之礼的就有三千多人。大概是上天要他成为无冕的素王吧！要不然为什么如此兴盛呢？"

南宫敬叔说："正如你说得那样，任何事物都不会两全其美。我听说圣人后代，即便当世不能成就丰功伟业，也必然会有人帮助其声名显赫起来。现在孔子之道已臻完美，必定于后世发扬光大。即使想推辞上天赐予的这份福祉，也是不可能的。"

子贡听了这些话，把他们二人的议论都告诉了孔子。孔子说："哪像他们说的那样呢？世道混乱就要治理，河道滞留就要疏通，这是我的志向，和上天有什么关系呢？"

终记解第四十

★原文

孔子蚤晨作^①，负手曳杖，逍遥^②于门，而歌曰："泰山其颓乎！梁木^③其坏乎！哲人其萎^④乎！"既歌而入，当户而坐。

子贡闻之，曰："泰山其颓，则吾将安仰？梁木其坏，吾将安杖^⑤？哲人其萎，吾将安放^⑥？夫子殆将病也。"遂趋而入。

夫子叹而言曰："赐！汝来何迟？予畴昔梦坐奠于两楹之间^⑦。夏后氏殡于东阶之上则犹在阼^⑧，殷人殡于两楹之间则与宾主夹之，周人殡于西阶之上则犹宾之。而丘也即殷人，夫明王不兴，则天下其孰能宗余^⑨？余殆将死。"遂寝病，七日而终，时年七十二矣。

★注释

①蚤晨作：早晨起来。蚤，通"早"。作，起来。

②逍遥：缓步行走。

③梁木：房梁。

④哲人其萎：引申为哲人的死亡。萎，植物枯萎。

⑤安杖：依靠，依仗。杖，通"仗"。

⑥放：通"仿"，效仿，效法。

⑦予畴昔梦坐奠于两楹之间：我昨晚梦见自己坐在两楹之间接受祭奠。畴昔，往日，此处指昨晚。两楹之间，堂屋正中的位置，楹，厅堂前部的柱子。

⑧夏后氏殡于东阶之上则犹在阼：夏代是把灵柩停放在东阶之上，那里是主位。殡于东阶之上，指灵柩停放东阶之上。犹，如同。阼，堂前东阶，

主人的位置。古代宾主相见，宾自西阶上，主人立于东阶。

⑨ 明王不兴，则天下其孰能宗余：天下无明主出现，还有谁能尊崇我的学说呢？兴，出现。宗，尊崇。

★ 译文

孔子清早起来，背着手，拖着杖，在门前缓步行走，吟咏道："泰山恐怕要崩塌了啊！房梁可能要朽败了啊！智慧卓越之人将要病危了啊！"吟唱完后便进屋去，对着门坐在那里。

子贡听见了说："泰山要是真崩了，那么我们将仰望什么呢？房梁要是真坏了，我们将依靠什么遮风避雨呢？智慧卓越之人要是病危了，我们将去效法谁呢？恐怕先生真的是病了啊。"于是快步走了进去。

孔子见子贡来，感叹道："子贡，你怎么来得这么迟啊？我昨晚梦见坐在厅堂中间接受别人的祭奠。夏代是把灵柩停放在靠近东阶之上，那里是主位；商代把灵柩停在两楹之间，就是让灵柩处于宾客和主人之间；周代把灵柩停在西阶之上，那是将死者待以宾客之礼。而我是商代的后裔，这个梦预示着我将要死了。我一生没有遇到英明的君主，普天之下还有谁能尊崇我的学说呢？我大概只能遗憾等死啦。"于是卧病在床，七天后便去世了，时年七十二岁。

★ 原文

哀公诔①曰："昊天不吊②，不憗③遗一老，俾屏④余一人以在位。茕茕⑤余在疚⑥。於乎哀哉！尼父，无自律。"

子贡曰："公其不没于鲁乎？夫子有言曰：'礼失则昏，名失则愆⑦。失志为昏，失所⑧为愆。'生不能用，死而诔之，非礼也；称一人，非名。君两失之也。"

★ 注释

① 诔（lěi）：古时用来表彰死者的德行并表示哀悼的文辞，只能用于上对下。后来演化成哀祭文体的一种。

② 昊天不吊：上天不仁慈。昊天，苍天，上天。吊，善良，仁慈。

③ 憗（yìn）：愿意。

④ 俾屏：舍弃。俾，使。屏，通"摒"，除去，放弃，放逐。

⑤ 茕茕（qióng qióng）：本指没有兄弟，此处指孤单无靠。

⑥ 疚：痛苦，悲痛。

⑦ 愆（qiān）：罪过，过失。

⑧ 失所：行为不当。

★ 译文

鲁哀公前来哀悼孔子，说："上天不仁慈啊！怎么不能留下这位老者呢？让他弃我而去，把我孤零零一人留在君位，让我孤单无靠、痛苦不已。悲哀啊！孔老夫子，失去您我就没有了效法的榜样来自律了。"

子贡说："您的这番悼词符合您在鲁国的身份吗？老师曾说过：'不尊礼仪就会导致混乱，不重视名分就会造成错误。失去志向就是昏庸，举措不当就是罪过。'老师活着时您不重用，死后又作文哀悼，这不合礼仪；以诸侯身份自称孤单一人，这不符合鲁国国君的名分。您把礼仪和名分都失去了。"

★ 原文

既卒，门人疑所以服夫子者。子贡曰："昔夫子之丧①颜回也，若丧其子而无服。丧子路亦然。今请丧夫子如丧父而无服。"于是弟子皆吊服而加麻②。出有所之，则由绖③。

子夏曰："入宜绖可居，出则不绖。"

子游曰："吾闻诸夫子：丧朋友，居则绖，出则否；丧所尊，虽绖而出，可也。"

孔子之丧，公西赤掌殡葬焉。唅以疏米三贝④，袭衣十有一称⑤，加朝服一，冠章甫之冠⑥，珮象环⑦，径五寸而綦⑧组绶⑨，桐棺四寸，柏棺五寸，饬庙置翣⑩。设披⑪，周也；设崇⑫，殷也；绸练、设旐⑬，夏也。兼用三王礼，所以尊师，且备古⑭也。

葬于鲁城北泗水上，藏入地，不及泉。而封为偃斧⑮之形，高四尺，树松柏为志⑯焉。弟子皆家于墓，行心丧之礼。既葬，有自燕来观者，舍于子夏氏。子夏谓之曰："吾亦人之葬圣人，非圣人之葬人。子奚观焉？

昔夫子言曰：'见吾封若夏屋者^⑰，见若斧矣。'从若斧者也，马鬣封^⑱之谓也。今徒一日三斩板而以封^⑲，尚行夫子之志而已。何观乎哉！"

子三年丧毕，或留或去，惟子贡庐于墓^⑳六年。自后群弟子及鲁人处墓如家者，百有余家，因名其居曰孔里焉。

★ 注释

① 丧：此处意指为……举办丧礼。

② 吊服而加麻：穿吊丧服饰再加系麻带。吊服，吊丧之服。麻，指丧服中用的麻带。

③ 绖（dié）：古代丧服用的麻制带子，扎于头上或腰间，在头上的叫首绖，在腰间的叫腰绖。

④ 唅（hàn）以疏米三贝：唅，古代殡葬时在死者口中放置珠、玉、贝、米等。疏米，粳米。三贝，指珠、玉、贝类。

⑤ 袭衣十有一称（chèn）：全部寿衣有十一套。袭衣，全套的寿衣。称，计算衣服的量词，一称指一套衣服。

⑥ 冠章甫之冠：第一个"冠"是"戴"的意思，第二个"冠"是"帽子"的意思。章甫，商代的一种帽子名称，又称宋人冠。由于孔子是宋的后人，喜欢戴章甫帽，后世用"章甫"特指儒者之冠。

⑦ 珮象环：佩戴象牙环。珮，通"佩"。

⑧ 綦（qí）：藏青色或青黑色。

⑨ 组绶，古代玉佩上系的丝带，这里指系象环用的丝带。

⑩ 饬庙置翣（shà）：灵堂进行了装饰，棺柩处也有羽饰。饬，装饰。庙，灵堂，停放灵柩的地方。翣，古代棺饰物，垂于棺两旁的羽饰。

⑪ 设披：设置引领灵柩的人。这是商人的礼仪。

⑫ 设崇：设置崇牙，即锯齿状旌旗。这是殷人的礼仪。

⑬ 绸（tǎo）练，设旐（zhào）：用白帛缠绕旗杆，设置招魂幡。这些是夏人的礼仪。

⑭ 备古：保全古礼。

⑮ 封为偶斧：坟墓封土如仰斧的形状。封，堆土为坟。偶斧，即仰斧。

⑯ 树：种树做标记。这是古代对士以上之人的葬礼规定，而一般平民不堆坟不种树做标记。（《礼记·王制》载："庶人，不封不树。"）

⑰ 见吾封若夏屋者：见吾，意应为"吾见"。夏屋，底部四方形房屋。

⑱ 马鬣（liè）封之谓：指坟墓封土的形状像马鬣。马鬣，马鬃。

⑲ 今徒一日三斩板而以封：指为孔子筑坟是用的版筑法，板长六尺、宽二尺，围成要求的形状，以绳子捆扎固定，当中置土，垒实后，砍断绳索、抽去木板，即固定为要求的形状。三斩板，如上连做三次。

⑳ 庐于墓：服丧期间，为守护坟墓，在墓旁搭建小屋居住。庐，临时搭建的小屋。

★译文

孔子去世后，弟子们不知道该穿什么丧服。子贡说："从前先生为颜回办理丧事，如同为儿子办理丧事一样，但不穿丧服。对子路也是这样。现在我觉得咱们大家为先生服丧就如同为父亲服丧一样，但不必穿儿子应穿的丧服。"于是孔子弟子们都穿吊丧的服饰，但系上麻制的丧带。服丧期间，出入都系麻做的丧带。

子夏建议说："在家里系上麻带，出门时就不必系了。"

子游说："我听先生讲过，为朋友服丧，在家时系麻带，外出就不必系了；为自己尊敬的人服丧，即使系着麻带出去，也是应该的。"

办理孔子的丧事时，由公西赤负责殡葬礼仪事宜。孔子的遗体口含粳米和三贝，穿着有十一层衣服组成的寿衣，外加一套朝服，头戴章甫之冠，佩戴着象牙制作的项环，直径五寸，用青黑色的丝带系着。桐木做成的内棺四寸厚，柏木做成的外棺五寸厚。灵堂进行了装饰，棺椁外也有羽饰。出殡时设置了引领灵枢的人，这是周人的礼仪；设置了锯齿状旌旗，这是商人的礼仪；用白帛缠绕旗杆、设置了招魂幡，这是夏人的礼仪。出殡兼用夏、商、周三代君王的礼仪，是为了尊师，同时也是为了保全古礼。

孔子去世后，被安葬在鲁国都城北泗水边上，棺木埋入地下，但深度触及不到地下泉水。坟墓封土为仰斧的形状，高四尺，种植松柏作为标志。弟子们都住在墓旁行心丧礼（弟子为老师守丧，身无丧服但心存哀悼）。安葬完毕，有人从燕国赶来观看，住在子夏家里。子夏对他说："我们这是普通人安葬圣人，不

357

是圣人安葬普通人，您何必前来观看呢？从前先生说过："我见过筑坟如同夏屋（四方形），也见过像斧子形的。我赞同那种像斧子的坟茔，也就是民间俗称的马鬣封（马鬣坟）。'如今我们用版筑法为先生筑坟，只用三层筑板，一天内就封土完成，这是遵照了我们先生的遗愿罢了。这有什么值得参观的？"

孔子的弟子们服丧三年之后，有的留在当地，有的离开去往他处，只有子贡在孔子墓旁的小屋为孔子守孝六年。此后，部分弟子和鲁国人在孔子墓附近安家落户，多达一百多家，因此他们居住的这个地方被称作"孔里"。

正论解第四十一

★ 原文

孔子在齐，齐侯出田^①，招虞人^②以旌^③，不进，公使执之。对曰："昔先君之田也，旌以招大夫，弓以招士，皮冠^④以招虞人，臣不见皮冠，故不敢进。"乃舍之。

孔子闻之曰："善哉！守道不如守官^⑤，君子韪^⑥之。"

★ 注释

① 田：田猎。

② 虞人：掌管山泽、猎场、苑囿的官员。

③ 旌：旌旗。

④ 皮冠：打猎时戴的帽子。

⑤ 守官：遵守职责。官，职位，引申为职责。

⑥ 韪（wěi）：认为是对的。

★ 译文

孔子在齐国的时候，齐国国君外出打猎，用旌旗召唤管理猎场的官员前来。管理猎场的官员看到旌旗并没有应召晋见，齐国国君便派人把他抓了起来。管理猎场的官员对齐国国君说："从前，先君打猎的时候，用旌旗来召唤大夫，用弓来召唤士人，用猎帽召唤管理猎场的官员。臣下我没有见到您用猎帽，所以就没敢前来晋见。"于是齐国国君放了管理猎场的官员。

孔子听到这件事后说："好啊！遵守道义不如遵守职责。君子都认为这是对的。"

★ 原文

齐国书①伐鲁，季康子使冉求率左师御之，樊迟为右②，师不逾沟。

樊迟③曰："非不能也，不信子，请三刻④而逾之。"如之，众从之。师入齐军，齐军遁。冉有用戈，故能入焉。

孔子闻之曰："义⑤也。"

既战，季孙谓冉有曰："子之于战，学之乎？性⑥达之乎？"

对曰："学之。"

季孙曰："从事孔子，恶乎学？"

冉有曰："即学之孔子也。夫孔子者，大圣，无不该⑦，文武并用兼通。求也适闻其战法，犹未之详也。"季孙悦。

樊迟以告孔子，孔子曰："季孙于是乎可谓悦人之有能矣。"

★ 注释

①国书：齐国正卿。《左传·哀公十一年》记载："国书、高无丕帅师伐我（指鲁国）。"

②右：车右，即参乘，负责保护主帅。

③樊迟：即樊须，字子迟，鲁国人，孔门七十二贤人之一。

④三刻：三次申明号令。刻，限定，引申为命令、申令。

⑤义：指率领军队击退来犯之敌是正义的。

⑥性：天赋，本性。

⑦该：通"赅"，完备。这里指孔子才智过人，无所不通。

★ 译文

齐国大臣国书率兵攻伐鲁国，季康子派冉求率左军抵御侵略，樊迟作为车右。鲁国军队不愿跨越壕沟迎战。

樊迟说："士兵不是没有能力，而是他们对您还不信任。请您严肃号令，然后带头跨越。"冉求采用他的建议，将士们都紧跟着前进。鲁国军队攻入齐国军队阵中，齐军大败而逃。正是因为冉有举戈打头阵，所以军队能攻入齐军阵中。

孔子听到这件事后说："冉有这么做是合乎道义的。"

战后，季康子询问冉有："你对于战法，是通过学习得到的呢，还是天生就会呢？"

冉有回答说："是学习得来的。"

季康子又问："你师从孔子，能够从他那里学到什么军事能力呢？"

冉有回答说："正是从孔子那里学到行军打仗的道理的。孔子是大圣人，无所不知，文武兼通。我也正好听过他讲的战法，但了解得不够详尽。"季康子听了很高兴。

樊迟把这件事告诉了孔子。孔子说："通过这件事，可以说明季康子懂得欣赏别人的才能。"

★原文

南容说、仲孙何忌①既除丧②，而昭公在外，未之命也。定公即位，乃命之。辞曰："先臣③有遗命焉，曰：'夫礼，人之干也，非礼则无以立。'嘱家老④，使命二臣必事孔子而学礼，以定其位。"公许之。二子学于孔子。

孔子曰："能补过者，君子也。《诗》云：'君子是则是效⑤。'孟僖子可则效矣。惩己所病⑥，以诲其嗣。《大雅》所谓'诒厥孙谋，以燕翼子⑦'是类也夫。"

★注释

①南容说、仲孙何忌：南容说，即仲孙阅，又称南宫敬叔。仲孙何忌，即孟懿子。二人皆为孟僖子之子，孟懿子为兄，南宫敬叔为弟。

②除丧：除去丧礼之服，意指服丧完毕。

③昭公在外：指鲁昭公逃亡国外。

④先臣：指孟僖子。孟僖子是鲁国大臣，故南容说、仲孙何忌二人对鲁定公称自己父亲为先臣。

⑤家老：大夫家中的宰臣。

⑥君子是则是效：出自《诗经·小雅·鹿鸣》。君子是被仿效的楷模。则，标准，典范。效，仿效。

⑦ 惩己所病：对自己所犯的错误引以为戒。

⑧ 诒厥孙谋，以燕翼子：出自《诗经·大雅·文王有声》。传下良谋为子孙，佑其平安助发展。诒，传给。燕，燕安，平安。翼，助也。

★ 译文

南容说和仲孙何忌已经为父亲服丧完毕，此时鲁昭公正逃亡在国外，所以没有诏命二人为卿大夫。鲁定公即位后，才发布诏命。但二人推辞说："家父临终有遗命，说：'礼是做人的根本，不懂礼就无法立身。'家父嘱咐家臣，让他监督我二人一定要师从孔子学礼，以确立自己立身处世的原则。"鲁定公答应了他们的请求，于是二人跟从孔子学习。

孔子说："能够弥补自己过失的人，可称为君子。《诗经》中说：'君子是他人仿效的楷模。'孟僖子就是这样一个人，他以自己的过错为借鉴，从而教诲后辈。《诗经·大雅》中所说的'传下良谋为子孙，佑其平安助发展'说的就是这类道理"。

★ 原文

卫孙文子①得罪于献公，居戚。公卒，未葬，文子击钟焉。延陵季子②适晋，过戚，闻之，曰："异哉！夫子之在此，犹燕子巢于幕也③，惧犹未④也，又何乐焉？君又在殡⑤，可乎？"文子于是终身不听琴瑟。

孔子闻之，曰："季子能以义正人，文子能克己服义，可谓善改矣。"

★ 注释

① 孙文子：即孙林父，孙良夫之子，卫国大夫，谥文，故称孙文子。其采邑为戚（今河南濮阳北）。

② 延陵季子：即季札，春秋时吴王寿梦第四子，吴王诸樊之弟，封于延陵（今江苏常州），故称延陵季子。季札不仅品德高尚，而且是具有远见卓识的政治家和外交家。

③ 燕子巢于幕：燕子在帷幕上建巢，意指处境不好，随时会有灾难。

④ 未：否定词，未尽，来不及。

⑤ 殡：意指正在进行葬礼。

★ 译文

卫孙文子因得罪了卫献公，居住在自己的采邑戚邑。卫献公去世，还没有下葬，文子就敲钟娱乐。延陵季子前往晋国，路过戚邑，听说了这件事，对文子说："奇怪啊！以先生您的处境，就像是燕子在帐幕上做巢，害怕都来不及，又有什么可以取乐的呢？况且国君的葬礼正在进行之中，灵柩尚未安葬，您这样做可以吗？"文子从此终身不再听琴瑟之音。

孔子听说这件事后感慨地说："季子用正确的合乎义礼的语言纠正他人的过错，文子也能认识错误及时改正，可以称得上是知错能改啊！"

★ 原文

孔子览《晋志》①，晋赵穿②杀灵公③，赵盾亡④，未及山⑤而还。

史⑥书："赵盾弑君。"

盾曰："不然。"

史曰："子为正卿，亡不出境，返不讨贼，非子而谁？"

盾曰："呜呼！'我之怀矣，自诒伊戚⑦'，其我之谓乎！"

孔子叹曰："董狐，古之良史也，书法⑧不隐。赵宣子，古之良大夫也，为法受恶。惜也，越境乃免。"

★ 注释

①《晋志》：晋国史书。

②赵穿：春秋时晋国大夫，与赵盾同族。

③灵公：即晋灵公，晋国国君，名夷皋，在位十四年（前620—前607年）。

④赵盾亡：赵盾出逃。赵盾，赵宣子，晋国正卿，曾执掌国政。为避免晋灵公的迫害而出走。但还未出境，晋灵公就为赵穿所杀。赵盾于是返回，拥立晋成公，并继续执政。亡，逃亡。

⑤山：晋之边境的山脉。

⑥史：史官，春秋时管法典和记事的史官，此指下文之董狐。

⑦ 我之怀矣，自诒（yí）伊戚：出自《诗经·小雅·小明》。我有怀恋国家之情，却给自己带来忧伤。诒，通"贻"，遗留。伊，此，这。戚，忧伤，痛苦。

⑧ 书法：指编纂史记。古代史官修史，对材料处理、史事评论、人物褒贬，各有体例，谓之书法。

★译文

孔子阅读《晋志》，看到这样的记载，因为晋灵公意欲除掉晋国正卿赵盾，赵盾被迫出逃。正在逃亡之中、但尚未逃出晋国边境山区的赵盾，就听到赵穿杀死了晋灵公这件事，他立即返回晋国都城，继续担当正卿的职务。

史官记载说："赵盾谋杀国君。"

赵盾说："这不是事实。"

史官说："你身为正卿大夫，逃亡没有越出国境，回来又不惩罚凶手，谋杀君王的主谋不是你又是谁？"

赵盾说："哎！'我有怀恋国家之情，却给自己带来忧愁'，说的就是我吧！"

孔子看后感叹地说："董狐是古代的好史官，直书纪实而不隐晦。赵宣子（赵盾）是古代一位有能力的好大夫，因为避难这件事处理不当而留下恶名。可惜啊，他如果当时逃出国境就能避免恶名了。"

★原文

郑伐陈，入之，使子产献捷①于晋。

晋人问陈之罪焉，子产对曰："陈亡周之大德②，介恃③楚众，冯陵敝邑④，是以有往年之告⑤。未获命，则又有东门之役⑥。当陈隧⑦者，井堙⑧、木刊⑨，敝邑大惧。天诱其衷⑩，启敝邑心，知其罪，授首于我，用敢献功。"

晋人曰："何故侵小？"

对曰："先王之命，惟罪所在，各致其辟⑪。且昔天子一圻⑫，列国一同⑬，自是以衰，周之制也。今大国多数圻矣，若无侵小，何以至焉。"

晋人曰："其辞顺。"

孔子闻之，谓子贡曰："《志》⑭有之：'言以足志，文以足言。'不言，谁知其志？言之无文，行之不远。晋为伯，郑入陈，非文辞不为功。小子慎哉！"

★注释

① 献捷：打胜仗后进献所获的俘虏及战利品。

② 陈亡周之大德：意指陈国忘记了周王朝制定的制度，肆意攻打同为周朝属臣的郑国。亡，通"忘"，忘记。大德，指周王朝制定的制度。

③ 介恃：凭借，依赖。

④ 冯陵敝邑：欺凌我国。冯陵，进迫，侵凌。敝邑，对自己国家的谦称。

⑤ 有往年之告：指陈国曾经侵犯郑国，郑国告诉了晋国。告，告诉、汇报。

⑥ 东门之役：陈国与楚伐郑，兵至郑国东门。

⑦ 隧：道路，指经过。

⑧ 堙（yīn）：埋没，填埋。

⑨ 刊：砍斫，砍伐。

⑩ 天诱其衷：上天发了善心。诱，引发。衷，善。

⑪ 辟：这里引申为惩罚。

⑫ 圻（qí）：中国古代土地面积单位，方圆千里为一圻。后代指京畿地区。

⑬ 同：中国古代土地面积单位，方圆百里为一同。

⑭ 《志》：古时记事的书。

★译文

郑国攻打陈国，攻入陈国境内，大败陈国。于是派子产向晋国奉献战利品。

晋人问陈国有什么罪，子产回答说："陈国忘记了周王朝制定的制度，依仗楚国人多，欺凌我国，所以我们郑国往年曾向晋国禀报并申请援助。然而没有得到贵国的允许，后来又发生了陈国攻打我国直到都城东门的战争。陈国军队经过的地方，水井被填塞，树木遭砍伐，我国人民非常害怕。幸好上天发了善心，启发我国救国、强国之心。陈国现已知道自己的罪过，甘愿接受我们的惩罚，因而我们才敢前来汇报战功，奉献战利品。"

晋人又问："你们为什么去侵犯陈国这样一个小国呢？"

子产答道："根据先王的法令，只要有罪过，都可以按照罪过轻重给予惩罚。而且当年天子分封时，天子的领土方圆为一千里，诸侯的领地方圆一百里，依次递减，这是周朝的制度。而现在大的诸侯国的土地多数都达到了方圆几千里，如果没有侵并小国，怎么能达到现在的状况呢？"

晋人说："你说得合乎情理。"

孔子听到这件事后，对子贡说："《志》书上有这样的话：'言语用来表达意愿，文辞使语言更加完美。'不说话，谁会知道你的意愿？而言语没有文采，就不会传播久远。晋国是霸主，郑国攻打陈国，如果不是子产善于辞令，就不会取得成功。因此，你要对个人言辞更加慎重啊！"

★ 原文

楚灵王 ① 汰侈 ②。右尹子革 ③ 侍坐，左史倚相 ④ 趋而过。

王曰："是良史也，子善视之。是能读《三坟》《五典》《八索》《九丘》 ⑤ 。"

对曰："夫良史者，记君之过，扬君之善。而此子以润辞 ⑥ 为官，不可为良史。"

曰："臣又乃尝闻焉，昔周穆王欲肆其心 ⑦ ，将过行天下，使皆有车辙并马迹焉。祭公谋父 ⑧ 作《祈昭》 ⑨ ，以止王心。王是以获殁 ⑩ 于文宫 ⑪ 。臣问其诗焉，而弗知；若问远焉，其焉能知。"

王曰："子能乎？"

对曰："能。其诗曰：'祈昭之愔愔乎，式昭德音 ⑫ 。思我王度，式如玉，式如金。刑民之力而无有醉饱之心。'"

灵王揖而入，馈不食，寝不寐，数日，则固不能胜其情，以及于难。

孔子读其志，曰："古者有志：'克己复礼为仁。'信善哉！楚灵王若能如是，岂期辱于乾溪 ⑬ ？子革之非左史，所以风 ⑭ 也，称诗以谏，顺哉。"

★ 注释

① 楚灵王：芈姓，熊氏，名围，公元前540—公元前529年在位，是春秋时代有名的穷奢极欲、昏暴之君。

② 汰侈，指奢侈、奢靡、骄横、贪欲。

③ 右尹子革：右尹，官名。子革，人名。

④ 左史倚相：左史，官名，掌管史记。倚相，人名，楚国史官。

⑤《三坟》《五典》《八索》《九丘》：相传皆为远古典籍，今佚失。

⑥ 润辞：浮华不实之词。

⑦ 肆其心：随心所欲。肆，纵恣，放肆。

⑧ 祭（zhài）公谋父：周朝人，是周穆王当政时期的大臣。

⑨《祈昭》：诗名，即《祈招》。祈招，即祈父招。

⑩ 获殁：谓寿终正寝，善终。

⑪ 文宫：宫名，为周穆王所居之处。

⑫ 祈昭之愔（yīn）愔乎，式昭德音：祈昭的声音安详、和悦，赞颂我王的丰功与美德。愔愔，安详、和悦之意。式昭，传播，传颂。德音，赞颂美德的言辞。

⑬ 岂期辱于乾溪：指楚灵王没有改弦更张，结果很悲惨。因楚国内部爆发了政变，穷兵黩武的楚灵王被废黜，其弟登基为王众叛亲离的楚灵王于乾溪上吊而死。

⑭ 风：通"讽"，讽谏，即用含蓄的言语进行劝谏。

★ 译文

楚灵王骄纵奢侈，不听谏言。一次右尹子革与灵王谈事，看到左史倚相快步经过。

楚灵王说："倚相是个好史官，你要好好待他。他能够熟读《三坟》《五典》《八索》《九丘》等上古典籍。"

子革回应说："所谓的好史官，既应该记录君主的过失，也应该记录并彰显君主的善行。而这个人做史官多以浮华不实之词，不能算作好史官。"

子革接着又继续说道："我听说周穆王在位时，想放纵他的私欲，准备周游天下，使天下到处都有他走过的车马痕迹。祭公谋父就以《祈昭》为题赋诗一首来劝谏周穆王停止这一铺张行为。周穆王因此得以在文宫善终。我曾经向倚相问起这首诗，而他却不知道；若再问更远的上古时期的事情，他哪里会知道呢？"

楚灵王说："那你知道这首诗吗？"

子革回答说："知道。这首诗的内容是：'祈昭的声音安详、和悦，赞颂我王的丰功与美德。想我国君的气度，如玉之坚，如金之重，不滥用民力，更无醉饱淫乐之心。'"

楚灵王听后，向子革作了揖就走进房内，饭也不吃，难以入眠。过了几天，他还是没能克制住自己的欲望，以至于最后遇上祸难。

孔子读到这篇记载，说："古代有这样的记载：'克制自己而恢复于礼制，这就是仁。'说得确实好啊！如果楚灵王能够做到的话，还会发生先被废黜、后在乾溪上吊而死的结局吗？子革虽不是史官，而他的讽谏却是以古诗实现，确实是顺势而为。"

★ 原文

叔孙穆子 ① 避难奔齐，宿于庚宗之邑 ②。庚宗寡妇通焉，而生牛。穆子返鲁，以牛为内竖 ③，相家 ④。牛谗叔孙二子，杀之。叔孙有病，牛不通其馈，不食而死。牛遂辅叔孙庶子昭 ⑤ 而立之。昭子既立，朝其家众曰："竖牛祸叔孙氏，使乱大从 ⑥，杀适 ⑦ 立庶，又被其邑 ⑧，以求舍罪。罪莫大焉，必速杀之。"遂杀竖牛。

孔子曰："叔孙昭子不劳 ⑨，不可能也。周任 ⑩ 有言曰：'为政者不赏私劳，不罚私怨。'《诗》云：'有觉德行，四国顺之 ⑪。'昭子有焉。"

★ 注释

① 叔孙穆子：即鲁国大夫叔孙豹，姬姓，叔孙氏，名豹，谥穆，故史称叔孙穆子。

② 庚宗之邑：即庚宗邑，鲁地，在今山东泗水东。

③ 内竖：即家族内传达命令的小吏。

④ 相家：负责家政。

⑤ 叔孙庶子昭：即叔孙婼，叔孙穆子的庶子，名昭。

⑥ 大从：家族的正常秩序。从，和顺。

⑦ 适：通"嫡"，指正妻所生子女，此指孟丙、仲壬。

⑧ 被其邑：指竖牛拿出家族部分封邑行贿之事。被，通"披"，分开。

⑨ 不劳：不当作功劳。

⑩ 周任：古之贤人。

⑪ 有觉德行，四国顺之：出自《诗经·大雅·抑》。君子德行正直，四方顺从。觉，觉悟。四国，四方。

★译文

　　叔孙穆子为了避难逃奔齐国，途中曾在庚宗邑滞留一段时间。期间他和庚宗的一个寡妇私通并生了一个孩子，取名叫牛。后来叔孙穆子返回鲁国以后，先让牛担任家族传达命令的小吏，后负责家政。牛对叔孙穆子说两个嫡生儿子的坏话，致使二人被杀害。再后来，叔孙穆子卧病在床，牛不让人给他送食物，结果叔孙穆子被饿死。于是竖牛辅佐叔孙穆子的庶子昭子，使他成为叔孙穆子的继承人。叔孙昭子即位之后，召见家众，对他们说："竖牛危害叔孙氏家族，搞乱了正常的秩序，杀嫡子立庶子，又私自分割封邑行贿，以求逃脱罪责。没有比这更大的罪行了，必须立即杀掉他。"于是就杀了竖牛。

　　孔子说："叔孙昭子不把拥立自己看作是功劳，这对一般人来说是不可能做到的。周任曾说过：'当政的人不能只赏赐对自己个人有私功的人，不能只惩罚对个人有私怨的人。'《诗经》上说：'君子德行正直，四方顺从。'叔孙昭子就有这样的德行。"

★原文

　　晋邢侯与雍子①争田，叔鱼②摄理③，罪在雍子。雍子纳其女于叔鱼，叔鱼弊狱邢侯④。邢侯怒，杀叔鱼与雍子于朝。韩宣子⑤问罪于叔向，叔向曰："三奸同坐，施生戮死⑥，可也。雍子自知其罪而赂以置直⑦，鲋也鬻狱⑧，邢侯专杀，其罪一也。己恶而掠美为昏，贪以败官为默，杀人不忌为贼。《夏书》⑨曰：'昏、默、贼⑩，杀。'咎陶⑪之刑也。

请从之。"乃施邢侯，而尸雍子、叔鱼于市。

孔子曰："叔向，古之遗直也。治国制刑，不隐于亲。三数叔鱼之罪，不为末⑫，或曰义，可谓直矣。平丘之会，数其贿也，以宽卫国，晋不为暴⑬；归鲁季孙，称其诈也，以宽鲁国，晋不为虐⑭；邢侯之狱，言其贪也，以正刑书，晋不为颇。三言而除三恶，加三利，杀亲益荣，由义也夫。"

★ 注释

① 邢侯、雍子：二人皆为春秋时晋国大夫。

② 叔鱼：即羊舌鲋，又称叔鲋，与兄叔向（羊舌肸）同为晋国大夫。叔向曾任太傅。

③ 摄理：代理狱官之职。

④ 弊狱邢侯：即把罪责判在邢侯身上。

⑤ 韩宣子：即晋正卿韩起。

⑥ 戮：陈列尸体，曝尸。

⑦ 置直：行贿以求胜诉。置，买。直，正当，有理。

⑧ 鬻狱：贪赃枉法，司法官吏受贿而不以情理判断曲直。

⑨《夏书》：指记载夏代史事的史书。

⑩ 昏、默、贼：分别指利令智昏（昏）、贪赃枉法（默）、邪恶残暴（贼）。默，通"墨"，不廉洁、贪污。

⑪ 咎陶（gāo yáo）：即皋陶，中国上古传说中的人物，传说为舜之臣，掌刑狱之事。他是上古时期伟大的政治家、思想家、教育家，被史学界和司法界公认为中国司法鼻祖。

⑫ 末：减轻。

⑬ 平丘之会，数其贿也，以宽卫国，晋不为暴：在平丘会盟时，他第一次指出其弟叔鱼贪财之错，从而宽免卫国，使晋国留下了不凶暴的名声。

⑭ 归鲁季孙，称其诈也，以宽鲁国，晋不为虐：在季孙氏返归鲁国一事中，讲出叔鱼的欺诈行为，从而宽免鲁国，晋国就做到了不凌虐小国。

★ 译文

晋国邢侯与雍子争夺土地，当时叔鱼代理狱官负责审理这一案件，他了解到错误在于雍子。雍子把女儿许嫁给叔鱼，叔鱼就反过来判决邢侯有罪。邢侯大怒，在公堂之上就把叔鱼和雍子杀了。韩宣子问叔向应当怎样治他们的罪，叔向说："三人应当一同治罪，活着的判刑，死了的暴尸就可以了。雍子知道自己有罪却用女儿行贿以换取胜诉，叔鱼贪赃枉法，邢侯擅自杀人，他们的罪状一样严重。因贪利而不顾一切夺取利益是利令智昏，行贿受贿败坏风纪是贪赃枉法，肆意杀人而无所顾忌是邪恶残暴。《夏书》上说'犯有利令智昏、贪赃枉法、邪恶残暴这些罪行的，应当处死。'这是古人皋陶制定的刑罚，请照此执行。"于是就将邢侯处死，把雍子和叔鱼的尸体放在街上暴尸示众。

孔子说："叔向，是具有古代正直遗风的人。他治理国家，审判案件，不包庇亲人。三次指出叔鱼的罪恶，而不予减轻，有人认为合乎道义，他的行为可以称得上是正直的了。在平丘会盟时，他第一次指出其弟叔鱼贪财之错，从而宽免卫国，使晋国留下了不凶暴的名声；在让季孙氏返归鲁国一事中，讲出叔鱼的欺诈行为，从而宽免鲁国，晋国就做到了不凌虐小国；在邢侯这个案件中，指出叔鱼的贪婪，从而严格了刑法，晋国就做到了公正不偏。三次发表意见消除了三次不利于晋国的影响，使晋国三次受益，虽然处罚了亲人，但却彰显了个人的荣耀，这是由于做事合乎道义啊！"

★ 原文

郑有乡校^①，乡校之士非论执政^②。鬷明^③欲毁乡校。子产曰："何以毁为也？夫人朝夕退而游^④焉，以议执政之善否^⑤。其所善者，吾则行之；其所否者，吾则改之。若之何其毁也？我闻忠言以损怨，不闻立威^⑥以防怨。防怨犹防水也，大决所犯，伤人必多，吾弗克救也。不如小决使导之，不如吾所闻而药^⑦之。"

孔子闻是言也，曰："吾以是观之，人谓子产不仁，吾不信也。"

★ 注释

① 乡校：乡学。

② 非论执政：非议、批评执政者。

③ 鬷（zōng）明：郑国大夫。

④ 游：交流，交际。

⑤ 善否（pǐ）：善恶，好坏。

⑥ 立威：凭借势力威慑。

⑦ 药：整治。

★ 译文

郑国设有乡校，乡校里的人经常非议和批评执政者，鬷明想废除乡校。子产说："为什么要废除呢？人们早晚工作结束后到这里来交流，议论政事的好坏。他们认为好的，我们就施行下去；他们认为不对的，我们就加以改正。从这一方面讲，为什么要废除它呢？我听说过倾听并接受忠言可以减少民怨，没听说过通过树立权威来阻止民怨表达。防止民怨就像防水患一样，积怨过多将如大水决堤，受灾难的人必定很多，这样就无法挽救了。不如在水小的时候就加以疏导，不如让我听到这些讨论，吸纳良言整治时政中的弊端。"

孔子听到子产的这些言论，说："从这件事看来，别人说子产不仁，我是不相信的。"

★ 原文

晋平公会诸侯于平丘①，齐侯及盟。郑子产争贡赋之所承，曰："昔日天子班贡，轻重以列，列尊贡重，周之制也。卑而贡重者，甸服②。郑伯，南③也，而使从公侯之贡，惧弗给也，敢以为请。"自日中争之，以至于昏，晋人许之。

孔子曰："子产于是行也，是以为国基④也。《诗》云：'乐只君子，邦家之基。⑤'子产，君子之于乐者。"且曰："合诸侯而艺⑥贡事，礼也。"

★ 注释

① 平丘：地名，在今河南封丘东。

② 甸服：古代称位于王城五百里至一千里之间区域内的诸侯国。

③ 南：即南服，古代指天子都城京畿以外南部地区。

④ 国基：国家的根本、根基。此处指国家利益。

⑤ 乐只君子，邦家之基：出自《诗经·小雅·南山有台》。意为君子以能为国家做贡献而感到快乐。

⑥ 艺：巧妙地去做。

★译文

晋平公在平丘与诸侯会盟，齐国国君也参加了。郑国大夫子产针对所承担的贡赋轻重一事辩论说："从前天子确定贡赋的多少是根据地位决定的，地位尊贵的贡赋就重，这是周朝的制度。地位虽低而贡赋大的还有那些靠近天子都城的地方。郑国是伯爵爵位的诸侯国，地处王都京畿以外的南部地区，地位卑微且远离天子都城，却承担与公、侯爵位的诸侯国一样的贡赋，恐怕不能如数贡上，请求予以减免。"此事从中午一直争论到黄昏，晋国终于同意了子产的请求。

孔子说："子产在会盟大会上的争取行动，这是为国家利益而考虑。《诗经》上说：'君子的快乐，在于能为国家兴旺贡献。'子产，就是君子以贡献为乐的榜样。"然后又说："利用会盟诸侯时机，巧妙地确定贡赋的标准，这是合乎礼制的。"

★原文

郑子产有疾，谓子太叔①曰："我死，子必为政。唯有德者能以宽服民，其次莫如猛。夫火烈，民望而畏之，故鲜死焉；水懦弱②，民狎③而玩之，则多死焉，故宽难。"子产卒，子太叔为政，不忍猛，而宽，郑国多掠盗。太叔悔之曰："吾早从夫子，必不及此。"

孔子闻之，曰："善哉！政宽则民慢，慢则纠④于猛。猛则民残⑤，民残则施之以宽。宽以济猛，猛以济宽，宽猛相济，政是以和。《诗》曰：'民亦劳止，汔可小康。惠此中国，以绥四方⑥。'施之以宽。'毋纵诡随，以谨无良。式遏寇虐，憯不畏明⑦。'纠之以猛也。'柔远能迩，以定我王⑧'，平之以和也。又曰：'不竞不绿，不刚不柔。布政优优，百禄是道^⑨。'和之至也。"

子产之卒也，孔子闻之，出涕，曰："古之遗爱。"

★ 注释

① 子太叔：郑国正卿。多次出使晋、楚大国。为政先宽后猛。

② 懦（ruǎn）弱：柔弱，懦弱。此处指水面风平浪静。

③ 狎（xiá）：亲近而态度不庄重。

④ 纠：改正，矫正，纠正。

⑤ 残：伤害。

⑥ 民亦劳止，汔（qì）可小康。惠此中国，以绥四方：出自《诗经·大雅·民劳》。百姓劳作太辛苦，但求生活得安康。爱护国家老百姓，安抚诸侯定四方。汔，接近。

⑦ 毋纵诡随，以谨无良。式遏寇虐，憯（cǎn）不畏明：出自《诗经·大雅·民劳》。诡诈欺骗莫放纵，谨防小人行不良。掠夺暴行应禁止，谁不畏惧政令强。诡随，欺诈虚伪。谨，严防，严禁。式遏，遏制，制止。憯，本义是残酷、狠毒，此指奸邪暴虐之人。明，权威，威严。

⑧ 柔远能迩，以定我王：出自《诗经·大雅·民劳》。安抚远近之百姓，保我君王得顺昌。

⑨ 不竞不绿（qiú），不刚不柔。布政优优，百禄是道（qiú）：出自《诗经·商颂·长发》。不争抢不急躁，不刚猛不柔弱，施政中庸顺达，招来百福云集。竞，争辩，争闹，争抢。绿，急躁。优优，安逸，闲适，雍容自得。道，聚集。

★ 译文

郑国卿大夫子产生了重病，对子太叔说："我死之后，你肯定会执政。只有仁德厚重的人能用宽柔的政策使民众服从，否则就不如实行严厉的政策了。政策严厉，就如同烈火，人们会望而却步，有畏惧感，不愿惹火烧身，所以很少有人死于烈火；如若政策温柔，如同风平浪静之水，人们会轻视而在其中玩耍，因而死于溺水的人很多。所以用宽柔的政策来治理天下是比较困难的。"子产死后，子太叔执掌国政，不忍心实行严厉的政策，而是处处以宽柔措施，结果郑国出现了很多抢掠盗窃的现象。子太叔很后悔，说："如果我早听从子产的话，就不会到今天这个地步了。"

孔子听说这件事后说："好啊！政策过于宽柔，百姓就散漫，散漫就要用严厉的政策来纠正。政策过于严厉就会使百姓受到伤害，这就要实行宽柔的政策。政策的实行，要用宽柔来调和严厉，用严厉来调和宽柔。宽柔与严厉相辅相成，国家政治就会平稳和谐。《诗经》上说：'百姓劳作太辛苦，但求生活得安康。爱护国家老百姓，安抚诸侯定四方，这是说的就是实行宽柔政策的作用。'诡诈欺骗莫放纵，谨防小人行不良。掠夺暴行应禁止，谁不畏惧政令强。'这说的就是用严厉政策来加以约束。'安抚远近之百姓，保我君王得顺昌。'这说的就是用和顺的政策来治理国家。'不争斗不急躁，不刚猛不柔弱，施政中庸顺达，招来百福云集。'这就是政治和顺的极致。"

子产死后，孔子听到了消息，流着泪说："他是具有古代仁爱遗风的人。"

★ 原文

孔子适齐，过泰山之侧，有妇人哭于野者而哀。

夫子式①而听之，曰："此哀一似重有忧者②。"

使子贡往问之。而曰："昔舅③死于虎，吾夫又死焉，今吾子又死焉。"

子贡曰："何不去乎？"

妇人曰："无苛政④。"

子贡以告孔子。子曰："小子识之，苛政猛于暴虎。"

★ 注释

① 式：通"轼"。此处名词动用，以手扶轼。

② 一似重有忧者：好像有多重的悲伤。一似，很像，似乎是。重，几重，多。忧，指悲伤。

③ 舅：公公，丈夫的父亲。

④ 苛政：指繁重的赋税和苛刻的法令。

★译文

孔子去齐国途中，路经泰山一侧，听到有一个妇女在野外哭泣，十分悲伤。孔子扶着车前的横木仔细听了听，说："这么哀痛，好像有多重的悲伤。"

让子贡前去询问。妇女说："以前我公公被老虎咬死了，后来我丈夫又是被老虎咬死的，现在我儿子也被老虎咬死了。"

子贡说："为什么不离开这里呢？"

那个妇人说："这里没有繁重的赋税和苛刻的法令。"

子贡回来告诉孔子，孔子说："你要记住，苛政比老虎还要凶残。"

★原文

晋魏献子①为政，分祁氏及羊舌氏之田②，以赏诸大夫及其子成③，皆以贤举也。又谓贾辛曰："今汝有力于王室④，吾是以举汝。行乎，敬⑤之哉，毋堕⑥乃力⑦。"

孔子闻之，曰："魏子之举也，近不失亲，远不失举，可谓义矣。"又闻其命贾辛，以为忠，"《诗》云：永言配命，自求多福⑧'，忠也。魏子之举也义，其命也忠，其长有后于晋国乎。"

★注释

① 魏献子：春秋时晋国卿大夫，继韩宣子之后执政。

② 分祁氏及羊舌氏之田：祁氏和羊舌氏因作乱被灭族，故献子分其田（封地）。

③ 成：魏献子之子魏成。

④ 有力于王室：周有子朝之乱，贾辛师师救周，所以贾辛平乱对周王室有功。

⑤ 敬：谨慎，不怠慢。此处指不居功自傲。

⑥ 堕：损，损毁。

⑦ 力：功，功劳。

⑦ 永言配命，自求多福：出自《诗经·大雅·文王》。永远与天命相应和，自己才能求得众多福禄。永言，久长。言，同"焉"，语助词。配命，与天命相合。

★译文

晋国魏献子执掌国政，把叛乱分子祁氏及羊舌氏家族的封地分割，赏赐给各个大夫和他自己的儿子魏成，这些人都是根据贤德才能聘用的各级官员。魏献子对被举荐的贾辛说："因为你在平定周朝之乱中对周王室立下战功，所以我才提拔你。好好做吧，要忠于职守、恭敬行事，不要居功自傲，败坏自己的声誉。"

孔子听说这件事后说："魏献子举荐人才，不管亲疏远近，都有被举荐聘用的机会，可以说非常合乎道义。"后又听到了魏献子任命贾辛所讲的话，认为这是对天子的忠诚。"《诗经》上说：'永远与天命相应和，自己才能求得众多福禄。'这就是说要忠诚于天命。魏献子举人用人合乎道义，他任命贾辛体现了对周王朝的忠诚，他的行为会使他的子孙后代在晋国长享禄位啊。"

★原文

赵简子①赋晋国一鼓钟②，以铸刑鼎，著范宣子所为刑书③。

孔子曰："晋其亡乎！失其度矣。夫晋国将守唐叔④之所受法度，以经纬⑤其民者也。卿大夫以序守之，民是以能遵其道而守其业，贵贱不愆⑥，所谓度也。文公⑦是以作执秩之官⑧，为被庐之法⑨，以为盟主。今弃此度也，而为刑鼎，铭在鼎矣，何以尊贵⑩？何业之守也？贵贱无序，何以为国？且夫宣子之刑，夷⑪之蒐⑫也，晋国乱制⑬，若之何其为法乎？"

★注释

①赵简子：赵鞅，晋国正卿。

②鼓钟：鼓，古量器。三十斤谓之钧，钧四谓之石，石四谓之鼓。钟，指青铜器皿。

③范宣子：范宣子，晋国大夫。范宣子在以往晋国法典的基础上，制定了"范宣子刑书"。

④唐叔：周武王姬发之子，周成王姬诵同母弟，晋国始祖，史称唐叔虞。

⑤经纬：原意指织物的纵线和横线，引申为国家治理。

⑥愆（qiān）：错乱。

⑦ 文公：指晋文公。

⑧ 执秩之官：制定新的法律制度的领导者。

⑨ 被庐之法：晋文公称霸时，于晋文公四年（前633年），作被庐之法。被庐是晋国的地名，当时晋楚争霸，晋文公在被庐检阅军队，制定此法。

⑩ 铭在鼎矣，何以尊贵：意指在铜鼎上篆刻谁的铭文，这是一件相当尊贵的一件事。而在鼎上刻下范宣子的刑法条文，祖先的尊贵摆在什么地方呢？

⑪ 夷：地名。

⑫ 蒐（sōu）：检阅，阅兵。

⑬ 乱制：制度混乱。国家的法律条文应由国君颁布而不是由卿大夫制定，所以孔子认为铸刑鼎、著范宣子刑书是不合礼制的。

★ 译文

赵简子在晋国国内征收到许多青铜器皿，想用来铸造一件刑鼎，刻上范宣子写的刑法。

孔子说："这是晋国要灭亡的节奏啊！他这种做法本身就丧失了法度。晋国应该遵守的是晋国始祖唐叔所传授下来的法度，并以此来管理晋国人民。各级官员无论职位高低，都要遵守祖宗制定的法度；同样，百姓也要遵从这些法度，从而守住他们的家业。尊卑贵贱的等级不出现错乱，这就是所谓的制度。晋文公依据祖先的法度，领导制定并实施了被庐之法，最后使晋国成就盟主地位。现在赵简子的做法是放弃先王的法度，铸造刑鼎而将范宣子的刑法作为铭文公开刻在鼎上（而不是刻上被庐之法），那么晋国祖先的尊贵去哪儿了呢？人们不仅要问晋国守的还是祖先留下的基业吗？这样做破坏了贵贱秩序，那用什么来治理国家呢？并且，范宣子在夷这个地方阅兵时制定的刑法，不符合礼制规定，怎么能把它当国家法度呢？"

★ 原文

楚昭王 ① 有疾，卜曰："河神为祟 ②。"王弗祭，大夫请祭诸郊。

王曰："三代命祀，祭不越望 ③。江、汉、沮、漳 ④，楚之望也。祸福之至，不是过乎？不谷 ⑤ 虽不德，河非所获罪也。"遂不祭。

孔子曰："楚昭王知大道矣⑥，其不失国也，宜哉⑦。《夏书》曰：'维彼陶唐，率彼天常，在此冀方。今失厥道，乱其纪纲，乃灭而亡⑧。'又曰：'允出兹在兹⑨'。由己率常⑩，可矣。"

★ 注释

① 楚昭王：楚国国君。鲁昭公二十六年（前516），楚平王去世，不满十岁楚昭王继位。楚昭王是楚国的一位中兴之主。在吴国攻破都城之后逃亡，他后率兵收复楚国。

② 河神为祟：黄河之神在作怪。河，指黄河。为祟，作祟，作怪。

③ 祭不越望：对鬼神的祭祀规则是古代比较重要的礼仪规范之一。"祭不越望"这条规则是诸侯国祭祀鬼神的一条基础性的规定。《礼记·王制》载："天子祭天下名山大川，五岳视三公，四渎视诸侯。诸侯祭名山大川之在其地者。"这是一条关于祭祀的等级和地域范围的规定。超出了这个等级和地域范围就是不合法的。

④ 江、汉、沮、漳：四条河水名。江，长江；汉，汉水；沮，沮水；漳，漳水。

⑤ 不谷：古代诸侯的谦称。

⑥ 知大道矣：意谓楚昭王做事合乎礼制。

⑦ 不失国也：指楚国为吴所破，昭王出奔，后收复国家，没有让国家灭亡。

⑧ 维彼陶唐，率彼天常，在此冀方。今失厥道，乱其纪纲，乃灭而亡：语出《尚书·夏书·五子之歌》。陶唐，即尧帝。天常，指天道。冀方，指今中原一带地方，泛指中国。今失厥道，指夏桀昏庸无道。

⑨ 允出兹在兹：语出《尚书·虞书·大禹谟》。意谓付出什么就会得到什么样的结果。允，信，确实，果真。

⑩ 率常：遵循天道纲常。率，遵循。常，指天道纲常。

★ 译文

楚昭王生病，占卜的人说："是黄河之神在作怪。"楚昭王不能去黄河边祭祀，官员请求在郊外对远方的黄河祭祀。

楚昭王说："按夏、商、周三代制定的祭祀制度，诸侯祭祀不能超过本国边境。长江、汉水、沮水和漳水都在楚国境内，而黄河不在境内。神灵所降的祸福，是不会越过国境的。我虽然没有德行，也不会得罪境外的黄河之神。"于是没有批准祭祀。

孔子说："楚昭王懂得天道纲常，他能够在破国后收复国家，是理所当然的。《夏书》记载说：'正是帝王陶唐，遵循天道纲常，雄踞中国大地。夏桀罔顾大道，败坏法纪纲常，走向自取灭亡。'又说：'确实是付出什么就会得到什么'。由自己遵循天道纲常行事就可以了。"

★ 原文

卫孔文子①使太叔疾②出其妻③，而以其女妻之。疾诱其初妻之娣④，为之立宫，与文子女，如二妻之礼。文子怒，将攻之。孔子舍璩伯玉⑤之家，文子就而访焉。

孔子曰："簠簋之事⑥，则尝闻学之矣。兵甲之事，未之闻也。"

退而命驾而行，曰："鸟则择木，木岂能择鸟乎？"

文子遽自止之曰："圉也岂敢度其私⑦哉？亦访⑧卫国之难也。"

将止，会季康子问冉求之战。冉求既对之，又曰："夫子播之百姓，质⑨诸鬼神而无憾，用之则有名。"

康子言于哀公，以币迎⑩孔子，曰："人之于冉求，信之矣，将大用之。"

★ 注释

① 孔文子：名圉（yǔ），谥文，春秋时卫国卿大夫。

② 太叔疾：即世叔齐，卫国大夫。

③ 出：休妻。

④ 娣：妹妹。古时女子出嫁，常以妹妹随嫁。

⑤ 璩（qú）伯玉：即蘧伯玉，春秋时卫国大夫、孔子朋友。

⑥ 簠簋之事：指祭祀礼仪。簠、簋，古代祭祀用的食器。

⑦ 度：谋。

⑧访：当作"防"。

⑨质：询问，质询。

⑩币迎：重金聘请。

★译文

卫国孔文子让太叔疾休掉他的原配妻子，然后把自己的女儿嫁给了他。太叔疾引诱他原配妻子的妹妹，二人勾搭成奸，并且太叔疾还为她建了宫室，与孔文子的女儿一样待遇，对二人都以妻子的礼节对待。孔文子大怒，意欲攻打他的城邑。孔子这时住在璩伯玉家里，孔文子便前往拜访征求意见。

孔子说："对于祭祀的礼仪，我是学习过，懂得一些。但对于攻城略地之类的事情，我却没有接触过。"

会面结束后，孔子叫人安排车驾准备离开卫国。他说："鸟儿选择树木而栖息，树木怎么能选择鸟儿呢？"

孔文子赶忙来阻拦孔子离去，说："我怎么敢利用女儿的家事为自己谋私利呢？我这是为了防止卫国发生祸乱啊。"

孔子准备留下来，恰好碰到鲁国季康子向冉求请教战法。冉求回答之后，对季康子说："我们老师的学说如果传播到百姓中间，就算是让鬼神来评判也是无可挑剔的，如果能任用他则会使鲁国名声大振。"

季康子把这些话告诉了鲁哀公，并请求鲁哀公派人重金迎请孔子。他是这样说的："人们对于冉求的话是很信任的，我们应该重用孔子。"

★原文

齐陈恒①弑其君简公②，孔子闻之，三日沐浴③而适朝，告于哀公曰："陈恒弑其君，请伐之。"

公弗许。三请，公曰："鲁为齐弱④久矣，子之伐也，将若之何？"

对曰："陈恒弑其君，民之不与⑤者半。以鲁之众，加齐之半，可克也。"

公曰："子告季氏。"

孔子辞，退而告人曰："以吾从大夫之后，吾不敢不告也。"

★ 注释

① 陈恒：即田恒、田成子，因其家族出自陈国，也称为陈恒，是齐国田氏家族第八任首领。

② 简公：即齐简公，姜姓，吕氏，名壬，齐国国君。公元前484—公元前481年在位。

③ 沐浴：此处指孔子上朝前沐浴三日以示严肃慎重。

④ 弱：欺弱，欺负。

⑤ 与：依附，支持。

★ 译文

齐国陈恒杀了齐国国君简公，孔子听说后，斋戒沐浴三天后上朝，对鲁哀公说："陈恒杀了他的国君，请以讨伐陈恒为名发兵攻打齐国。"

鲁哀公没有同意。孔子又再三请求，哀公说："鲁国被强大的齐国欺负已经很久了，你说要攻打他，怎么可能打赢呢？"

孔子回答说："陈恒杀了他的国君，齐国民众有一半人不支持他，我们用鲁国的全部军士，去攻击只有一半军力的齐国军队，是可以战胜他的。"

哀公说："你把这件事告诉季氏，让他定夺吧。"

孔子告辞出来，回去之后告诉别人说："因为我曾位列大夫，所以不敢不向国君提出建议。"

★ 原文

子张问曰："《书》云：'高宗三年不言，言乃雍①。'有诸？"

孔子曰："胡为其不然也？古者天子崩，则世子委政于冢宰②三年。成汤既没，太甲③听于伊尹④；武王既丧，成王听于周公，其义一也。"

★ 注释

① 高宗三年不言，言乃雍：出自《尚书·周书·无逸》。高宗，指商高宗武丁。三年不言，指武丁登基后三年没有直接参与政事，利用这段时间了解国情民情。雍，和谐，和睦。

② 冢宰：周代官名，为六卿之首，或称太宰。

③ 太甲：商汤嫡长孙，太丁之子，商朝第四位君主。

④ 伊尹：商朝大臣。

★译文

子张问道："《尚书》中说：'商高宗武丁登基三年没有直接处理政事，此后他的执政言行得到百姓拥戴。'有这样的事吗？"

孔子说："怎么能说没有呢？古代天子去世，继位的储君就把国家政事交给冢宰管理三年。成汤去世，太甲请伊尹主持国家大事；武王死后，成王则有周公摄政。其中的道理都是一样的。"

★原文

卫孙桓子①侵齐，遇，败焉。齐人乘之，执②。新筑③大夫仲叔于奚④以其众救桓子，桓子乃免。卫人以邑赏仲叔于奚，于奚辞，请曲悬之乐⑤，繁缨以朝⑥。许之，书在三官⑦。子路仕卫，见其故，以访孔子。

孔子曰："惜也！不如多与之邑，惟器⑧与名⑨不可以假人，君之所司。名以出信，信以守器，器以藏礼⑩，礼以行义，义以生利，利以平民，政之大节也。若以假人，与人政也。政亡，则国家从之，不可止也。"

★注释

① 孙桓子：即孙良夫，卫武公之子，位居卫国上卿。

② 执：抓捕。此处意谓俘虏。

③ 新筑：春秋时卫地。

④ 仲叔于奚：复姓仲叔，名于奚，春秋时期卫国人。

⑤ 曲悬之乐：诸侯之礼乐。悬，指钟磬等乐器悬挂于架。古时天子用的乐器四面悬挂，以象宫室四面有墙，谓之"官悬"；诸侯去其南面乐器，三面悬挂，称"轩悬"，也称"曲悬"。卿大夫、士亦依次递减。此处仲叔于奚要求"曲悬"乐器资格，属于超规格使用诸侯之礼乐。

⑥ 繁（pán）缨以朝：繁缨为天子、诸侯所用驾马的带饰，而仲叔于奚

请求用繁缨装饰自己的驾马上朝，是僭越礼制的行为。

⑦ 书在三官：指在朝中大臣见证下记录下来。

⑧ 器：礼乐之器和祭祀之器。

⑨ 名：名号，名义，名分。

⑩ 器以藏礼：礼器的使用规格是礼制中根据尊卑次序和名分制定的，所以说礼器的使用包含在礼制之中。

★ 译文

卫国孙桓子领兵侵伐齐国，与齐军交战，被打败。齐国军队乘胜追击，俘虏了孙桓子。新筑大夫仲叔于奚率领部众援救，孙桓子才幸免于难。卫国国君用城邑赏赐仲叔于奚，他推辞不受，反而请求享用曲悬规制的礼乐，乘繁缨装饰的驾马去朝见国君。卫国国君居然同意，并在三位重臣见证下把这件事记录在案。子路在卫国当官，听说了这个典故，便去请教孔子。

孔子说："可惜啊！不如多赏赐给他一些城邑。唯有礼器和名分是有等级区别的，不可以随便授予别人使用，这二者是国君所应该严格掌握的。名分用来显示身份的，有了名分才能使用相应规格的礼器，使用不同规格的礼器所体现的就是礼制，而礼制又是用来推行道义的，道义又与利益分配相关，利益分配合理就可使百姓安定，所以说名分与礼器的授予是关乎政治的重大事件。如果把名分和礼器授予他人，就等于把政治权利交给了别人；政治出现混乱，国家也就会跟着混乱，这是无法阻止的。"

★ 原文

公父文伯之母①纺绩②不解③，文伯谏焉。其母曰："古者王后亲织玄紞④，公侯之夫人加之纮綖⑤，卿之内子⑥为大带⑦，命妇⑧成祭服，列士⑨之妻加之以朝服。自庶士已下，各衣其夫。社⑩而赋事⑪，烝⑫而献功⑬，男女纺绩⑭，愆则有辟⑮，圣王之制也。今我寡也，尔又在下位，朝夕恪勤，犹恐忘先人之业，况有怠堕⑯，其何以避辟？"

孔子闻之，曰："弟子志之：季氏之妇，可谓不过矣。"

★ 注释

① 公父文伯之母：公父文，即敬姜，为春秋时鲁国大夫公父穆伯之妻。穆伯早死，敬姜守寡养孤。

② 纺绩：把丝麻等纺成纱或布。

③ 解：通"懈"，懈怠。

④ 玄统（xuán dǎn）：古代君王礼冠上系玉用的丝带。

⑤ 纮綖（yán）：古代系冠冕的绳带。

⑥ 内子：卿大夫之妻为内子。

⑦ 大带：古代礼服所用宽腰带。

⑧ 命妇：指有大夫封号官员之妻。

⑨ 列士：建功立业之士，或有功业的官吏。

⑩ 社：春分祭祀土地。

⑪ 赋事：开始从事农桑劳作。

⑫ 烝：冬祭。《礼记·祭统》载："凡祭有四时：春祭曰礿，夏祭曰禘，秋祭曰尝，冬季曰烝。"

⑬ 献功：献上收获的五谷、布帛等。

⑭ 纺绩：古代纺多指纺织，此处引申为建功立业。

⑮ 愆则有辟：犯错就会受到法律的惩罚。愆，过错。

⑯ 堕：通"惰"，懈怠。

★ 译文

公父文伯的母亲不停地纺织丝麻，文伯于是劝谏她不要这么辛苦劳累。他母亲说："古时王后要亲手为君王编织王冠上的丝带，诸侯的夫人不但亲手为丈夫编织君主礼冠用的丝带，还要编织礼冠系绳，卿大夫的妻子要为丈夫制作礼服用的宽腰带；大夫的妻子为丈夫缝制祭祀礼服，有功名的官员妻子又加上制作朝服；其他无功名的士人及普通男子的妻子都要缝制丈夫所穿的衣服。每年从祭祀土地开始一年的劳作，到冬季在祭祀中为祖先、神灵献上五谷、布帛，男女都争相创立功业，有过错就要受到惩罚，这是圣王的制度。如今我守寡在家，你又官职不高，我们应日夜恭敬勤恳，唯恐忘记先人创下的业绩，如果做事怠慢，一旦出现差错怎么能逃脱法律惩罚呢？"

孔子听到这件事后说；"弟子们记住：公父文伯的母亲这么做就是为了避免出现过错啊。"

★原文

樊迟问于孔子曰："鲍牵^①事齐君，执政不挠，可谓忠矣，而君刖^②之，其为至暗^③乎？"

孔子曰："古之士者，国有道则尽忠以辅之，国无道则退身以避之。今鲍庄子食于淫乱之朝，不量主之明暗，以受大刖，是智之不如葵^④，葵犹能卫其足。"

★注释

①鲍牵：鲍叔牙曾孙，谥庄，人称鲍庄子，春秋时齐国人。齐桓公之孙庆克与齐灵公之母声孟子私通。庆克男扮女装乘辇出入宫中，被鲍牵发现。鲍牵将此事告诉了齐国上卿国佐。国佐把庆克召来责备此事，庆克羞惭而退，在家久不出门。后来，声孟子问庆克为何久不入宫，庆克说："国佐批评了我。"声孟子为此恼恨国佐、鲍牵等人。齐灵公八年（前574年），国佐陪齐灵公参与诸侯伐郑，高无咎、鲍牵守国。灵公还国，将入城，高无咎、鲍牵关闭城门进行检查后才开门迎接。这本来是为了保证灵公安全，却反而给了声孟子进谗言之机。声孟子对灵公说："高、鲍想要不让您入城，而另立公子角为君。"于是灵公于当年七月对鲍牵施以刖刑，驱逐了高无咎。

②刖：砍掉脚的酷刑。

③暗：昏庸。

④葵：指葵菜，叶面宽大、向日而生，以保护其根。

★译文

樊迟问孔子说："鲍牵侍奉齐国国君，为政正直无私，可以说是忠诚，然而齐国国君却对他施以砍脚之刑，齐国国君太昏庸了吧？"

孔子说："古代的士，国家政治清明就竭尽忠诚为国出力，国家政治黑暗就退身隐居。如今，鲍庄子身处淫乱的朝廷中做官，不明辨君主是圣明还是昏庸，因而导致被砍掉了脚。他还不如葵菜聪明，葵菜尚能用繁叶保护自己的根系。"

★ 原文

季康子欲以一井田出法赋^①焉，使访孔子。

子曰："丘弗识也。"

冉有三发，卒曰："子为国老^②，待子而行，若之何子之不言？"

孔子不对，而私于冉有曰："求，汝来。汝弗闻乎，先王制土，藉田以力^③而底其远近^④；赋里以入^⑤，而量其有无；任力以夫，而议其老幼。于是鳏、寡、孤、疾、老者，军旅之出^⑥则征之，无则已。其岁收，田一井出稯禾、秉刍、缶米^⑦，不是过，先王以为之足。君子之行，必度于礼，施取其厚，事举其中，敛从其薄。若是其已，丘亦足矣。不度于礼，而贪冒无厌，则虽赋田，将有不足。且子孙若以行之而取法，则有周公之典在。若欲犯法，则苟行之，又何访焉？"

★ 注释

① 一井田出法赋：即田亩税。井，周代的一种土地量度，方九百亩的地方为里，一里为井，四井为邑，四邑为丘。法赋，税赋。

② 国老：古代告老退休的卿大夫，或掌管教化的官员，或国之重臣。

③ 藉田以力：按劳动力分公田征税。

④ 底其远近：意指征税还要考虑土地远近。远，多指偏远的贫瘠的山地。

⑤ 赋里以入：意指对城里的商贾按收入收税。

⑥ 军旅之出：指有军队出征，有战争需要。

⑦ 稯（zōng）禾、秉刍（bǐng chú）、缶米：稯，计算禾的单位，四十把为一稯。秉，量器，后为容积单位，一秉约合十六斛。刍，饲草。缶，量器，后为容积单位，一缶为十六斗。

★ 译文

季康子想以井为单位征收田地税（即土地税），派人征求孔子的意见。

孔子说："我不懂这些。"

冉求被派去问了好几次，最后说："您是国老，他们都想听听您的意见，您为什么不发表意见呢？"

孔子没有回答，私底下对冉求说："冉求，你过来。你难道还不知道吗，先王建立了土地制度，按照劳力来分配公田征税，并根据远近和贫瘠与否加以平衡调节；在城邑内进行征税，要考虑商贾收入的多少；征发徭役，要考虑年龄的大小。对于鳏、寡、孤、疾和上了年纪的人，有军事行动就征税，没有军事行动，就对他们免税。每年的收成，一井土地也就收税一稷谷物、一秉饲料、一缶米，不会超过这些，先王认为收获这些就足够多了。君子的行动必须合乎礼的要求，施予要力求丰厚，做事要把握分寸，征收赋税要尽量减轻。如果按上述的收成，我认为也足够了。如果不按照礼的原则做事，贪得无厌，就算征收再多的田地税也不会得到满足。并且作为先王的子孙，如果想按照法度行事，那么有周公制定的典章制度可以遵循；如果想违背法度行事，那么随意而行就是了，何必要问我呢？"

★ 原文

子游问于孔子曰："夫子之极言子产之惠①也，可得闻乎？"

孔子曰："惠在爱民而已矣。"

子游曰："爱民谓之德教，何翅②施惠哉？"

孔子曰："夫子产者，犹众人之母也，能食之，弗能教也。"

子游曰："其事可言乎？"

孔子曰："子产以所乘之舆③济冬涉者，是爱无教也。"

★ 注释

① 惠：仁惠，美德。

② 何翅：即何啻，不仅仅，不止。翅，通"啻"。

③ 舆：泛指车。

★ 译文

子游问孔子说："老师您极力称赞子产的美德，可以说来听听吗？"

孔子说："子产的美德主要体现在爱民而已。"

子游说：“爱民可以说是仁德教化的内容，难道仅仅是施予恩惠？”

孔子说：“子产就像是众人的母亲，他想法供养他们，不是教化他们。”

子游说：“能举例说明这方面的事吗？”

孔子说：“比如子产用他所乘的车子帮助冬天要过河的人，这是爱民而不是教化。”

★原文

哀公问于孔子曰：“二三大夫皆劝寡人，使隆①敬于高年，何也？”

孔子对曰：“君之及此言，将天下实赖之，岂唯鲁哉？”

公曰：“何也？其义可得闻乎？”

孔子曰：“昔者，有虞氏贵德而尚齿②，夏后氏贵爵而尚齿，殷人贵富而尚齿，周人贵亲而尚齿。虞、夏、殷、周，天下之盛王也，未有遗年者焉。年者，贵于天下久矣，次于事亲。是故朝廷同爵而尚齿。七十杖于朝，君问则席③。八十则不仕朝，君问则就之，而悌达乎朝廷矣。其行也，肩而不并④，不错则随⑤。斑白者不以其任于道路⑥，而悌达乎道路矣。居乡以齿，而老穷不匮，强不犯弱，众不暴寡，而悌达乎州巷⑦矣。古之道，五十不为甸役⑧，颁禽隆⑨之长者，而悌达乎蒐狩⑩矣。军旅什伍⑪，同爵尚齿，而悌达乎军旅矣。夫圣王之教，孝悌发诸朝廷，行于道路，至于州巷，放于蒐狩，循于军旅，则众感以义，死之而弗敢犯。”

公曰：“善哉，寡人虽闻之，弗能成。”

★注释

① 隆：指程度深，更加。

② 尚齿：敬重长者。齿，年龄。

③ 君问则席：君王有事商量，则为之设置座席。

④ 肩而不并：不与长者并肩而行。

⑤ 不错则随：不是错开，就是跟在身后。错，错开。随，随后、跟随。

⑥ 斑白者不以其任于道路：意谓不让年龄大的人担负重物行路。斑白者，指老人。任，拿，提。

⑦ 州巷：州闾，乡里。州与闾皆为古时地方基层行政单位，泛指乡里。

⑧ 甸役：参加田猎所征劳役。甸，通"田""畋"，指田猎。

⑨ 颁禽隆之长者：分配猎物时对长者增加份额。颁禽，是指古代天子将田猎所获的禽兽分赐群臣。隆，更加。

⑩ 蒐狩：泛指田猎。古代春猎称蒐，冬猎称狩。

⑪ 什伍：军队基层编制。古代五人为伍，十人为什。

★译文

哀公询问孔子说："几个大夫建议我倡导尊崇年老者，为什么呢？"

孔子回答说："您如果能做到他们所说的那样，不仅是鲁国人民拥护您，甚至整个天下的人都会拥护您。"

哀公说："为什么呢？其中的道理能讲给我听吗？"

孔子说："从前，有虞氏重视仁德且尊敬年长者，夏后氏重视爵位且尊敬年长者，商人重视富贵且尊敬年长者，周人重视亲情且尊敬年长者。虞、夏、殷、周，是天下兴盛的王朝，都没有遗忘长者。年龄大的人被天下人尊重由来已久，对老者的尊重仅次于尊敬自己的双亲。所以在朝廷上爵位相同年长者为尊。七十岁的官员可以挂杖出入，在商讨国事时国君要为他设置座席。八十岁的老人则不再在朝廷任职，国君如果需要和他商量国事，就要到他家里去拜访，这样孝悌之义就会在君王和臣子之间盛行。与长者一起走路，不能跟他肩并肩，要么错开，要么直接跟在身后。不让老人负重走路，这样孝悌之义就会在道路上盛行。邻里之间讲究年龄老幼，让年老者不会穷到衣食没有着落，身强力壮者不欺负弱小者，人多不欺负人少，这样孝悌之义就会在乡里邻里之间盛行。古代之道，五十岁以上就不用参加田猎活动，分配田猎所获的猎物也要多给老年者一些，这样孝悌之义就会在田猎之时盛行。军旅之中的各级建制，职位相同的人则以年长者为尊，这样孝悌之义就会在军队之中盛行。圣明的君王用孝悌来教化人民，从君王和官员开始，到路上的行人和乡里邻里之间，传播于田猎，盛行于军队之中，那么人们就会被其中的道义所感染，至死也不敢违犯。"

哀公说："好啊！我虽然知道了，却不一定能做到。"

★ 原文

哀公问于孔子曰："寡人闻东益^①不祥，信有之乎？"

孔子曰："不祥有五，而东益不与焉。夫损人自益，身之不祥；弃老而取幼，家之不祥；释^②贤而任不肖^③，国之不祥；老者不教，幼者不学，俗^④之不祥；圣人伏匿^⑤，愚者擅权，天下不祥。不祥有五，东益不与焉。"

★ 注释

① 东益：向东扩展房屋。益，增加。

② 释：放弃。

③ 不肖：此指不贤。

④ 俗：习俗，民风。

⑤ 伏匿：隐藏，躲藏，退隐。

★ 译文

哀公问孔子说："我听说向东拓展房屋是不吉利的，真是这样吗？"

孔子说："不吉利的事情有五种，而向东拓展房屋这件事不包括在内。损人利己，是对自身不吉利；遗弃老人而只关爱子女，是对家庭不吉利；放弃有贤能的人而任用小人（不贤之人），是对国家不吉利；年老的人不教育后代，年幼的人不学习，是对社会民风不吉利；圣明的人退隐不出，而愚昧的人专权，是对天下不吉利。所以说不吉利的事情有五种，向东拓展房屋不包括在内。"

★ 原文

孔子适季孙，季孙之宰^①谒^②曰："君使求假^③于马，将与之乎？"

季孙未言，孔子曰："吾闻之，君取于臣，谓之取；与于臣，谓之赐。臣取于君，谓之假；与于君，谓之献。"

季孙色然^④悟曰："吾诚未达此义。"遂命其宰曰："自今已往，君有取之，一切不得复言'假'也。"

★ 注释

① 宰：春秋时卿大夫的家臣和采邑的长官也称为宰。此处指季孙之家宰、家臣。

② 谒：禀告，陈说。

③ 假：借。

④ 色然：脸色大变。

★ 译文

孔子在季孙家做客，听到季孙的家臣向季孙报告说："君主派人来借马，要不要借给他？"

季孙氏还没有回答，孔子就说道："一般来说，国君需要臣子的东西，叫作征用（取）；国君给臣子东西，叫作赏赐。臣子需要国君的东西，叫作借；臣子给国君东西，叫作敬献。"

季孙氏脸色一变，醒悟过来，说："我确实不明白这个道理。"于是命令他的家臣："从今以后，国君需要我们的东西，一律不能再说'借'这个字。"

卷第十

曲礼子贡问第四十二

★ 原文

子贡问于孔子曰："晋文公实召天子，而使诸侯朝焉①。夫子作《春秋》②云：'天王狩于河阳③。'何也？"

孔子曰："以臣召君，不可以训④。亦书其率诸侯事天子而已。"

★ 注释

① 晋文公实召天子，而使诸侯朝焉：天子，指周襄王，因王子带发动叛乱而出逃在外，借晋文公之力平定叛乱。作为对晋文公的酬劳，周襄王把黄河以北的温邑（今河南温县西）、阳樊（今河南济源东南）等城邑赐给晋国。后来，晋文公开始与各诸侯国逐鹿中原，实力增强。在打败楚国后，晋国与齐、鲁、卫、宋等国结盟于践土（今河南原阳西南）。周襄王也参加，并策命晋文公为侯伯（即诸侯之长）。此次会盟，标志着晋文公霸主地位的确立，也标志着周天子已沦为大诸侯国的附庸，周王室失去了往昔的尊严。

②《春秋》：我国第一部编年体史书，为孔子根据鲁国国史《春秋》整理而成，记录了从鲁隐公元年（前722年）到鲁哀公十四年（前481年）共242年的历史。

③ 天王狩于河阳：周天子在黄河以北打猎。天王，指周天子，此指周襄王。狩，打猎，古代冬猎曰狩。河阳，黄河以北。

④ 训：效仿，法则。

★ 译文

子贡问孔子说："践土之盟时的实际情况是，晋文公召请周天子到践土，让参与会盟的诸侯国君朝见。而先生您作《春秋》时，将此事写成：'周天子在黄河以北打猎。'这是为什么？"

孔子说："晋文公以臣子的身份召见天子，违犯礼制，不能让后人效仿。所以我就将此事写成晋文公率领诸侯觐见在黄河以北打猎的周天子罢了。"

★ 原文

孔子在宋，见桓魋自为石椁，三年而不成，工匠皆病①。

夫子愀然②曰："若是其靡也，死不如速朽之愈。"

冉子仆，曰："礼，凶事不豫③，此何谓也？"

夫子曰："既死而议谥④，谥定而卜葬，既葬而立庙，皆臣子之事，非所豫属也，况自为之哉？"

★ 注释

① 病：疲惫，劳乏。

② 愀（qiǎo）然：神情变得严肃、忧郁。

③ 凶事不豫：凶事指丧事。豫，通"预"，事先有所准备。

④ 谥：古代历史上的皇帝以及诸侯大臣等社会地位相对较高的人物，在其去世之后，朝廷会依据其生前所作所为，从而给出一个具有评价意义的称号，这就是通常意义的谥号。

★ 译文

孔子在宋国时，司马桓魋亲自监督为自己制造石椁，用了三年时间还未完工，工匠们都疲惫不堪。

孔子脸色凝重地说道："如果像这样奢靡，死了以后还不如快点腐烂好。"

当时陪同服侍孔子的冉有问道："根据礼制，丧事不能事先准备，您要说的是不是这个意思？"

孔子说："人死之后才会有商议其谥号的事，谥号确定以后才占卜确定下葬的时日，下葬以后才设立庙祭，这些都是臣子或后辈要做的事情，不是人生前事先准备好的。何况，他是亲自去安排，这怎么行呢？"

★ 原文

南宫敬叔以富得罪于定公，奔卫。卫侯请复之，载其宝以朝。

夫子闻之，曰："若是其货^①也，丧^②不若速贫之愈。"

子游侍，曰："敢问何谓如此？"

孔子曰："富而不好礼，殃也。敬叔以富丧矣，而又弗改，吾惧其将有后患也。"

敬叔闻之，骤如孔氏，而后循礼施散^③焉。

★ 注释

① 货：财物。

② 丧：失去。

③ 施散：此处指散布财物。

★ 译文

南宫敬叔恃富自傲而得罪鲁定公，逃到卫国。卫国国君请求鲁定公恢复敬叔官职，南宫敬叔回国以后，满载着财宝朝见鲁定公。

孔子听说此事后，说："如果像这样使用财物贿赂君主，丢官这样的事对他来说只有尽快减少财产才能避免。"

当时子游正陪侍在一旁，问道："请问您为什么这么说呢？"

孔子说："一个人如果富有而不善于遵守礼制，是要遭殃的。敬叔是因为恃富自傲而丧失了官位，但又不改正，我担心他将来还有祸患啊！"

敬叔听说后，立即赶去向孔子请教。从此以后，他遵守礼制，并把财物施散给百姓。

★ 原文

孔子在齐，齐大旱，春饥。

景公问于孔子曰："如之何？"

孔子曰："凶年则乘驽马，力役不兴，驰道不修，祈以币玉，祭祀不悬，祀以下牲。此贤君自贬以救民之礼也。"

孔子在齐国的时候，齐国大旱，春季出现了饥荒。

齐景公问计于孔子说："该怎么办呢？"

孔子说："遇到灾荒年景，您乘车出门要用劣马，不兴劳役搞建设，不修官道，祈雨的活动用锦帛和玉制品，祭祀也不悬钟奏乐，祭祀用的牲畜也用次等的。这是贤明君主自己降低等级标准以救民众于苦难的礼数啊！"

★ 原文

孔子适季氏。康子昼居内寝，孔子问其所疾，康子出见之。言终，孔子退。

子贡问曰："季孙不疾而问诸疾，礼与？"

孔子曰："夫礼，君子不有大故，则不宿于外；非致齐①也，非疾也，则不昼处于内。是故夜居外，虽吊②之，可也；昼居于内，虽问其疾，可也。"

★ 注释

① 致齐（zhāi）：古代在举行祭祀前清心洁身的礼式，斋戒。

② 吊：吊唁，安慰。

★ 译文

孔子到季氏家去。季康子大白天还在内宅睡觉，孔子问仆人他是不是生病了，后来季康子出来和孔子见了面。谈话完毕，孔子退了出来。

子贡问道："季康子没有病，而先生您却问他是不是生病了，这合乎礼制吗？"

孔子说："按照礼制规定，君子除非遇到大的变故，一般是不住在内宅之外的地方过夜的；除非祭祀前斋戒的需要，或者生了病，否则大白天是不能居于内宅的。所以，如果遇到有人家夜里居住在外宅，别人则会认为家里有人去世，即使前往吊唁也不为过；如果大白天还居于内宅，别人则会认为他生病了，即使前往探问他的病情也没什么问题。"

★ 原文

孔子为大司寇，国厩①焚。子退朝而之火所，乡人有自为火来者，则拜之，士一，大夫再。

子贡曰："敢问何也？"

孔子曰："其来者亦相吊②之道也。吾为有司，故拜之。"

★ 注释

① 国厩：国家养马场的马厩。

② 相吊：相互慰问，相互帮忙。

★ 译文

孔子担任鲁国大司寇的时候，国家养马场的马厩失了火。孔子急忙退朝赶到火灾现场，见到人们自发赶来救火，他对着前来救火的人鞠躬拜谢，对士人拜一次，对大夫拜两次。

子贡问："请问您为什么这么做？"

孔子说："来这里救火的人，都是遵行有事互相帮忙的人。我作为主管官员，所以要对他们加以拜谢。"

★ 原文

子贡问曰："管仲失于奢，晏子失于俭。与其俱失①矣，二者孰贤？"

孔子曰："管仲镂②簋③而朱纮④，旅树⑤而反坫⑥，山节藻棁⑦。贤大夫也，而难为上。晏平仲祀其先祖，而豚肩不揜豆⑧，一狐裘三十年。贤大夫也，而难为下。君子上不僭下，下不逼上⑨。"

★ 注释

① 与其：连词，是指在比较两件事的利害得失或决定取舍时，表示放弃或不赞成的一面，常与"孰若""宁""不若"等词连用。

② 镂：雕刻。

③ 簋（guǐ）：古代食器，青铜或陶制。

④朱纮：红色的冠冕系带。纮，古时冠冕上的系带，只有君主才能用红色。

⑤旅树：指当门口立屏（天子外屏，诸侯内屏，大夫以帘，士以帷）。旅，设置。树，屏障。

⑥反坫（diàn）：君王相互敬酒完毕后，将酒杯倒置放在坫台上。坫，古代设在厅堂里祭祀用的台子。

⑦山节藻棁（zhuō）：山节，刻成山形的斗拱；藻棁，画有藻文的梁柱。后用此二者形容居处豪华奢侈，超出规制。

⑧豚肩不揜（yǎn）豆：猪腿的大小都不超出其盛放的器皿的边沿，意指简陋、低调。豚肩，猪腿。揜，同"掩"，超过。豆，古代盛肉或其他食品的器皿，形状像高脚盘。

⑨上不僭下，下不逼上：应为"下不僭上，上不逼下"。

★译文

子贡问道："管仲的过失在于过度奢侈，晏子的过失在于过度节俭。与其讨论两人的过失，还不如比较一下两人谁更贤德呢？"

孔子说："管仲所用器具，如簋的雕花、冠冕的系带色彩、庭院大门前建置影壁、堂上设置的祭台的规格、屋顶栋梁上的雕刻与纹饰等多处体现奢华、超越规制。他虽然是位贤能的大夫，但其某些行为方式却使居于上位的君主为难。晏平仲（晏子）祭祀祖先时，所供奉的猪腿很小且不超出盛放的器皿边沿，一件狐皮大衣穿了三十年，他固然是位贤能的大夫，但却使居于他下位的属吏很难处事。真正有才德的君子应该对上不僭越，对下没有威胁。"

★原文

冉求曰："昔文仲①知鲁国之政②，立言③垂法④，于今不亡，可谓知礼矣。"

孔子曰："昔臧文仲安知礼？夏父弗綦⑤逆祀⑥而不止，燔柴于灶以祀⑦焉。夫灶者，老妇之所祭，盛于瓮⑧，尊于瓶⑨，非所柴也。故曰礼也者，由⑩体也。体不备，谓之不成人。设之不当，犹不备也。"

★注释

①文种：即臧文仲，名辰，谥文，故又称臧文仲，春秋时鲁大夫，世袭司寇。

②知：主持。

③立言：著书立说。

④垂法：生前制定法律标准、法则。

⑤夏父弗綦（qí）：即夏父弗，或作夏父弗忌、夏父不忌，春秋时鲁国大夫。鲁文公时曾任宗伯，主持祭祀先祖的庙祭。

⑥逆祀：指夏父弗在主持祭祖时，把鲁僖公（鲁国第十八任君主）之位置于鲁闵公（鲁国第十七任君主）之上，这种失礼行为，被孔子称之为逆祀。

⑦燔柴于灶以祀：在炉灶中烧柴火的方式祭拜灶神。

⑧瓮：一种陶制的盛器。

⑨尊：这里作动词，置酒。

⑩由：好似，好比是。

★译文

冉求说："从前臧文仲主持鲁国国政，他所制定的规则和法度流传很久，其影响到现在也没有消失，可以说他是懂得礼制的人。"

孔子说："臧文仲哪里算得上懂得礼制呢？在他执政时期，夏父弗綦违反昭穆制度，把鲁僖公之神位置于鲁闵公之上，而臧文仲却不加以阻止；还有，在灶内烧柴祭祀灶神的行为，他也没有加以纠正。祭拜灶神，应是家庭年长妇女主持的祭祀，要用瓮盛食，以瓶置酒，不应该用烧柴的方式祭拜。所以说，礼制就像是人的身体一样，是一个整体。缺肢少腿就不是一个体格健全的人。礼制中的礼仪设置不完整，就不能称之为礼制健全。"

★原文

子路问于孔子曰："臧武仲率师与邾人战于狐鲐①，遇，败焉。师人多丧而无罚。古之道然与？"

孔子曰："凡谋②人之军，师败则死之；谋人之国邑，危则亡之。

古之正③也。其君在焉者，有诏④则无讨⑤。"

★ 注释

① 狐鲐（tái）：在今山东滕州东。

② 谋：谋划，指挥。

③ 正：通"政"，政令制度。

④ 诏：君之令。

⑤ 讨：惩治有罪者。

★ 译文

子路问孔子："臧武仲率领军队和邾国军队在狐鲐交战，结果鲁军大败。士兵阵亡很多，但是臧武仲却没有受到处罚。古代有这样的先例吗？"

孔子说："凡是指挥军队的人，如果战败就得自杀谢罪；凡是掌管国都的人，如果出现危及国家安全的局势，就要受到严惩。这是古代的政令制度。如果有君主在场，并参与了事情的决策，那么君主可以下诏赦免对臣子的惩罚。"

★ 原文

晋将伐宋，使人觇①之。宋阳门②之介夫死③，司城子罕④哭之哀。觇者反，言于晋侯曰："阳门之介夫死，而子罕哭之哀，民咸悦。宋殆⑤未可伐也。"

孔子闻之，曰："善哉，觇国乎！《诗》云：'凡民有丧，匍匐救之。'子罕有焉。虽非晋国，天下其孰能当之？是以周任⑥有言曰：'民悦其爱者，弗可敌也。'"

★ 注释

① 觇（chān）：察看，偷偷地察看。

② 阳门：宋国城门。

③ 介夫：守门卫士。

④ 司城子罕：司城，即司空，宋国为避宋武公（名司空）讳而改称司城。子罕，名乐喜，字子罕，宋戴公之后，宋六卿之一，任司城，以其贤而有才

401

主持国政。

⑤殆：大概，恐怕。

⑥周任：周大夫，其人正直无私，疾恶务去。后世为官从政者多服膺其言，以其人为楷模。

★译文

晋国国君想要攻打宋国，于是派人去宋国刺探虚实。宋国阳门有名卫士死了，司城子罕前去吊唁并哭得十分悲痛。刺探情报者回来，向晋国国君报告说："宋城阳门有个卫士死了，而子罕哭得十分悲痛，百姓对这一举动都心悦诚服。现在大概还不是攻打宋国的时机。"

孔子听说此事后，说："这个刺探情报的人，真是善于观察敌情啊！《诗经》上说：'凡是百姓有丧亡，尽心竭力去帮忙。'子罕做到了这一点。不仅是晋国，天下谁能和上下一心的宋国对抗呢？周任曾经说过这样的话：'百姓爱戴那些爱护他们的人，这样的人是不可战胜的。'"

★原文

楚伐吴，工尹①商阳与陈弃疾②追吴师。及之，弃疾曰："王事也，子手弓③而可。"商阳手弓。弃疾曰："子射诸！"射之，毙一人，韔④其弓。又及，弃疾谓之。又及，弃疾复谓之。毙二人。每毙一人，辄掩其目。止其御，曰："吾朝不坐，燕不与⑤，杀三人亦足以反命⑥矣。"

孔子闻之，曰："杀人之中，又有礼焉。"

子路怫然⑦进曰："人臣之节，当君大事，唯力所及，死而后已。夫子何善此？"

子曰："然，如汝言也。吾取其有不忍杀人之心而已。"

★注释

①工尹：春秋时楚国官名。此处指弓箭手。

②陈弃疾：指楚公子弃疾。楚灵王七年（前533年），楚公子弃疾奉命率师灭陈，得楚人称誉，遂号陈弃疾。后继位而为楚王，即楚平王。

③ 手弓：以手执弓，张弓搭箭。

④ 韔（chàng）：即弓袋。此处作动词用，谓装弓于弓袋。

⑤ 朝不坐，燕不与：朝见时没有座位，宴会时没有席次，意即地位卑下。燕，同"宴"。

⑥ 反命：复命。

⑦ 怫然：怒气冲冲的样子。

★译文

楚国攻打吴国，弓箭手商阳和楚公子弃疾同车追击败退的吴军。追赶上以后，弃疾说："我们受国君的命令，请备好弓箭准备射击。"于是商阳张弓搭箭。弃疾命令说："射击！"商阳射出一箭，击毙一个敌人，然后把弓装入弓袋。车又追上了敌人，弃疾又下了同样的命令；再后来又一次追上敌人，弃疾又一次下达射击命令。这样，商阳又射死了两个敌人。每次箭中目标时，他都要把眼睛遮起来不忍观看。最后，他让停住战车，对弃疾说："我朝见时没有座位，宴会时不会有我的座席，杀死三个敌人，回去也足以复命了。"

孔子听说此事后说："杀人之中也有礼的因素啊。"

子路愤愤然走上前对孔子说："作臣子，就应当为国君的大事业有所担当，他只有竭尽全力、死而后已。商阳未尽全力，先生您为什么称赞商阳的举动呢？"

孔子说："是的，你说得很对。我只不过是称许他有不忍杀人的怜悯之心罢了。"

★原文

孔子在卫，司徒敬之①卒，夫子吊焉。主人不哀，夫子哭不尽声而退。

璩伯玉请曰："卫鄙俗，不习丧礼，烦吾子辱相②焉。"

孔子许之。掘中霤③而浴，毁灶④而缀足⑤，袭于床⑥。及葬，毁宗⑦而躐行⑧也，出于大门。及墓，男子西面，妇人东面，既封而归，殷道也。孔子行之。

子游问曰："君子行礼，不求变俗，夫子变之矣。"

孔子曰："非此之谓也，丧事则从其质而已矣。"

★ 注释

① 司徒敬之：春秋时卫国贵族，司徒乃因官为氏。

② 相：主持仪式的人。

③ 中霤（liù）：居室正中处。远古穴居，在穴顶开洞取明，雨水从洞口滴下，故谓之"中霤"。

④ 毁灶：拆毁炉灶，表示人死不用再生火做饭之意。

⑤ 缀足：拢好死者双脚，使不变形，便于穿寿衣。

⑥ 袭于床：在床上为死者穿戴寿衣。袭，原指全套寿衣，此处作动词，指为死者穿戴寿衣。

⑦ 毁宗：毁掉宗庙门西边墙。宗，宗庙。

⑧ 躐（liè）行：谓灵柩经过宗庙神之位。

★ 译文

孔子在卫国的时候，司徒敬之去世，孔子前去吊丧。主人并没有按照吊丧的礼仪接待，孔子没有尽情表达哀悼之情就退了出来。

璩伯玉向孔子请求说："我们卫国这里风俗鄙陋，不懂丧礼，麻烦先生屈尊担任主持丧礼的人。"

孔子答应了。孔子命人在居室中间挖一个坑，为死者沐浴；拆毁炉灶表示人死不用再生火做饭，把死者的双脚拢好以方便穿寿衣和鞋子；在床上为死者穿戴好整套寿衣。到了安葬的时候，在宗庙西墙拆出一个豁口，抬着灵柩进入宗庙，然后再把灵柩抬出大门。到了墓地，男子站在墓室东边面向西，妇女站在西边面向东，灵柩入土、堆土成坟后就回家。这是商人行丧礼的礼仪，孔子就是按它举行的。

子游问："君子主持礼仪，不求改变当地习俗，然而先生您却已经改变了。"

孔子说："话不是这么说，办理丧事只要合乎丧礼的基本要求就可以了。"

★ 原文

宣公八年六月辛巳，有事 ① 于太庙，而东门襄仲 ② 卒，壬午犹绎 ③。子游 ⑤ 见其故，以问孔子曰"礼与？"

孔子曰："非礼也，卿卒不绎。"

★ 注释

① 有事：举行禘祭。

② 东门襄仲：即公子遂，东门氏，名遂，字襄仲，亦称仲遂。春秋时鲁国卿大夫，曾主持国政。

③ 绎：指祭祀过后第二天又去祭祀。

★ 译文

鲁宣公八年（前591年）六月辛巳日，鲁国在太庙里进行了禘祭（祭祖的大祭）。同一天卿大夫公子遂去世，第二天（壬午日），仍在太庙举行了绎祭。

子游看到这件史事的记载，便问孔子说："这合乎礼制吗？"

孔子说："这是不合礼制的，因为禘祭期间卿大夫去世，就不应该再到祖庙祭拜。"

★ 原文

季桓子丧，康子练^①而无衰^②。

子游问于孔子曰："既服练服，可以除衰乎？"

孔子曰："无衰衣者，不以见宾，何以除焉？"

★ 注释

① 练：丧祭名。一周年祭为练祭，亦称小祥。此处指练祭时穿的服装，是穿在衰服外边的。

② 衰（cuī）：指衰服，古代用粗麻布制成的毛边丧服。

★ 译文

在为季桓子服丧期间，季康子在周年的练祭以后就除去了衰衣。

子游问孔子说："穿了练服以后，就可以脱去衰衣吗？"

孔子说："练服不是正式的丧服，不穿衰衣不能会见宾客，怎么可以脱去呢？"

★原文

郑人以同母异父之昆弟死，将为之服①，因颜克②而问礼于孔子。

子曰："继父同居者，则异父昆弟从为之服；不同居，继父且犹不服，况其子乎？"

★注释

① 服：这里作动词用，指穿丧服。

② 颜克：孔子弟子，即颜刻，或作颜高，字子骄，鲁人，少孔子五十岁。

★译文

郑国有个人因为同母异父的兄弟死了，准备为他穿丧服，就通过颜克向孔子请教这样是否符合礼制。

孔子说："如果与继父生活居住在一起，那么异父兄弟死了要穿丧服；如果不与继父生活居住在一起，那么，连继父本人死了都不用穿丧服，更何况是继父的儿子呢？"

★原文

齐师侵鲁，公叔务人①遇人入保②，负杖而息。务人泣曰："使之虽病，任之虽重③，君子④弗能谋，士弗能死，不可也。我则既言之矣，敢不勉乎？"与其邻嬖童汪锜⑤乘往，奔敌死焉。

皆殡，鲁人欲勿殇⑥童汪锜，问于孔子。曰："能执干戈，以卫社稷，可无殇乎！"

★注释

① 公叔务人：鲁昭公之子。

② 保：通"堡"，小城。

③ 使之虽病，任之虽重：指战争时期，徭役多，税负重。

④ 君子：此处指卿大夫等官员。

⑤ 嬖童：受人喜欢的少年。

⑥殇：未成年而死，称为殇者，为其举行的丧礼亦称殇，较成人的葬礼规格低，比较简单。

★译文

齐国军队入侵鲁国，公叔务人看见一个鲁人为避战火急匆匆进入小城，扶着木杖休息。公叔务人流着泪说："虽然因为战争而征发的兵役使百姓疲惫不堪，百姓的税负负担也很重，但是如果卿大夫不能出谋划策，国人不能誓死卫国，这是不行的。我已经把这话说出来了，怎么敢自己不尽力呢？"于是，就和邻里受人喜爱的少年汪锜一起驾车奔赴战场参加战斗，直至最后战死。

鲁国百姓将两个人入殓，但不想用孩童的普通葬礼为汪锜治丧，便去请教孔子。孔子说："他能够手执兵器来保卫国家，可以不用儿童的葬礼！"

★原文

鲁昭公夫人吴孟子卒，不赴①于诸侯。孔子既致仕②，而往吊焉。适于季氏，季氏不绖③，孔子投绖而不拜。

子游问曰："礼与？"

孔子曰："主人未成服，则吊者不绖焉，礼也。"

★注释

①赴：通"讣"，报丧。

②致仕：退休，辞去官职。

③绖（dié）：古代丧服上的麻带。

★译文

鲁昭公夫人吴孟子去世，没有向其他诸侯国发讣告。这时的孔子已经辞去官职，他前往去吊唁。刚好是季康子负责葬礼，孔子看到季康子身穿丧服但未系麻腰带。于是孔子解下麻腰带，而且没有跪拜。

子游问："您这样做符合礼制吗？"

孔子说："主人没有穿完整的丧服，那么前去吊唁的人也就可以不用系麻带，是符合礼仪规范的。"

★ 原文

公父穆伯①之丧，敬姜昼哭；文伯之丧，昼夜哭。

孔子曰："季氏之妇，可谓知礼矣。爱而无私，上下有章②。"

★ 注释

① 公父穆伯：春秋时鲁国三桓季悼子之子，季平子的兄弟，妻子是敬姜，儿子是公父文伯。

② 上下有章：指父子有别。上指丈夫，下指儿子。章，区别。

★ 译文

在为亡夫公父穆伯治丧期间，敬姜只在白天哭；而在为儿子公父文博治丧期间，她却白天黑夜都痛哭。

孔子说："季氏之妇可以说是知礼啊！爱是无私的，但她对丈夫和儿子的哀悼却做到了有所区别。"

★ 原文

南宫绍①之妻，孔子兄之女。丧其姑②而诲之髽③，曰："尔毋从从尔，毋扈扈尔④。盖榛以为笄⑤，长尺，而总八寸⑥。"

★ 注释

① 南宫绍（tāo）：即南宫适，孔子弟子。

② 姑：婆婆。

③ 髽（zhuā）：指古代妇人在办丧事的时候梳的发髻，用麻束住头发。

④ 尔毋从从尔，毋扈扈尔：从从，高高的。扈扈，大大的。后边的尔语气助词。

⑤ 笄（jī）：古代盘头发用的簪子。

⑥ 总八寸：指用麻绳系扎的发髻八寸高。总，系扎。

★ 译文

南宫绍的妻子是孔子哥哥的女儿。她的婆婆去世了，孔子教她做丧髻的方法，说："你不要做得太高，也不要做得太大，用榛木做的发簪，一尺长，用麻绳系扎的发髻有八寸高就可以啦。"

★ 原文

子张有父之丧，公明仪①相焉，问启颡②于孔子。

孔子曰："拜而后启颡，颓乎其顺③；启颡而后拜，顽乎其至④也。三年之丧，吾从其至也。"

★ 译文

① 公明仪：曾子弟子，又为子张弟子，鲁国人。

② 启颡（sǎng）：即稽颡。古时一种跪拜礼，屈膝跪拜，以额触地，居丧者答拜宾客时行之，表示极度的悲痛和感谢。

③ 颓乎其顺：表现出对客人很恭顺的样子。颓，恭顺。

④ 顽（kěn）乎其至：指感情流露很真诚。顽，通"恳"，诚恳。

★ 译文

子张的父亲死了，要办丧事，公明仪担任礼仪主持。他向孔子请教孝子跪拜磕头的礼仪。

孔子说："先跪下拜谢宾客的到来，接着磕头表达自己的悲痛，这是一种对客人恭敬的方式；先磕头表达自己的悲痛，接着再拜谢宾客的到来，这是一种感情流露极为真挚的方式。为父母服丧三年的重丧，我认为应该遵从这种极为真挚的方式。"

★ 原文

孔子在卫，卫之人有送葬者，而夫子观之，曰："善哉！为葬乎，足以为法①也。小子识之！"

子贡问曰："夫子何善尔？"

曰："其往也如慕②，其返也如疑③。"

子贡曰："岂若速返而虞④哉？"

子曰："此情之至者也。小子识之！我未之能也。"

★ 注释

① 法：标准，模式。

② 慕：依恋，思念。

③ 疑：迟疑。

④ 虞：丧祭名。返葬而祭谓之虞。

★ 译文

孔子在卫国的时候，遇到有人送葬，孔子在旁边观看，说："做得好啊！这就是送葬的礼仪，完全可以当作标准了。你们要好好记住！"

子贡问道："先生您为什么这么称赞呢？"

孔子说："那孝子前往墓地送灵柩的时候，就像小孩子依恋父母一样哭泣；埋葬后返回家时，又像是弄不准亲人是否已真的离去而不时回顾。"

子贡说："那怎能比得上赶快回家举行祭奠呢？"

孔子说："这是内心亲情的真挚流露。你们好好记住吧！我还做不到这一步。"

★ 原文

卞^①人有母死而孺子^②之泣者，孔子曰："哀则哀矣，而难继^③也。夫礼，为可传也，为可继也。故哭踊^④有节，而变除^⑤有期。"

★ 注释

① 卞：地名，在今山东泗水东。

② 孺子：后生，儿辈。此处意为像小孩子样。

③ 继：连续。此有效法之意。

④ 踊：顿足。

⑤ 变除：指变更丧服。

★ 译文

卞地有个人因母亲去世，像小孩子一样毫无节制地放声痛哭。孔子说："悲哀是够悲哀的，不过别人很难跟着做。礼制，是要传达于众人的，是要人们都跟着效仿的。所以在丧葬时边哭边顿足要有节度，更换丧服也要按照时间期限要求进行。"

★ 原文

孟献子^①禫^②，悬而不乐^③，可御而不处内^④。

子游问于孔子曰："若是则过礼也？"

孔子曰："献子可谓加^⑤于人一等矣。"

★ 注释

① 孟献子：即仲孙蔑，公孙敖之孙，文伯谷之子，春秋时鲁国大夫。

② 禫（dàn）：除丧服之祭礼。

③ 悬而不乐：将乐器悬挂起来而不奏乐。悬，悬挂，这里指悬挂钟、磬等乐器。

④ 可御而不处内：本可以和妻妾同房共寝，却没有进入室内。

⑤ 加：逾，超过。

★ 译文

孟献子服丧期满举行了除去丧服的禫祭后，将钟、磬等乐器悬挂起来而不奏乐，本可以和妻妾同房共寝，却没进入室内。

子游问孔子说："像这样是否逾越了礼制？"

孔子说："孟献子可以说是高出常人一等了。"

★ 原文

鲁人有朝祥^①而暮歌者，子路笑之。

孔子曰："由！尔责于人终无已。夫三年之丧，亦以^②久矣。"

子路出，孔子曰："又多乎哉！逾月则其善也。"

★ 注释

① 祥：祥祭。父母死后第十三个月而祭叫小祥，二十五个月而祭叫大祥。

② 以：通"已"，太，甚。

★译文

鲁国有个人为父母服丧期满，早上举行了祥祭，晚上就唱起歌来，子路嘲笑他。

孔子说："仲由！你责备别人总是没完没了。人家能够服丧三年，也已经够久的了。"

子路出去以后，孔子又说："其实这个人要是再等几天唱歌就好了，也用不了多久，过去这个月再唱歌那就很圆满了。"

★原文

子路问于孔子曰："伤哉贫也，生而无以供养，死则无以为礼也。"

孔子曰："啜菽饮水^①，尽其欢也，斯谓之孝。敛手足形^②，旋葬^③而无椁，称^④其财，斯为之礼。贫何伤乎？"

★注释

①啜菽（chuò shū）饮水：以豆为食，以水为饮。指生活清苦。菽为豆类的总称。

②敛手足形：人死后，能为死者穿上遮住尸体的衣服、能用身体大小的棺材收殓尸体。敛，通"殓"。手足，指身体。形，指形状，大小。

③旋葬：随即下葬。

④称（chèn）：适合，相符。

★译文

子路向孔子请教说："贫穷真是令人伤悲啊！父母在世时没法好吃好喝奉养，去世以后又无法体面地举行葬礼。"

孔子说："以豆为食，以水为饮，虽然清苦但却能使父母获得欢心，这就称得上是孝顺。父母死后，能为死者穿上遮体的衣服，能用身体大小的棺材收殓，即使没有外椁，随即下葬，只要尽其财力，这就可以称作遵礼了。所以说，贫穷又有什么令人伤悲的呢？"

★ 原文

吴延陵季子聘①于上国②，适齐。于其返也，其长子死于赢、博③之间。

孔子闻之，曰："延陵季子，吴之习于礼者也。"

往而观其葬焉。其敛以时服而已；其圹④掩坎⑤，深不至于泉；其葬无盟器⑥之赠。既葬，其封于广轮⑦掩坎，其高可肘隐⑧也。既封，则季子乃左袒，右还⑨其封，且号者三，曰："骨肉归于土，命也！若魂气则无所不之，则无所不之！"而遂行。

孔子曰："延陵季子之礼，其合矣。"

★ 注释

①聘：古代国与国之间派遣使者访问。

②上国：春秋时，对吴、楚诸国而言，齐、晋等中原诸侯国称为"上国"。

③赢、博：二者皆为春秋时齐国的邑名。赢，故城在今山东省济南市莱芜区西北，有延陵季子长子墓。博，故城在今山东泰安东南。后世以"赢博"为葬于异乡的代称。

④圹（kuàng）：墓穴。

⑤坎：地处低洼的地方，此处指墓坑。

⑥盟器：即明器，古代随葬品的统称。

⑦广轮：指面积。东西长为广，南北长为轮。此处指坟的宽度与长度。

⑧肘隐：仅有一肘的高度。

⑨还：通"环"，环绕。

★ 译文

吴国公子延陵季子作为吴国使者到中原各国进行访问，来到齐国。在返回路途中，他的长子死在于赢、博两地之间。

孔子听说此事后，说："延陵季子是吴国精通礼仪的人。"

于是前往观看他为儿子举行葬礼的情景。装殓时，季子给死者穿的仅仅是平

413

时穿的衣服；墓穴挖得与墓坑正好相当，深度不深，还没有挖到地下水；埋葬时，也没有随葬品。埋葬以后，堆土为坟，坟的宽度与长度正好掩盖住墓坑，坟的高度仅有一肘高。堆好坟以后，季子便袒露左臂，向右绕着坟头走了三圈，并哭喊着说："骨肉回归到泥土吧，这是天命啊！而你的灵魂却可以无所不至啊！无所不至啊！"说完就离开了。

孔子说："延陵季子在特殊情况下所实行的葬礼，是符合礼的要求的。"

★原文

子游问丧之具①。

孔子曰："称家之有亡②焉。"

子游曰："有亡恶③于齐④？"

孔子曰："有也，则无过礼。苟亡⑤矣，则敛手足形，还葬⑥，悬棺而封⑦。人岂有非之者哉？故夫丧亡，与其哀不足而礼有余，不若礼不足而哀有余也；祭祀，与其敬不足而礼有余，不若礼不足而敬有余也。"

★注释

① 具：备办、置办。

② 亡（wú）：没有。

③ 恶（wū）：古疑问词，哪，何。

④ 齐（jì）：多少，限定。

⑤ 苟亡：假如没有，指家境窘迫。

⑥ 还（xuán）葬：随即安葬。还，同"旋"，速，立刻。

⑦ 悬棺而封：用绳子兜住棺材，悬起下放到墓坑中下葬。

★译文

子游向孔子请教置办丧葬礼仪的用度的问题。

孔子说："应该与家资的丰薄相称。"

子游说："所谓依据家资的丰薄，该如何把握分寸呢？"

孔子说："家资丰饶，也不要超过礼仪规定。如果没有什么财力，只需为死者穿上遮住尸体的衣服，用身体大小的棺材收殓尸体，尽快安葬，把棺材下放到墓坑中封土即可。只要尽心尽力了，哪里会有人责备他呢？所以办理丧事时，与其缺少哀痛之情而使用过多的礼仪形式，还不如礼仪形式简化一点、去充分表达哀痛之情呢；祭祀亲人时，与其缺少敬意而使用过多的礼仪形式，还不如礼仪形式简单一点、充分表达恭敬之情呢。"

★原文

伯高①死于卫，赴于孔子。

子曰："吾恶乎哭诸？兄弟，吾哭诸庙；父之友，吾哭诸庙门之外；师，吾哭之寝；朋友，吾哭之寝门之外；所知，吾哭之诸野。今于野则已疏，于寝则已重。夫由赐也而见我，吾哭于赐氏。"

遂命子贡为之主，曰："为尔哭也来者，汝拜之；知伯高而来者，汝勿拜。"

既哭，使子张往吊焉。未至，冉求在卫，摄束帛、乘马而以将之。

孔子闻之，曰："异哉！徒使我不成礼于伯高者，是冉求也。"

★注释

① 伯高：孔子通过子贡结识的朋友。

★译文

伯高死于卫国，他的家人向孔子报丧。

孔子说："我该到哪里去哭他呢？若是本家兄弟死了，我到家庙里去哭悼；若父亲的朋友死了，我到其家庙门外面哭悼；若是老师死了，我到老师内寝哭悼；若是朋友死了，我在内寝门外哭悼；一般认识的人死了，我到野外去哭悼他。如今，论我与伯高的关系，在野外哭悼他就显得太疏远，到内寝哭悼又显得太重。我是通过端木赐介绍结识他的，我就让端木赐代他接受悼念吧。"

于是叫子贡作为主人接受他人对伯高的祭奠。孔子对子贡说："凡是因为你而结识伯高而来悼念他的人，你就行拜谢之礼；不是通过你认识伯高而来悼念的，你不用拜谢。"

孔子哭悼过伯高之后，派子张前往卫国去吊唁。子张还没有到那里，人在卫国的冉求就私自准备了一束帛，骑着马，装作奉孔子之命前去吊丧。

孔子听说此事，说："奇怪呀！白白地使我不能按照礼仪悼念伯高，这是冉求自作主张的结果啊。"

★ 原文

子路有姊之丧[①]，可以除之矣，而弗除。

孔子曰："何不除也？"

子路曰："吾寡兄弟，而弗忍也。"

孔子曰："行道[②]之人皆弗忍。先王制礼，过之者俯而就之[③]，不至者企而及之[④]。"

子路闻之，遂除之。

★ 注释

① 有姊之丧：为姐姐服丧。礼制规定，姊妹已嫁而死，作为兄弟的应该为她服丧九个月。

② 道：指道义、仁爱之心。

③ 俯而就之：（超过礼仪限度就应该）按要求改正。

④ 企而及之：（没有达到礼仪限度就应该）尽力达到要求。

★ 译文

子路为姐姐服丧，到了可以除掉丧服的时候，却还没有及时除去。孔子说："为什么不除掉丧服呢？"

子路说："我没有兄弟，姐姐只有我一个弟弟，我不忍心到期就除掉丧服。"

孔子说："有仁爱之心的人对亲人离世都不忍心不去表达哀思。但先王已经制定了礼仪制度，只要超过了礼仪期限就应该按照礼制标准及时改正，达不到期限就应该尽力服丧到期满。"

子路听了这些话，就除掉了丧服。

★原文

伯鱼之丧母也^①，期^②而犹哭。

夫子闻之曰："谁也？"

门人曰："鲤也。"

孔子曰："嘻！其甚也，非礼也。"

伯鱼闻之，遂除之。

★注释

① 伯鱼之丧母也：伯鱼为母亲服丧。伯鱼，孔鲤，字伯鱼，孔子的独子。伯鱼之母为并官氏。

② 期（jī）：一周年的期限。据礼制，父在，其子为母服齐衰，即服丧为期一年。

★译文

伯鱼为母亲服丧，满一周年服丧期限后还时常悲哭。

孔子听到哭声问："谁在哭呀？"

门人回答说："是孔鲤。"

孔子说："哎！他有点过分了，这不符合礼制的规定。"

伯鱼听了，于是除去丧服不再哭了。

★原文

卫公使其大夫求婚于季氏，桓子问礼于孔子。

子曰："同姓为宗，有合族之义，故系^①之以姓而弗别，缀^②之以食^③而弗殊^④。虽百世，婚姻不得通，周道然^⑤也。"

桓子曰："鲁、卫之先，虽寡兄弟^⑥，今已绝远矣。可乎？"

孔子曰："固非礼也。夫上治祖祢^⑦，以尊尊之；下治子孙，以亲亲之；旁治昆弟，所以教睦也。此先王不易之教也。"

★注释

① 系：联系，联结。

②缀：联结，联系。

③食：给……吃。

④殊：特殊，不同。

⑤然：如此，这样。

⑥寡兄弟：指嫡出兄弟。鲁国始祖周公旦与卫国始祖康叔皆为周文王与太姒之子。

⑦祖祢（nǐ）：祖宗，祖先。

★译文

卫国国君派一大夫向鲁国季氏求亲，季桓子就相关礼制请教孔子。

孔子说："同姓的人祖宗相同，合属于同一个宗族，所以用同一个姓联结在一起表示没有血缘差别，在一起吃饭以表示没有特殊。即便是历经百世，也不能互通婚姻。周代的制度就是这样规定的。"

季桓子问："鲁国和卫国的祖先，虽然是嫡出的亲兄弟，但是到现在已经传承数代，两支族系的血缘联系已经疏远。现在可以通婚吗？"

孔子："这绝对是不合乎礼制的。对上要摆正祖宗的灵位，用尊敬之心表达对祖先的尊崇；对下要管理好子孙，以亲爱之心表达对子孙的关爱；对同宗旁系兄弟要处理好关系，以此教导和睦相处。这是先王留下的不可更改的教化方法。"

★原文

有若①问于孔子曰："国君之于②百姓③，如之何？"

孔子曰："皆有宗道焉。故虽国君之尊，犹百世不废其亲，所以崇爱也。虽以族人之亲，而不敢戚君④，所以谦也。"

★注释

①有若：鲁国人，孔子弟子，字子有，后被尊称为有子。他勤奋好学，能较全面深刻地理解孔子的学说，尤其重视孝道。

②之于：对于。

③百姓：一般指平民、民众。此处指与国君同宗但现已支系疏远的族众，

而非一般民众。

④不敢戚君：不敢以国戚自居。

★译文

有若问孔子说："对于支系疏远的同族之人，国君该怎么对待他们呢？"

孔子说："这些都有宗族法则规定。虽然国君的身份尊贵，即使过上百代也不能摆脱这种同族的亲属关系，所以要对同族之人表示亲爱之关系。即使和国君有同族的亲情关系，一般人也不能以国戚自居，这是为了表示谦虚。"

曲礼子夏问第四十三

★ 原文

子夏问于孔子曰："居^①父母之仇，如之何？"

孔子曰："寝苫枕干^②，不仕，弗与共天下也。遇于朝市，不返兵而斗^③。"

曰："请问居昆弟之仇，如之何？"

孔子曰："仕，弗与同国，衔君命而使^④，虽遇之不斗。"

曰："请问从昆弟^⑤之仇，如之何？"

曰："不为魁^⑥，主人能报之，则执兵而陪其后。"

★ 注释

① 居：处于。此处意为对待。

② 寝苫（shān）枕干（gān）：睡在草垫上，枕着盾牌，表示时刻不忘复仇。苫，用草编成的盖或垫的席子之类的东西。干，盾牌。

③ 不返兵而斗：不用回去做准备，而应立即拿出兵器与之决斗。

④ 衔君命而使：奉国君的命令而出使他国。

⑤ 从昆弟：指远房的堂兄弟。

⑥ 魁：首，带头人。

★ 译文

子夏问孔子说："对待自己父母的仇人，应该如何处理呢？"

孔子答道："睡在草垫上，枕着盾牌，不去做官，时刻记得与他不共戴天。

无论在哪儿遇到他，立即拿出身上的兵器与之决斗。"

子夏又问道："请问对待亲兄弟的仇人应当如何呢？"

孔子说："不与他在同一个国家为官。但如果是接受国君的使命而出使他国，即使遇上他，也不要与之决斗。"

子夏又问："请问对待堂兄弟的仇人应该如何呢？"

孔子说："不要自己带头去报仇，如果死者家人能去报仇，就要拿着武器跟在后面提供帮助。"

★原文

子夏问："三年之丧①既②卒哭③，金革④之事无避，礼与？初有司⑤为之乎？"

孔子曰："夏后氏之丧三年，既殡⑥而致事⑦，殷人既葬而致事，周人既卒哭而致事。《记》⑧曰：'君子不夺人之亲，亦不夺故⑨也。'"

子夏曰："金革之事无避，非与？"

孔子曰："吾闻诸老聃曰：'鲁公伯禽⑩有为⑪为之也。'今以三年之丧从利者，吾弗知也。"

★注释

① 三年之丧：指为父母服丧三年。

② 既：已经，完成。

③ 卒哭，古代孝子自父母死至出殡，哭不绝声；入葬后思念父母，哭不择时，称"无时之哭"。卒哭祭为终止"无时之哭"的祭礼，即百日祭。

④ 金革：兵甲，借指军事、战争。

⑤ 有司：主管的官吏。

⑥ 殡：本义指停棺待葬，此指开始葬礼。

⑦ 致事：向上级汇报，辞官。

⑧ 《记》：先秦关于《礼》的传记。

⑨ 故：此指父母之丧。

⑩ 伯禽：姬姓，名禽，伯是其排行，尊称禽父，周公旦长子，周武王姬

发之侄，周朝诸侯国鲁国第一任国君。当时周公旦受封鲁国，但因周公旦在镐京辅佐周成王，故派伯禽代其受封鲁国。伯禽在位四十六年。

⑪ 有为，指事出有因。为之，曾做过哭祭之后就发动征伐战争（征伐不义的东夷）。

★ 译文

子夏问道："为父母服丧三年，其间过了卒哭祭（百日祭）之后，就不回避参加征战，这合乎礼制吗？这是因为掌管礼制的官吏制定的吗？"

孔子说："夏代的时候，父母去世之后要守丧三年，守丧者在办理丧葬事务时就要提出辞职，商朝是在安葬完毕后辞职，周朝则是卒哭之后才辞职。《记》上说：'君王不能剥夺他人对亲人的爱，也不能剥夺他人为亲人守丧的权利。'"

子夏问道："那么守丧期间不回避参加征战，就是不合乎礼制了吗？"

孔子说："我听老聃说过：'鲁公伯禽在卒哭祭之后就带兵征讨东夷，在特定背景下，也是合理的。'现在许多人在守三年之丧期间，为了贪图私利而去征战，我就不能说符合礼制了。"

★ 原文

子夏问于孔子曰："《记》云：周公相成王，教之以世子之礼。有诸？"

孔子曰："昔者成王嗣立，幼，未能莅阼①，周公摄政而治，抗②世子之法于伯禽，欲王之知父子、君臣之道，所以善③成王也。夫知为人子者，然后可以为人父；知为人臣者，然后可以为人君；知事人者，然后可以使人。是故抗世子法于伯禽，使成王知父子、君臣、长幼之义焉。凡君之于世子，亲则父也，尊则君也，有父之亲，有君之尊，然后兼天下而有之，不可不慎也。行一物而三善④皆得，唯世子齿于学⑤之谓也。世子齿于学，则国人观之，曰：'此将君我，而与我齿让，何也？'曰：'有父在，则礼然。'然而众知父子之道矣。其二曰：'此将君我，而与我齿让，何也？'曰：'有君在，则礼然。'然而众知君臣之义矣。其三曰：'此将君我，而与我齿让，何也？'曰：'长长⑥也，则礼然。'然而众知长幼之节矣。故父在斯为子，君在斯为臣，居子与臣之位，所以尊君而亲亲也。在学，学之为父子焉，学之为君臣焉，学之为长幼焉。父子、君臣、长幼之道得，而后国治。语⑦曰：'乐正司业，父师司成。一有元良，万国以贞。'世子之谓。闻之曰：'为人臣者，杀其身而有益于君则为之。'况于⑧其身以善其君乎？周公优为也。"

★注释

① 莅阼：行使职权。莅，来到，处在。阼，东阶，古时天子、诸侯、大夫、士皆以阼为主人之位，临朝觐、揖宾客、承祭祀皆由此。

② 抗：举，呈上。

③ 善：美好。此处为使动用法，意为使……美好。

④ 三善：指上文的父子、君臣、长幼之义。

⑤ 齿于学：指年幼时期重视学习礼仪。

⑥ 长长：尊敬比自己年长的人。

⑦ 语：古语，传说。

⑧ 况于：何况。

★译文

子夏向孔子问道："《记》记载：'周公辅佐周成王，教给他做世子的礼。真有这回事吗？"

孔子说："从前，成王继位时，因为年幼不能履行天子的职责亲自处理朝政，周公代为主政，治理天下。周公把做世子的规则礼仪施用于伯禽，目的是想让成王知道父与子、君与臣的道理，从而让成王养成完美的品行。一个人只有懂得了怎样为人子，然后才能为人父；懂得了如何做人臣，然后才能做人君；懂得了怎样接受管理，然后才能管理他人。因此，周公把做世子的规则礼仪以伯禽为例教导成王，从而使成王明白如何处理父与子、君与臣、长与幼的关系和原则。君王对于世子来说，从血缘上讲是父亲，在地位上说是君王，既有为父的亲情，又有为君的尊贵，处理好关系是统治并管理全国的大事，所以对世子学礼这件事不能不慎重对待。能做到举一反三作用的，只有世子年幼学礼这件事。世子年幼学礼，国人看到了，就会说：'他将来要成为我们的国君，却和我们一样学习礼仪，这是为什么呀？'有人会回答说：'他父亲还健在，应该行父子之礼。'这样大家都重视父子之道义。第二，如果还有人说：'他将要做我们的国君，却和我们一样学习谦让礼仪，这是怎么回事啊？'则会有人回答：'只要君主还在位，就应该行君臣之礼。'这样大家就更加重视遵从君臣之道。第三，如果还有人说：'他将要成为我们的国君，却和我们一样学习谦让礼仪，这是为何呀？'还会有人回答说：'只要有比自己年长的人，就应该行尊老爱幼之礼。'这样大家就更懂得遵守长幼之序。所以，父亲在，他是子；国君在，他就是臣，他身兼儿子和臣子两个角色，就要行臣子遵从国君和儿子敬爱父亲的礼仪。学习礼仪，就是要学习怎么处理父子、君臣、长幼关系。父子、君臣、长幼关系处理得好，国家就可以太平了。古语说：'乐正负责学业，师傅负责德行。世子行为贤良，天下就会太平。'这就是说的世子啊。我听说：'作为臣子，如果是有益于国君的事，即使引来杀身之祸也要去做。'何况不必死就能做出有益于国君的事呢？所以说周公做得很好。"

★ 原文

子夏问于孔子曰："居君之母与妻之丧，如之何？"

孔子曰："居处、言语、饮食衎尔①。于丧所，则称其服而已。"

"敢问伯母之丧，如之何？"

孔子曰："伯母、叔母疏衰期②，而踊不绝地③。姑、姊、妹之大功④，踊绝于地。若知此者，由文⑤矣哉。"

★ 注释

① 衎（kàn）尔：安定的样子。

② 疏衰期：服齐衰丧服一年。疏衰，即齐衰。"五服"制度是中国礼制中为死去的亲属服丧的制度，由亲至疏依次是：斩衰、齐衰、大功、小功、缌麻。

③ 踊（yǒng）不绝地：意指哭丧时顿足脚不离地。踊，跳。

④ 大功：丧服之一，用熟麻布做成，比齐衰稍细，较小功为粗，故称大功。

⑤ 由文：遵从礼法。由，从。文，指礼法。

子夏问孔子说："遇到国君的母亲或妻子的丧事，应当怎么办呢？"

孔子说："日常生活、言谈、饮食保持安定，在治丧的地方则要穿着合适的丧服就行。"

子夏又问道："请问遇上伯母的丧事，应该如何对待呢？"

孔子说："对于伯母、叔母的丧事，要穿齐衰服丧一年， 哭丧时顿足脚不离地。对姑母、姐姐、妹妹的丧事，要穿大功丧服，哭丧时脚要离地。如果了解了这些，就算是遵从礼法了。"

★ 原文

子夏问于夫子曰："凡丧小功①已上，虞、祔、练、祥之祭②皆沐浴？于三年之丧，子则尽其情矣？"

孔子曰："岂徒祭而已哉？三年之丧，身有疡则浴，首有疮则沐，病则饮酒食肉。毁瘠而病③，君子不为也。毁则死者，君子为之无子④，则祭之沐浴，为齐洁也，非为饰也。"

★ 注释

① 小功：古代丧服"五服"之一，服期五个月。

② 虞、祔（fù）、练、祥之祭：分别指虞祭、祔祭、练祭、祥祭。虞祭，是新葬之后的祭祀，以安死者之魂。祔祭，止哭之次日，奉死者之神主祭于祖庙，谓之祔祭。练祭，即小祥，周年（第十三月）之祭，此日以练布为冠服。祥祭，指大祥，即两周年（第二十五个月）举行的祭礼。

③ 毁瘠而病：过度哀伤而憔悴生病。

④ 君子为之无子：君子认为会绝嗣。为，与"谓"同义，以为，认为。

★ 译文

子夏问孔子说："居丧的时候，凡是服丧在小功以上的，在举行虞祭、祔祭、练祭、祥祭时，都需沐浴吗？而服三年之丧，孝子要尽情表达悲痛吗？"

孔子说："哪里只是在祭祀的时候这样啊？居三年之丧的人，身上长疮就要

425

洗浴身体，头上长疮就要洗头，生病的可以饮酒吃肉。如果服丧期间为了表达悲伤而伤及身体，君子是不提倡这么做的；如果服丧者因悲伤过度而导致死亡，君子认为是绝嗣的行为。所以，祭祀前沐浴，是为了清洁身体，而不是仅仅为了修饰容貌。"

★原文

子夏问于孔子曰："客至无所舍，而夫子曰：'生于我乎馆①。'客死无所殡矣，夫子曰：'于我乎殡。'敢问礼与？仁者之心与？"

孔子曰："吾闻诸老聃曰：'馆人，使若有之，恶有②有之而不得殡乎？'夫仁者，制礼者也。故礼者不可不省③也。礼，不同不异，不丰不杀④，称其义以为之宜。故曰：'我战则克，祭则受福。'盖得其道矣。"

★注释

① 馆：住宿。

② 恶有：哪有。

③ 省：省察，思考。

④ 不同不异，不丰不杀（shài）：有不同也会有不一致，不要过于烦琐也不要过于简略。异，改变，走样。丰，增加。杀，减少，省略。

★译文

子夏问孔子说："宾客来到了，没有住的地方，而先生您说：'就住在我家里。'宾客死了，没处殡殓，先生您说：'就在我家里殡殓吧。'请问这是礼制的规定呢，还是您的仁爱之心使然呢？"

孔子说："我听老聃说过：'招待宾客，就要使他觉得好像住在自己家里，哪有住在自己家而不能殡殓呢？'仁德的人是制定礼制的人。因此仁者对于礼制的实施不能不多加思考。礼制的实行会有不同也会有不一致，不要过于烦琐，也不要过于简略，只有合乎其礼制的主旨就算适宜。所以说：'征战就能取得胜利，祭祀就能获得福祉。'这就是掌握其中的道理的结果吧。"

★ 原文

孔子食于季氏，食祭^①，主人不辞。不食亦不饮而餐^②。

子夏问曰："礼也？"

孔子曰："非礼也，从主人也。吾食于少施氏^③而饱，少施氏食我以礼。吾食祭，作^④而辞曰：'疏食，不足祭也。'吾飧，而作辞曰：'疏食，不敢以伤吾子之性。'主人不以礼，客不敢尽礼；主人尽礼，则客不敢不尽礼也。"

★ 注释

① 食祭：古礼，饮食前以少量酒食祭献先辈，表示不忘本。

② 餐：此处指赞美主人的饭食。

③ 少施氏：春秋时鲁国贵族，为鲁惠公之子施父之后。

④ 作：站起。

★ 译文

孔子在季孙氏家吃饭，该进行食祭时，季氏失礼没有说辞谢。孔子没吃没喝就赞美主人的饭食。

子夏问："您这样做合乎礼制吗？"

孔子说："不合乎礼，我只客随主便罢了。以前，我去少施氏家吃饭，吃得很饱，是因为少施氏招待我吃饭时很有礼。我进行食祭，他就起身辞谢道：'粗食淡饭，拿来献给祖先有点寒碜。'我称赞饭食的美味时，他又起身辞谢说：'粗食淡饭拿来招待您，请海涵。'若主人不以礼相待，宾客无法以礼相还；如果主人尽礼待客，那么客人也不敢不尽礼相还。"

★ 原文

子夏问曰："官于大夫^①，既升^②于公，而反为之服，礼与？"

孔子曰："管仲遇盗，取二人焉，上^③之为公臣，曰：'所以游^④，僻者^⑤，可人也。^⑥'公许。管仲卒，桓公使为之服。官于大夫者为之服，自管仲始也，有君命焉。"

★ 注释

① 官于大夫：在大夫手下做官，即做大夫的家臣。

② 升：引申为推荐。

③ 上：指举荐。

④ 游：交往。

⑤ 僻者：邪僻之人。

⑥ 可人：令人满意的人，能干的人。

★ 译文

子夏问道："曾经做过大夫的家臣，而后来被推荐给国君为臣的人，要为从前的主人服丧，这合乎礼制吗？"

孔子说："从前管仲遇到了盗贼，制服他们之后，从中选出两个做了自己的家臣，后来又献给齐桓公做臣子，说：'这两个人是因为与邪僻之人交往才做了强盗，他们是有才能的人。'桓公接受二人并任命了官职。管仲死后，齐桓公就让那两个人为管仲服丧。曾做过大夫家臣的人，又为大夫服丧，是从管仲开始的，因为有国君的命令啊。"

★ 原文

子贡问居父母丧。

孔子曰："敬为上，哀次之，瘠①为下，颜色②称情，戚容称服。"

曰："请问居兄弟之丧。"

孔子曰："则存乎书策③已。"

★ 注释

① 瘠：体弱多病的样子。

② 颜色：指行为举止。

③ 书策：书册，书本。

★ 译文

子贡向孔子问如何处理父母的丧事。

孔子说："心中的敬重是最重要的，表达哀伤是次要的，搞得面目憔悴为最下。外表要合于真实的情感，悲伤的容貌要与穿着的丧服一致。"

子贡又问："请问如何对待兄弟的丧事啊？"

孔子说："这些礼仪，已经写在书本上了。"

★ 原文

子贡问于孔子曰："殷人既窆①而吊于圹②，周人反③哭而吊于家，如之何？"

孔子曰："反哭之吊也，丧之至也。反而亡矣，失之矣。于斯为甚，故吊之。死，人卒事也。殷以悫④，吾从周。殷人既练之明日而祔于祖，周人既卒哭之明日祔于祖。祔，祭神之始事⑤也。周以戚⑥，吾从殷。"

★ 注释

① 窆（biǎn）：下葬，棺椁入葬。
② 吊于圹：在墓穴旁吊念死者，慰问生者。吊，悼念死者，引申为慰问。
③ 反：通"返"。自墓地返回家中。
④ 悫（què）：朴实，谨慎。
⑤ 始事：指重要的事，大事。
⑥ 戚：仓促。

★ 译文

子贡问孔子说："商人在下葬后就在墓地接受吊唁与慰问，周人则是在葬后返回家后痛哭时接受吊唁、慰问，是这样的吗？"

孔子说："在送葬回家后亲人痛苦时才去吊唁，实际是逝者亲人最为悲痛的时候。回来后，逝者已去再也不会回来，亲人感到哀痛极了，所以在此时去吊唁慰问更合适。丧葬死者，是其人生最后一件事。商人的做法太直率质朴了，我赞同周人的礼俗。商人在练祭（一年祭）的第二天在祖庙举行祔祭（将逝者灵位置于祖庙的祭祀），周人则是在卒哭（百日祭）的次日在祖庙举行祔祭。祔祭，是祭祀先人神灵的大事，周人的做法太仓促，我赞同商人的做法。"

★原文

　　子贡问曰："闻诸晏子，少连、大连①善居丧，其有异称②乎？"

　　孔子曰："父母之丧，三日不怠，三月不解③，期④悲哀，三年忧。东夷⑤之子，达于礼者也。"

★注释

　　① 少连、大连：皆人名，按下文应为东夷人。

　　② 异称：特别之处。

　　③ 解：通"懈"，懈怠。

　　④ 期：一周年。

　　⑤ 东夷：古代华夏族对东方诸民族的称呼。

★译文

　　子贡问道："我听晏子说过，少连、大连两个人善于处理丧事，他们有何特别之处吗？"

　　孔子说："他们为父母服丧，头三天为父母入殓毫不怠慢，服丧三个月内，朝夕哭奠毫不松懈，服丧一周年时仍然时常心怀悲哀，到了第三年服丧期满时还是满脸忧戚。他们是东夷人的子弟，却是很懂得礼的人啊！"

★原文

　　子游问曰："诸侯之世子，丧慈母①如母，礼与？"

　　孔子曰："非礼也。古者男子②外有傅父③，内有慈母，君命所使教子者也。何服之有？昔鲁孝公④少丧其母，其慈母良。及其死也，公弗忍，欲丧之。有司曰：'礼，国君慈母无服，今也君为之服，是逆古之礼，而乱国法也。若终行之，则有司将书之，以示后世。无乃不可乎？'公曰：'古者，天子丧慈母，练冠以燕居⑤。'遂练以丧慈母。丧慈母如母，始则鲁孝公之为也。"

★注释

　　① 慈母：古时称抚育自己成长的庶母或保姆为慈母。

② 男子：此处指国君之子。

③ 傅父：古时称保育、辅导贵族子女的老年男子为傅父。

④ 鲁孝公：姬姓，名称，鲁国第十二位国君，公元前796—前769年在位。

⑤ 燕居：即闲居，避人独居。

★ 译文

子游问道："诸侯的世子，像对待生母一样为保姆服丧，这合乎礼吗？"

孔子说："这不合礼。古时候，国君之子在外宫有老师教育，在内宫有保姆抚养，他们是受国君之命来教育孩子的，对他们哪能有服丧的礼节呢？从前，鲁孝公少年丧母，他的保姆待他很好。后来保姆去世，孝公很伤心，想为她服丧。有关的官吏说：'按照礼制，国君不能为保姆服丧。现在您要为保姆服丧，这是违背古礼、破坏国家的法度啊。如果您一定要这样做，纪事官必将把它记录下来，以警示后人。这恐怕不可以吧。'孝公说：'古时候天子为庶母办丧事，在非正式场合戴练冠（一种丧服的帽子）以示孝心。'于是，孝公就戴着练冠为保姆服丧。像生母一样为保姆服丧这种情况，就始于鲁孝公。"

★ 原文

孔子适卫，遇旧馆人^①之丧，入而哭之哀。出，使子贡脱骖以赠之。

子贡曰："于所识之丧，不能有所赠。赠于旧馆，不已多乎？"

孔子曰："吾向^②入哭之，遇一哀而出涕^③。吾恶夫涕而无以将^④之。小子行焉。"

★ 注释

① 旧馆人：从前孔子在卫国时的馆舍主人。

② 向：刚才。

③ 遇一哀而出涕：赶上触动了哀情而流下了眼泪。

④ 将：奉送。

★译文

孔子到卫国去，遇到以前的馆舍主人的丧事，就进去吊唁，哭得很哀痛。出来后，命子贡解下一匹在边上拉车的马赠给丧主。

子贡说："对于交情一般的人的丧事，不必有什么赠送。将马赠送给从前住过的馆舍主人，礼是不是太重了？"

孔子说："我刚才进去哭丧，正好赶上触动了哀情而流下了眼泪。我讨厌那种只是流泪而没有任何表示的做法，你就按我说的去做吧。"

★原文

子路问于孔子曰："鲁大夫练而杖①，礼也？"

孔子曰："吾不知也。"

子路出，谓子贡曰："吾以为夫子无所不知，夫子亦徒有所不知也。"

子贡曰："子所问何哉？"

子路曰："由问：'鲁大夫练而杖，礼与？'夫子曰：'吾不知也。'"

子贡曰："止②，吾将为子问之。"

遂趋而进，曰："练而杖，礼与？"

孔子曰："非礼也。"

子贡出，谓子路曰："子谓夫子而弗知之乎？夫子徒无所不知也。子问非也。礼，居是邦③，则不非其大夫。"

★注释

①练而杖：在练祭（周年祭）时还手持丧杖。孝子守丧用杖，意在悲哀过度，以扶身体。

②止：等一下。

③居是邦：居住在这个国家。

★译文

子路问孔子说："鲁国的大夫在练祭时还拿着丧棒，这合乎礼吗？"

孔子说："我不知道。"

子路出来，对子贡说："我以为咱老师无所不知，但现在看来老师也有不知道的。"

子贡说："你问的是什么事啊？"

子路说："我问：'鲁国的大夫举行练祭时还拿着丧棒，这合乎礼吗？'老师说：'我不知道。'"

子贡说："你等等，我进去再替你问问。"

于是就快步而入，说道："练祭时拿着丧棒，这合乎礼吗？"

孔子说："这不合礼。"

子贡出来对子路说："你不是说咱老师也有不知道的事吗？老师实际是无所不知啊，只是你问法不对。按照礼，居住在一个国家，就不能非议这个国家的大夫。"

★原文

叔孙武叔①之母死，既小敛②，举尸者出户，武叔从之，出户，乃袒③，投其冠而括发④。子路叹之。

孔子曰："是礼也。"

子路问曰："将小敛则变服，今乃出户，而夫子以为知礼。何也？"

孔子曰："由，汝问非也。君子不举人以质士⑤。"

★注释

①叔孙武叔：名州仇，春秋末期鲁国大夫。

②小敛：人死之后第二日，于室中为死者加衣衾，谓之小敛。

③袒：脱去左袖，露出胳膊。这是古代哀悼死者的一种表示。

④投其冠而括发：投其冠，扔掉孝帽。括发，在小敛后，紧接着用麻绳束发，以示服丧。

⑤不举人以质士：不拿一般的标准来质询士人。举，列举。质，质询。

★译文

叔孙武叔的母亲去世，小敛之后，抬尸体的人把尸体抬出寝室门后，叔孙武叔紧跟在后边，出门后才将左袖脱去，并将素冠扔掉，用麻绳束头。子路见了，摇头叹息。

孔子却说："这是合乎礼制的。"

子路问道："在准备小敛的时候，就应该更换丧服，现在他在走出寝室门后才更换，老师您却认为是合乎礼制的。这是为何啊？"

孔子说："仲由，你这样问就不好啦。君子不拿一般的标准来质问士人。"

★原文

齐晏桓①子卒，平仲②粗衰斩③，苴绖、带、杖④，以菅屦⑤，食粥⑥，居傍庐⑦，寝苦枕草⑧。其老⑨曰："非大夫丧父之礼也。"晏子曰："唯卿大夫⑩。"

曾子以问孔子。孔子曰："晏平仲可谓能远害矣。不以己之是驳人之非，愻辞⑪以避咎，义也夫。"

★注释

① 晏桓子：即晏弱，春秋时齐国卿，晏婴之父。

② 平仲：即晏婴（晏子）。

③ 粗衰斩：用粗麻布做成的斩衰。衰斩，即斩衰，孝子所穿的孝服。

④ 苴绖（jū dié）、带、杖：苴绖、苴带、苴杖皆服丧时所用。苴绖，即首绖，古代丧服上的麻带，系在头上。苴带，系在腰间的麻带。苴杖，丧棒，用麻绳捆扎的竹竿做成。

⑤ 菅（jiān）屦：服丧时穿的草鞋。

⑥ 食粥：按丧礼，未葬之前孝子食粥。

⑦ 傍庐：居丧时临时所搭的草棚。

⑧ 其老：指晏婴家中总管家务的家臣。

⑨ 唯卿大夫：只有卿大夫才是真正的大夫。而晏婴此时非卿。

⑦ 愻（xùn）辞：谦逊的言辞。愻，通"逊"，谦逊。

★译文

齐国的晏桓子去世，他儿子晏婴服丧，穿着粗麻布做的重丧服，头扎麻带，腰系麻绳，手持麻绳捆扎的丧杖，脚穿草鞋，喝稀粥，住草棚，睡草垫，枕干草。

他的家臣说："这样做不像是一个大夫为父亲服丧的礼仪。"晏子说："只有卿大夫才算是大夫，我算不上啊。"

曾子就此向孔子请教。孔子说："晏平仲可以说远离祸害了。不用自己的是来贬斥别人的非，而是用谦逊的言辞来避免被别人责难，这是非常适宜的啊。"

★原文

季平子①卒，将以君之玙璠②敛，赠以珠玉。孔子初为中都宰，闻之，历级而救③焉，曰："送而以宝玉，是犹曝尸于中原也，其示民以奸利之端，而有害于死者，安用之？且孝子不顺情以危亲，忠臣不兆奸④以陷君。"乃止。

★注释

① 季平子：季孙意如，春秋时期鲁国大夫，季桓子之父。

② 玙璠（yú fán）：美玉。

③ 救：阻止，纠正。

④ 兆奸：奸邪之端。

★译文

季平子去世，家里准备为他用美玉殡殓，同时还要用许多珠宝、玉器随葬。孔子当时刚刚担任中都宰，听说以后，匆匆忙忙来到季氏家里，登上台阶加以制止，说："以珠宝、玉器随葬，无异于将尸体暴露于旷野。陪葬珠宝、美玉等贵重财物，就等于向外人露富，引诱他人盗墓来谋利，这有害于死者安息，怎么能用这些贵重财宝随葬呢？况且孝子不顺从人情会危害亲人，忠臣不制止奸邪就是陷害君主。"于是季氏家人便终止了用贵重财宝陪葬的想法。

★原文

孔子之弟子琴张①，与宗鲁②友。卫齐豹见宗鲁于公子孟絷③，孟絷以为参乘焉。及齐豹将杀孟絷，告宗鲁，使行。宗鲁曰："吾由子而事之，今闻难而逃，是僭④子也。子行事乎，吾将死以周事⑤子，而归死于公孟，可也。"

齐氏用戈击公孟，宗鲁以背蔽之，断肱⑥，中公孟、宗鲁，皆死。琴张闻宗鲁死，将往吊之。

孔子曰："齐豹之盗，孟絷之贼也，汝何吊焉？君子不食奸⑦，不受乱⑧，不为利病于回⑨，不以回事人，不盖非义，不犯非礼。汝何吊焉？"琴张乃止。

★ 注释

① 琴张：即琴牢，孔子弟子。

② 宗鲁：人名，有勇力。

③ 齐豹见宗鲁于公子孟絷：齐豹把宗鲁推荐给公子孟絷。齐豹，齐恶之子，春秋时卫国大夫，曾为卫司寇。见，通"现"，介绍，推荐。孟絷，又称公孟絷、公孟，卫灵公之兄。

④ 僭（jiàn）：失信。

⑤ 周事：意为帮助成全，或不泄露此事。

⑥ 肱（gōng）：胳膊由肘到肩的部分。

⑦ 君子不食奸：不食用奸邪之人的俸禄。

⑧ 受乱：参与暴乱。

⑨ 不为利病于回：不为私利甘于堕落。回，奸邪，邪僻。

★ 译文

孔子的弟子琴张和宗鲁是朋友。卫国的齐豹把宗鲁推荐给卫公子孟絷，孟絷让他做自己的参乘。齐豹打算杀害孟絷的时候，告诉宗鲁，劝他趁早离开。宗鲁说："我是因为你的推荐才得以侍奉公子孟絷的，现在听说有难而独自逃走，这是让您失信于人啊。您要杀他，那我将会尽力成全您，而我将以死来回报孟絷，我只能这么做了。"

在齐豹用戈击杀孟絷的最后时刻，宗鲁用自己的身体保护孟絷，胳膊被砍断，孟絷、宗鲁都被杀死。

琴张听说宗鲁死了，打算前往吊唁。孔子说："齐豹作乱和孟絷之死都是因为宗鲁，你为何还要去吊唁他呢？君子不食用奸人的俸禄，不参与作乱，不为个人私利而自甘堕落，不以邪念待人，不掩盖不义的事情，不做出违礼的举动。你为何还要去吊唁他呢？"琴张于是没有去吊唁宗鲁。

★ 原文

郕人子蒲^①卒，哭之，呼灭^②。子游曰："若是哭也，其野哉！孔子恶野哭者。"哭者闻之，遂改之。

★ 注释

① 郕（chéng）：周代诸侯国名。

② 呼灭：指哭声呼天抢地。

③ 野：不合于礼制。

★ 译文

郕国人子蒲死了，家人哭丧，呼天抢地。子游说："像这样的哭号，是违背礼仪的！孔子讨厌哭丧不合礼仪的人。"哭丧的人听了这番话立即改正过来。

★ 原文

公父文伯^①卒，其妻妾皆行哭失声。敬姜戒之曰："吾闻好外者，士死之；好内者，女死之。今吾子早夭^②，吾恶其以好内闻也。二三妇人之欲供先祀者^③，请无瘠色^④，无挥涕^⑤，无拊膺^⑥，无哀容，无加服，有降服，从礼而静，是昭吾子也。"

孔子闻之，曰："女智无若妇，男智莫若夫。公父氏之妇，智矣。剖情损礼^⑦，欲以明^⑧其子为令德^⑨也。"

★ 注释

① 公父文伯：姬姓，名歜，春秋时期鲁国三桓季悼子之孙，公父穆伯的儿子，季康子之从叔。公父文伯的母亲是敬姜。

② 早夭：早逝。

③ 欲供先祀者：指欲留下守寡，不改嫁。

④ 瘠色：容貌忧戚憔悴。

⑤ 挥涕：哭得流涕。

⑥拊膺：捶胸，以示哀痛。

⑦剖情损礼：剖析人情世故，减少礼仪。剖，剖析，分析。情，人情世故。损，指减轻，减少。

⑧明：彰显、显明。

⑨令德：美好的德行。令，美，善。

★译文

公父文伯去世，他的妻妾都痛哭不绝。他的母亲敬姜听到后，就告诫她们说："我听说，喜欢在外边结交朋友的人，士人愿意为他赴汤蹈火；喜好女色的人，也有女人甘愿为他去死。现在我儿子英年早逝，我很不愿意他得到一个贪恋女色的名声。你们这些人，如果不想改嫁，想留下来奉祀祖先，那就不要搞得容貌憔悴，不要痛哭流涕，不要捶胸顿足，不要满面哀容，不要加重丧服程度，只要身着素服、依从礼仪、安安静静服丧即可。只有这样才能彰显我儿的好名声啊。"

孔子听说后，说："年轻的女子不如年长的女人聪明，年轻的男孩不如年长的男子智慧。公父氏家的这个妇人真是聪明啊！剖析人情世故，减少礼仪，这能更好地展现其儿子的美德啊。"

★原文

子路与子羔仕于卫，卫有蒯聩之难①。孔子在鲁，闻之，曰："柴也其来，由也死矣②。"

既而卫使至，曰："子路死焉。"夫子哭之于中庭。有人吊者，而夫子拜之。

已哭，进③使者而问故，使者曰："醢④之矣。"遂令左右皆覆醢，曰："吾何忍食此！"

★注释

①蒯聩（kuǎi kuì）之难：蒯聩，卫灵公太子，因与卫灵公夫人南子有仇，与家臣戏阳遫（sù）商议，令其于朝会上刺杀南子。事到临头，为南子所察觉，事遂败，蒯聩逃奔宋国。不久，又投奔晋国。卫灵公死后，蒯聩之子辄被立为君，即卫出公。再后来，蒯聩回国发动政变，卫出公投奔鲁国，蒯聩即位，

史称卫后庄公。

②柴也其来，由也死矣：此句中的"柴""由"分别指高柴（字子羔）和仲由（字子路）。子路时为卫大夫孔悝邑宰。蒯聩之乱时，子路为救孔悝而入城。但其时孔悝已被蒯聩胁迫立盟，子路欲杀蒯聩及孔悝，结果被杀。

③进：请……进来。

④醢（hǎi）：肉酱，此作动词，把人剁成肉酱。

★译文

子路和子羔都在卫国做官，卫国发生了蒯聩之难。孔子在鲁国听说后，说："高柴会安全回来，仲由则会死在那里。"

不久，卫国报丧的使者到了，说："子路死在卫国的这场政变中了。"孔子就在正室的厅堂中哭悼子路，当时有人前来悼念，孔子就以主人的身份拜谢。

哭罢，孔子请卫国的那位使者进来，询问当时的详情。使者说："子路被剁成肉酱了。"于是孔子就让身边的人把家里的肉酱倒掉，说："我怎忍心吃这些东西呢！"

★原文

季桓子死，鲁大夫朝服而吊。

子游问于孔子曰："礼乎？"夫子不答。

他日，又问。夫子曰："始死则矣，羔裘、玄冠①者，易之②而已。汝何疑焉？"

★注释

①羔裘、玄冠：古时诸侯、卿大夫所穿的朝服。羔裘，用羊羔皮做成的皮衣。玄冠，黑色的冠。因羔裘、玄冠皆黑色，古代用做吉服。丧事是凶事，因此不能穿着去吊丧。

②易之：改穿素冠、素衣。

★译文

季桓子去世，鲁国的大夫穿着朝服就去吊唁。

子游问孔子说："这合乎礼吗？"孔子没做回答。

过了几天，又问。孔子说："人才刚刚去世，穿着羊皮衣、头戴黑帽等朝服的官员，回去改穿素衣素冠再去吊唁就行。你有什么好怀疑的？"

★ 原文

孔子有母之丧，既练，阳虎吊焉。私于孔子曰："今季氏将大飨[①]境内之士，子闻诸？"

孔子答曰："丘弗闻也。若闻之，虽在衰绖[②]，亦欲与往。"

阳虎曰："子谓不然乎？季氏飨士，不及子也。"

阳虎出，曾点问曰："语之何谓也？"

孔子曰："已则衰服，犹应其言，示所以不非也。"

★ 注释

① 飨：设盛宴待宾客。

② 衰绖：丧服。指人在服丧期间。

★ 译文

孔子为母亲服丧，练祭之后，阳虎前来吊唁。他私下对孔子说："季氏准备在家里举行盛大的宴会宴请鲁国境内的士人，您听说了吗？"

孔子答道："我没听说。如果听说，我虽然在服丧期间，也会考虑是否参加。"

阳虎说："您没感觉到有什么不对吗？季氏宴请的人名单中不包括您啊！"

阳虎出去了，曾点问孔子说："您为何还要回应他的话呢？"

孔子说："我在服丧期间，还回答他的话，是为表示我没有责怪他的非礼言行。"

★ 原文

颜回死，鲁哀公吊焉，使人访于孔子。孔子对曰："凡在封内[①]，皆臣子也。礼，君吊其臣，升自东阶，向尸而哭，其恩赐之施，不有笲[②]也。"

① 封内：天子或诸侯的领地之内。

② 笄（suàn）：通"算"。

★ 译文

颜回去世，鲁哀公前来吊唁，并派人就有关的礼仪向孔子请教。孔子回答："凡是在君主的封域之内的人，都是国君的臣民。按照礼制，国君吊唁他的臣子，要从东阶上去，对着尸体哭，这是对臣子及家人的恩赐行为，其影响是无法计算的啊。"

★ 原文

原思^①言于曾子曰："夏后氏之送葬也，用盟器，示^②民无知也；殷人用祭器，示民有知也；周人兼而用之，示民疑也。"

曾子曰："其不然矣。夫以盟器，鬼器也；祭器，人器也。古之人胡为而死其亲也？"

子游问于孔子，曰："之死^③而致死^④乎，不仁，不可为也；之死而致生^⑤乎，不智，不可为也。凡为盟器者，知丧道也，有备物而不可用也。是故竹不成用，而瓦不成膝^⑥，琴瑟张而不平^⑦，笙竽备而不和^⑧，有钟磬而无簨簴^⑨。其曰盟器，神明^⑩之也。哀哉！死者而用生者之器，不殆而用殉^⑪也。"

★ 注释

① 原思：即原宪，字子思，又称仲宪。

② 示：昭示、表达。

③ 之死：送葬死者。

④ 致死：指人死一切了之，也就不再有知觉。

⑤ 致生：对待死者像活着时一样，认为人死后仍有知觉。

⑥ 瓦不成膝：意指陶器没有光泽。瓦，指陶器。膝通"漆"，意为没有光泽。

441

⑦ 不平：指没法弹奏。

⑧ 笙竽备而不和：笙和竽徒具外形而不和音律，没法吹。

⑨ 簨簴（sǔn jù）：悬挂钟磬的木架。

⑩ 神明：此处用为动词，意为奉若神明。

⑪ 殉：人殉，用活人殉葬。

★ 译文

原思对曾子说："夏朝时殡葬要用盟器（作为随葬物品的陶木制品），以表达人死后是没有知觉的；商代殡葬时用祭器作为随葬品，以表达死者是有知觉的，周朝送葬两者兼用，以表达对死者有无知觉疑惑不定。"

曾子说："恐怕不是这样吧。盟器是让鬼魂所用的物品，祭器是活着的人用的器具。古代的人怎么会知道死去的亲人有没有知觉呢？"

子游向孔子请教这事。孔子说："人死，就认定死者没有了知觉，这是不通情达理的，不合适；但认为人死后仍和活着时一样有知觉，是不明智的，也不合适。凡是在丧礼中用盟器陪葬，说明送葬人是懂得丧礼的人，但置备再多器物而死者是不可能用的。因此，陪葬的竹器不考虑能否正常使用，陶器不考虑是否漆得光鲜亮丽，琴瑟不考虑能否被弹奏，笙竽不考虑能被吹得响，钟磬不用悬挂在木架上。这些随葬器物之所以叫作'盟器'，就是将死者奉若神明的意思。可悲啊！埋葬死者用活人的器具来随葬，这不是近乎用活人来殉葬吗？"

★ 原文

子罕①问于孔子曰："始死之设重②也，何为？"

孔子曰："重，主道③也，殷主缀重焉④，周人彻重焉⑤。"

"请问丧朝⑥。"

子曰："丧之朝也，顺死者之孝心，故至于祖考庙而后行。殷朝而后殡于祖⑦，周朝而后遂葬。"

★ 注释

① 子罕：乐喜，子姓，字子罕，春秋时宋国司空（六卿之一）。

②重：古丧礼中暂代死者的灵位。

③主道：与神主牌的道理一样。

④缀重：把灵位和后设的亡者神位摆在一起。

⑤彻重：做好神主牌位就将临时灵位撤去埋掉。

⑥丧朝：指把灵柩抬到祖庙，祭祖后再下葬。

⑦殡于祖：灵柩停放在祖庙。

★ 译文

子罕问孔子："人刚死的时候，要立即为其设置临时灵位，这是为何啊？"

孔子说："设置临时灵位，与神主牌的道理一样。商人在庙里为亡者做好神主牌位后，要将临时灵位与神主牌位放在一起，周朝人则是做好神主牌位就将临时灵位撤去埋掉。"

子罕又问："请问在即将下葬的时候，还要抬着灵柩到祖庙祭拜，是为什么啊？"

孔子说："在下葬之前祭拜于祖庙，这是表示让死者最后表达一次孝心，要到祖庙向祖先的神位告辞，然后才上路。商人是在祭拜祖庙以后，还要把灵柩停放于庙中一段时间；而周人则是祭拜祖庙后就出葬。"

★ 原文

孔子之守狗死，谓子贡曰："路马①死，则藏之以帷②，狗则藏之以盖③。汝往埋之。吾闻弊帏不弃，为埋马也；弊盖不弃，为埋狗也。今吾贫，无盖。于其封④也，与之席，无使其首陷于土焉。"

★ 注释

①路马：驾车的马。

②帏：通"帷"，帷幔。

③盖：车盖，车篷。

④封：埋后封土筑坟，借为埋葬。

★译文

　　孔子的看家狗死了，孔子对子贡说："如果驾车的马死了，要用帷幔包裹好再埋掉；看家狗死了，要用车篷盖包裹后再埋掉。你去把狗埋了吧。我听说，破旧的帷幔不丢掉，为的是用来葬马；破旧的车篷盖不丢掉，为的是用来埋狗。现在我很贫穷，连车篷都没有。你在埋它的时候，也得用张席子把它裹起来，不能让它的头直接埋在泥土里。"

曲礼公西赤问第四十四

★ 原文

公西赤问于孔子曰："大夫以罪免^①，卒，其葬也，如之何？"

孔子曰："大夫废其事，终身不仕，死则葬之以士礼。老而致仕者，死则从其列^②。"

★ 注释

① 以罪免：因为获罪而被免职。免，罢免，免职。

② 列：位次，行列，引申为等级。

★ 译文

公西赤问孔子说："大夫因为获罪而被免职，死了以后，他的葬礼该怎么安排呢？"

孔子说："大夫被免职以后，如果终身不能再被任用，死后按士礼规格安葬。而担任官职卸任后老死的，可以按原来的官职等级安葬。"

★ 原文

公仪仲子嫡子死，而立其弟^①。

檀弓^②问子服伯子^③曰："何居^④？我未之前闻也。"

子服伯子曰："仲子亦犹行古人之道。昔者文王舍伯邑考而立武王，微子舍其孙腯，立其弟衍。"

子游以问诸孔子，子曰："否！周制立孙。"

445

★ **注释**

① 公仪仲子嫡子死，而立其弟：公仪仲子正妻所生的儿子去世后，立他的弟弟为自己的继承人。公仪仲子，姬姓，公义氏，字仲子，鲁国宗室。

② 檀弓：鲁国士人，以精通礼仪著称。

③ 子服伯子：即子服景伯，姬姓，子服氏，名何，鲁国宗室，孟孙氏的支系，时为鲁国大夫。

④ 居：表语气。

★ **译文**

公仪仲子的嫡子死了，仲子又立其弟弟作为自己的继承人。

檀弓问子服伯子说："这是为什么呢？我以前还从来没听说过这样的事情。"

子服伯子说："仲子的做法也还算是遵照古人的规矩行事。从前周文王没有立长子伯邑考而是立仲子姬发世子，微子启也没有立他的嫡长孙腯（因为其嫡长子已死）而是立其弟弟衍为继承人。"

子游就这事请教孔子，孔子说："不对，根据周代的制度应该立他的嫡长孙。"

★ **原文**

孔子之母既丧，将合葬焉，曰："古者不祔葬①，为不忍先死者之复见也。《诗》云：'死则同穴②。'自周公已来，祔葬矣。故卫人之祔也，离之③，有以间焉。鲁人之祔也，合之，美夫！吾从鲁。"遂合葬于防④。

曰："吾闻之，古者墓而不坟⑤。今丘也，东西南北之人，不可以弗识也。吾见封之若堂者矣，又见若坊者矣，又见覆夏屋⑥者矣，又见若斧形者矣。吾从斧者焉。"于是封之，崇四尺。

孔子先反虞，门人后，雨甚至，墓崩，修之而归。

孔子问焉，曰："尔来何迟？"

对曰："防墓崩。"

孔子不应。三云，孔子泫然⑦而流涕，曰："吾闻之，古不修墓。"

及二十五月而大祥，五日而弹琴不成声，十日过禫而成笙歌。

★ 注释

① 袝葬：指合葬。

② 死则同穴：出自《诗经·王风·大车》。

③ 离之：夫妻合葬时，棺椁分为两个基穴下葬，但两个墓穴并排。

④ 防：山名，即今山东曲阜的防山。

⑤ 不坟：不堆土立坟头。

⑥ 夏屋：夏天搭建的凉棚。

⑦ 泫然：伤心流泪。

★ 译文

孔子在母亲死后，准备将母亲与父亲合葬在一起。孔子说："古时没有合葬的习俗，是因为不忍心把已经逝去的亲人的尸骨再暴露出来。《诗经》上有句话说：'死则同穴。'从周公以来才开始实行合葬。卫国人的合葬，是葬在两个相邻的墓穴里，两个墓穴之间还是有间隔的。鲁国人的合葬，是两人的棺椁合葬在同一个墓穴里，这种方式好！我要遵从鲁国人的方式。"于是将母亲与早先去世的父亲合葬在防山。

下葬以后孔子说："我听说，古时的墓地是不起坟头的。而今我孔丘是个居无定所的人，不可以不在墓地上做些标记。我见过的坟头有像高大的房子的，有狭长如堤坝的样子的，还有搭建着夏天凉棚的，还见过像斧形的样子的。我就按斧形的那种去做吧。"于是在父母合葬墓坑上面堆土为斧形的坟头，有四尺高。

孔子先返回家举行安魂的虞祭，许多弟子留在墓地处理善后事宜。这时下了一场大雨，坟墓被冲毁了，他们修好以后才回去。

孔子问他们说："你们怎么回来这么晚呢？"

回答说："因为坟墓被雨冲塌了。"

孔子没有应声。弟子又说了三遍，孔子的泪水哗哗地流了下来，说："我听说，古人是不修坟墓的啊！"

二十五个月后，孔子举行了大祥祭；又过了五天开始弹琴，但不成声调；十天后又举行了旨在除服的禫祭，此后吹笙才能吹成完美的曲调。

★原文

子游问于孔子曰："葬者涂车、刍灵①，自古有之。然今人或有偶②，是无益于丧。"

孔子曰："为刍灵者善矣，为偶者不仁，不殆于用人乎？"

★注释

① 涂车、刍灵：二者均为陪葬之物。涂车，用陶土做的泥车，图上色彩。刍灵，用茅草束扎的人或动物。

② 偶：用陶土烧制或用木雕刻成的人偶。

★译文

子游向孔子请教说："随葬的用陶土做的车、草扎的人马，自古就有。然而如今有人制作陶偶、木偶来陪葬，这样做对丧礼没有什么好处。"

孔子说："扎草人、草马的人心地善良，制作陶偶、木偶的人居心不仁，不是接近于用真人来殉葬了吗？"

★原文

颜渊之丧，既祥①，颜路馈②祥肉③于孔子。孔子自出而受之，入，弹琴以散情，而后乃食之。

★注释

① 祥：此处指大祥祭。

② 馈：泛指赠送。古时，接受馈赠的祭肉，要拜。

③ 祥肉：祥祭时所供之肉。

★译文

颜渊死丧期间，大祥祭过后，颜路给孔子送来祥祭时所供的肉食。孔子亲自到门口接受了肉食，回到屋里，先弹琴以排解哀痛之情，然后才开始吃肉。

★ 原文

孔子尝^①，奉荐^②而进，其亲也悫^③，其行也趋趋以数^④。

已祭，子贡问曰："夫子之言祭也，济济漆漆^⑤焉。今夫子之祭，无济济漆漆，何也？"

孔子曰："济济者，容也远也；漆漆者，自反^⑥。容以远，若容以自反，夫何神明之及交？必如此，则何济济漆漆之有？反馈^⑦乐成，进则燕俎^⑧，序其礼乐，备其百官。于是君子致其济济漆漆焉。夫言岂一端而已哉？亦各有所当也。"

★ 注释

① 尝：秋祭。

② 荐：祭品。

③ 其亲也悫：亲自奉献贡品，态度虔诚。

④ 趋趋以数：步履急速。趋趋，即促促，急匆匆的样子。数，频繁。

⑤ 济济漆漆：庄严恭敬。

⑥ 自反：反过来影响到容颜，使得仪容矜持。

⑦ 反馈：天子、诸侯的大祭中的返于庙堂举行馈食礼。

⑧ 进则燕俎：进献祭品。燕俎，古代祭祀用的祭品和礼器。

★ 译文

孔子在家举行秋祭，手捧祭品上前进献，他亲自做这些事情、态度非常虔诚，走起路来也步伐急促。祭祀结束后，子贡问道："先生您以前谈到祭祀的时候，说要做到仪态庄严恭敬，仪容端庄肃穆。可是如今先生您进行祭祀，却没有做到仪态庄严恭敬，仪容端庄肃穆，这是为什么呢？"

孔子说："所谓仪态庄严恭敬，表情就会显得疏远；所谓仪容端庄肃穆，神情反而变得矜持。疏远的表情，矜持的神情，那怎么能与已故亲人的神灵交互感应呢？如果是这样，还要不要仪态庄严恭敬，仪容端庄肃穆呢？那就是天子、诸侯举办馈食礼，整个过程有礼乐相伴，进献各种祭品，礼乐交替进行，文武百官列队祭拜。这种情况下，参与其中的每一位君子身处这种隆重的场面，自然应该仪态庄严恭敬，仪容端庄肃穆。所以我先前说的那番话怎么能只从一个方面理解呢？是分场合使用的。"

★原文

子路为季氏宰。季氏祭，逮^①昏而奠^②，终日不足，继以烛。虽有强力之容，肃敬之心，皆倦怠矣。有司跛倚^③以临事，其为不敬也大矣。他日，子路与焉。室事交于户^④，堂事^⑤当于阶。质明^⑥而始行事，晏朝而彻^⑦。

孔子闻之，曰："以此观之，孰谓由也而不知礼。"

★注释

① 逮：及，到。

② 奠：向鬼神献上祭品，祭祀鬼神。

③ 跛倚：歪歪扭扭站立着，貌似懒散、不庄重。

④ 室事交于户：室内举行的正祭所需的各种祭品在门口交接。室事，在室内举行的正祭。户，指门口。交，交接，传递。

⑤ 堂事：在厅堂举行的祭祀。

⑥ 质明：黎明，天刚亮时。

⑦ 晏朝而彻：到黄昏就结束了。晏朝，黄昏。晏，傍晚。彻，结束。

★译文

子路做鲁国大夫季氏的家宰，季氏举行祭祀活动，直到黄昏还未结束，一整天的时间都在忙，晚上又点燃蜡烛继续进行。即使有强壮的体力、严肃恭敬的心意，也都疲倦懒怠了。执事人员因为疲惫都歪斜着身子，应付祭祀的各种仪式，那真是对神灵极大的不恭敬。后来有一天，子路参与了司礼工作。他安排室内举行正祭所需的各种祭品在门口交接，厅堂所需的祭品在西阶之上交接。从天亮开始进行，到黄昏就结束了。

孔子听说了这件事，说："从这件事情上看，怎么能说子路不懂得礼呢？"

参考文献

[1] 陈士珂. 孔子家语疏证 [M]. 崔涛, 点校. 南京: 凤凰出版社, 2017.

[2] 陈以凤.《孔子家语》"孔安国序"考辨 [J]. 古籍整理研究学刊, 2018（5）: 1-8.

[3] 伏蒙蒙. 论《孔子家语》的文体特征 [J]. 管子学刊, 2016(2): 113-116.

[4] 黄敦兵. 孔子家语 [M]. 长沙: 岳麓书社, 2018.

[5] 金安平. 孔子: 喧嚣时代的孤独哲人 [M]. 黄煜文, 译. 桂林: 广西师范大学出版社, 2011.

[6] 李传军.《孔子家语》辨疑 [J]. 孔子研究, 2004（2）: 76-83.

[7] 李平.《孔子家语》引诗与《孔子诗论》[J]. 华中师范大学研究生学报, 2010, 17（3）: 55-58.

[8] 刘巍.《孔子家语》公案探源 [M]. 北京: 社会科学文献出版社, 2014.

[9] 清如许, 王洁. 诗经 [M]. 太原: 山西古籍出版社, 2003.

[10] 时世海. 走近孔子感悟人生 [M]. 北京: 北京工业大学出版社, 2011.

[11] 司马迁. 史记 [M]. 上海: 上海古籍出版社, 2011.

[12] 孙希旦. 礼记集解 [M]. 王啸寰, 王星贤, 点校. 北京: 中华书局, 1989.

[13] 王德明. 孔子家语译注 [M]. 桂林: 广西师范大学出版社, 1998.

[14] 王国轩, 王秀梅. 孔子家语 [M]. 北京: 中华书局, 2011.

[15] 王盛元. 孔子家语通解 [M]. 南京: 译林出版社, 2014.

[16] 王盛元. 孔子家语译注 [M]. 上海: 上海三联书店, 2012.

[17] 王肃. 孔子家语 [M]. 上海: 上海古籍出版社, 1990.

[18] 王肃. 孔子家语 [M]. 廖名春, 邹新明, 校点. 沈阳: 辽宁教育出版社, 1997.

[19] 王肃，白罗. 孔子家语：既熟悉又陌生的"人间孔子"[M]. 合肥：黄山书社，1993.

[20] 王文晖.《孔子家语》校勘举误 [J]. 古籍整理研究学刊，2018（6）：39-43.

[21] 杨朝明.《孔子家语》综合研究 [M]. 济南：齐鲁书社，2017.

[22] 杨朝明，宋立林. 孔子家语通解 [M]. 济南：齐鲁书社，2009.

[23] 杨朝明，张磊.《孔子家语·致思》篇研究 [J]. 东岳论丛，2009，30（4）：122-127.

[24] 张涛. 孔子家语译注 [M]. 北京：人民出版社，2017.

[25] 张岩.《孔子家语》研究综述 [J]. 孔子研究，2004（4）：112-114.

[26] 中国孔子基金会. 孔子研究精华：1986—2015[G]. 济南：齐鲁书社，2016.